아동권리와 복지

아동권리와 복지

CHILDREN's RIGHTS and WELFARE

동 문 사

머리말

인간의 권리란 태어남과 동시에 주어지는 자연법적 권리이며, 인간은 누구나 권리의 주체이다. 아동에게도 인간의 권리는 그대로 적용된다. 그러나 아동은 그 특성상 스스로 존재하기 어려우므로 생존에 필요한 발달의 권리, 보호받을 권리, 자신의 생각을 주장할 수 있는 참여의 권리 등이 누군가에 의해 보장되어야 한다. 이러한 권리들이 아동들에게 적합하게 주어지는 환경을 만들어 가는 것이 아동을 둘러싼 가족 및 우리 사회 전체의 의무와 책임이다. 그러나 부모 혹은 사회의 지지체계들이 아동을 자신의 소유물로 혹은 미숙하고 귀찮은 존재로 여길 경우 아동의 권리는 제대로 지켜지지 않고 심하게는 아동학대로 이어지게 된다. 요즘 들어 아동학대에 대한 이슈가 사회 전반에 확산되어 있다. 『아동권리와 복지』라는 책 제목은 우리 사회가 아직도 아동들의 권리에 대하여 바로 인식하고 있지 못하기 때문에 아동학대가 발생한다는 생각에서 정하게 되었다.

아동의 권리가 보장되기 위해서는 아동에 대한 올바른 이해와 아동 발달에 대한 지식이 필요하며, 아동을 둘러싸고 있는 환경에 대한 이해가 필요하다. 따라서 아동복지는 아동의 권리의식을 바탕으로 저출산 및 가정해체를 예방하기 위하여 생애주기에 맞는 다양한 지지적, 보조적 서비스가 지속적으로 제공되어야 할 것이다. 또한 대리적 서비스도 과거와 달리 그룹홈 같은 소규모 시설로 전환되어야 할 것이며, 프로그램도 보호아동들의 욕구에 맞게 개발되어야 할 것이다.

이 책은 총 IV부로 구성되어 있다.

제I부는 아동권리와 복지의 이해 부분으로 아동에 대한 전반적인 이해와 아동의 권리 및 아동복지에 대한 내용으로 구성되었으며, 제II부는 아동복지의 발달사와 아동복지의 정책 및 관련법, 아동복지의 실천에 대한 내용으로 구성되었다. 제III부는 아동복지의 실천분야로서 빈곤아동, 학대

피해아동, 장애아동, 영유아보육아동, 가정위탁아동과 입양아동, 시설아동, 다문화가정아동 등에 대한 구체적 실천내용으로 구성되었으며, 제IV부는 우리나라 아동권리와 복지의 전망과 과제에 대해 살펴보았다.

어린 아이 한 명을 키우기 위해 온 마을이 나서야 한다는 속담과 같이 우리나라도 아동을 둘러싸고 있는 사회적 환경의 변화에 초점을 맞추고 아동의 권리가 보장될 수 있도록 아동복지를 실천해나가야 할 것이다. 아동복지를 배우려는 학생들이 이 책을 통하여 아동에게 한 발짝 다가가는 계기가 되기를 기대한다.

이 책이 완성되기까지 수고해주신 동문사 이중수 사장님과 임직원 여러분께 감사드린다.

2020년 2월

저자 일동

차 례

• PART II • 아동복지의 발달과 제 접근

• PART III • 아동복지실천분야

PART I

아동권리와 복지의 이해

CHAPTER 01

아동의 이해

1 아동의 개념

현재 우리나라에서 어린이와 아동, 청소년이라는 개념은 명확하게 구분 되거나 규정되어 있지 않다. 각 법률별로 영유아, 유아, 아동, 청소년, 미성년, 소년 등으로 각기 다르게 명시되어 있고 연령적으로도 중첩되어 사용되고 있다. 연령 구분에 따른 정의는 법률적 측면뿐만 아니라 발달단계에 따른 학문적 측면과 국가에 따라 조금씩 다르게 정의하고 있으나 일반적으로 통용되는 아동은 출생에서 만 18세까지의 신체적, 정신적으로 미성숙한 단계의 인간으로 정의할 수 있다.

아동의 사전적 의미를 살펴보면 국어사전에서 아동은 어린아이를 대접하여 일컫는 말로, 초등학교에 다니는 어린이로 정의하고 있으며, 한자사전에서 아(兒)는 어린아이, 정수리가 붙지 않은 사람, 동(童)은 아이, 열대여섯 살 이하의 아이, 어리석은, 머리에 아무것도 쓰지 않은 자로 제 구실을 못하는 사람으로 풀이하고 있다.

미국의 전국사회사업가협회(NASW)가 간행한 『사회 사업사전』에 따르면, 아동은 자신에 대해 책임지는 법정연령이나 부모의 간섭으로부터 벗어나는 법정연령보다 어린 사람'으로 정의하고 있으며(김효년 외, 2012) 유엔의 '아동권리협약'에서도 아동은 '18세 미만의 모든 사람'으로 정의하고 있다. 현재 우리나라 「아동복지법」(제3조)에서 아동은 '18세 미만인 사람'으로 규정하고 있다.

이와 같이 아동의 연령 구분은 조금씩 다르게 정의되고 있으나 일반적으로 '아동'은 자신에 대해 책임지는 법정연령보다 어린, 신체적 · 정신적으로 미성숙한 단계에 있는 사람이며, 성장, 발달하는 과정에 있는 존재이고, 자립을 준비하는 인간으로 간주된다.

아동은 한 나라의 미래를 이끌어 갈 소중한 자원인 동시에 사회적 약자로서 특별한 보호를 받아야 하는 지위에 있다. 이러한 아동의 건전한 자립을 위해 부모나 사회가 아동을 건강하게 양육하는 것이 무엇보다 중요하며(이혜원, 2006), 아동의 기본적인 욕구를 보장하고, 그들이 건전하게 성장하고 발달할 수 있는 사회적인 보호와 책임 등이 요구된다.

아동을 발달단계별 측면에서 보면, 발달심리학적 측면에서는 아동은 육체적 · 인지적 · 사회적 · 도덕적 발달까지 포함되는 보편적인 욕구와 특성을 가진 존재로 만 3세에서 12세로 규정하고, 심리학적인 측면에서는 아동은 양적 · 질적으로 변화해가는 존재로서 어른과는 다른 하나의 인격체를 지닌 사람으로 이해한다. 교육학적 측면에서는 아동은 교육의 대상으로서 초등교육과정에 해당되는 시기로 만 5세에서 12세로 규정한다.

우리나라는 각 법의 특성에 따라 아동의 분별력, 판단력 그리고 신체적 능력 등을 고려하여 연령의 구분을 더욱 더 세분화하고 있으며, 법의 종류에 따라 규정하는 연령과 대상 아동의 호칭도 아동, 미성년, 연소자, 청소년 등으로 각각 다르다.

학문적 측면에서의 발달단계별 아동의 연령기준과 우리나라 각 법률로 정해진 아동의 연령 구분은 표 1-1과 같다.

본서에서는 「아동복지법」에서 규율하고 있는 내용과 아동권리협약 제1조에 나타난 아동의 정의를 중심으로 아동을 '18세 미만의 자'라고 정의하기로 한다.

표 1-1 ● **아동의 연령 구분**

분야	주장자	구분	연령
발달단계	헐록 (Hurlock, 발달심리학적 입장)	태아기 신생아기 유아기 아동기 청년기	수태~출생 출생~2주 출생2주~3세 3세~11, 12세 11, 12세~21세
발달단계	손다이크 (Thorndike, 교육학적 입장)	영아기 유아기 아동기 과도기 청년 전기 청년 후기	출생~1세 1세~5세 5세~12세 12세~14세 14세~18세 18세~25세
발달단계	콜 (Cole, 의학적 입장)	유아기 아동기 사춘기 청년 전기 청년 후기	0~6세 6세~12세 12세~ 15세 15세~18세 18세~24세
법률	민법	미성년	20세 미만
	형법	미성년	14세 미만
	아동복지법	아동	18세 미만
	청소년기본법	청소년	9세 이상 24세 이하
	청소년보호법	청소년	19세 미만
	소년법	소년	20세 미만
	근로기준법	연소자	18세 미만
	모 · 부자복지법	아동	18세 미만(취학시 20세 미만)
	한부모가족지원법	아동	모 또는 부에 의하여 양육되는 18세 미만(취학 중인 때에는 22세 미만)
	국민기초생활보장법	아동	18세 미만
	영유아보육법	영유아	6세 미만 또는 취학 전 아동

2 아동의 욕구

아동의 기본적인 욕구는 부모와 최초의 사회적 관계를 맺고 지속적인 상호작용을 통해서 충족된다. 부모는 아동의 삶에 있어 중요한 자리를 차지하고 있는데, 아동의 초기 경험들은 이후의 행동을 결정하는데 큰 영향을 미치며, 부모와의 관계를 통하여 형성된 성격, 가치관, 태도 및 행동은 아동이 성장하면서 사회에 적응하는 데 중요한 역할을 한다.

아동기는 사회적·인지적·정서적으로 급격한 성장을 하는 시기다. 이 시기에 적절하게 해결되지 못한 욕구나 문제들은 아동의 성장과 더불어 사회적 부적응 행동이나 문제행동과 연관된다. 이는 아동에게 필요한 욕구가 충분하게 채워지지 못하거나 부모와의 관계가 원만하게 이루어지지 않거나 부모의 과보호, 적절하지 못한 통제나 좌절을 경험하게 되면서 많은 문제행동을 유발할 수 있다(Loeber & Hay, 1997; 이화옥, 2009).

데시와 플라스트(Deci & Flaste, 1996)는 생물의 생존을 위해 영양분이 필수적인 것처럼 인간도 심리적으로 제대로 기능하기 위해 필수적으로 세 가지 기본심리욕구가 충족되어야 하는데, 이것들이 충족되지 않을 경우 성격과 인지구조의 성장과 개인의 안녕에 대한 문제가 발생한다고 보았다. 인간의 세 가지 기본 심리욕구인 자율성, 유능감, 관계성을 살펴보면 다음과 같다(한송이, 2015).

1) 자율성의 욕구

자율성(autonomy)은 누군가에 의해서 할 일을 지시받는 것에 의해 영향을 받기보다 할 일에 대해 스스로 자신이 의사결정을 내릴 수 있는 능력으로 정의된다(Collins COBUILD, 2003).

자율성은 어떤 일을 할 때 선택이나 의사결정에 있어 외부로부터의 통제나 압력에 상관없이 스스로가 자신의 주체이고 조절자라는 신념을 가지고, 자신의 관심과 가치에 따라 행동하는 것을 추구하는 욕구이다. 자율성은 개인적 인과론에서 도출된 개념으로 사람들은 행동의 원인과 주체를 자신의 것으로 여기길 원하며, 스스로의 행동을 선택하고 중요하고 가치 있는 것을 결정할 수 있는 자유를 바란다(Deci & Ryan, 2000). 이러한 자율성은 타인으로부터 조종이나 통제를 당하지 않고 스스로 선택하고 책임진다는 개념으로서 독립성과 차이가 있다(차회란, 2013).

개인은 자신의 관심과 통합된 가치를 추구하기 때문에 자율성이 보장될 때 유능감이 발휘될 수 있다. 자율성의 욕구는 아동의 욕구 중 가장 핵심적인 요인이다. 자율성이 동반될 때 유능감과 관계성이 제대로 발휘될 수 있는 것으로 자율성은 기본심리욕구 요인 중 가장 핵심적인 요소로 시사된다. 따라서 자율성은 개인이 결정하는 상황에서 외부의 통제를 받게 될 경우 그 욕구는 좌절된다.

자율성에 대한 초기의 설명은 정신분석학적 관점에서 프로이트(Freud, 1958)가 부모와의 유대로부터 분리되는 측면으로 자율성에 대해 개념화한 것을 근거로 하고 있다. 정서적 자율성은 부모로부터 개별화되고, 비의존적으로 한 개인이 부모를 인식하는 것으로 이해되고, 자기주도적이고 자기통제감을 가지는 자립심으로서, 부모가 설정한 적절한 제한을 받아들이기는 하지만, 자기주도, 자기조절, 독립의 특성으로 이해된다(이미정, 2010).

자율성은 학령후기 및 청소년기에 특히 중요한 역할을 하며, 성숙하고 건강한 자율성의 획득은 청소년으로서의 전환기에 반드시 성취해야 할 발달적 과업이다.

자율성의 욕구가 만족될수록 학교 및 가정생활에서의 만족도가 높고, 자아존중감이 높다. 아동의 분리 개별화는 학령후기 아동의 행동적 자율성에 영향을 주고, 행동적 자율성은 아동의 긍정정서와 부정정서에 영향을 미친다. 행동적 자율성이 높을 때 부정정서는 덜 경험하며 긍정정서는 많이 경험한다. 이는 아동 스스로 선택한 행동에 대한 자부심과 만족감이 긍정정서를 경험하게 되는 것으로(김아영, 2008; 김용희, 2009), 자율적인 행동을 많이 할수록 아동은 자아존중감과 자기 확신이 높아지는 것으로 볼 수 있다.

자율성에 대한 욕구는 내재 동기와 안녕감과 관련하여 자율성이 낮은 아동이 부모의 통제로 인해 부정 정서가 발현되어 공격성을 보이는 것으로 네이버(Neighbors) 등의 연구에서도 확인되었다.

따라서 아동의 자율성의 욕구는 긍정적인 부모-자녀관계에서 형성되며, 스스로 행동을 주도하고 관리하는 능력이 높은 아동들은 높은 수준의 자아존중감을 보인다는 점에서 학업성취, 학교생활적응 또는 진로 결정과의 관계와 관련하여 학령후기에 중요한 요인이 된다.

2) 유능감의 욕구

유능감(competence)은 사회환경과의 지속적인 상호작용을 통해서 호기심 및 효율성을 느끼고, 아동이 자신의 능력을 표현하고 발휘할 기회를 경험하는 것으로, 획득된 기술이나 능력이 아닌 행동에서 자신감과 효능감을 느끼는 것을 의미한다(Deci & Ryan, 2002).

로저스(Rogers, 1962)는 인간은 타고난 창조에의 충동을 가지고 있으며, 가장 중요한 창조품은 자아라고 보며 충분히 창의적이고 창조하는 사람은 고도로 긍정적인 자신에 대한 유능감을 가진다고 하였다. 모든 경험에 대하여 개방적이고, 자신의 창조적인 사고를 신뢰하며, 결정이나 행동에 자발적이며 자기를 둘러싼 풍요로운 삶의 작용에 대응하여 유능하게 성장하고 발달한다고 하며 창의적 사고와 창의적 인성을 자기 유능감과 연관이 있음을 보고하였다(이미정, 2010).

사회적 유능감이 잘 발달한 6세 정도의 아동은 성인들의 관심을 끌 때 사회적으로 인정하는 방식을 사용하며, 자기에게 주어진 과업이 너무 어려울 때는 성인을 자원으로 활용하는 능력이 있고, 어른이나 또래에게 애정이나 적대감을 표현할 줄 알고, 또래와의 상호작용에서 경쟁심을 나타낼 수 있으며, 자기가 성취한 일에 대해 자신감을 가지고 자랑할 수 있고, 성인의 역할놀이 행동에 참여하며, 언어적인 유능감이 발달하며, 지적 유능감 발달과 같은 사회적 유능감도 지니게 된다(White & Watts, 1773).

이러한 유능감은 실제적인 개인의 역량이기 보다는 스스로가 유능하다는 지각을 의미하며, 개인으로 하여금 능력을 발휘할 수 있는 적합한 조건을 발견하고, 자신의 능력과 재능을 꾸준히 유지하고 발전시키기 위한 동기를 이끌어 내는 것이다. 즉, 행동을 통해 자신감과 효율성을 느끼는 것으로 유능감에 대한 지지는 동기의 내재화를 촉진시키고 동기화된 행동의 자기조절에 기여하는 것으로 데시(Deci) 등의 연구에서 확인되었다.

아동의 유능감의 욕구와 관련하여 부모는 다양한 방식으로 영향을 주는 것이 필요하다.

첫째, 부모는 '설계자'로서 아동이 또래에게 접촉할 수 있는 이웃과 안전한 놀이 환경을 제공해준다.

둘째, '중재자'로서 어린 아동의 경우 또래와 접촉할 수 있는 준비를 해주고, 아동의 놀이 상대를 선택할 수 있게 규제하는 기능을 해야 한다.

셋째, '감독자'로서 아동의 사회적 기술을 향상시키기 위해 부모는 아동에게 적극적인 지지를 하며, 또래와의 협상을 시작하는 어린 아동에게는 더욱 필요하다(김화란, 2001).

이와 같이 유능감은 아동이 사회 구성원으로 살아가는 데 필요한 적응능력으로써 아동이 환경과 상호작용하면서 학교생활은 물론, 사회적 목표를 효과적인 방법으로 긍정적으로 발달시켜 나가는 능력이라고 할 수 있다.

3) 관계성의 욕구

관계성(relatedness)은 사회적 환경 안에서 다른 사람들과 관계를 맺고 연결되어 있다는 느낌으로 다른 사람과 가까워지려는 성향 또는 관계를 맺고 싶어 하는 욕구이자, 자신이 속한 사회환경 속에서 밀접한 관계를 구축하고 발전시키는 경향성을 의미한다(Bowlby, 1969).

관계성의 욕구는 인간의 진화과정에서 종족을 보전하기 위한 의도에서 비롯된 것으로 볼 수 있다. 즉, 다른 사람들과 연결되어 있다는 느낌으로 인해 타인과의 안정적인 공동체 조화를 이루려는 심리적인 감각에 관심을 갖는 것이다. 이는 고등학생을 대상으로 한 관계성과 관련한 연구에서 관계성이 높은 학생은 공격성으로 인해 발생하는 비행 경험이 저조했으며, 관계성의 변화가 적을 때 비행의 변화 또한 감소하는 것으로 보고되었다(김아영, 2007).

이와 같이 자율성, 유능성과 더불어 타인과의 연결감은 개인에게 세상에 참여하고자 하는 동기를 제공하고, 일이 힘들어질 때 지속해 갈 수 있도록 하며, 심리적 안녕감을 증가시킨다(Marianne, 2012).

아동은 이 세 가지 기본적 욕구를 통하여 개인 내적인 주관적 안녕감이 성장하고, 성인이 되어서도 건설적인 사회생활을 할 수 있다.

욕구(needs)는 근본적으로 사회사업실천의 영역으로 인간이 사회생활을 영위하는 데 충족되어야 할 기본 욕구 또는 요건을 지칭하거나 또는 이러한 기본 요건이 충족되지 않은 것이라고 할 수 있다(이순자, 2008).

아동의 욕구란 스스로 자립할 때 필요한 것으로 스스로 할 수 없는 상태, 의존적인 상태에서 발생한다. 아동복지 차원에서의 욕구는 집단적 가치체계에 기초를 두고 있으며, 집단가치체계는 집단주의적인 욕구 충족이라는 규범을 가지고 있다. 즉, 욕구는 단지 인간생활에 필요한 기본 욕구라든지, 빠뜨릴 수 없는 필요한 것이 아니라 어떤 상태를 해결하거나 개선하는 것이 필요하다고 하는 사회적 판단에 따른 것이다.

따라서 아동의 욕구는 사회적으로 개선하거나 해결을 필요로 하는 상태로서 그 상태를 해결하는 것이 사회적으로 필요할 것이라는 사회적 인식이 포함되어야 한다(Marshall, 1950).

3 현대적 의미의 아동의 개념

아동에 대한 견해는 시대적·사회적 배경에 따라서 다르게 발전해 왔다. 고대사회는 가족·씨족을 중심으로 하는 부족 공동체였기 때문에 아동은 부족의 안전과 종족 보존을 위한 수단으로 여겨졌다. 아동은 노동력을 제공하고 종족 보존에 기여할 수 있는가가 생존의 중요한 판단기준이었기 때문에 영아살해, 유기, 낙태, 인신매매를 당연하게 여겼다(성영혜·김연진, 2002). 중세에 들어와 영아살해와 유기가 기독교사상으로 인해 죄악시되어 영아의 생존이 위협받지는 않았으나, 아동은 보호받아야 할 대상이 아닌 원죄를 갖고 태어난 존재로, 그 죄를 씻기 위한 엄격한 체벌이 가해졌으며, 어린아이가 아닌 성인의 축소물로 인식되어 노동과 착취 등이 당연시 되었다(Mary J. Gander 외, 김봉소 역, 1898). 르네상스 이후 아동에 대한 관심이 증가하기 시작하여 18세기에 루소(Rosseau)는 아동을 자연 그 자체 또는 자연의 일부로 보는 자연주의 아동관을 제창하였으며, 아동들은 옳고 그름의 감각이 자연적으로 길러지고 선천적으로 타고난 순서에 따라 성장하고 발달한다고 보았다. 근대에 들어서 프뢰벨(Fröbel)은 아동은 성인과 다르며 독자적인 심리적 세계를 가지고 있다고 보았으며, 현대에 이르러 아동은 인간의 존엄성과 타고난 잠재성을 가진 존재로 간주되고 있다.

20세기 이후에 아동의 권리에 관심을 갖게 되면서 아동은 인격적 존재로서 인정받게 되었다. 아동의 욕구와 관심에 초점이 맞추어지면서 예방적 차원에서의 대책이 구체화되고 체계화되기 시작했으며, 아동복지의 대상이 요보호아동을 넘어서 일반아동으로 확대되어 보편적 아동복지에 대한 인식이 확산되었다.

20세기 이후 현대적 관점에서 이해되고 있는 아동 개념화를 살펴보면 다음과 같다(조성연 외, 2002).

1) 발달하는 존재로서의 아동

아동은 살아 있는 유기체로서 계속적으로 변화, 성장, 발달해 가는 존재이다. 아동은 성인의 축소판이 아니며, 연령이 증가함에 따라 신체적·정서적 및 사회적 측면에서 양적·질적으로 변화해 가는 존재로서 각 발달단계의 특성이 있다. 아동발달의 다양한 영역은 상호의존적인 것이며, 발달은 이전 단계에서 획득한 성숙에 연이은 과정이다. 아동이 내재적인 성장발달의 힘이 있다 하더라도 그 잠재력이 최대한 발휘되기 위해서는 성장을 보장할 수 있는 환경이 시기 적절하게 조성되어야 한다. 특히 가정이 아동의 보호와 사회화의 시발점이 된다.

2) 전인(全人)으로서의 아동

아동은 통합된 전체로서 보아야 한다. 아동발달을 논할 때 편의상 신체·운동발달, 사회·정서발달, 인지·언어발달 등으로 설명하고 있으나, 이는 각각의 발달이 분리된 것이 아니라 역동적으로 상호 관련된다는 것을 말한다. 예를 들어, 지능발달은 모든 발달영역과 관련되므로 지적인 발달만을 강조할 경우 바람직한 교육적 효과를 기대할 수 없다는 것이다.

3) 독립된 인격체로서 권리의 주체인 아동

아동은 어른이나 부모에 예속된 존재가 아니라 독립된 인격을 가진 권리의 주체로 인식되고 있다. 과거에 아동은 보호의 대상으로만 여겨져 왔으나 20세기에 이르러 아동의 권리에 관한 국제적인 선언이나 협약 등을 통하여 아동에게 양육, 발달, 보호, 기초교육, 참여 등의 권리가 조건 없이 부여되며, 아동 관련 정책이나 제도를 확립하는 데 있어서 구체적인 권리가 실현될 수 있도록 노력해야 한다고 밝히고 있다.

4) 독자적 존재로서의 아동

모든 아동은 발달하는 속도, 능력, 성격 등이 각기 다른 독자성을 지닌 존재이다. 아동은 그의 발달수준과 능력에 비추어서 이해되어야 하며, 아동에 대한 기대는 그 아동의 수준에 적절한 것이어야 한다. 아동의 독자성은 아동의 자기다움을 나타내는 것으로 다른 아동과 비교하여 우열을 따져서는 안 되며, 아동에게 도움을 제공할 때에도 아동이 처한 상황과 문제에 따라서 거기에 맞는 원리와 방법으로 도움을 제공하는 개별화가 이루어져야 한다.

CHAPTER 02

인권과 아동권리의 이해

1 아동의 인권

인권은 인간이라면 누구나 가지게 되는 보편적 권리로서, 모든 인간이 평등하며, 자유롭다는 자연법적 원칙에 따라 일체의 사회적 차별과 불평등에 저항하여 인간 본연의 존엄성을 지켜야 한다는 것이 인권의 일차적 개념이다(정진이, 2014).

인권은 태어날 때부터 자연적으로 가지는 천부의 권리로, 권리의 속성은 로크(John Locke, 1632~1704)를 중심으로 한 근대 민주주의 사상인 '인간의 존엄성'에서 비롯되었다. 여기서 인간의 존엄성이란 인간이 생존과 기본적 자유에 있어서 중심적 주체가 된다는 것을 의미한다(김진숙, 2009).

즉, 인간이면 누구나 평등하게 소유해야 한다는 의미에서 보편적이며, 인간의 존엄성을 존중받기 위해서는 기본적으로 전제하여 보장되어야 할 조건이라는 의미에서 근본적이다. 인간의 존엄한 삶을 위해 모든 인간이 평등하게 소유하고 보장받아야 할 권리가 바로 인권인 것이다. 이러한 인간으로서의 보편적 존엄성을 인식하고 실정법을 통해 보장하기 시작한 것은 근대에 이르러서이다(이선엽, 2014). 인간은 자유롭고 천부적인 존엄한 존재로서, 자신의 인권을 실현하고 보장받기 위해서 권리를 확보하고자 하였다. 인간의 존엄성을 실정법의 체계 속에서 구체적인 권리로 명시함으로써 또는 한 국가나 공동체 또는 국제사회가 합의한 규범적 질서 속에서 승인됨으로써 도덕적인 권리로 보장받을 수 있는 것이다(한상범, 1991).

인권은 인간이 태어나면서부터 존엄한 존재로 천부적으로 타고난 권리가 있음을 뜻한다. 이러한 인권에는 크게 4가지가 있다. 첫째, 보편성과 불가양도성이다. 모든 인간은 인권을 가지며 자신의 권리를 다른 사람에게 양도하거나 타인의 권리를 빼앗을 수 없다. 둘째, 상호의존성 및 불가분성으로 모든 권리가 의존성으로 연결되어 있고 서로 나눌 수 없음을 의미한다. 셋째, 인간평등과 불차별은 인간의 어떤 특징에 따라서도 차별받지 않아야 하는 것이다. 넷째, 권리와 의무는 서로 연결되어 있다는 것이다. 이러한 인권의 특징은 아동인권의 바탕에 그대로 적용된다(국가인권위원회, 2016).

이러한 인권은 어떠한 형태의 국가적 주권보다 우선하여 어떤 형태의 위기상황에서도 유보되거나 증여 또는 침해받지 아니하는 인간 고유의 고귀한 천부적 권리로, 일반적으로 시민적·정치적 권리로 인식되는 자유권적 권리와 국가라는 실행 주체의 역할과 함께 인권이 가능할 수 있는 경제·사회·문화적 조건을 구체화한다(정진이, 2014). 간혹 '인권'과 '권리'의 개념을 구분하여 설명하기도 한다. 인권은 '인간답게 살아갈 권리'라는 규범적 의미를 가지며, '인간의 권리'를 총칭하는 말이지만 기존의 제도와 질서에 의하여 권리가 침해당한 상황을 전제하고 사용되는 경우가 많으므로 저항적인 의미도 포함하며 때로는 '동물권'과 대비되는 개념으로 받아들여진다. 반면에 '권리'는 '인권'의 저항적 의미도 없고, 모든 상황에 보편적으로 채택될 수 있는 용어로 이해되기도 한다(한국청소년개발원, 1997).

인권은 사람이 '단순히 사람'이라는 이유 하나만으로 누리는 권리이며, 인간의 본성에 내재된 권리로서 인권 없이 우리는 인간으로서 살아갈 수 없다. 인간은 기본적인 권리와 자유를 가지고 있기 때문에 자신의 재능과 양심을 발전시키고, 성격과 개인의 자질을 활용할 수 있으며, 정신적 욕구와 기타의 욕구를 충족시킬 수 있다. 또한 인권은 인간이 사회환경 안에서 마땅히 누려야 할 권리다. 인간이 세상에 태어나 성장해 가면서 바라는 것, 희망하는 것, 요구하는 것들을 권리의 개념으로 승화시킨 것이 바로 인권이다(유네스코한국위원회, 2000).

인권은 인간의 존엄한 삶을 위해 인간 모두가 평등하게 보장받고 누려야 할 권리이며, 인간의 존엄성이란 인간의 그 생존과 기본적 자유에 있어서 중심적 주체가 된다는 것을 의미한다. 인권은 인간의 존엄성에서 나온 것이기 때문에 인간 존엄성은 모든 권리의 기초이자 출발점이 된다. 즉, 모든 가치판단의 원천이 되며, 근본적 가치 규범으로써 모든 윤리적 판단과 법령의 효력과 내용을 해석하는 근본 원리를 제공하게 되는 것이다(정진이, 2014).

2 아동의 권리

1) 아동권리의 개념

아동권리의 개념 정의는 아동이 인간으로서 누려야 할 기본적인 제 권리를 총칭하는 것으로 성인의 권리와 많은 공통성이 있으면서도 아동의 특성상 성인의 권리와 차이가 있다. 아동의 자격으로 승인되는 아동 고유의 권리는 아동이 가지고 있는 정신적·신체적 요구를 법적으로 승인하는 것으로, 그 내용적 원천은 아동의 인격을 전면적으로 발달시키는 것을 목적으로 하여 생존을 확보하는 것이다(황성기, 1994).

아동의 권리는 인간이 사회생활을 영위해 가면서 마땅히 누려야 할 권리, 인간이 세상에 태어나 성장해 가면서 바라는 것, 희망하는 것, 요구하는 것들에 대해 이익을 받을 수 있도록 법질서에 의하여 인정된 자격을 말한다.

유엔의 아동권리협약의 내용에는 어린이를 18세 이하의 자로 정의하며, 아동의 권리는 인종, 국적, 종교를 초월하여 모든 아동에게 해당되며, 아동 최선의 이익우선 원칙으로 모든 조치, 정책들을 아동에게 가장 유익한 방향으로 결정해야 한다고 나타나 있다(박휘숙 외, 2014).

이러한 기본 원칙하에 한국아동학대예방협회는 아동이 누려야 할 기본 권리를 다음과 같이 밝히고 있다.

① 생명을 유지하고 또 최상의 건강과 의료혜택을 받을 생존권의 권리
② 아동의 차별대우와 착취, 학대와 방임, 가족과의 인위적 분리 등으로부터 보호받을 권리
③ 육체적 · 정서적 · 도덕적 · 사회적 성장에 필요한 정규교육, 비정규교육을 포함한 모든 종류의 놀이, 여가, 정보, 문화 활동, 사상, 양심, 종교의 자유를 누리며 국적과 이름을 가질 발달권의 권리
④ 자신의 의사를 표현할 자유와 자기 생활에 영향을 주는 일에 대하여 말할 수 있는 참여권의 권리로 규정하고 있다.

아동은 권리의 주체이며 더 이상 성인의 부속물이 아니다. 아동에 대한 부모의 권리는 더 이상 불가침한 것이 아니며, 아동의 권익을 보호하기 위해 국가권력이 개입될 수 있다.

2) 성인중심관점과 아동중심관점에서의 아동의 권리

(1) 성인중심관점

성인중심관점은 대부분의 성인이 가지고 있는 관점으로, 대부분의 성인은 아동에게 가장 유리한 방향으로 행동하려고 노력하지만 실제로는 성인중심관점에서 행동하는 경우가 많다.

성인중심관점을 보여주는 대표적인 예로 '아동구원론'이 있다. 아동구원론은 아동을 학대행위로부터 보호하는 데 주목한다. 그러나 아동구원

론에서는 아동의 법적 권리보다 부모의 자율성을 강조하며, 부모가 아동을 통제하는 데 초점을 둔다. 이에 따라 아동구원론에서는 아동에게 '...을 하지 않을 권리'를 강조하고 있다. 아동구원론의 경우 아동이 가지는 견해는 의미가 있다고 보지 않으며, 아동이 독립하는 것도 크게 인정하지 않고 있다(Andrews & Ben-Arich, 1999).

(2) 아동중심관점

아동에게 귀를 기울이거나 또는 세상을 아동의 관점에서 보려면 성인은 기존의 관점에서 철저하게 벗어나야 한다. 이 경우에 필요한 관점이 아동중심관점이다.

아동중심관점을 보여주는 대표적인 예로 '복지권리론'이 있으며, 이보다 더 급진적인 것으로 '아동해방론'과 아동의 '가족 내 의사결정권론'이 있다. '복지권리론'은 다음과 같은 특징을 지닌다(Freeman, 1983).

① 아동의 적극적인 권리를 강조한다.
② 아동 개인뿐만 아니라 미래세대까지 주목한다.
③ 선언적 권리가 아니라 실제로 청구하는 권리를 강조한다.

아동중심관점에서는 아동에게 '...을 할 권리'를 강조한다. 또한 아동권리의 여러 측면들 중에서 가장 중요한 것은 아동의 사회적 가치를 인정하는 것이다. 즉, 아동이 사는 방식을 성인이 존중해 주는 것이다. 이것이 아동중심관점의 토대가 된다(Andrews & Arich, 1999).

3) 아동권리의 발전과정

역사적으로 아동의 지위는 크게 세 번의 변화를 겪으며 발전해 왔다.

첫째, 일반적으로 사회적 약자 또는 소수로 언급되는 아동의 권리는 17~18세기에 이르러서야 유럽의 계몽사상 등을 중심으로 아동의 보호와 예찬의 변화를 겪었다.

둘째, 제1차 세계대전 후 여성과 아동의 인신매매 금지를 위한 국제협약(1921), 아동권리에 관한 제네바선언(1924), 노예폐지협약(1926) 등과 같은 아동보호에 관한 각종 선언과 협약 등이 이루어졌다. 그러나 이러한 선언 및 협약 등은 법적 구속력 부재로 아동권리보장에는 큰 영향을 미치지 못하였다(이노홍, 2013).

셋째, 제2차 세계대전 후 제네바선언에 기초하여 1959년 유엔총회에서 10개 조항으로 확장된 '유엔아동권리선언'이 만장일치로 채택되었으며, 1989년 유엔총회에서 아동의 권리에 관한 법적 구속력을 가진 아동권리협약이 제정되었다. 유엔아동권리협약은 국가에 대하여 국제법적 효력을 갖는 실질적인 아동권리보장을 규정하였고(정태수, 1991), 1990년 '아동을 위한 세계 정상회담'에서 구체적인 달성 목표를 세우는 단계까지 이르게 되었다(김진숙, 2009). 이러한 변화는 아동이 단지 작은 성인 혹은 미성숙자로 보호받아야 한다는 소극적인 의미에서 한 인간으로 존엄성을 지키며 적극적으로 그들의 삶을 위해 권리가 존중되어야 한다는 중대한 변화를 가져왔다(안동현, 1997).

제1차 세계대전 후 성립된 제네바선언과 제2차 세계대전 후 채택된 유엔아동권리선언을 살펴보면 다음과 같다.

(1) 제네바선언

아동권리사상은 아동복리회의 창설자인 제브(Eglantyne Jebb) 여사가 세계아동헌장을 기초하여 성문화된 아동권리선언으로부터 시작되었다. 제1차 세계대전 이후 독일과 오스트리아를 위시하여 서구사회는 많은 아동들이 빈곤과 기아, 영양실조 등의 문제로 어려움에 처해 있었으나 기금모금에는 상당한 어려움이 있었다. 이에 제브 여사는 '인류는 아동에게 최선의 것을 부여할 의무를 진다'고 주장하였으며, 어린이의 권리에 대한 인식이 필요함을 역설하는 발표문을 국제연맹에 제출하였다. 이를 기초로 1924년 9월 26일 제네바에서 개최된 국제연맹회의에서 '아동권리에 대한 제네바선언' 5개 조항을 채택하였다.

아동권리에 대한 제네바선언(Geneva Declaration of the Rights of Child)은 국제사회가 아동의 권리보호를 중요한 과제로 인식한 최초의 문서로서, '아동의 권리선언'과 '아동의 권리협약'으로 계승되어가는 기초가 되었으며, 아동의 권리가 사상 처음으로 국제간 선언으로 채택되었다는 점에서 큰 의미를 지닌다(정태수, 1991).

제네바아동권리선언은 아동의 신체적·정신적 발달 보장, 요보호아동에 대한 원조, 위험에 처한 아동의 최우선적 구제, 생활보장과 착취로부터의 보호, 인류동포에 공헌하는 아동 육성의 5개 조항의 원칙을 포함하고 있다. 그 구체적인 내용은 다음과 같다.

- 제1조 : 아동에게는 정상적인 발달에 필요한 물질적·정신적 수단이 제공되어야 한다.
- 제2조 : 굶주린 아동에게는 먹을 것을, 병든 아동에게는 치료를, 발달이 늦은 아동에겐 도움을, 비행아동에게는 교화의 기회를, 고아와 부랑아에게는 주거와 원조를 제공해야 한다.
- 제3조 : 아동은 위험에 처한 경우 가장 먼저 구제를 받아야 한다.
- 제4조 : 아동은 생계연명을 보장받아야 하며, 모든 형태의 착취로부터 보호받아야 한다.
- 제5조 : 아동은 자신의 재능을 인류에게 이바지해야 한다는 인식하에서 양육되어야 한다.

(2) 유엔아동권리선언

제2차 세계대전 이후 국제사회는 수많은 아동이 겪는 고통에 대해 다시금 국가적 책임을 명시할 필요성을 느끼게 되었다. 이에 국제연합은 1959년 11월 20일 제14차 유엔총회에서 10개 조항으로 확장된 '유엔아동권리선언(UN declaration of the Rights of Child)'을 채택하였다. 유엔아동권리선언은 아동의 권리를 체계적으로 명시하고, 아동을 권리의 주체로 인정하여 아동의 복지권을 강조하였다는 점에서 큰 의미가 있다(장인협 · 오정수, 1993).

이 선언은 제네바선언의 정신과 내용을 이어받아 작성된 것으로, 상세하고 넓은 관점에서 개선한 것이며, 성장하고 있는 아동, 즉 사회적 약자의 입장인 아동에 대하여 그 인권의 보장과 실현을 가능하게 하기 위하여 특별히 보호해야 한다는 시각에서 작성되었다(김의영, 2002).

유엔아동권리선언의 10개 조항은 다음과 같다.

- 제1조: 모든 아동은 선언에 명시된 권리를 보장받아야 한다. 아동은 인종, 피부색, 성별 등에 따라 차별을 받지 않을 권리를 가진다.
- 제2조: 아동은 법률에 의해 자유와 존엄성을 보장받으며, 건강하고 정상적으로 발달할 수 있도록 특별한 보호를 받을 권리를 갖는다. 이를 위해 법률을 제정하는 데 있어서 아동의 최상의 이익을 우선적으로 고려해야 한다.
- 제3조: 아동은 출생 시부터 성명과 국적을 부여받을 권리를 갖는다.
- 제4조: 아동은 사회보장 혜택을 받을 권리를 갖는다.
- 제5조: 장애아동에게는 특별한 치료와 교육, 보호가 제공되어야 한다.
- 제6조: 전인적 발달을 위해 아동은 사랑과 이해를 필요로 하므로 가급적 아동은 가정에서 부모에 의해 양육되어야 하며, 사회는 가정이 없는 아동에 대해 특별한 보호를 제공할 의무를 갖는다.
- 제7조: 아동은 적어도 초등학교까지는 의무교육을 받을 권리를 가지며, 아동의 교육과 지도는 아동의 최상의 이익에 근거하여 이루어져야 한다. 또한 아동에게는 교육뿐 아니라 놀이와 여가도 제공되어야 하며, 사회는 이러한 권리를 증진시키기 위해 노력해야 한다.
- 제8조: 아동은 모든 상황에서 우선적으로 보호와 구제를 받아야 한다.
- 제9조: 아동은 모든 형태의 차별적 관행으로부터 보호되어야 하며,

방임, 학대, 착취, 매매의 대상이 되어서는 안 되며, 최저연령에 도달하기 전까지는 유해한 활동과 직업에 고용되어서는 안 된다. 또한 자신의 재능을 이웃에게 이바지할 수 있도록 양육되어야 한다.

- 제10조: 아동은 인종과 종교 등 차별을 조장할 수 있는 관습(남존여비)으로부터 보호받아야 한다.

3 유엔아동권리협약

1) 아동권리협약의 의의

유엔아동권리협약은 아동의 최선의 이익 보장을 위해 법적 구속력을 갖춘 최초의 국제법으로, 유엔아동권리선언에서 명시한 아동의 권리를 지속적으로 보장하기 위해 채택된 최초의 국제협약이다.

유엔은 10개 항의 '유엔아동권리선언'이 제정된 20주년을 기념하여 1979년을 '세계 어린이의 해'로 선포하였고, 아동의 권리를 단순히 선언문이 아닌 법적 구속력을 가진 국제협약의 형태로 발전시키기 위해 1989년 11월 20일 유엔총회에서 유엔아동권리협약을 만장일치로 채택하였다. 유엔아동권리협약은 1990년 10월 2일부터 국제법으로 그 효력이 발생되었으며, 우리나라를 위시한 세계 193개국이 비준하였다. 유엔아동권리협약에 비준한 국가는 협약에 명시된 모든 아동의 권리를 보장할 의무와 동시에 협약의 이행상황을 유엔아동권리위원회에 보고할 의무를 갖는다.

아동권리협약은 전문과 3부 54조항으로 구성되어 있다. 제1부는 제1조부터 41까지 아동이 누려야할 권리와 당사국의 아동보호 의무규정에 대해 다루고 있으며, 제2부는 제41조부터 45까지 아동권리위원회의 설치와 권한 및 당사국의 협력을 규정하고 있다. 제3부는 제46조부터 54까지 협약의 효력 및 관리에 관해 규정하고 있다.

아동권리협약이 갖는 주요 특징은 협약의 3대 원칙으로 알려진 차별금지(제2조), 아동의 최선의 이익(제3조), 참여권 보장(제12조, 제13조 등) 조항에서 잘 드러나 있다. 이 세 가지 아동권리협약의 원칙들 중 무차별의 원칙과 아동의 최선의 이익 원칙은 세계인권선언(1948)과 아동권리선언(1959)에서 이미 천명되었으며, 아동 참여의 원칙은 협약 제12조 아동의 의사표현권과 제13조 의사표현의 자유에 관한 조항으로 규정하고 있다(김진숙, 2009).

2) 유엔아동권리협약의 특징

유엔아동권리협약은 다음과 같은 특징이 있다(UNICEF, 1999).

① 포괄적(comprehensive) : 아동에게 시민권, 정치권, 경제권, 사회권, 문화권을 보장해 주는 유일한 협약이다.
② 보편적(universal) : 모든 상황에 놓여 있는 모든 아동에게 적용된다.
③ 무조건적(unconditional) : 자원이 거의 없는 정부에게조차도 아동권리를 보호하기 위해 조치를 취할 것을 요구한다.
④ 전체적(holistic) : 모든 권리가 본질적이고 분할할 수 없고 상호의존적이며 동등함을 주장한다.

3) 아동권리협약에서의 아동권리

유엔아동권리협약에는 아동의 권리를 생존권, 보호권, 발달권, 참여권으로 범주화하고 있다. 문헌에서는 아동의 권리 범주를 구체적으로 다음과 같이 설명한다(김호년 외, 2012).

(1) 생존권

아동이 삶에 갖는 권리, 즉 살아가기 위해 필요한 기본조건으로, 건강의료의 권리, 양육지정의 권리, 사회보장의 권리, 생활수준 향유의 권리이다.

① 건강의료의 권리

아동이 최상의 건강수준을 유지하고 질병의 치료와 회복을 위하여 시설을 사용할 수 있는 권리이다.

국가는 아동의 건강을 위한 환경오염 방지, 충분한 영양식 및 깨끗한 음료수의 제공 등을 통한 질병 및 영양실조 퇴치를 위한 조치를 해야 한다.

② 양육지정의 권리

아동이 자기에 대해 취해진 치료나 조치에 대하여 심사를 할 수 있는 권리이다.

③ 사회보장의 권리

아동이 사회보험을 비롯한 사회보장제도의 혜택을 받을 수 있는 권리이다.

④ 생활수준 향유권

아동이 발달에 필요한 영양·의복·주거 등의 생활수준에 대한 권리이다.

이를 확보하는 1차적인 책임은 부모에게 있으며, 국가는 그러한 부모의 책임수행을 원조할 책임을 지고, 부모의 이혼 또는 해외거주 등의 경우에는 아동의 양육비를 확보하도록 필요한 조치를 취해야 한다.

(2) 발달권

발달권은 아동이 성장하면서 가질 수 있는 모든 권리를 말한다.

아동이 가진 잠재능력을 최대한 발휘하도록 하기 위해 필요한 기본조건으로, 교육을 받을 권리, 여가를 즐길 권리, 전통적으로 문화생활을 할 권리, 정보를 누릴 권리, 생각과 양심, 종교의 자유를 누릴 권리 등이다.

① 부모를 알 권리 : 아동이 출생과 더불어 등록되고, 이름을 가지고, 국

적을 취득하고, 부모를 알고, 어버이에 의해서 양육될 권리

② **정체성의 보전권**: 아동이 위법한 간섭을 받지 않고 국적, 성명 및 가족관계를 포함하여 법률에 인정된 정체성을 보존할 수 있는 권리

③ **부모로부터 분리되지 않을 권리**: 부모로부터의 분리가 최상의 아동이익을 위하여 필요하다고 결정되는 경우 외에는 아동이 그의 의사에 반하여 부모로부터 분리되지 않도록 국가로부터 보장 받을 수 있는 권리

④ **가족재회 시 출입국이 자유로울 권리**: 국경을 넘어서 친자가 분리되고 있는 경우 양친이 다른 나라에 거주하고 있을 때 부모와 접촉할 수 있는 권리

⑤ **국외 불법이송을 금지받을 권리**: 아동의 불법적인 해외이송이나 미귀환을 금지받을 권리

⑥ **부모에게 1차적으로 양육 받을 권리**: 아동의 최선의 이익이 고려된 상태에서 부모가 아동의 양육책임을 다할 수 있도록 국가가 그 조건을 정비해 주어야 할 권리

⑦ **대체적으로 양호를 받을 권리**: 가정환경을 박탈당하고 자기의 가정에 머무르는 것이 용인될 수 없는 경우 국가에 의한 보호와 원조를 받을 권리

⑧ **양자결연을 받을 권리**: 양자결연을 할 수밖에 없는 아동의 경우 신중한 절차를 거쳐 이루어져야 하며, 국제 양자결연은 대체적으로 인정되고 국내 양자결연과 동등한 것이 되어야 할 권리

⑨ **교육받을 권리**: 초등교육을 무상의무교육으로 받을 권리를 포함하여 기회균등의 원칙에 입각하여 중·고등교육을 받을 기회에 학습권까지도 가질 수 있는 권리

⑩ **휴식권, 여가권, 문화참가권**: 휴식과 여가를 즐기고 자신의 연령에 적합한 놀이와 오락 활동에 참여하며, 문화생활과 예술에 자유롭게 참여할 수 있는 권리

(3) 보호권

아동의 자유로운 권리행사가 오히려 불이익을 가져다 주는 경우에는 아동을 보호할 필요가 있다. 보호권은 모든 아동이 보호받을 권리와 특별히 곤란한 조건에 있는 아동이 보호받을 권리가 있다.

① 모든 아동이 보호받을 권리 : 부모로부터의 폭력, 학대, 방임, 착취로부터 보호받을 권리, 마약, 향정신성 약으로부터 보호받을 권리, 성적 착취, 학대로부터 보호받을 권리, 유기, 매매, 거래를 방지 받을 권리, 모든 형태의 착취로부터 보호받을 권리, 고문이나 사형을 금지 받을 권리, 소년사범에 관련된 권리 등이 있다.

② 특별히 곤란한 조건에 있는 아동의 권리 : 난민아동의 보호받을 권리, 장애아의 권리, 소수자, 원주민 아동의 권리, 무력분쟁 시 아동이 보호받을 권리, 피해아동이 사회에 복귀할 권리 등이 있다.

(4) 참여권

아동이 자신의 의사를 표현할 자유와 자기 생활에 영향을 주는 일에 대하여 말할 수 있는 권리이다. 즉, 책임감 있는 어른이 되기 위해 아동 자신의 능력에 부응하여 적절한 사회활동에 참여할 기회를 가질 권리이다(UNICEF세계교육부, 1995).

① 생활참여권

- 의견표명권 : 자신의 견해를 형성할 능력이 있는 아동은 본인에게 영향을 미치는 모든 문제에 있어서 자신의 견해를 자유롭게 표현할 권리
- 사생활 · 통신 · 명예를 보호받을 권리 : 어떠한 아동도 사생활, 가족 또는 통신, 명예나 신앙에 대한 간섭 또는 비난으로부터 법의 보호를 받을 권리

② 사회참여권

- 표현 · 정보의 자유, 사상 · 양심 · 종교의 자유, 결사 · 집회의 자유
- 정보접근성 : 정보와 자료에 대한 접근의 권리

4) 유엔아동권리협약의 일반원칙(general principle)

유엔아동권리협약은 4개의 일반원칙을 중심으로 구성되고 있다. 무차별의 원칙, 아동 최선 이익의 원칙(제3조), 생존과 발달 보장의 원칙(제6조), 의사 존중의 원칙(제12조) 등을 제시하고 있다.

(1) 무차별원칙(non-discrimination)

아동권리협약 제2조 제1항은 협약 당사국에게 자국의 관할권 안에서 아동 또는 그의 부모나 후견인의 인종, 피부색, 성별, 언어, 종교, 정치적 또는 기타의 의견, 민족적 · 인종적 · 사회적 출신, 재산, 무능력, 출생 또는 기타의 신분에 관계없이 그리고 어떠한 종류의 차별함이 없이 협약상 규정된 권리를 존중하고 각 아동에게 보장할 의무를 부여하고 있다. 제2항은 아동이 그의 부모나 후견인 또는 가족구성원의 신분, 활동, 표명된 의견, 신념을 이유로 하는 모든 형태의 차별이나 처벌로부터 보호되도록 모든 적절한 조치를 취할 것을 당사국의 의무로 규정하였다.

(2) 아동 최선의 이익원칙(child best interest)

아동권리협약 제3조 제1항에서 공공 또는 민간 사회복지기관, 법원, 행정당국 또는 입법기관 등에 의하여 실시되는 아동에 관한 모든 활동에는 아동의 최선 이익을 우선적으로 고려(primary consideration)할 것을 규정하고 있다. 아동권리협약 제18조 제1항 아동의 최선 이익이 부모 또는 경우에 따라서 후견인은 아동의 양육과 발달에 일차적 책임을 진다는 아동의 최

선의 이익이 그들의 기본적 관심이 되어야 한다고 규정하고 있다. 제21조는 아동의 입양에 있어 아동의 최선 이익이 최우선적으로 고려(paramount consideration)되도록 보장해야 한다고 규정하고 있다.

(3) 생명과 발달의 권리원칙(the rights to survival and development)

협약 제6조는 당사국은 모든 아동이 생명에 관한 고유의 권리를 가지고 있음을 인정한다. 당사국은 가능한 한 최대한도로 아동의 생존과 발전을 보장해야 한다.

(4) 아동의 의사 존중원칙(the views of the child)

아동권리협약 제12조 제1항은 당사국이 자신의 견해를 형성할 능력이 있는 아동 본인에게 영향을 미치는 모든 문제에 대해 견해를 자유롭게 표시할 권리를 보장하고 이는 아동의 연령과 성숙도에 따라 적정한 비중이 부여되어야 할 것이라고 규정하였다. 제2항은 이를 위해 아동에게 영향을 미치는 모든 사법적·행정적 절차에서 아동이 직접 또는 대리인이나 적절한 기관을 통하여 진술할 기회를 국내법적 절차에 합치되는 방법으로 부여될 것을 규정하고 있다.

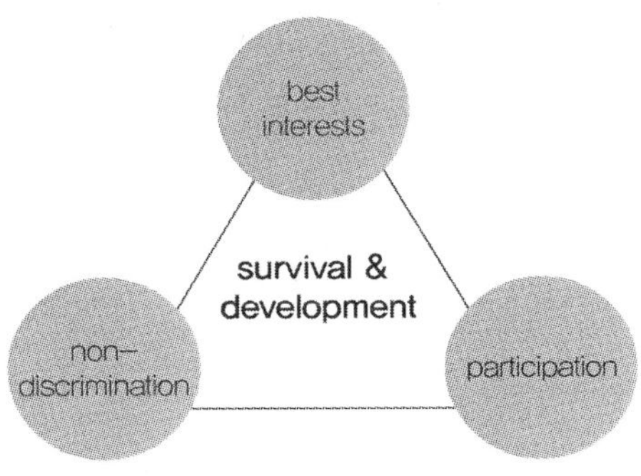

출처 : www.childrenrightswales.org.uk.

그림 2-1 아동권리의 원칙

5) 시민적 권리와 자유

아동권리협약의 내용에는 아동권리협약의 일반원칙에 기초하여 자유권적 권리와 사회권적 권리의 보장이 다음과 같이 제시되었다.

(1) 자유권적 권리의 보장

유엔아동권리협약에서 명시하고 있는 자유권적 권리에는 성명권·국적취득권과 부모로부터 양육 받을 권리, 신분 보존의 권리, 표현의 자유, 사상·양심·종교의 자유, 결사와 집회의 자유, 사생활의 보호, 정보접근권 등이 포함된다.

① 성명권과 국적 취득권의 권리(아동권리협약 제7조): 아동은 출생 후 즉시 등록 되어야 하며, 출생 시부터 성명권과 국적 취득권을 가지며, 가능한 한 자신의 부모를 알고 부모에 의하여 양육받을 권리를 가진다.

② 신분보존의 권리(국제협약 제8조): 당사국은 위법한 간섭을 받음이 없이 국적, 성명 및 가족관계를 포함하여 법률에 의하여 안정된 신분을 보존할 수 있는 권리를 존중한다.

③ 표현의 자유(국제협약 제13조): 아동은 표현의 자유를 갖는다. 이 권리는 구두, 필기 또는 인쇄, 예술의 형태 또는 아동이 선택하는 기타의 매체를 통하여 모든 종류의 정보와 사상을 국경에 관계없이 추구하고 접수하며 전달하는 자유를 포함한다.

④ 사상·양심·종교의 자유(아동권리협약 제14조): 당사국은 아동의 사상·양심 및 종교의 자유에 대한 권리를 존중해야 한다.

⑤ 결사와 집회의 자유(아동권리협약 제15조): 당사국은 아동의 결사의 자유와 평화적 집회의 자유에 대한 권리를 인정한다.

⑥ 사생활의 보호(아동권리협약 제16조): 어떠한 아동도 사생활, 가족, 가정 또는 통신에 대하여 자의적이거나 위법적인 간섭을 받지 아니하며 또한 명예나 신망에 대한 위법적인 공격을 받지 아니한다.

⑦ 정보접근권(아동권리협약 제17조): 당사국은 대중매체가 수행하는 중요한 기능을 인정하며, 아동이 다양한 국내적 및 국제적 정보원으로부터의 정보와 자료, 특히 아동의 사회적·정신적·도덕적 복지와 신체적·정신적 건강의 향상을 목적으로 하는 정보와 자료에 대한 접근권을 가지도록 보장해야 한다.

(2) 사회권적 권리의 보장

유엔아동권리협약에서 명시하고 있는 사회권적 권리에는 정상적 가정생활을 누릴 수 있는 권리, 사회보장 혜택의 권리, 보건과 의료서비스를 받을 수 있는 권리, 교육을 받을 권리, 적절한 여가·오락 및 문화생활을 누릴 수 있는 권리, 방임이나 학대 및 착취로부터 보호받을 권리, 장애아동이 특별한 보호를 받을 권리 등이 포함된다.

① 정상적 가정생활을 누릴 수 있는 권리(아동권리협약 제9조)

아동권리협약 제9조에는 당사국은 아동이 그의 의사에 반하여 부모로부터 분리되지 아니하도록 보장해야 한다. 단, 책임 있는 해당 기관이 아동이 그의 부모와 떨어져 있는 것이 그 아동의 최적의 생존을 보장한다고 판단하였을 때 합법적인 절차에 따른 사법심사를 거쳐 이를 실행할 수 있다. 그러나 이러한 경우에도 정상적인 환경하에서 그들의 부모와의 개인적인 관계 및 접촉을 할 수 있도록 아동의 권리를 존중해야 한다.

제10조는 가족의 재결합보장 및 부모가 타국에 거주하는 아동의 직접적 면접교섭을 위한 입·출국권을 규정한다. 제27조 제4항에서 국내외에 거주하는 부모 또는 기타 아동에 대하여 재정적으로 책임 있는 자로부터 아동양육비의 회부를 확보하기 위한 모든 적절한 조치를 취할 국가의 의무를 규정하였다. 제18조는 국가가 아동을 지도할 부모의 책임과 확대가족의 권리와 책임을 존중해야 하며, 부모에게 아동을 양육할 공동의 일차적 책임을 부여하고 국가에게는 아동을 양육하는 부모를 원조하도록 규

정하고 있다. 제20조는 가정환경을 박탈당한 아동에 대한 국가의 특별 보호 제공의무와 보호받을 권리를 규정하고 있다. 협약의 제21조에는 아동의 최선의 이익이 최우선적으로 고려되는 입양제도를 구축하고 법률과 절차에 따른 관계당국의 입양허가제 규정이 있다.

② 보건과 의료적 서비스를 받을 권리(아동권리협약 제24조)

아동권리협약 제24조에는 당사국은 아동이 최상의 건강상태를 향유할 수 있는 권리 및 질병치료나 건강회복을 촉진할 수 있는 권리를 인정해야 하며, 의료보호제도를 누릴 수 있는 권리를 보장해야 함을 규정하고 있다. 이러한 권리가 보장됨으로써 아동의 사망률을 감소시킬 수 있으며, 알맞은 영양식과 깨끗한 식사와 공기를 제공하여 질병과 영양실조를 예방할 수 있다. 그리고 임산부에게 적절한 출산 전후의 건강보호를 제공해야 한다.

제6조 제2항에서는 가능한 한 최대한도로 아동의 생존과 발전을 보장해야 할 국가의무를 규정한다. 제23조에서는 장애아동의 존엄성 보장과 특별한 보호권 및 적합한 국가지원과 배려의무를 규정하고, 제26조에서 사회보험을 포함한 아동의 사회보장제도 혜택권과 이를 위한 국내이행조치 의무 및 취업부모를 둔 아동들의 아동보호시설 향유권과 이를 위한 국가의 적절한 조치의무를 제18조 제3항에서 규정하고 있다. 제27조에는 모든 아동의 신체적·지적·정신적·도덕적 및 사회적 발달에 적합한 생활수준을 누릴 권리와 국내 여건과 재정의 범위 안에서 부모 또는 기타 아동에 대하여 책임 있는 자가 이 권리를 실현하는 것을 지원하기 위한 적절한 조치를 취할 국가의 의무 규정이 있다.

③ 사회보장 혜택의 권리(아동권리협약 제26조)

당사국은 모든 아동에 대해 사회보험을 포함한 사회보장제도의 혜택을 누릴 권리를 인정하고, 국법에 위배되지 않는 범위 내에서 이 권리의 충분한 실행을 위해 필요한 방법을 강구해야 한다. 경제적 불안정으로 최소한의 아동욕구가 충족되지 않을 경우 아동의 신체적·지적·정서적 발달에 장애를 초래하게 된다. 사회보장은 돌발적인 경제적 불안에 대한 대비책으로 제도적 장치를 마련하여 아동의 권리를 보장하는 것이다.

④ 교육을 받을 권리(아동권리협약 第28조)

당사국은 아동의 교육받을 권리를 인정하고 동등한 기회균등의 기초 위에서 이 권리가 성공적으로 실행되도록 무료의무교육, 일반교육과 직업교육을 포함한 다양한 형태의 중등교육을 장려하는 조치를 취하도록 규정하고 있다.

제29조에는 아동교육의 목표를 아동의 인격, 재능 및 정신적·신체적 능력의 최대한의 계발 및 인권과 기본적 자유 및 국제연합헌장에 규정된 원칙 존중 및 자신의 부모, 문화적 주체성, 언어 및 가치 그리고 현거주국과 출신국의 국가적 가치 및 이질문명에 대한 존중을 규정하고 있다.

⑤ 적절한 여가, 오락 및 문화적 생활을 누릴 수 있는 권리(아동권리협약 제31조)

당사국은 아동이 각자의 연령에 적합한 놀이와 오락 활동에 참여할 아동의 권리 및 문화생활과 예술에 자유롭게 참여할 아동의 권리와 이를 위한 적절하고 균등한 기회를 제공할 의무를 규정하고 있다.

⑥ 방임이나 학대 및 착취로부터 보호받을 권리(아동권리협약 第32조)

당사국은 아동에 대한 경제적 착취 및 아동의 교육에 해가 되거나 위험하다고 판단되는 작업으로부터 또는 아동의 건강과 신체적·정신적·도덕적·사회적 성장을 저해한다고 판단되는 작업으로부터 보호받아야 하는 아동의 권리를 국가가 인정하고, 이의 이행을 보장하기 위한 입법적·행정적·사회적·교육적 조치를 강구해야 한다.

⑦ 특별한 보호조치

유엔아동권리협약 제22조는 긴급한 상황에 처한 아동으로 난민아동과 무력분쟁에 처한 아동을 규정하고, 이들을 위해 난민아동과 난민의 지위를 구하는 아동에 대한 특별한 보호 의무를 부여하고 원조를 제공하는 국제기구와 협력할 의무를 규정하고 있다. 제40조는 사법집행의 대상이 된 아동에 대한 특별한 보호와 권리보장을 위한 내용과 제32조 착취당하고 있는 아동으로 경제적 착취와 교육 및 건강과 사회적 발전에 유해한 아동노동으로부터의 보호권, 최초 고용연령 및 적합한 고용시간, 조건 그리고 실효성 확보를 위한 제재수단을 두도록 규정하고 있다. 제30조에는 인종적·종교적 또는 언어적 소수자나 원주민이 존재하는 국가에서 이러한 소수자에 속하거나 원주민의 아동은 자기 집단의 다른 구성원과 함께 고유문화를 향유하고, 고유의 종교를 신앙하고 실천하며, 고유의 언어를 사용할 아동의 권리와 이를 위한 국가조치의무를 규정하고 있다.

유엔아동권리협약에서 아동의 모든 권리는 아동의 완전하고 조화로운 인격발달과 인간의 존엄성을 실현하는 데 필요한 것들이다. 이 협약의 권리들은 서로 상호 지지하면서 연관된 것으로 권리 사이의 어떠한 위계도 찾아볼 수 없다는 특징을 가지고 있다(김정래, 2002; 한지숙 · 홍은주, 1998). 또한 아동권리협약의 특성은 아동 자신이 권리의 주체가 되어 자신에게 최선의 것을 찾고 향유할 수 있는 것으로 누구로부터 받는 혜택이 아니라 천부적으로 자신들에게 주어진 삶의 실현의 내용이다(박향아, 2002).

6) 유엔아동권리의 이행 제도

아동권리협약도 모든 국제인권규범과 마찬가지로 당사국들의 이행을 확보하는 일이 가장 중요하다. 아동권리협약 제43조는 협약상 의무이행을 달성함에 있어 당사국이 이룩한 진전 상황을 심사하기 위해 아동권리위원회를 설립하였다. 아동권리위원회는 능력이 인정된 10명의 위원으로 구성되며, 위원은 형평성을 고려한 지리적 배분과 주요 법체계를 고려하여 당사국의 국민 중 당사국이 지명한 1인의 명단 중에서 비밀투표로 선출된다. 위원회 최초의 선거는 이 협약의 발효일부터 6개월 이내에 실시되며, 그 후 매 2년마다 실시된다. 위원의 임기는 4년이고 재임가능하며 개인 자격으로서 임무를 수행한다. 위원회의 주된 업무는 협약 제45조에 따라 당사국이 제출한 보고서를 심사하고 심사종료 후 '제안과 일반적 권고'를 하는 것이며, 이러한 제안과 일반적 권고는 당사국의 논평이 있으면 그 논평과 함께 모든 관계 당사국에 전달되고 총회에 보고되어야 한다.

(1) 당사국 보고 의무

협약 제44조 제1항은 당사국이 협약에서 인정된 권리를 실행하기 위하여 채택한 조치와 진전 상황에 대한 보고서를 협약 발표 후 2년 이내에 위원회에 제출하도록 하고 이후에는 5년마다 제출하도록 규정하였다. 또한 제2항에는 협약상 의무이행에 장애가 있는 경우 이를 적시할 것, 협약 이행에 관한 전반적 이해가 가능하도록 충분한 정보를 포함시킬 것, 최초 보고서를 제출한 당사국은 5년마다 진행되는 후속 보고서에 이미 제출한 정보를 반복 제출할 필요가 없음을 명시하였다. 아동권리위원회는 1991년 제1회에 최초 보고서의 형식과 내용에 관한 일반지침을 채택하여 항목별 분류에 따라 협약의 이행을 위한 일반적 조치들을 보고하고, 이를 자국 내 국민들이 볼 수 있도록 하고 있다(이노홍, 2013).

(2) 아동권리협약의 유보

유엔국제위원회(International Law Commission, ILC)는 국제관습법으로 1969년 성문화된 비엔나협약(Vienna Convention on the Law of Treaties)이 채택되었다(류병윤, 2012). 비엔나협약 제19조에 따르면 조약이 유보를 금지하거나 특정의 유보만을 행할 수 있음을 규정하고 있는 경우와 유보가 그 조약의 대상이나 목적과 양립하지 않는 경우를 제외하고 국가가 조약에 서명 · 비준

·수락·승인 또는 가입할 때에 유보를 형성할 수 있다고 규정하고 있다.

유엔아동권리협약 역시 제51조에 유보 관련 조항을 두고 당사국이 특정협약의 내용에 대해 유보를 한 경우 유엔사무총장이 비준 또는 가입 시 당사국이 행한 유보문을 접수하고 모든 국가에게 이를 배포하도록 하고 있다. 하지만 아동권리위원회는 동 협약의 대상 및 목적과 양립할 수 없는 유보는 허용되지 않는다는 제51조 제2항과 당사국은 국내법 조항을 근거로 조약 수행의 회피를 정당화할 수 없다는 조약법에 관한 비엔나협약 제27조를 근거로 당사국의 유보조항에 대한 공식적 이의 제기 및 철회를 촉구하고 있다(이노홍, 2013). 한편 유보는 유엔사무총장에게 발송된 통고를 통하여 언제든지 철회할 수 있다. 유엔아동권리협약의 가입 및 비준 시 일부조항을 유보하거나 협약이행의 전제조건을 일방적으로 선언한 나라는 62개국이고, 이 중 우리나라를 비롯하여 18개국이 유보조항의 일부 및 전체를 철회하였다. 대부분의 유보는 구체적 아동권리보장의 내용 중 제14조 사상·양심·종교의 자유, 제7조 성명과 국적, 제21조 입양, 40조 소년사범에 관한 내용이다(이노홍, 2013).

7) 유엔아동권리위원회의 권고 및 이행

유엔아동권리협약에 가입한 이래 우리나라 아동의 권리는 아직까지 개선되지 못한 점도 상당 부분 있으나 여러 부분에서 많은 진전을 보이기도 하였다.

유엔아동권리위원회의 권고사항 및 이행된 부분을 살펴보고자 한다.

(1) 유엔아동권리위원회의 권고

우리나라는 유엔아동권리협약 제44조의 규정에 따라 협약의 이행사항을 1994년과 1999년에 유엔아동권리위원회에 제출하였다. 그러나 1994년의 제1차 국가보고서는 협약이행 현황을 개선하기 위한 명확한 목표 제시가 부족하였고, 이를 위한 사법 및 행정절차의 보완과 예산편성 방안을 제시하지 못하였다. 제2차 국가보고서는 제1차 국가보고서보다는 충실한 내용이 제시되었으나, 권리이행의 포괄적인 파악과 협약의 이행을 어렵게 하는 기본적인 배경을 파악하는 데는 부족함이 있었다(보건복지부, 한국아동단체협의회, 한국아동권리학회, 2006). 따라서 유엔아동권리위원회는 2003년 한국정부에 대해 2차 권고사항을 제시하고, 그 이행상황에 관한 3차 및 4차 통합보고서를 제출하도록 하였다.

2008년 한국정부는 각 부처의 내용을 취합해 유엔아동권리협약 이행에 대한 제3,4차 통합국가보고서를 유엔아동권리위원회에 제출하였다. 유엔아동권리위원회는 2011년 대한민국 정부가 제출한 제3,4차 통합보고서를 심사하여 다음과 같은 최종견해를 채택하였다. 유엔아동권리위원회는 2010년 3월 개정된 가사소송법, 2011년 개정 및 제정된 입양특례법, 민법, 초·중등교육법시행령, 아동복지법, 다문화가족지원법, 장애아동복지지원법, 자살예방 및 생명존중 문화 조성을 위한 법률의 채택을 환영한다고 하였다. 이와 동시에 우리 정부의 제1,2차 보고서에 대한 권고사항의 일부가 불충분하게 다루어지거나 전혀 다루어지지 않았음을 유감으로 생각하며, 아직 이행되지 않은 권고사항 중, 특히 국가인권위원회 내 아동권리 분과위원회의 설립, 체벌의 전면적인 금지, 아동이 겪는 고통의 스트레스를 줄이기 위한 교육정책검토와 관련된 사항을 처리하기 위하여 필요한 모든 조치를 취할 것 등을 촉구한다고 하였다. 또한 본 최종견해의 이행에 관한 정보를 포함하는 제5,6차 통합정기보고서를 2017년 6월 19일까지 제출해 줄 것을 대한민국에 요청하였다.

한국정부가 제출한 유엔아동권리위원회의 제3,4차 국가보고서에 대하여 채택한 권고사항(2011년)의 주요 내용은 다음과 같다(보건복지부, 2011d).

① 일반이행 조치의 권고사항

- 한국정부가 이행하지 않은 이전의 권고사항, 특히 국가인권위원회 내 아동권리분과위원회의 설립, 체벌의 전면적인 금지, 아동이 겪는

스트레스를 줄이기 위한 교육정책의 검토와 관련된 사항을 처리하기 위한 조치를 취할 것을 촉구하였다.

- 입양이 주무당국의 소관이며 아동이익 최우선의 원칙을 최대한 고려하도록 보장한다는 협약 제21조(a) 항에 대한 유보의 철회, 즉 국가에 의한 입양허가제의 시행을 권고하였다.
- 정부부처 간 정책조정의 개선을 위하여 아동정책조정위원회를 강화하거나, 필요한 권한과 충분한 인적·기술적·재정적 자원을 확보한 적절한 관련 기구를 수립할 것을 권고하였다.
- 협약의 전 부분을 다루는 아동 관련 국가행동계획을 채택하고, 이를 위해 충분한 인적·기술적·재정적 자원 및 감시체계를 제공할 것을 권고하였다.
- 대한민국의 경제발전 수준과 OECD 수준에 맞도록 협약이행을 위해 재원 수준을 증가하고, 아동을 위한 재원의 배분 및 사용을 추적하는 체제를 도입하여 아동을 위한 지원 금액의 가시성을 제공하도록 권고하였다.

② 일반원칙의 권고사항

- 무차별의 원칙: 「차별금지법」을 신속히 제정하고, 취약계층 및 소수집단 아동에 대한 차별적 태도의 근절과 예방, 청소년 미혼모에 대한 충분한 지원을 제공해야 한다.
- 아동이익 최우선의 원칙: 아동에게 영향을 미치는 법률 행정, 사법절차 및 모든 정책, 프로그램 및 사업에 있어 아동이익 최우선의 원칙이 적절히 통합되도록 노력을 강화해야 한다.
- 아동의 생명, 생존과 발달 보장의 원칙: 아동의 가정 내에서 그리고 교육제도 하에서 아동의 자살위험 요인에 관한 연구를 실시하고, 연구결과는 구체적인 정책 및 제도적·행정적 방안 이행을 이끌어가는 것이어야 한다.

•아동 의사존중의 원칙 : 아동이 자신의 견해를 표출할 권리를 보장하고 아동에게 영향을 주는 모든 결정과정에 그들의 의견이 고려되도록 법 개정을 고려해야 한다.

③ 시민권과 자유의 권고사항

•부모의 법적 지위 또는 출신에 관계없이 모든 아동의 출생이 신고되도록 조치할 것을 촉구하고, 출생신고에 아동의 생물학적 부모가 정확히 명시되도록 보장할 것을 촉구하였다.

•가정, 학교 및 모든 기관에서 체벌을 명백히 금지하도록 관련 법률과 규정을 개정하라는 국가인권위원회의 권고를 이행하라고 촉구하였다.

④ 가정환경과 대안교육의 권고사항

•대안양육시설 내 아동학대 관련 진정 접수, 조사 및 기소제도의 보장, 학대피해자의 진정 절차, 상담, 진료, 회복지원서비스를 이용할 수 있도록 하고, 아동이 부모를 찾거나 연락을 유지할 수 있도록 충분히 지원할 것을 권고하였다.

•해외입양제도가 협약 제21조를 포함한 협약의 원칙과 조항에 완전히 합치될 수 있도록 법안을 개정하고, 해외입양제도를 포함한 모든 입양이 사법적 감독과 규제를 담당할 중앙기구의 허가에 따라 이루어지도록 촉구하였다. 입양과정에서 나이와 성숙도를 고려하여 아동의 견해에 적절한 중요성을 부과하며, 아동이익 최우선의 원칙이 중요한 고려사항이 되도록 권고하였다. 청소년 미혼모의 동의가 있어야만 그들의 자녀를 입양 보낼 수 있도록 권고하였다.

⑤ 장애, 기초보건과 복지의 권고사항

•모든 장애아동에 대한 적절한 지원, 장애아동의 교육요구를 충분히 충족시킬 수 있도록 교육여건을 개선하고 통합교육을 받을 수 있도

록 할 것을 권고하였다.

- 저소득가정이 무상으로 의료체계에 접근할 수 있도록 공공의료시설 체계를 구축할 것을 권고하였다.
- 아동 우울증 및 자살의 근본 원인에 대한 철저한 조사에 기반하여 아동정신건강관리정책을 개발할 것을 권고하였다.
- 담배, 알코올, 인터넷 중독이 야기할 수 있는 건강상의 위험에 대한 인식을 제기하기 위하여 언론 등을 통해 정보 및 교육캠페인을 늘릴 것을 권고하였다.

⑥ 교육, 여가, 문화 활동의 권고사항

- 현 교육 및 관련 시험제도에 대한 평가, 사교육에 대한 의존과 불평등을 해결할 수 있도록 공교육의 강화, 여가, 문화 및 오락 활동에 대한 아동권리의 보장을 권고하였다.
- 망명, 난민희망자를 포함하여 대한민국에서 태어난 모든 아동의 등록과 이들에 대한 사회적 지원, 교육에 대한 접근을 보장할 것을 촉구하였다.
- 불법체류자 자녀를 포함하여 이주아동의 교육에 대한 접근, 실질적 교육을 보장하는 정책과 전략을 개발하고 채택할 것을 권고하였다.
- 아동성폭력 예방을 위한 조치, 여성과 아동에 대한 인신매매의 예방, 억제 및 처벌을 위한 의정서의 비준을 촉구하였다. 또한 대한민국이 아동권리의 실현을 더욱 강화하도록, 모든 이주노동자와 그 가족의 권리보호에 관한 국제협약과 강제 실종으로부터 모든 사람을 보호하기 위한 국제협약 등 주요 인권조약에 가입할 것을 권고하였다.

(2) 유엔아동권리위원회의 권고사항에 대한 이행성과 보고

한국정부는 유엔아동권리위원회가 제시한 2003년 아동권리협약의 이행과제 권고사항에 대한 이행성과를 다음과 같이 보고하였다(보건복지부 내부자료).

① 아동의 부모면접교섭권 등 아동권리협약 유보조항 철회: 1991년 협약 비준 시 국내법 저촉으로 유보한 아동면접권 등 유보조항의 철회를 위하여 주무부처인 법무부 등과 협의하여 부모에게만 인정되던 면접교섭권을 자녀에게도 인정될 수 있도록 법무부에서 민법개정이 추진되었으며, 유보조항 중 국가에 의한 입양허가제를 검토하였다.

② 「민법」상 혼인적령의 남녀 차이 지적 및 시정권고: 「민법」상 남녀 혼인 가능연령을 남자 18세, 여자 16세로 달리 규정하고 있어서, 남녀 차별 시정 및 아동이익 최우선의 원칙에 의거하여 남녀 모두 약혼 및 혼인연령을 18세로 일치되도록 민법 개정을 추진하였다.

③ 아동정책 조정과 협약 모니터링을 위한 상설중앙기구 설치: 거시적 정책비전 없이 각 부처에서 산발적으로 추진되던 아동정책의 효율적 추진을 위해 별도의 아동정책조정기구로서 국무총리 산하 아동정책조정위원회를 신설하여 각 부처 아동정책을 총괄하고 아동권리협약 이행상황 모니터링 업무를 수행하였다. 그리고 2006년에 한국보건사회연구원에 아동권리모니터링센터를 설치하였다.

④ 아동견해 존중을 위한 입법조치 및 협약에 대한 정보 제공: 아동이 의견을 피력할 수 있는 제도적 장치 미흡 및 부모, 교육자, 판사, 일반인 등에 대한 아동권리협약 교육프로그램 개발이나 홍보가 미흡하였다. 아동에 대한 보호조치를 취할 때 아동의 의견을 물을 수 있도록 「아동복지법」을 개정하였고(2004), 아동권리협약 모니터링 및 홍보를 강화하였다.

⑤ 가정, 학교 등에서의 체벌 금지: 아동체벌을 원칙적으로 금지하고 있으나 아동체벌에 대한 사회적 인식 부족으로 교육적 목적의 체벌이 일부 허용되고 있는 상황이다. 교육청과 아동보호전문기관 간에 업무협약 체결, 교사 대상 아동권리교육확대 등 학교 내 아동권리 침해사례에 대한 모니터링을 강화하였다. 교사, 학부모 등을 대상으로 하는 아동권리 캠페인 등을 통해 체벌금지에 대한 사회적 공감대를 형성하였다.

⑥ 저소득 아동 대상 무료이용 등 공공보건의료기능 강화 : 취약한 공공보건의료 기반을 강화하기 위하여 6세 미만 아동의 본인부담금을 면제하고, 의료급여특례아동을 확대하는 등 아동에 대한 국가의료지원 규모를 확대하였다.

⑦ 18세 미만 어린이에 대한 권리지표 개발 및 통계수집 확보 : 통계 체계가 아동권리협약 전 항목에 걸쳐 수집되지 못하고 있다. 아동백서를 발간하여 40개 주요 아동지표(Key Indicators) 마련 및 아동발달단계별 조기개입, 양육프로그램 개발 등 중장기 아동정책을 추진하였다.

CHAPTER 03

아동발달의 이해

1 아동발달의 원리와 특성

1) 아동발달의 원리

인간의 발달은 수정체를 형성하고 태어나서 질적 · 양적으로 변화하는 과정을 거쳐 어른으로 자란다.

인간발달에 대한 학자들의 정의를 살펴보면, 홀링워스(Hollingworth)는 개인 생활사의 여러 가지 변화를 의미하는 것으로 보고 있으며, 코프카(Koffka)는 유기체와 그 기관이 양적으로 증대하고, 구조적으로는 정밀화되며, 기능적으로는 유능화되는 현상이라고 표현한다. 그리고 허록(Hurkock)은 개체의 크기 변화, 비율의 변화, 새로운 특징의 획득, 낡은 특징의 소실 등으로 나누고 이들이 서로 작용하여 일어나는 과정을 발달이라고 한다(장휘숙, 2005).

이처럼 인간발달은 신체적 구조나 기능에 있어서 그리고 행동의 양상으로 나타나는 곧 심리적 기능면에서의 양적 · 질적 · 시간적으로 계속적인 변화로 정의 내릴 수 있다(강봉규, 2000).

개별 인간의 발달은 자신이 당면한 여러 가지 조건과 상황에 따라 그 속도나 양에 차이가 생겨난다. 하지만 인간의 발달을 가능하게 하는 원리들은 동일하게 나타난다. 인간 발달은 연속적이기는 하지만 그 속도나 개인적인 차이가 있기 때문에 그 단계를 칼로 자르듯 구분한다는 것은 역시 쉬운 일이 아니다. 아동발달의 원리는 다음과 같다.

(1) 발달에는 일정한 방향이 있다

아동의 발달에는 세 가지 법칙이 있다. 첫째, 발달은 머리에서 다리 방향으로 이루어진다. 태아는 우선 머리가 발달하고 이어서 발이 발달한다. 둘째, 발달은 가까운 곳에서 먼 곳으로 이루어진다. 이는 대뇌가 먼저 발달하고 말초신경이 나중에 발달한다는 점에서 발견된다. 셋째, 발달은 전신운동에서 특수운동으로 발생한다. 이 법칙은 어린아이의 움직임 혹은 반응이 아이가 발달함에 따라 전신반응에서 세부적인 부분의 반응으로 이루어짐을 말한다. 곧 갓난아이는 주위 자극에 대해 온 몸을 흔들며 반응하지만, 아이가 자라면서 똑같은 자극에 대해 손이나 발로 반응한다(강봉규, 2000).

이처럼 발달의 순서에는 신체의 중심에서 주변으로 전개되는 특징을 갖고 있다. 피아제(Piaget)는 아동의 사고발달에도 일정한 순서가 있다고 보았는데, 먼저 감각이나 동작을 통해 인지하는 단계에서 출발하여 언어나 개념을 사용하여 생각하는 단계, 논리에 의해 사고하는 단계를 거치게 된다고 하였다(김세곤 외, 2010).

(2) 발달은 지속성이 있으나 그 속도는 각각 다르다

발달은 연속적이며 점진적인 과정으로 이루어져 있다. 특히 발달은 연속적이기 때문에 어떤 단계에서 일어난 현상은 다음의 단계에 영향을 줄 수 있다.

발달의 속도가 다르다는 것은 발달의 속도가 불규칙적이라는 것을 말한다. 이는 신체적 부분이나 정신적 기능이 급격히 증가하거나 감소하는 시기가 있기 때문에 나타나는 현상이다(강봉규, 2000).

(3) 발달에는 개인차가 있다

같은 시간에 태어나고 일반적인 발달의 절차를 거쳐 발달이 이루어진다고 하더라도 신체적 성장 혹은 지적인 기능에서는 서로 차이가 있다. 곧 일란성 쌍둥이라 할지라도 자세히 보면 생김새 혹은 지적 능력 등이 다르다. 허록은 발달에서 나타나는 개인차에 대해서 '각각의 개인 발달형식은 자신의 방법에 따라 진행되며 어떤 발달은 매끄럽고 조금씩 이루어지는 반면, 다른 어떤 발달들은 분출하듯이 진행된다고 하였다(김경희, 1999).

일반적으로 사회에서는 발달이 빠른 아이는 지적으로 우수하고, 발달이 느리면 능력이 떨어진다고 보는 그릇된 인식이 존재한다. 그러나 어떤 아동일지라도 언젠가는 최고의 발달수준에 이르게 된다는 사실을 인식해야 한다. 이처럼 발달은 속도도 스타일도 개인에 따라 다양하며 성장이 끝나는 시기도 개인차가 있다. 그러므로 평균적 척도의 기준으로 개인의 발달지체 정도나 정상 · 비정상을 판단하는 것은 바람직하지 않다(김세곤 외, 2010).

(4) 발달은 유전과 환경의 상호작용 안에서 이루어진다

발달은 부모의 유전 인자와 주위 환경에 영향을 받는다. 하지만 아직까지 두 가지 요소 중에 어떠한 것이 발달에 더 많은 영향을 미치는가에 대해서는 명확하게 밝혀지지 않았다(김경희, 1999).

발달에서의 유전과 환경의 상호작용이란 첫째, 개체가 환경에 작용한다는 것을 말한다. 호기심이 강한 아동은 그렇지 못한 아동보다 더욱 적극적으로 주위 환경의 탐색활동을 통해 새로운 지식을 더 많이 습득해 나가는 경우가 있다. 둘째, 환경이 일정할지라도 개체가 다르면 그 효과도 다르게 나타난다. 음악에 관한 학습기회가 동일한 내용과 방법으로 제공되었다고 할지라도 '음악에 소질이 있는 자'와 '음악에 소질이 없는 자' 사이에는 그 효과가 다르게 나타난다(김세곤 외, 2010).

(5) 발달에는 결정적인 시기가 존재한다

특정한 발달이 이루어지는 때는 일정한 시기가 있다. 예를 들면, 걸음마가 시작되는 시기는 아기가 태어나자마자 바로 이루어지는 것이 아니라 생후 10개월 후 어느 정도의 근육과 골격이 갖추어진 뒤에 나타난다. 또한 사춘기도 생후 바로 찾아오는 것이 아니라 일정한 발달이 진행되고 난 후 나타난다(김경희, 1999).

이처럼 결정적 시기는 영·유아, 아동의 신체기관이나 정신적 발달이 급격히 이루어지는 특정한 시기이다. 이 시기에 환경적 장애로 인해 정상적 발달이 이루어지지 않으면 해당 영역의 발달에 결함을 지속시킬 가능성이 크다. 최근에는 결정적 시기를 민감기라는 개념을 사용한다. 인간발달에서 학습 가능성이 다소 감소된 시기에도 학습은 이루어질 수 있어 자신의 과업을 이루어낼 수 있다. 예를 들면, 영아가 언어발달을 이루게 되는 민감한 시기에 상호작용을 못해주는 부모와 함께 지내더라도 이후에 언어적 상호작용을 해주면 학습의 시기는 늦어도 발달을 할 수 있게 된다(강문희, 2013).

(6) 발달은 분화와 통합의 과정을 거친다

아동의 모든 발달은 운동 기능의 발달처럼 세분화되어 발달되며, 이 세분화되어 발달한 기능이 하나로 통합되어 새로운 발달을 가져온다. 예를 들면, 아이가 물건을 잡기 위해서는 손을 뻗는 기능과 손을 움켜쥐는 기능, 이 두 가지 기능이 발달된 후 통합되어 이루어진다(임창재, 1998).

2) 아동발달의 특성

(1) 신체발달

모든 유기체는 생명을 부여 받으면서부터 질적으로 양적으로 증가하며 변화를 겪는다. 인간은 수정체를 형성하면서 태아로 성장하게 된다.

아동기의 어린이들은 가만히 앉아 있을 수 없는 특징을 가진다. 팔과 다리의 대근육이 자라면서 활동적이고 힘이 넘쳐서 언제나 움직일 준비가 되어 있어서 어린이들을 꼼지락거리게 하고 뛰게 한다. 이러한 대근육의 발달은 전반적인 발달을 증진시킨다. 또한 소근육의 발달로 조절기능이 향상됨에 따라 글씨를 쓰고 그림을 그리거나 간단한 도구를 활발하게 사용한다(박지영, 2007).

아동의 신체적 발달은 약 2세가 되면 아이들의 체중이 출생 당시에 비해 약 4배 정도가 증가한다. 아동 후기의 시기인 6~11세 아이들의 생활 중심은 가정에서 학교로 옮겨지게 되고 부모와 가족 외에 선생님, 친구, 책 그리고 TV와 매체의 영향을 많이 받게 된다. 이로 인하여 아동은 개인적인 특성이 더욱 발달하는 특징을 지닌다(김경희, 1999).

아동기 후기의 아이들은 신장과 체중적인 면에서 빠르게 성장한다. 한국 남아의 경우 6세에서 12세까지 6년 동안 평균적으로 신장이 약 116cm에서 약 149cm로 33cm가 자란다. 같은 시기에 남아의 체중은 21.4kg에서 42.8kg으로 21.4kg이 증가한다. 12세가 되면 출생 시에 비해 몸무게는 약 8배가 되고 신장은 약 2.8배가 된다. 이러한 신체적 발달은 사회 경제적으로 상류층일수록, 지능이 높을수록 그 성장속도가 더욱 빠르게 나타난다(김경희, 1999).

또한 골격의 발달은 출생 후 뼈의 조직이 연골에서 경골로 변화되고, 뼈의 크기와 수가 늘어나고, 유치가 빠지고 영구치가 생겨나며, 두뇌는 신체의 어느 부분보다 일찍 발달하여 생후 2년간 급격히 발달하고 활발하게 이루어져 출생 시의 90% 정도가 발달한다. 이처럼 골격과 두뇌의 발달은 아동기를 통해 지속된다(박지영, 2007).

이와 같이 아동기 어린이의 신체 발달은 발육의 정도에 따라 다소의 차이는 있으나 전 생애에 걸쳐서 보면 여전히 빠른 속도로 진행되는 특징이 있음을 알 수 있다.

(2) 인지발달

인간의 지적능력이란 개인이 환경에 효과적으로 적응할 수 있는 능력을 의미한다. 인지발달은 인간의 지적능력이 환경과의 상호작용을 통해 어떻게 변화되는가의 과정과 사고하고 학습하는 능력발달의 과정이다.

① 아동기 사고의 특성

피아제는 아동기 사고의 특성을 구체적 조작기로 설명하고 있다. 이 단계에서 아동의 사고는 자신이 직접 경험한 구체적인 세계에 한정되기 때문에 구체적 조작기라 부른다. 조작이란 주어진 정보를 특정한 목적을 위해 변형시키거나 뺄셈과 같은 능력이 이에 속한다. 이 시기는 보존개념, 조망수용능력, 유목화, 서열화 개념 등이 특성을 갖는다(정옥분, 2008).

㉠ 보존개념

보존개념은 물체가 외형상 변화함에도 불구하고 이로부터 빼거나 더하지 않으면, 그 물체의 본래의 양은 그대로 보존된다고 판단할 수 있는 능력이다. 아동은 폭과 넓이가 다른 두 잔의 물의 양이 동일하다는 사실을 알게 되며, 수와 길이, 양에 대한 보존개념 그리고 부피에 대한 보존개념의 순서로 획득하게 된다.

이러한 보존개념의 획득에는 가역성, 보상성, 동일성이라는 세 가지 개념의 획득이 전제가 된다.

㉡ 조망수용능력

아동기에는 사고의 자기중심성에서 벗어나 타인의 입장, 감정, 인지 등을 추론하고 이해할 수 있는 조망수용(perspective taking)능력을 습득하게 된다. 아동에게 어떤 줄거리를 이야기해 주고 상황을 설명해 주었을 때, 아동은 그 이야기의 주인공이 느끼는 감정을 이해할 수 있게 된다. 아동은 타인의 사고과정이나 행동의 원인을 추론하고 이해하는 인지적 조망능력도 획득하게 된다.

또한 아동의 감정조망능력은 감정의 특성에 따른 상황마다 차이가 나타나는데, 즉 기쁨과 슬픔의 감정이 관련된 상황에서 감정조망수용능력이 가장 높게 나타나며, 분노가 관련된 상황에서는 낮게 나타난다. 전반적으로 여아의 감정조망수용능력이 남아보다 더 높게 나타난다.

ⓒ 유목화

아동기에는 물체를 공통의 속성에 따라 분류하고 한 대상이 하나의 유목에 속하는 것으로 분류할 수 있다. 물체를 한 가지 속성에 따라 분류하는 단순 유목화, 물체를 두 개 이상의 속성에 따라 분류하는 다중 유목화의 개념이나 상위유목과 하위유목 간의 관계를 이해하는 유목포함의 개념을 습득하게 된다.

ⓓ 서열화

아동은 사물을 영역별로 차례대로 배열할 수 있는 능력을 획득하게 된다. 특정한 속성에 따라 유목으로 나누면서, 동시에 거의 시행착오 없이 상호관계에 따라 막대를 순서대로 배열하는 단순 서열화뿐만 아니라, 두 가지 이상의 속성에 따라 대상을 비교해서 순서대로 배열하는 다중 서열화도 가능하다. 이러한 서열화의 개념은 수들 간의 관계를 이해하는 데 결정적인 역할을 하므로 산수를 배우는 데는 필수적이다.

② 인지양식

인지양식(cognitive style)이란 개인의 환경에 대해 인식하고 반응하는 양식으로서 아동기에 나타나기 시작한다. 인지양식은 아동의 성격을 반영할 뿐만 아니라 아동의 인지적 수행에도 영향을 미친다(정옥분, 2008).

㉠ 수렴적 사고와 확산적 사고

수렴적 사고(convergent thinking)는 문제 해결을 위해 사용하는 사고방식의 한 종류로, 여러 가능한 해결책이나 답들 가운데서 가장 적합한 해결책이나 답을 모색해가는 사고를 의미하며, 수학문제 같은 한 개의 정답만 있는 경우에 수렴적 사고가 필요하다.

확산적 사고(divergent thinking)는 문제해결을 위해 다양한 해결책이나 답을 모색해가는 사고를 의미하며 창의성과 밀접한 연관이 있다. 사고의 유창성, 융통성, 독창성, 정교성, 집착성 등이 확산적 사고에 포함하는 능력이다.

㉡ 장의존성과 장독립성

장의존성(field dependence)과 장독립성(field independence)은 개인이 사물을 인식할 때 그 사물을 둘러싼 배경인 장(field)의 영향을 많이 받거나 받지 않는 인지양식을 의미한다. 장의존적인 사람은 장의 영향을 많이 받고, 사물을 전체로서 지각하며, 장독립적인 사람은 장의 영향을 거의 받지 않으며, 사물을 여러 개의 부분으로 지각한다.

장의존성과 장독립성은 사회적 관계에도 영향을 미친다. 장의존적인 아동은 어려운 상황에 처하게 되면 단서를 얻기 위하여 주위 사람들에게 의존하거나 다른 사람의 견해에 맞추어 자신의 견해를 수정하는 반면, 장독립적인 아동은 스스로 문제를 해결하고 매우 자율적이다.

㉢ 사려성과 충동성

사려성(reflection)이 높은 아동은 주어진 문제를 찬찬히 풀어가면서 실수를 적제 하는 반면, 충동성이 높은 아동은 주어진 문제에 즉각적인 반응을 보이면서 실수를 많이 하게 된다. 짝짓기 그림검사의 경우 아동이 얼마나 정확하게 반응하는가와 얼마나 빨리 반응하는가에 따른 갈등상황이 발생하기도 한다.

③ 창의성

지능이 높다고 해서 반드시 창의적인 것은 아니다. 창의성은 참신하고 색다른 방법으로 사고하고, 독특한 해결책을 생각해낼 수 있는 능력이다. 예술가나 과학자와 같이 창의적인 사람들이 독특한 방법으로 문제를 해결하는 것은 연상적 사고로 새로운 문제해결을 위해 수많은 관계목록을 끌어내며 또한 놀이를 하는 것과 같은 이완된 분위기에서 자연스러운 태도로 문제해결에 참여하는 자발성을 갖는 데 있다.

창의성과 지능과의 관계 연구에서 창의적인 아동들의 인성적 특성은 첫째, 창의성과 지능이 모두 높은 집단의 아동들은 자신감, 독립심, 통찰력을 가지고 있으며, 통제와 자유, 행동표출에서의 어른스러움과 어린이다움을 동시에 표현할 수 있다. 둘째, 창의성은 높으나 지능이 낮은 집단의 아동들은 심한 스트레스와 갈등을 느끼며, 자신이 무가치하고 부적절하다고 느낀다. 그러나 긴장이 해소된 자유스러운 분위기에서는 자신의 능력을 최대한 발휘할 수 있다. 셋째, 지능은 높으나 창의성이 낮은 집단의 아동들은 학교생활에 적응을 잘하고, 학교 성적은 좋으나 실패에 대한 두려움이 크며, 전통적이고 관습적인 것에 대한 적응력이 높다. 넷째, 창의성과 지능이 둘 다 낮은 경우의 아동들은 다양한 방어기제를 사용하며, 학교에서의 학업성취 등에는 소극적이나 사회적 행위를 요구하는 상황에서는 성공적인 수행을 위해서 노력한다(정옥분, 2008).

(3) 언어발달

아동의 언어발달은 네 가지의 고전적 이론이 있다. 즉, 아동이 출생하면서 동시에 언어를 학습할 수 있다는 경향성을 지닌다고 보는 입장인

생물학적 이론, 언어 획득의 대부분이 경험을 통해서 이루어진다고 보는 학습이론, 언어가 인지 발달과 관련되어 사고의 발달과 관련지어 발달한다는 인지발달이론 그리고 언어 획득이 생물학적 성숙과 환경이 경험의 역할 모두 중요하다고 여기는 상호작용이론이다(장휘숙, 2005).

아동기의 언어 성장은 단어의 지식과 의미를 이해하는 방향과 단어를 사용하는 데 필요한 문장과 문법의 규칙을 이해하는 두 가지 방향으로 이루어져 있다. 이와 더불어 아동은 언어를 학습의 도구로 사용한다는 특징을 가지고 있다(박아청, 2002).

아동은 약 2세가 되면 200~300개의 단어를, 3세가 되면 800~1,000개의 단어, 4세에는 1,500개, 5세에는 약 2,000개의 단어를 사용한다. 약 3세가 되면 이야기에 필요한 기초적인 문법을 습득하고 일상생활의 회화능력이 크게 발달한다.

아동은 6세 이후 어휘수가 부쩍 늘어나 대화를 할 수 있게 된다. 그리고 비교를 나타내는 어휘를 사용할 수 있으며, 문법 지식이 향상되어 복잡한 문장을 이해하고 사용할 수 있게 된다. 7세가 되면 약 2,500~3,000개의 어휘수를 가지게 되고, 9세경이 되면 문장의 이해력이 빨라지게 되고, 줄거리가 있는 이야기를 자주 읽는다(임창현, 2008).

(4) 사회정서발달

① 정서적 특징

아동의 정서는 자아개념 형성과 성격발달에 있어 중요한 영향을 미친다. 아동은 기쁨에서부터 절망까지 일련의 감정들을 경험한다. 즉, 사랑, 수용, 좌절, 분노, 적대감, 질투, 부끄러움, 당황, 죄책감, 불안, 공포, 스트레스, 우울, 자긍심, 유머, 놀람, 동경 및 기타 감정들을 경험하고, 이 모든 것들을 표현한다. 아동기의 정서는 매우 격렬하며 자제력이 부족하기 때문에 폭발할 때도 있다.

아동기 정서의 특징은 잦은 변화다. 아동들은 일시적으로 정서적 분출이 일어나는데, 조그만 일에도 기뻐하다가 곧 화가 나면 울기도 한다. 또 눈물을 흘리면서 울다가도 곧 좋은 선물을 받으면 소리 내어 웃는 모습을 볼 수 있다. 그러나 성장해 갈수록 감정을 기억하는 시간도 길어지게 되고 자제력도 생기게 된다. 이는 자신의 문제를 해결하기 위해 다른 방법들을 찾기 시작한다는 것이다(Robert C. et al., 1989).

아동의 가장 강력한 정서는 불안과 두려움이다. 두려움은 아동기의 생활 경험에서 일어나는 감정으로 주변을 바라보는 세계가 넓어지고 지식이 많아지면서 모든 새로운 자극이 불안과 두려움의 정서를 갖게 하는 것이다. 그러나 아동은 정서적으로 안정감을 원한다. 아동이 느끼는 안정감이란 자신이 사랑을 받고 있다는 감정이나 소속감 그리고 자신이 주위에서 필요한 사람이라는 점을 인식하게 될 때 얻어진다(서봉연 외, 1983).

따라서 아동들에게 정서적인 안정감과 자신감을 얻도록 하기 위해서는 아동이 느낄 수 있도록 솔직한 말로 칭찬과 격려 그리고 사랑을 표현해 주어야 하며, 자기존중감과 긍정적인 태도를 갖도록 사회환경 속에서 다른 사람들을 존중하고 신뢰할 수 있도록 원조해 주어야 한다.

② 사회적 특징

아동기는 사회성이 급속하게 발달하는 것이 특징이다. 사회적 발달은 부모나 아동의 주변에 있는 사람과의 관계를 통해서 빠른 속도로 이루어진다. 어릴 때에는 절대적으로 부모에게만 의지해서 살았지만 점차 성장해 갈수록 많은 사람들과 사회적 관계를 맺으며 살아가게 된다. 활동 범위가 점차 가정으로부터 확장되어 '또래집단'의 한 일원이 됨으로써 또래와의 상호접촉이 일어나게 된다.

피아제는 아동과 성인 사이의 상호작용을 비교할 때, 아동과 또래들 사이의 상호작용이 아동 사회성 발달의 동기 요인이 된다고 하였다. 이러한 요인들로 인해 아동은 사회적 상호작용이 증가하게 된다(서영숙 외, 1992).

아동기의 사회성 발달은 가족과의 관계 및 가족의 역할과 생활환경에 매우 중요한 영향을 미친다. 특히 부모의 양육방식이 자녀의 사회적 태도를 형성하며, 부모가 냉담하고 거부적일 경우 자녀는 적대적이며 공격적으로 성장하기 쉽다. 이는 부모의 냉담한 태도가 자녀의 정서적 욕구를 좌절시키고 타인에게 무관심한 태도를 보여주기 때문이다. 또한 허용적이고 방임적인 부모는 자녀의 공격적 분출을 간과함으로써 호전적 행동을 정당화시키며, 자녀의 공격적 충동을 통제할 기회를 잃기 쉽다(이현섭 외, 1999).

또한 아동은 욕심이 많고 자기중심적인 특징을 갖고 있다. 이는 아이가 나쁘기 때문이 아니라 아직 다른 사람과 함께하는 능력을 가지지 못했기 때문이다. 따라서 자기중심적인 성향을 타인을 위해 자기의 것을 나누고, 함께할 수 있는 방향으로 이끌어주어야 한다(박지영, 2007).

2 아동발달 주요이론

1) 정신분석이론

(1) 정신분석이론의 주요개념

① 마음의 구조

프로이트(1856)는 인간의 마음을 빙산에 비유하면서, 물 위에 떠 있는 작은 부분이 의식이라면, 물속의 더 큰 부분을 무의식으로 비유했다. 프로이트는 무의식을 인간의 모든 행동에 영향을 주는 주요 요인으로 보았다(Freud, 1966).

- 무의식(unconsciousness) : 의식 밖의 존재하는 것으로서, 일생동안 경험한 지식이나 감정 또는 경험이 모두 저장되는 영역으로, 인간의 마음에 가장 큰 부분을 차지하고 있다. 무의식은 인간정신의 가장 크고

깊은 심층에 잠재해 있으면서 의식적 사고와 행동을 전적으로 통제하는 힘을 가지고 있으며, 인간의 행동과 사고를 결정하는 데 매우 중요한 역할을 하며, 대부분의 방어기제도 이러한 무의식의 일부분으로 나타난다.

- 의식(consciousness) : 개인이 자기 자신에게 주의를 기울이는 바로 그 순간 알아차릴 수 있는 정신생활의 일부분이며, 합리적인 사고와 신중한 행동을 하도록 이끌어준다. 이는 인간의 정신생활 중 일부분으로서 사고, 느낌, 지각, 기억이 의식의 범위 안에 포함되는 것으로 성격의 구조에서 자아(ego)에 포함된다.
- 전의식(preconsciousness) : 주의를 집중하고 노력하면 의식이 될 수 있는 정신생활의 일부분으로서, 생각과 반응을 저장하였다가 부분적으로 망각되는 마음의 일부분을 회상하려고 노력할 때 의식으로 떠올릴 수 있다.

② 성격의 구조

- 원초아(id) : 출생 시부터 타고난 본능과 충동 또는 정신에너지의 근원으로서 성격의 기초를 이룬다. 원초아는 옳고 그름의 판단 없이 즉각적인 본능적 욕구의 만족을 요구하므로 '쾌락원칙'에 따라 움직이는 경우가 많다. 즉, 생존에 필요한 음식, 공기, 물, 영양분을 찾는 본능적 욕구로서의 기능과 체온을 유지하고 생체 조화를 유지하는 기능 및 생식기능을 가진다.
- 자아(ego) : 원초아의 욕구를 충족시키기 위해서 환상이 아닌 현실적인 방법으로 적절하게 발휘하도록 기능한다. 자아는 '합리적 자기', '현실원칙'이라고 부르며 출생 시에는 생존에 필요한 만큼만 존재하고, 생후 4~6개월부터 발달하기 시작한다. 자아는 보고, 듣고, 만지는 것을 통해 외부세계를 배우고, 외부세계에서 원초아의 충동을 만족시키는 방법을 조절한다.

- 초자아(superego) : 개인을 양육하는 부모나 주변사람들로부터 개인에게 투사되는 사회의 도덕적 · 윤리적 가치가 개인에게 내면화된 표상으로서, 무엇이 옳고 그른가를 판단하는 성격의 일부분이다. 초자아는 1세 전후에 생겨나서 5~6세에 최고의 발달을 보이고, 잠복기를 지나면서 더욱 발달하여 9~11세가 되면 기틀이 잡혀 도덕관의 내재화가 일어나며, 후에도 계속해서 추가되거나 변경된다. 초자아는 아동기에 양육을 담당하는 부모와 아동과의 상호작용에서 부모의 보상과 처벌을 통해 양심과 자아이상의 두 가지 측면으로 나타나게 된다.

(2) 발달단계별 특성

프로이트는 인간의 성격발달은 유아기부터 청년기까지 다섯 단계에 걸쳐 이루어진다고 하였으며, 성격발달을 심리성적 측면에서 설명하였다. 이 시기는 신체부위에 따라 성적 만족(libido)을 통해 심리적 만족이 이루어진다는 것이다.

리비도는 개인의 성본능에 내재하는 에너지의 힘을 뜻하는 용어로서, 삶의 힘 또는 기본 심리에너지를 개인의 쾌락에 어떻게 사용하느냐에 따라 성격 발달이 제각기 다른 모습으로 나타난다고 보았다. 프로이트는 이러한 이론을 심리성적발달 5단계이론이라고 주장하였으며, 이 중 초기 3단계는 성격형성에 결정적 역할을 하게 된다고 하였다(권육상, 2004; 강문희 외, 2013).

① 구강기

구강기는 생후 1년 반 동안에 발달하며, 이 시기에 유아는 자신의 생존을 전적으로 타인에게 의존하여 본능적인 만족을 얻어야만 한다. 유아들은 구강부분인 입, 입술, 혀, 잇몸 등을 자극하는 데 있어 만족을 느껴 빨고, 깨물고, 삼키고, 입술로 장난함으로써 충동적으로 즉각적인 만족을 얻는다.

이 시기에 충분한 구강의 욕구를 만족시키지 못하면 욕구의 불만이 생기게 되어 아기는 구강의 만족과 쾌감에 지나치게 집착하게 되고 다음 발달단계에서 고착현상이 나타나게 된다. 이러한 고착현상은 구강의 과소충족으로 인한 욕구불만 현상, 과잉충족으로 인한 몰두·집착현상이 나타난다. 구강기에 고착이 되면 섭식문제나 흡연, 타인과 신뢰 의존적인 관계의 성격이 될 가능성이 높다.

② 항문기

항문기는 리비도의 초점이 구강에서 항문으로 옮아간 시기로 대개 1세 반에서 4세까지의 시기를 말한다. 항문기는 아동이 괄약근을 자신이 조절하느냐 못하느냐에 따라 자신의 신체와 부모를 조절할 수 있다는 것에 대해 만족을 하게 된다. 또한 대소변을 마음대로 배설하려고 하는 것과 부모의 통제로 인해 좌절되는 것으로 인해 부모와 심리적인 투쟁을 벌이면서 부모에 대한 애증이 한데 얽힌 양가감정이 생긴다.

배변훈련이 너무 엄격하고 위협적이라면 유아는 배설을 계속 보유하고 있거나 부적절한 시기에 배설을 하게 되며, 일부러 지저분한 행동을 하여 부모에게 대항하기도 한다. 이러한 배변훈련이 성공하게 되면 아동은 사회적인 승인을 얻는 쾌감을 경험하게 되어 자란 후에도 생산성과 창의성의 기초를 형성할 수 있게 된다.

반면 배변훈련방식이 거칠거나 억압적인 경우 항문기적 보유성격이 된다. 이는 성인이 되어서도 고집이 세고 인색하며, 무질서, 분노표현 등의 행동과 지나치게 청결하거나 지나치게 불결한 생활태도로 나타난다.

③ 남근기

남근기는 개인의 리비도가 항문에서 성기로 옮겨간 시기로서 대개 4세에서 7세까지의 시기를 말한다. 남근기 때 아동들은 자신의 성기를 자세히 관찰하고, 자위행위를 하며, 출생과 성에 대한 관심을 나타내며, 부모와 형제·자녀 간에 갈등을 많이 느끼는 시기이므로 가족 삼각관계의 시기라고도 한다.

이 시기에 남아는 오이디푸스 콤플렉스를 경험하게 되고, 여아는 엘렉트라 콤플렉스를 경험하게 되는데, 남아는 어머니에게서 느끼는 성적 충동으로 인해 아버지와 대항하려는 마음을 가지고, 여아의 경우는 자신이 사랑하는 아버지를 위해 어머니가 하는 행동을 내면화하면서 여성의 성역할을 선택하고 남근선망을 갖게 된다. 남아는 어머니를 소유할 수 없다는 것을 깨닫게 되고, 아버지에게 적대감을 느낄 뿐 아니라 거세 불안까지 상상하지만, 동성의 아버지를 동일시하므로 심리적 갈등이 해결된다. 여아도 역시 어머니를 동일시함으로써 심리적 갈등을 해결하게 된다.

이러한 동일시 과정에서 남아는 적절한 남성적 역할을 습득하게 되고, 여아는 여성적 특성과 역할을 습득하며, 부모의 도덕이나 윤리 등의 가치체계를 자신의 것으로 수용하여 양심이나 자아이상을 발달시킨다. 그러나 동일시로 잘 해결되지 않는다면 계속적인 갈등이 무의식 속에 남아서 그 이후의 성격발달에 결함을 주게 된다.

④ 잠복기

잠복기는 약 7세부터 12세까지의 시기를 말한다. 프로이트는 이 시기부터 아동의 성적욕구가 철저히 억압되어 외형상으로는 '평온한 시기'라고 하였다. 이 시기에는 리비도가 승화되어 아동은 지적 활동인 학업에 열중하고 환경을 탐색하며, 앞으로 사회생활에 필요한 여러 가지 기술을 습득하게 된다.

이 시기에 오이디푸스 콤플렉스를 잘 해결하고 잠복기를 성공적으로 보내는 것이 매우 어려운 일이지만, 성공적인 잠복기를 보낸 청소년은 적응능력이 높아지고 학업이나 대인관계가 원만하고 자신감이 높아진다. 그러나 이 시기의 과업 수행에 실패하여 고착현상이 일어나면 성인이 되었을 때, 이성에 대해 안정감을 갖지 못하고, 이성과의 성관계를 회피하거나, 성행위를 할 때 정서적으로 위축되거나 공격적이 될 수 있다.

이 시기의 아동은 또래집단 놀이와 학교생활을 통해 사회적 기술을 습득하게 되고, 자신의 성역할을 수행하며 자아와 초자아가 확고한 형태를 갖추게 된다.

⑤ 성기기

성기기는 생식기 또는 사춘기가 시작되는 12세 이후의 발달시기를 말한다. 이 시기는 철저히 잠복되었던 성적 에너지가 무의식에서 의식의 세계로 나오는 시기이며, 이 시기의 청년들은 성적 충동을 현실적으로 수행할 신체적·생리적 능력을 갖추게 되고 내분비기관의 호르몬을 분비함으로써 2차 성 특징이 나타난다.

이 시기에 순조로운 발달을 성취한 청년은 타인에 대해 관심을 갖게 되고, 협동의 자세로 성숙한 성격의 특징을 보인다. 또한 이성에 대한 성적 욕구는 심리적인 활동을 통하여 승화시킬 수 있고, 독서, 운동, 과외활동, 사회봉사활동 등 도덕적 규범을 지키며 승화하는 대체 활동을 하게 된다. 그러나 이 시기에 성적 에너지를 잘 처리하지 못할 경우에는 비행, 자살, 정신이상으로 표출되기도 한다. 생식기를 거치면서 이상적인 성격을 획득하려면 일을 배우고, 충동적인 만족을 지연시키는 점을 배우고, 책임감을 기르며, 무엇보다 적극적인 활동을 스스로 주도해야 한다.

2) 심리사회이론

(1) 심리사회이론의 주요개념

심리사회이론(psychosocial theory)은 인간의 발달이 심리·사회적인 측면에서 이루어진다고 본다. 에릭슨(E. Erickson)은 인격 발달에 있어서 프로이트가 주장한 리비도의 본능적인 성적욕구 발달의 결과라고 해석하지 않고, 자아의 발달이 인격발달의 기본이라고 주장하였다. 즉, 성장과정에서 발생하는 갈등이 만족스럽게 해결되면, 긍정적 요소가 점차 성장 발달하는 자아 속에 스며들어 보다 건전한 발달이 보장되지만, 갈등이 계속되거나 불만족스러운 양상으로 해결되면, 자아발달은 손상을 받고 부정적 요소가 자아 속에 통합되어, 그 뒤의 발달단계에서 성공하는 데에는 보다 큰 어려움을 겪게 된다고 보았다(Erikson, 1959, 1982).

에릭슨은 자아의 본질은 유전적·생리적 요인 외에 문화적·역사적 영향을 많이 받기 때문에 이 자아를 창조적 자아(creative ego)라고 하며, 에릭슨의 사회성발달이론은 심리사회적 단계설이라고 부른다.

(2) 발달단계별 특성

① 제1단계(0~1세) : 기본적 신뢰감 대 불신감

에릭슨은 건강한 성격의 가장 근본적인 요소를 신뢰감으로 보았다. 따라서 어머니나 어머니를 대신하는 사람은 이 시기에 가장 중요한 인물이며, 유아가 궁극적으로 갖게 되는 신뢰감과 불신감은 어머니와 유아관계의 질에 의해서 결정된다고 보았다.

유아는 어머니의 보살핌에서 일관성, 신뢰성, 예측성을 느끼는 것이 중요하다. 이를 느끼면 유아는 다른 사람에 대한 기본적인 신뢰감과 자신에 대한 확신 및 신뢰감을 발달시키기가 쉽기 때문에 가끔 어머니가 없더라도 누군가가 자신을 돌보아 주리라는 믿음을 갖게 된다. 그러나 유아에 대한 엄마의 양육 및 보살핌이 적절치 못하여 거부적이거나, 공포, 의심, 우려 등을 초래케 한다면 유아에게 '위기'를 야기시키게 되며, 부모의 모호성이 아기에게 내면화되어 불신감을 갖게 된다.

기본적 신뢰감의 성취는 이후의 삶에 긍정적 자아정체감과 타인이 신뢰할 수 있는 사람이 되리라는 감정을 갖게 되며 건전한 성격발달을 이루게 된다.

② 제2단계(1~3세) : 자율성 대 수치심과 회의

이 기간 동안에는 기본적인 신뢰감이 획득되어 자율성과 자기조절의 획득이 가능해지며 사회생활 양식을 터득하게 된다. 아동은 이 시기에 신체 및 지적인 면이 빠르게 발달하여 말을 하게 되고, 사회적 생활양식을 알게 되며, 그들 스스로 독립적으로 주위 환경을 탐색하기 시작한다. 또한 대소변 가리기 훈련은 아동으로 하여금 자신의 행위에 대한 독립심을 키워줌으로써 자율성 개발에 기초를 마련해 준다.

그러나 아동이 미성숙한 상태에서 외부통제가 너무 빨리 또는 엄격하게 가해지는 경우, 아동은 자신의 통제능력이 미약하고 외부 압력자를 통제할 수 없다는 무력감으로 수치심과 회의를 갖게 된다. 이때 아동은 자신의 행동에 대해 책임감을 회피하려는 경향을 보이거나, 구순기로 퇴행함으로써 만족을 추구하려고 한다.

이러한 아동의 성격은 절대적이고, 고집이 세며, 타인의 도움을 거부함으로써 진보를 가장하려고도 한다. 에릭슨은 엄격한 배변훈련은 아동을 강박적으로 만들어 사랑, 노력, 시간, 돈에 대해 인색하고 소심하게 하며, 강박적 행위는 회의심이나 수치심을 병행하게 된다고 하였다. 반면에 확고하고 친절하며 점진적인 배변훈련을 받은 아동은 자존감을 잃지 않으며 자기 통제 감각을 발달시켜, 강하면서도 사회적으로 인정받는 자율적인 감각을 획득한다고 보았다.

따라서 이 시기의 중요한 과업은 자율적이고 창의적인 사람이 되느냐, 아니면 의존적이고 자기회의로 가득 찬 부끄러운 인간이 되느냐 하는 것이다.

③ 제3단계(3~5세) : 주도성 대 죄책감

이 시기의 아동은 스스로 어떤 목표나 계획을 세워서 그 일에 성공하고자 노력하는 시기이다. 따라서 아동의 행동은 목표지향적이 되고 경쟁적이 되는데, 아동의 이런 행동에는 상상적 측면도 포함되어 있다. 그러므로 자신의 행동에 목표와 계획을 세우는 주도성을 지니게 되고, 그들은 행동을 주도하는 데 있어서 자율적일뿐 아니라 책임감도 갖게 된다.

그러나 부모의 강한 제재나 통제 등 일괄적이지 못한 양육 태도는 아동이 자신의 주도적인 행동에 자신감을 잃게 할 뿐만 아니라, 나쁜 짓을 한다는 죄책감도 갖게 된다. 이러한 죄책감은 자신의 행동을 주도하지 못하고, 그 행동을 책임질 수 없을 때 경험하게 되며, 자신에 대해 무가치함을 갖게 한다.

에릭슨은 이 시기에 형성된 죄의식은 일반화된 소극성, 성적무기력증, 불감증, 정신병리적 행동 등 여러 가지 성인성 유형의 정신병리로 발전된다고 보았다. 따라서 유아가 자기 주도적 호기심을 가지고 외부 세계 탐색 환경을 가질 수 있도록 기회를 마련하는 것이 중요하다.

④ 제4단계(5~12세) : 근면성 대 열등감

이 시기의 학령기 아동은 자신의 자아 성장을 가장 확실하게 발달시키는 단계이다.

아동은 정해진 규칙에 따라 동료와 협동하고 어울리는 능력뿐만 아니라, 연역적 추리나 자기통제 또는 자아력을 발달시키는 능력 등이 현저하게 향상되는 때이다. 아동들은 가정이라는 울타리를 벗어나 초등학교라는 작은 사회를 경험하면서 많은 지적 능력을 개발하고, 친구와의 접촉을 통해 사회의 가치관이나 규범을 획득하는 좋은 기회를 가지며, 근면성을 개발하고, 자기의 존재 의미를 확립하게 된다.

아동이 이 단계를 성공적으로 극복하게 되면 개인적으로나 사회적으로 의미 있는 목표를 추구하게 되지만, 전 단계의 발달적 과업을 성공하지 못하고 위기에 처하게 되면 학교생활에서의 부적응, 자신감과 근면성이 개발되지 않으며 열등감만 느끼게 된다. 그러나 이 시기에 훌륭한 교사를 만나게 되면 위기에 처한 아동을 도울 수 있다. 따라서 가정에서나 학교에서는 아동 각각의 발달특성을 이해하고 학업이나 과제에 대해 아동 스스로 꾸준한 관심과 근면성을 가질 수 있도록 격려해 주고, 기초적 인지와 사회적 기술을 습득할 수 있도록 돕는 것이 필요하다.

⑤ 제5단계(청소년기) : 정체감 대 정체감 혼미

자아정체감(ego-identity)은 자기의 목표와 이상을 형성하는 것이다. 이 시기는 에릭슨이 제일 관심을 둔 시기로서 제1단계인 신뢰감 형성기와 함께 청년기인 자아정체감 대 역할혼돈의 시기이다.

자아정체감 형성을 촉진하는 내적 작용자는 자아로서, 이 단계의 자아는 재능, 소질, 기술 등을 선택·통합하는 능력을 갖는다. 에릭슨은 자신감으로서의 자아정체감은 내적 동일감이나 일관성을 유지하려는 한 개인의 능력을 타인이 그에게서 발견하는 동일감이나 일관성이 일치될 때 생긴다고 하였다.

청소년들은 남성 또는 여성으로서의 자신의 성정체감을 찾으려 한다. 또한 가정, 사회, 친구들과의 관계 속에서 자신의 역할과 위치, 능력을 발견하는 자아정체감을 확립하여 자신의 존재가치에 대한 의미를 부여한다.

그러나 정체감에 관한 확고한 선택을 할 수 없을 경우, 위험한 혼란에 빠지게 되어 정체감의 위기를 겪게 되거나, 역할혼란 등 올바른 직업 선택을 어렵게 하거나, 더 이상의 교육을 받지 못하게 막을 수도 있다. 이러한 정체감 혼란을 방어하기 위해서는 영웅이나 위인 등을 동일시하거나, 친구들이 서로 전형적이 모델이 됨으로써, 정체감 혼돈의 위기를 잘 지나가도록 돕는 역할과 지지가 필요하다.

따라서 이 시기를 성공적으로 넘기려면 성실함으로 자신을 스스로 지킬 수 있는 능력을 기르는 것이 중요하다.

⑥ 제6단계(청년기) : 친밀감 대 고립감

이 시기는 청년기를 지나 성인기에 이르는 시기로서 친밀감을 발달시키지 못하면 고립감의 위기를 갖는다. 이 시기의 특징은 새로운 이성과의 교제, 배우자 선택과 결혼, 직업선택, 직장 적응 및 주거문제 등 많은 적응 문제들이 나타난다. 특히 부부생활, 타인과의 만남에서 일심동체가 되어 공동의 목표추구와 가치 있는 삶을 살아야 하기 때문에 무엇보다도 상호협조와 이해가 중요하다.

친밀감은 타인과의 관계에서 형성하게 되므로 이 시기에 매우 중요한 과업이다. 이 시기를 성공적으로 해결하면 사랑의 능력이 생긴다. 사랑은 자신을 타인에게 관여시키고, 이 관여를 유지하는 능력으로서 다른 사람에 대한 보호나 존경 또는 책임으로 나타난다.

따라서 친밀감을 형성한 사람은 타인에 대해 이기적이지 않으면서 진정으로 관여할 수 있고, 감정이나 가치관을 교류하는 능력을 가지고 있으며 자신의 정체감을 획득한 사람이다.

⑦ 제7단계(장년기) : 생산성 대 침체성

생산성은 사회에 공헌하는 정도를 말하며 자기 가족에게 몰두하기보다는 다른 사람과 사회를 위해 일하는 것을 의미한다.

중년기는 경제적으로 안정이 되고, 사회적인 지위가 확립되어 보다 안정된 분위기 속에서 자신의 역할을 수행하며, 아울러 자녀교육 및 진로에 관심을 가지는 인생의 황금기이다.

에릭슨은 가정에서 자녀들에게 사회의 한 구성원으로서 올바르게 성장하도록 교육시켜 사회적 전통을 전수하고, 가치관을 전달해 주는 부모로서의 역할이 생산성을 획득하는 것으로 보았다. 사회적인 생산성 획득은 직장에서 젊은 세대를 지도하고 교육시키기도 하며, 자신의 창의적인 학문의 성취와 예술적 업적 등도 포함한다. 또한 사회봉사활동으로 생산성을 발달시키는 것을 말한다.

생산성은 성인기에 가장 중요한 발달과업이다. 그러나 타인에 대한 관심을 기울이기보다 자신의 안녕에만 몰두하고 타인에 대한 관심이나 관대함이 결여되면 침체된다. 외톨이로 빠져들거나 인생에 대해 불평불만을 일삼거나 매사에 비판적인 사람들이 침체의 전형이라고 볼 수 있다.

⑧ 제8단계(노년기) : 통합성 대 절망감

생애주기의 마지막 단계인 65세 이후는 인간이 자신의 완성적 노력과 성취에 대해 반성하는 시기이다. 현대사회는 과학의 발달과 의료기술의 최첨단화로 노년기가 가장 긴 인생주기가 되는 추세이다.

노년기는 신체적인 노쇠와 직업에서의 은퇴, 친구나 배우자의 사망 등이 일어나는 인생말기로서, 이런 사건들이 개인으로 하여금 인생에 대한 무력감이나 회의를 느끼게 할 수 있다. 이 시기의 성공과 실패는 다가오는 신체적·사회적 퇴보를 어떻게 수용하느냐에 달려 있다.

노년기는 인생을 초연하게 바라보며 자식, 부모, 자신의 인생 모두 완전할 수 없다는 것을 인정하고 죽음까지도 수용할 수 있는 지혜로 내재된 힘을 발휘한다.

자아통합은 결혼, 자녀, 직업, 취미 등을 위시하여 모든 관점에서 자신의 인생을 돌이켜 보고 겸허하게 그리고 확고하게 '나는 만족스럽다'라고 확신하는 데 있으며, 어린아이와 같은 순진성을 되찾는 데 있다.

그러나 자아통합의 결여나 상실은 자신의 생애를 되돌아보고 허무한 생각을 하거나, 죽음에 대한 감추어진 두려움, 되돌릴 수 없는 실패, 희망했던 것에 대한 끊임없는 미련으로 인한 절망감 등으로 나타난다.

3) 행동주의와 사회학습이론

행동주의이론 관점에서 발달은 학습에 의해서 이루어지며 학습의 법칙이나 원리에 따라 인간행동이 이루어진다는 것을 강조한다. 행동주의적 이론에서는 유전적 설명의 거부, 무의식동기에 대한 부정, 인간의 자율성과 행동의 책임성에 대한 부정 그리고 인간은 기계와 같다고 보았다. 이처럼 행동주의 학파는 유기체가 특수한 환경에서 반응하고 있는 외형적인 행동들을 강조하였다.

사회학습이론가 반두라(Bandura)는 인간의 행동은 타인들의 행동을 단순히 관찰만 하여도 그들의 행동을 학습할 수 있다고 보았다. 최근에 행동주의이론이 각광을 받는 이유는 행동치료가 아동의 문제행동을 최소화하고 바람직한 행동이 일어나도록 환경을 조성해 주는 방안으로 공헌하였기 때문이다(권육상, 2004; 강문희, 2013; 오정수 외, 2013; 도미향, 2016; 윤매자, 2016).

(1) 행동주의이론의 주요개념

① 파블로프의 고전적 조건화(고전적 조건형성)

파블로프(Pavlov)는 개는 먹이의 모습만 보고도, 심지어는 실험자의 모습이나 발자국 소리만 들어도 타액을 흘릴 수 있다는 것을 발견하고 이를 심리적 문제로 연구하였다.

고전적 조건화는 침 흘리는 것과는 아무런 관계가 없던 실험자의 모습이나 발자국 소리가 실험자가 오면 먹이가 주어진다는 그동안의 학습을 통해 실험자의 모습이나 발자국 소리만 들어도 개의 행동이 변화된다는 학습이론이다.

- 무조건자극: 무조건자극은 개에게 준 고기를 말하며, 개가 침을 흘리도록 원인을 제공하는 음식물로서 무조건 반응을 불러일으키는 자극이다.
- 무조건반응: 먹을 것이 개의 입속에 들어오면 자동적으로 침을 흘리는 반응으로서 선천적이고 영구적인 반응이다.
- 중립자극: 처음에 개에게 들려주는 종소리로는 개에게 아무런 영향을 주지 못한다. 이는 무조건반응을 불러일으키지 못하는 자극이다.
- 조건자극: 종소리와 먹을 것을 연결하면 종소리만 듣고도 침을 흘리게 되는데, 이때 종소리가 조건자극으로서 조건형성 이후에 중성자극이 반응을 일으키게 되므로 조건자극이 된다.
- 조건반응: 개가 종소리에 침을 흘리는 현상으로서 조건자극에 나타나는 반응이다.

고전적 조건형성이란 일정한 자극에 의해 선천적으로 유발되는 반사를 처음에는 그것과 아무런 관계가 없던 중립자극과 연합시킴으로써 이 중립자극이 선천적인 반사반응을 유발하게 되는 것이라 할 수 있다.

② 스키너의 조작적 조건형성

스키너(Skinner)는 파블로프와 함께 행동주의이론의 대표적 학자이다. 그는 조건형성이 자동적으로 유발되는 반응이라는 파블로프의 고전적 조건화와는 다른, 행동을 유발시키는 데 관심을 두고 조작적 조건화라는 말을 사용하였다.

그의 가장 유명한 실험이 쥐가 레버를 누르면 먹이가 나오는 스키너 상자 실험이다. 스키너 상자는 동물이 마음대로 돌아다닐 수 있는 환경을 조성하고 한쪽 구석에 지렛대를 장치해 이것을 누르면 먹이 조각이나 물 등이 자동적으로 나오게 만든 장치다. 동물이 우연히 발견한 이 지렛대를 당겨 먹을 것이 나오면 계속적으로 지렛대를 당기는 행동이 나오는데, 이 실험을 통하여 유기체가 원하는 결과를 얻기 위해 환경에 어떤 조건을 형성한다. 이러한 행동을 조작적 행동이라 하였으며, 조작적 조건화는 유기체가 원하는 결과를 얻기 위하여 실행하게 되는 자발적이면서 능동적인 행동 반응이다.

우리가 수행하는 대부분의 행동은 무엇을 하기 위한 '도구적인' 것이며, 환경에 '조작'을 가하는 수의적인 것이다. 그리고 우리의 행동은 그러한 행동을 한 결과로 빚어지는 효과, 결말, 상태에 따라 영향을 받고 통제된다는 것이다.

㉠ 강화와 강화물

강화는 특정 행동에 뒤따르는 결과 중에서 행동 발생 빈도 가능성을 높여주는 것을 의미하는 것으로 정적 강화와 부적 강화가 있다. 정적 강화는 어떤 행동의 결과가 그가 바라는 어떤 좋은 것일 경우로서 칭찬 또는 보상을 받게 되고, 부적 강화는 싫어하는 것을 제거하기 위해 어떤 행동이 증가되는 것이다.

강화물은 강화효과를 발휘하게 되는 자극으로 반응을 증가시키는 효과가 있다. 강화물은 1차적 강화물, 2차적 강화물, 사회적 강화물로 구분된다. 1차적 강화물로는 음식물, 장난감 등과 같이 강화물 자체가 효과를 내는 것이며, 2차적 강화물은 돈, 쿠폰, 외출 등 그 자체로는 효과가 없으나 1차적 강화물과 연결될 수 있는 것이며, 사회적 강화물은 물질적 형태가 없는 강화물로서 칭찬, 관심, 미소 등이다. 강화물은 처음 작은 물질적인 것으로 시작하여 점차 사회적인 것으로 전환시키는 것이 효과적이다. 행동변화 자체보다는 상품을 받기 위해 일시적으로 변화하는 것을 막고, 새롭게 학습된 행동이 일상생활로 일반화되도록 하기 위해서이다.

상황에 따라 강화를 받은 행동은 반복되는 경향이 있으며, 그 빈도가 증가되고 결국에는 그 행동이 일상적인 반응으로 자리를 잡게 되는데 이러한 반응을 조건화된 행동이라고 한다. 스키너는 인간행동은 환경적 자극에 의해 동기화되며, 행동에 따르는 강화에 의해 전적으로 결정된다고 보았다.

㉡ 벌

벌은 특정 행동에 뒤따르는 결과 중에서 재현 가능성을 낮추는 것을 의미한다. 벌에는 정적 처벌과 부적 처벌이 있다. 정적 처벌은 행동 후 혐오자극을 주는 것이고, 부적 처벌은 행동 후 긍정적 자극을 제거하는 것이다. 예를 들어, 아이들이 싸움을 할 경우에 주는 벌로써 정적 처벌은 회초리 벌을 받게 하는 것이고, 부적 처벌은 컴퓨터 사용을 금지하는 것이다. 이러한 처벌은 어떤 습성을 억압하기는 하지만 약화시키지는 못하며, 불안한 정서적 부산물을 낳는다.

스키너는 인간의 행동 중에는 반사반응으로서 자동적으로 일어나거나 본인의 의지와는 관계없이 일어나는 반응적 행동도 있지만,

일상생활 중에는 행동 후에 어떤 일의 결과에 의해서 영향을 받는 조작적 행동의 경우가 있다는 원리이다.

(2) 사회학습이론의 주요개념

① 반두라의 사회학습이론

반두라(A. Bandura)는 파블로프나 스키너의 주장과는 차이를 보였다. 인간은 사회적 상황에서 타인들의 행동을 단순히 관찰만 하여도 그들의 행동을 학습할 수 있다고 보았다. 사회학습이론은 대부분의 학습이 다른 사람의 행동을 관찰하고 모방한 결과 일어난다는 인식에서 비롯되고 있다.

아동이 자신의 행동에 대해서 직접적 강화를 받지 않더라도 다른 아동이 보상이나 벌을 받는 것을 관찰함으로써 간접적으로 강화를 받기 때문에 보상받는 행동은 학습하게 되고, 벌 받는 행동은 학습하지 않게 된다는 것이다(Bandura, 1974).

㉠ 관찰학습

관찰학습은 직접적인 강화를 받지 않더라도 관찰과 모방을 통해 학습이 가능하고, 또 다른 아동이 보상이나 벌을 받는 것을 관찰함으로써 간접적 강화를 받게 된다.

반두라는 대부분의 행동은 외적 강화 없이도 다른 사람을 관찰하고, 그 관찰한 사람을 본보기로 삼아 행동을 수행함으로써 학습된다고 하였다. 어떤 행동을 보여주는 대상을 모델이라고 하는데, 사람들이 이 모델과 같이 행동하는 것은 기계적으로 타인의 행동을 모방하는 것이 아니고, 여러 모델이나 사례들로부터 선택한 것들을 종합해서 새로운 행동을 만드는 것이다.

관찰학습의 과정의 순서는 주의과정(모델주의 집중 지각) → 파지과정(기억과정) → 운동재생과정(기억을 적절한 행동으로 바꿈) → 강화와 동기적 과정(모델링이나 관찰학습이 행동으로 바뀜)의 순서로 이루어진다(Bandura, 1977).

㉡ 자기효능감

자기효능감이란 어떤 행동을 성공적으로 수행할 수 있다는 신념이다. 자기효능에 관한 지각은 개인이 추구하거나 피하려고 선택하는 활동에 영향을 미쳐서, 그가 누구인지 그가 무엇이 될 것인지를 결정하게 된다. 즉, 바람직한 효과를 기대하면서 행동을 성공적인 방향으로 수행할 수 있는 개인의 믿음, 신념을 말한다. 이러한 요소는 자신이 어떤 일을 잘해낼 수 있다는 개인적 신념으로서 어떤 행동을 모방할지를 결정하는 데 도움이 된다. 반면에 자신감이 부족한 사람들은 자신의 결점들을 생각하고, 과제가 실제보다 어렵다고 생각하고 자신의 결점에만 주의를 기울여 과제에는 충분한 주의를 기울이지 못해서 실패의 가능성이 높아지게 된다(Bandura, 1982; 권중돈, 2014).

㉢ 자기강화

사람들은 사회화됨에 따라 외적인 보상과 벌에 덜 의존하게 되고, 행동의 자기조정의 패턴을 확립하게 된다. 즉, 그들 자신의 내적 기준들을 설정하고 거기에 따라 자기 스스로에게 보상과 벌을 준다(Bandura, 1977).

반두라(Bandura, 1977)는 사람들이 성공과 성취를 위하여 노력할 때, 자신들의 수행에 대해 어떻게 강화해 주는가에 가장 관심이 있었다. 그의 연구에서 어떤 사람들은 높은 성취목표를 세우고, 그 수준에 도달할 때에만 자신에게 보상을 주는 경우가 있는 반면, 아주 낮은 성취목표를 세우고 그 수준에 도달하게 되면 아주 기뻐하는 것으로 나타났다.

4) 인지발달이론

(1) 인지발달이론의 주요개념

인지발달이론은 인간의 인지발달을 유기체와 환경의 상호작용으로 파악한 피아제의 이론이며, 심리학의 인지이론에 있어 가장 영향력 있는 이론이다.

피아제(J. Piaget)는 심리학자이면서 생물학자였다. 그의 이론은 생물학과 인식론에 그 뿌리를 두게 되는데, 여기서 인식론은 인간이 발생학적으로 인식하는 존재로 타고난다는 것이다. 인지발달이론 또한 생물학과 인식론에 그 뿌리를 두고 인간의 지적 능력은 유기체가 환경에 적응해 가는 것이라고 주장하였다(이진명, 2012).

인지발달이론은 언어의 이해와 사용, 기억과 망각, 사고와 문제해결 등과 같은 지적 능력이 어떻게 성장, 발달해 가는가를 다루는 분야이다(최정훈 외, 1992).

① 인지구조

인지(cognition)란 앎에 대한 정신과정이다. 사람이 지식을 습득하고 문제를 풀고 장래계획을 세우는 것과 같은 지각, 기억, 정보처리와 같은 정신과정을 일컫는다(박선미 외, 2005).

피아제는 성장과정 중에 아동의 인지가 어떻게 발달하는가에 대한 연구를 통해 아동발달이론을 만들었다. 그에 따르면 인지활동은 경험한 내용을 해석하고 추론하여 그것으로부터 논리적인 법칙을 찾아내어 문제를 해결하는 과정이다.

피아제의 기본목적은 학습자의 인지구조의 발달을 연구하는 것으로 지능을 유기체와 환경 사이에 일어나는 연속적인 적응과 교환이 지향하는 평형의 형태로 보았다. 또한 행동을 조작하는 체계, 개인이 수행할 수 있는 최고 수준의 능력, 즉 지적능력으로 지능을 정의하였다(Herbert P. Ginsburg

외, 김정민 역, 2009; 이진명, 2012).

② 도식

도식(schema)은 인지발달에서 평형의 욕구가 충족되고 조직화된 상태를 유지하기 위해 많은 정보를 받아들이고 적절히 반응하기 위하여 사용하는 지식의 틀을 의미한다. 이러한 도식의 변화 과정이 인지발달의 현상이며, 그것은 동화와 조절에 의해 일어난다.

동화는 새로운 정보나 경험을 자신에게 구성되어져 있는 도식에 적용하려는 것이며, 조절은 새로운 경험을 인식하기 위해 기존의 도식을 수정하는 것을 의미한다. 이러한 동화와 조절의 활동은 인지구조의 변화, 즉 도식의 발달을 가져오게 하는데, 이러한 순환과정은 아동이 지속적으로 환경과 상호작용을 유지하면서 발달단계를 거쳐 성장하게 하는 에너지라고 한다.

도식은 동물이 환경에 적응할 수 있는 구조를 갖는 적응체계이며, 인지적인 구조로서 정신적 발달과 함께 변한다. 도식에는 빨기 도식과 같이 생리적으로 태어날 때부터 지니고 있는 것도 있지만, 대부분 환경과 접촉하고 그 중에서 반복되는 행동과 경험을 통하여 하나의 도식이 형성된다. 예를 들면, 아기가 태어날 때 빨기 반사를 가지고 있어 젖꼭지와 같이 어떤 것이든 입에 닿는 것은 무조건 빠는 행동으로 반응하며, 빠는 행위를 규칙적 혹은 일관성이 함축된 형태로 반복하게 된다. 따라서 하나의 도식으로서 빨기 도식이 형성되듯이 도식의 기본적인 활동은 반복, 일반화, 분화를 통해 이루어진다(P. G. Richmoned, 강인언 역, 1998).

도식에는 감각운동적 도식과 인지적 도식이 있다. 감각운동적 도식은 자극에 대해 거의 반사적으로 반응하는 도식이며, 인지적 도식은 이러한 감각적 도식을 내재화하여 내면적으로 동작을 진행시키는 것을 말한다. 유아가 사용하는 도식은 성장함에 따라 감각운동적 차원을 넘어 개념적 차원으로 확대되어 간다. 곧 유아가 성장하여 청년기에 이르게 되면 수많은 개념적 도식 또는 조작적 도식을 획득하게 된다. 이처럼 도식은 인지 능력에 있어서 질적인 변화를 나타내도록 하는 인지발달 구조의 틀이며(임창현, 2008), 사물이나 사건 또는 사실에 대한 전체적인 윤곽이나 개념으로 볼 수 있다.

③ 동화와 조절

도식이 인지발달의 구조적인 측면이라고 본다면 동화와 조절은 기능적인 측면으로 모든 사고 발달단계에 등장한다.

동화는 생물학 용어로서 유기체가 이미 가지고 있는 도식을 이용하여 새로운 사물이나 사건에 반응하는 과정을 의미한다. 즉, 새로운 자극이나 사건을 이미 가지고 있는 도식이나 행동 양식에 맞추어 바라보려 하는 인지 과정이다.

동화는 유기체가 환경에 적응하고 조직하는 인지 과정의 일부분으로서 도식의 양적인 성장에는 관련되지만 도식의 발달, 즉 도식의 질적 변화에는 도움을 주지 못한다. 동화는 들어오는 정보를 이미 가지고 있는 생각의 틀에 따라 해석하는 것으로, 기존의 도식에 새로운 자극이나 경험을 변형시켜 동일시하려는 과정을 말한다(윤매자, 2016).

조절은 새로운 정보의 습득을 위해서 이전의 도식을 바꿈으로 새로운 경험이나 대상에 적응하는 과정을 말한다. 유아들은 새로운 자극을 만나면 그것을 이미 갖고 있는 도식에 끌어들여 동화시키려고 한다. 그러나 가끔씩 새로운 자극을 동화시킬 수 있는 적절한 도식을 자신 안에서 찾지 못한다. 이는 곧 아동이 새로운 자극에 대응할 만한 도식을 지니고 있지 않음을 말한다. 예를 들면, 아동은 장난감도 우유병처럼 우유가 나올 것을 예상하고 빨지만 장난감에서는 우유가 나오지 않는 것을 알게 된다. 이때 유아는 우유병에서 우유가 나온다는 이전 도식을 바꾸던지 아니면 장난감을 우유병과 같은 도식이 아닌 새로운 도식으로 받아들여야 하는 상황이 발생하게 된다는 것이다(조희숙 외, 2003).

④ 조직화와 적응

피아제는 신체적 구조의 성숙은 심리적 활동과 연관성이 있다고 하여, 조직화와 적응은 유전적 요인으로서 지능발달에 영향을 미치는 것으로 언급하였다.

조직화란 '전체로서의 지능이 그것의 부분들과 내적으로 관계하는 과정'으로 신체적·심리적 차원에서 보다 상위의 구조를 이루고자 하는 모든 유기체의 성향이다. 예를 들면, 물속에서 살고 있는 물고기는 물속에서 살기 위하여 아가미나 온도 조절 장치와 같은 여러 가지 구조가 서로 협응을 이루게 되는 것, 유아가 물건을 잡는 것도 하나의 조직화의 결과다. 유아가 눈으로 사물을 응시하는 구조와 손을 뻗어 물건을 잡는 구조가 서로 협응되어 나타나는 것이 조직화의 결과인 것이다.

적응은 유기체가 주위의 환경에 적응해 가는 것을 말한다. 적응의 과정은 동화와 조절을 통해서 이루어진다. 이러한 적응의 형태는 생물의 동일한 종일지라도 주위의 환경을 차지하는 요소에 따라 적응해 간다는 차원에서 볼 때 적응도 조직화와 같이 모든 유기체가 갖는 공통된 성향이다 (Herbert P., 김정민 역, 2006).

이와 같이 피아제는 지능의 발달에 영향을 미치는 것 중 하나를 신체적 구조의 유전으로 보았다. 즉, 지적 기능의 범위가 신체적 구조에 의해 제한된다는 것, 유전된 행동 반응은 환경의 영향을 받아 수정된다는 것이다.

⑤ 평형화

평형은 인간이 생존하기 위해서 자신의 내부구조를 일정하게 유지하려는 본능으로 목이 마르면 물을 마시고 피곤하면 잠을 자는 등의 생존을 위한 기본적인 행위이다.

피아제는 평형화를 인지발달의 네 가지 기초 중 하나로 동화와 조절 사이를 균형 있게 맞추어 성장할 수 있도록 하는 것이라고 한다(Dorothy G. Singer, 정성훈 역, 2004).

대부분의 심리학자들은 습득된 행동, 즉 단순한 행동에서부터 복잡한 행동에 이르기까지의 모든 행동을 외부 자극에 대한 반사로 간주한다. 그러나 피아제는 행동이 평형화로 이루어진다고 주장하였다(임창현, 2008).

(2) 인지발달단계

인지발달은 인지구조의 질적 변화로 구분되는 여러 단계를 거치면서 진행된다. 피아제는 아동 개개인의 각 단계를 통과하는 속도는 어느 정도 다를 수 있지만 반드시 단계별로 진행되며, 인지는 연령에 따라 단계적으로 발달한다고 하였다. 첫째 단계인 감각운동기는 언어출현 이전에 나타나며, 전조작기 단계는 2~7세, 구체적 조작기는 7~11세, 형식적 조작기는 11~15세 아동에게 나타난다.

이러한 발달단계에 도달하는 시기는 개별적으로 나이의 차이는 있을 수 있으나 발달단계의 순서는 모두 같기 때문에 학습자의 인지 성장을 돕기 위해 주어진 환경이나 다른 사람들과의 상호작용 기회를 제공함으로써 적절한 불균형 상태가 유지되고, 이를 극복하기 위한 문제 제기 과정으로 인지발달이 이루어진다.

감각운동기	전조작기	구체적 조작기	형식적 조작기
0~2세	2~7세	7~11세	11~15세
새로운 정보를 얻기 위해 자신의 감각을 사용하고, 새로운 경험을 찾기 위해 운동능력을 사용 하고자 애쓰는 시기	개념적 · 상징적 양식으로 기능을 수행할 수 있는 사람으로 발달하는 시기, 즉 이 단계의 유아는 감각 운동적 사고에서 개념적 사고로 바뀌어 가는 전환기라 할 수 있다.	자아중심적 사고에서 벗어나 보존개념을 획득하는 시기	논리적 조작에 필요한 모든 종류의 문제를 해결할 수 있는 시기, 인지적 구조는 성숙의 수준에 이른다.

출처: 이진명(2012). p. 6

그림 3-1 피아제의 인지발달단계

① 감각운동기(sensorimotor stage, 0~2세)

유아는 여러 가지 감각(시각, 촉각, 청각 등)을 통하여 환경과 상호작용을 하면서 발달하는데 감각적으로 경험되는 것이 존재하는 것으로 인식한다. 점차적으로 유아는 물리적으로 존재하지 않는 대상에 대한 이미지를 인지할 수 있는 능력으로 발전하는데, 이 능력의 발달에 의해서 환경의 대상물과 나타난 사건을 구분하고 통합하는 것을 배우게 된다. 유아는 빨기, 입에 넣기, 발로차기, 기어오르기, 기어가기 등 다양한 방법을 통해 환경을 탐색한다.

감각운동기는 지능이 행동으로 표현되는 시기로 감각과 운동을 사용하여 지각한 활동으로 세상을 이해할 수 있다. 유아는 인지적으로 도식이 존재하지 않는다. 유아는 처음에 신체나 감각적인 관계 그리고 환경적 대상에 대한 의식이 없지만 나중에는 대상과 자신을 의식하게 되고, 물체를 잡거나 목표물을 향해 움직이고, 소리와 행동을 모방할 수 있다. 그리고 반사적 행동을 기초로 점차 복잡하고 새로운 감각동작적 적응행동으로 발달해 가는 시기이다. 감각운동기의 대표적인 행동의 특성은 대상 영속성의 획득, 행동을 통한 일차적 사고, 물체를 다른 각도에서 보아도 같음을 인식하지 못하는 것, 자연모방을 들 수 있다. 이러한 발달은 유아의 전체적인 발달단계에 영향을 미치는 기초가 된다(이진명, 2012).

② 전조작기(preoperational stage, 2~7세)

아동은 아직 사고유형이 제한되어 있지만 대상에 대한 어느 정도의 개념이 형성되며, 이것은 언어적인 발달로 이어진다. 언어사용능력이 급속히 발달하고 상상력이 풍부해져서 가상놀이와 상징화한 활동이 증가한다. 그러나 보조능력의 부족으로 같은 양의 물이 담겨 있어도 길이가 길고 좁은 유리병이 짧고 넓은 유리병에 담긴 것보다 더 많은 양의 물이 있다고 생각하게 된다. 또한 감각운동기에서 경험한 대상에 머무르지 않고 대상에 대한 변화를 인지하는데, 그 움직임 안에 있는 논리적 구조는 인지하지 못한다. 예를 들어, 높은 소리와 낮은 소리를 반대의 개념이라고 생각하지 못한다. 또한 점점 세게와 점점 여리게가 반대의 관계라고 생각하지 못하고 전혀 다른 새로운 것으로 인지한다.

이처럼 아동은 감각운동기에서 조작단계로 넘어가는 과도기로서 현저한 지적 발달을 보인다. 전체적인 파악보다는 특수한 부분적 상황에 관심을 두는 경향이 있으며 인지적으로 판단능력은 부족하지만 내면적 사고를 하게 되고, 행동이나 대상을 표상할 수 있게 된다. 또한 여전히 자아중심적인 특성으로 모든 현상을 동시에 고려하지 못하고 한 가지 측면에서 생각을 하게 된다(이진명, 2012).

이와 같이 전조작기의 특성으로는 자아중심성, 비가역성, 물활론적 사고와 언어발달이 있다.

③ 구체적 조작기(concrete-operational stage, 7~11세)

아동의 사고과정은 구체적인 틀에 의존하며 보존능력이 습득되어 형태가 다른 병에 물이 담겨져도 물의 양은 동일하다는 것을 인식한다. 높은음과 낮은음, 더하기와 빼기와 같은 반대적인 관계를 이해하고 보존능력이 심화되면 수, 양, 크기, 면적의 변화에 대한 파악이 가능하다.

이 시기는 논리적인 사고는 물론 논리적인 행동을 통해 요인 간의 관계를 인지하는 능력이 발달하는 시기이다. 아동은 자기중심성이 약해지고 다른 사람의 생각도 할 수 있게 되어 사회성이 발달한다. 또한 수, 길이, 면적, 부피 등의 보존성이 나타나 여러 가지 정신적인 조작 작용이 가능하게 되며, 가역성을 이해하게 되고, 보존개념과 분류능력을 획득하게 된다(이진명, 2012).

이와 같이 구체적 조작기의 행동특성은 가역적 사고, 보존개념, 분류 및 서열화, 탈 중심화, 언어의 복잡화가 이루어진다.

피아제는 다음단계인 형식적 조작기의 발달 이전에 구체적 조작기의 완전한 발달이 있어야 한다고 하였다. 신체·정신의 변화, 학교 교육이나 수업을 통한 형식적 구조의 발달, 적절한 인지구조의 발달, 개인적 경험과 평형화 과정 등 학습자 스스로 인지발달에 필요한 구체적 조작기 사고의 특징 네 가지를 살펴보면 다음과 같다(Herbert P. Ginsburg et al., 김정민 역, 2009; 이진명, 2012).

첫째, 구체적 조작기 아동의 사고는 전조작기 사고의 특징인 중심화에서 벗어나 탈 중심화되며, 한 문제의 여러 측면을 동시에 고려할 수 있다.

둘째, 구체적 조작기 아동의 사고는 정확한 동적 심상을 형성하며 이를 통해 실재를 잘 이해하도록 돕는다. 또한 아동은 논리적 추론을 통해 사건을 좀 더 정확하고 세부적으로 다룰 수 있다.

셋째, 구체적 조작기 아동의 사고는 분류 및 서열을 조작하는 능력을 형성한다.

넷째, 구체적 조작기 아동의 사고는 요인과 요인 간의 관계를 인지하고 상대적으로 비교할 수 있다.

④ 형식적 조작기(formal-operation stage, 11세 이후)

아동의 인지구조는 거의 완전한 성인과 같은 성숙한 수준에 이르게 되고 논리적 사고가 가능하며 사물에 대한 과학적 추리와 가설, 설정, 검증, 논의가 이루어진다. 또한 문제해결을 위해 검토와 전략을 세울 수 있고 가치체계가 형성되어 미래를 위한 목표가 확립되며, 사물의 인과관계를 이해하고 추리력과 응용능력도 발달한다(이미정, 2010).

이 시기의 아동은 가장 성숙한 인지적 조작능력을 가지게 된다. 또 마음속에 존재하는 추상적인 사물에 대해서 사고할 수 있다. 이 시기의 청소년들은 신체적·지적·감성적으로 성숙하고, 완전한 논리적 사고가 가능하며, 추상적 개념과 상징에 대한 인지능력이 형성·발달된다. 형식적 조작기는 인지능력의 완성단계로서 성인기 이후까지 지속된다(이진명, 2012). 이와 같이 형식적 조작기의 행동특성은 연역적 사고, 논리적 사고, 조합적 사고가 가능하여 추리력과 적응력이 발달하고 사물의 인지관계를 터득하며 가설검증능력이 획득되는 시기이다.

5) 도덕발달이론

(1) 도덕발달이론의 주요개념

도덕성은 사회를 구성하고 살아가고 있는 사람들이 관습적으로 지키고 있는 원리와 규범들의 특성을 의미한다. 한편 도덕성은 사회적 차원과 개인적 차원에서도 언급된다. 먼저, 사회적 차원에서의 도덕성은 한 사회가 문화적 특징으로 가지고 있는 도덕적 가치 판단의 일반적 기준과 지향하는 도덕적 이상을 통칭하는 말이며, 개인적 차원에서의 도덕성은 한 개인이 가지고 있는 도덕적 신념과 그에 따른 행위의 성향과 이들로 인해 특징짓는 인격을 통칭하는 말이다(김경미, 2005).

도덕발달이론에서의 도덕성은 도덕적 삶과 관련하여 무엇이 옳고 그른지, 무엇을 마땅히 해야 하거나 하지 말아야 하는지 그리고 그 이유와 정당한 근거는 무엇인지를 사고하고 판단하는 능력, 즉 도덕적 사고판단 능력으로 규정하고 있다(이돈희, 1988).

콜버그(Kohlberg)는 도덕적 추론 능력의 발달에 일차적으로 관심을 갖는다. 그의 철학적 논의와 실증적 연구는 모두 도덕성 발달에서 인지적 측면이 차지하는 위치와 역할을 강조한다. 즉, 도덕성은 도덕적인 갈등상태를 해결하려는 능력으로 보고 도덕문제를 해결하기 위해 사용되는 판단의 근거나 이유의 특성으로 설명하고 있다.

콜버그의 도덕성의 본질 세 가지는 다음과 같다(문용린, 1989).

- 인간이 가지는 가치나 이상이 모두 도덕적 가치는 아니다. 이들이 추구하는 도덕적 가치는 종교적 가치나 심리적 가치와는 분명하게 구분되어야 한다.
- 도덕성이란 사람들 사이의 상호 협동과 조정에 관련된 원리나 기준이므로 공유가치를 다루는 일이다.
- 도덕성은 덕목이나 가치의 내용이 아니라 이들을 다루는 형식이다.

콜버그는 도덕적 원리를 가장 일반적인 형태의 진술로 보고 있는데, 이때의 진술들은 '구체적인 행위를 명령하는 것이 아니라 구체적인 지시와 행동으로 바뀔 수 있는 사고방식을 전달하는 것'이다.

(2) 도덕성 발달단계

① 전인습 수준

전인습 수준은 0세에서 7세의 아동이 대체로 포함되며, 더 이상 성장하지 못하고 발달이 고정된 일부 성인들도 포함된다. 전인습 수준의 아동은 자신의 구체적 경험을 통해 사회를 보는 편협한 관점을 가지고 있으며, 어른들과의 관계에서는 심리적으로 자신을 열등한 자로 생각하여 어른들에게 모든 일을 미루는 경향이 있다. 또한 선과 악, 옳고 그름에 대하여 벌, 보상 등의 신체적 또는 쾌락적 행동의 결과, 규칙과 표시를 규정해 주는 사람들의 물리적 힘의 관점에서 해석한다.

전인습 수준의 아동은 규칙에 대해 언급할 권한이 전혀 없다고 생각한다. 단지 규칙은 즐거움을 주는 행동과 괴로움을 주는 행동이 무엇인지를 지적해 주는 역할만 할 뿐이다. 이러한 현상은 자신에 대한 관심에서 벗어나지 못하는 개인주의로 발전하여, 사회나 집단과의 일체감을 별로 느끼지 못하게 한다.

전인습 수준의 도덕성은 1단계와 2단계로 구분한다. 1단계는 옳고 그름의 판단에 대해 권력을 가진 자로부터의 신체적 벌을 피하기 위한 것으로, 즉 외부에서 강제된 주어진 것으로 판단하는 '타율적 도덕성'을 의미하며, 아동에게 있어서의 옳음은 고통을 회피하는 개념으로 이해한다. 2단계는 아동들의 행위가 자기 자신의 개인적 욕구를 충족시키거나, 혹은 자기 자신을 가장 우선으로 생각하는 것으로 나타난다. 이 단계는 기본적으로 '내 것'부터 먼저 손에 넣고 싶어 한다. 옳은 행동은 자신의 필요뿐만 아니라, 다른 사람의 필요도 충족시켜주는 행동으로 본다. 옳고 그름을 욕구를 충족시켜 주는 정도에 따라 판단하기 때문에 '도구적 도덕성'

이라 한다. 아동은 권익을 따르는 긍정적인 결과로 이해한다. 전인습 수준의 아동은 규칙은 외재적으로 주어진 것으로 무조건 복종해야 하는 대상으로 인식한다. 이러한 관점에서 이를 '법 복종적 관점'이라 할 수 있다(김경이, 2005).

② 인습 수준

인습 수준은 도덕성 발달 3단계와 4단계로 구분한다. 인습 수준에서는 집단 가치, 집단 실제, 규칙에 대한 인지적 인식으로 바뀐다. 인습 수준의 아동은 자신의 행동을 자신에게 미치는 결과에 상관없이 집단 기대를 어느 정도 충족시켰느냐에 따라 평가한다.

인습 수준의 아동은 가족, 공동체, 국가의 기대를 유지하는 일이 결과에 상관없이 가치 있는 것으로 인식한다. 개인의 기대와 사회질서에 순종하려는 태도와 그것에 충실하려는 태도, 즉 사회질서를 적극적으로 지키려하며 질서를 유지하고 정당화하려 한다. 법과 규칙이 공동체의 이익과 질서를 유지시켜 주는 것으로 내재적 가치를 인정하고 내면화하면서 현 질서체계를 유지하려는 이른바 '법 유지적 관점'을 갖는 경향이 있다.

인습 수준의 첫 번째 단계인 도덕성 발달 3단계는 '착한 소년 · 훌륭한 소녀' 지향의 상호 관계 동조의 특성을 갖는다. 도덕성 발달 3단계의 아동은 옳은 행동은 다른 사람을 기쁘게 하거나 도움을 주며, 때로는 그들에게 칭찬을 받는 행동으로 인식한다. 이 단계에서 행동은 동기에 의해서 판단되는 경우가 많다. 규칙과 역할의 목적을 이해하고 행동의 결과와 그 행동의 의도를 잘 이해한다. 옳고 그름을 판단하는 기준으로 자신을 둘러싼 주요 인간관계들의 유지와 기대를 중요하게 파악하기 때문에, 이를 '대인 간 규준적 도덕성'이라 할 수 있다.

인습 수준의 두 번째 단계인 도덕성 발달 4단계는 옳은 행동은 자신의 의무를 다하는 것이며, 권위에 대하여 존경심을 가지고, 주어진 사회질서 그 자체를 위해 질서를 지키려는 경향이 뚜렷한 '법과 질서 지향'의 특성이 있다. 집단에 대한 충성, 대인관계, 좋은 동기도 충분하지 않으며, 누구든 법과 규칙을 지켜야 한다고 사고하는 경향이 있다. 4단계에 이르는 사람은 '법'에 대하여 이야기하고 싶어 하며, 심지어 그 법을 법제화하려 하며, 사람은 법과 규칙이 사람의 존경과 복종을 명하는 중요한 것으로 인식하며, 사람은 누구나 법 아래에 있다고 보고 일정한 체계나 사회 전체 입장에서 이를 파악하려고 한다. 이를 '사회 체계 도덕성'이라 한다(김경미, 2005).

③ 후인습 수준

후인습 수준은 도덕성 발달 5단계와 6단계로서 사회와 자아가 위탁해야 할 원칙들과 관련하여 사고한다. 이 '원리적인 사고'는 법과 규칙의 정당화를 위한 관심뿐만 아니라 모든 법에 적용될 수 있는 가장 기초적인 원리를 탐색해 가는 특징이 있다. 우리 사회가 인정하는 질서가 최상의 실현 가능한 질서가 아닐 수 있다는 사실을 지각하고, 지금까지 수용되어 온 전통과 사회 전체의 기준에 대하여 원리의 문제를 제기할 수 있다. 이성은 사회가 추구해야 할 이상이 무엇인지를 제시해 주는 기초가 되며, 이러한 상태를 자율적이라 할 수 있다.

후인습 수준의 도덕성 발달 5단계는 공리주의적 색채를 가지고 있다. 일반 개인 권리의 관점에서 사회 전체가 비판적으로 검증하고 합의를 본 기준의 관점에서 판단하는 사회계약법 지향이 특이하다고 할 수 있다. 이성적 검토에 따라 위배되는 법은 언제든지 바꿀 수 있다고 강조하며, 법은 함께 공존하기 위해 인간들에 의하여 만들어진 것으로, 인간은 법을 우상화할 필요가 없다고 생각한다. 이는 개인의 권리와 사회 전체의 복지를 달성하는 원칙을 고려하여 '개인 권리와 사회복지 도덕성'이라 한다.

후인습 수준의 도덕성 발달 6단계의 수준은 도덕적 추론에서 가장 상위의 단계이다. 6단계 사고의 특징은 논리적인 포괄성, 보편성, 일관성에 호소하여 스스로 선택한 윤리원칙에 준해서 양심의 결성에 따라 옳음을 판단하는 경향이다. 이를 보편적, 가역적 그리고 규범적인 일반윤리 원칙의 도덕성이라 할 수 있다. 이 6단계에 속하는 사람은 마틴 루터 킹이나 간디와 같은 세계적인 인물이 해당된다(김경미, 2005).

3 인성

1) 인성의 개념

인성(human nature)이란 사람의 성품을 말하며, 각 개인이 가지는 사고의 태도 및 행동특성이다. 인간성, 인격, 성격으로 일컬어지기도 한다.

심리학에서는 personality를 인성이라 표기하면서 프로이트(Freud)는 그것을 기질적 성격으로 이해하며, 융(Jung)은 그것을 단순히 기질적인 것으로 보지 않고 정신적인 것으로 보았다. 인류학에서는 personality를 아동기에 거의 형성되어지는 것으로 보고 있다. 반면 교육학에서는 personality란 단어 대신 character란 단어를 많이 사용하며, 이것을 성격이라고 번역한다. 이는 인간의 마음 자체보다는 그것의 교육 내지 교양에 더 관심이 있기 때문이며, 인간은 태어나면서 바로 기질적으로 욕구 충족 내지 불 충족 등의 여러 환경적 계기들에 의해서 형성되는 것으로 보고 있다(금교영, 1998).

인성을 본성의 의미로 이해하는 문화인류학에서는 personality를 인성이라고 하면서 인성을 인간 개개인의 마음씨, 품성으로 이해하고 있으며, 맹자나 순자 시대에서 인성은 인간본성으로 여겼고, 현대 철학에서는 인성을 인격으로 이해한다. 그러나 인성은 본성과는 다르다. 본성은 마음 그 자체는 길러지고 가꿔질 수 있는 것이 아니며, 모든 사람에게 공통되는 것이며 불변적이며 한결같은 것이다. 그러나 인성은 우리 각 개인에게 고유하며 후천적으로 형성되는 것이다. 인성은 개개인이 가지고 있는 것이고, 개개인에 의해 고유하게 형성되는 것으로 개인에 따라 인성은 다르며, 도야(bildung)를 통해서 가꾸어질 수 있다(금교영, 2001).

또한 인성의 형성은 체질의 요인에 좌우되면서도 더 크게는 생활사적 요인에 좌우되기도 한다. 호프만(Hoffmann, 1997)은 생(生)의 초기에 인간은 어쩔 수 없는 본능적 존재로서 전적으로 외부세계의 보살핌과 보호에 의존하며, 어린 아이들은 스스로 사회화되지 않는다고 하였다. 교육을 통하여 아이는 자신이 태어난 공동사회에서 자신의 존속을 보장하는 문화적 명령이나 금지들을 습득하게 되며, 이러한 과정을 거치면서 한 개인은 자기 책임적이고 독립적인 한 새로운 개인으로 변화한다고 하였다.

인성이란 단어에 포함되는 기본적인 속성을 살펴보면 다음과 같다(박미화, 1998).

첫째, 인성은 어떤 경우에나 어떤 가설적 구조나 조직체로 정의된다. 행동은 최소한 부분적으로는 성격에 의하여 조직되고 통합되는 것으로 보인다. 즉, 행동을 관찰하여 추론한 것을 기초로 추상화하는 것이 인성이다.

둘째, 인성은 개인차의 의미로 이해하는 것이 필요하다. 인성이란 단어를 통하여 모든 개인의 뚜렷한 독특성이 나타나며, 인성연구를 통해서만 다른 사람들과 구분되는 어떤 사람의 특수한 자질 및 복합적 자질이 더욱 분명해질 수 있다.

셋째, 모든 인성이론은 인성을 생활사적 혹은 발달사적 견해를 조망하는 것이 필요하다. 인성이란 유전 및 생물학적 경향성, 사회경험 그리고 변화하는 환경과 같은 다양한 내적 그리고 외적 영향력에 따라 변화라는 진화적 과정이다.

이처럼 정의적 특성으로서의 인성은 개성, 성격, 인격이라고도 표현되는데, 그 본성이 무엇인가에 대해서 단일한 정의를 내리기는 매우 어렵다.

일반적으로 성격은 '시간과 상황에 걸쳐 지속되며 사람들을 구별해 주는 특징적인 사고, 감정, 행동의 양식'이다. 그 속에는 인간의 모든 개인적 특성을 포함하며 개인의 신체적·지적·기질적 특성 및 흥미 등도 포함하고 있는 어떤 사람의 독특한 특성이다(서울대학교 교육연구소, 1998).

2) 아동 인성교육의 필요성

리코나(Likona)는 인성교육이 필요한 이유에 대해 다음과 같이 설명하였다(박미화, 1989).

첫째, 가정의 쇠퇴로 인하여 아이들은 도덕적 진공상태를 보이고 있으며, 이러한 가정의 해체는 인성교육 운동을 두 가지 방향으로 나아가게 하고 있다. 어린이들이 가정에서 배우지 못하는 가치들을 학교에서 가르쳐야 하며 가르치고 배우는 일을 제대로 수행하기 위하여 학교는 온정적인 도덕공동체가 되어야만 한다.

둘째, 학생들의 인성 면에서 걱정스러워하는 경향들을 보여주는 통계적 지표들이 많이 발표되고 있다. 이러한 경향들은 도덕교육을 새로운 측면에서 접근해야 함을 시사하고 있다. 이것은 다름 아닌 인성교육의 강조점과 그 맥락을 같이 하고 있다. 비행, 폭력, 성(性) 문제 등의 부정적인 사실들에 맞서기 위하여 학교는 인성교육과 가치교육을 포함할 수 있도록 교육과정을 재구성해야 한다는 주장도 제기되고 있다.

셋째, 객관적으로 중요한 가치들의 회복에 대한 필요성이 증가하였다. 이는 개인주의와 상대주의로 인해 우리 사회에 도덕적 쇠퇴를 초래했다고 볼 수 있다.

맥린(Maclean)은 인성교육에서 고려해야 할 인성의 특성에 대해 네 가지로 정리하였다. 첫째, 인성은 도덕적 행위를 통하여 발달한다. 둘째, 인성은 환경과의 상호작용을 통해서 발달한다. 셋째, 인성은 전체의 개성을 통합한다. 넷째, 인성은 행위와 가치의 일관된 유형이다(박미화, 1998).

아동에게 필요한 인성교육은 아동의 발달 심리적 측면, 개인의 측면, 사회적 측면 그리고 시대상황적 측면과 민족공동체 혹은 인류공동체의 측면 등 몇 가지 측면에 의해 필요하며, 이는 결국 나와 남과의 관계에 대한 필요로 요약할 수 있다(최태경, 1998).

이혜영(2000)은 아동의 자기 관리력과 자기계발을 위해 필요한 인성교육의 기본원리를 다음과 같이 정리하였다.

① 자발성의 원리 : 인성교육은 마음속에서의 긴장과 갈등을 자신이 스스로 극복하고 해결해야 하는 교육이다. 또한 인성교육은 직접적인 체험을 요구하는 교육이라 할 수 있다.

② 인간관계의 원리 : 인간성을 함양하는 문제는 바로 자신의 문제이고 자신의 사람됨에 관련된 문제이기 때문에 자신이 체험하고 있는 갈등을 성찰하고 비판하면서 보다 높은 인간성의 차원으로 도약하기 위해서는 서로가 신뢰하고 존중하는 인간관계가 마련되어야 한다.

③ 자아성찰의 원리 : 사람은 자신을 솔직하게 비판하고 성찰하게 될 때 비로소 향상된 인격의 차원으로 성장할 수 있다. 따라서 자아성찰을 깊이 있게 할 수 있는 기회를 많이 마련해 주어야 한다.

④ 인격자를 길러내는 교육 : 지식 교육은 지식인을 길러 내는 것이 될 것이고, 기술교육은 기술자를 양성해 내는 것이 목표라고 하면 인성교육은 인격자를 길러내는 교육이라고 할 수 있다.

⑤ 마음으로 하는 공부 : 지식은 머리로 하는 공부이고, 기술은 머리와 손으로 하는 공부라고 하면 인성교육은 마음으로 하는 공부이다.

인성교육은 사랑과도 깊은 연관이 있다. 셀러(Seller)는 인성교육이란 지식이나 기술을 획득하는 것이 아니라 인간을 '사랑하는 존재'라고 하여, 사랑함은 어떠한 인식-본질적인 것에 참여하고, 탐구하고자 하는 모든 인식에 선행하는 것으로, 사랑을 한다는 것은 보다 높은 감정으로 자신을 개방하고 높은 가치를 추구하는 것으로 '사랑하는 것'이 곧 인성교육의 첫 계기라 하였다. 이러한 사랑은 인간을 더 높은 감정과 가치를 가지게 하고, 그것은 더 넓은 세계로 자신을 고양시키기 된다. 따라서 사랑함을 통한 인성교육은 아동들에게 생명의 가치와 세상을 향한 열린 감정과 자신의 존재영역을 더욱 가치 있게 감지할 수 있다(금교영, 2000).

어떤 인성을 가진 사람은 타인에게 불쾌감과 긴장, 갈등을 느끼게 하지만, 다른 어떤 인성을 가진 사람은 타인과의 관계에서도 긍정적 효과를 나타내고 자신의 삶을 영위하는 데 있어서도 매우 긍정적이다. 그러므로 성숙한 인성을 가진 사람이 많은 사회가 더 바람직하고 발전적인 차원에서 인성교육은 매우 중요하다고 볼 수 있다(이혜영, 2000).

따라서 인성교육은 사랑의 기술을 함양하는 인간다운 품성을 함양시키는 교육이라고 할 수 있다. 과거의 인성교육은 학교나 가정 또는 대체가정에서 문제가 있는 아동들 대상으로 지도하여 왔으나, 오늘날의 인성교육은 사랑함의 시작과 함께 부모 또는 양육자와 협력하여 모든 아동을 대상으로 실시하여 아동의 긍정적 자아개념과 건설적이고 발전적인 가치관의 형성을 이룰 수 있도록 좋은 기회를 마련해주는 것이 바람직하다.

CHAPTER 04

아동복지의 이해

1 아동복지의 개념과 의의

1) 아동복지의 개념

아동복지는 아동의 건강한 삶을 보장하기 위한 국가와 사회, 민간단체의 다양한 도덕들인 법과 정책, 행정 뿐 아니라 전문가에 의한 구체적인 서비스를 총칭하다.

어원적 측면에서 아동복지는 아동(child)과 복지(welfare)의 합성어로서 아동의 복지(welfare of children), 즉 아동이 잘 지내는 상태이며, 아동이 잘 지내는 상태란 주관적으로는 아동의 행복을 뜻하고, 객관적으로는 아동의 건강한 생활이 보장되는 상태를 의미한다. 따라서 아동복지는 아동이 하루하루 행복을 느끼며 건강하게 생활할 수 있도록 전문가인 사회복지사가 개입하여 아동은 물론 아동과 함께 생활하는 가족을 지원하는 모든 활동으로 정의할 수 있다(이혜원, 2006).

아동복지의 개념은 어떤 아동이 복지의 대상이 되며, 어떠한 주체에 의해 복지활동이 수행되느냐에 따라 좁은 의미의 아동복지와 넓은 의미의 아동복지로 구분된다. 좁은 의미의 아동복지(child welfare)는 보호를 요하는 아동을 중심으로 한 복지활동을 뜻하는 것으로, 보호자 또는 양육자에 의한 아동양육이 불가능한 경우에 아동을 위한 공공 및 민간기관에서 제공하는 사회복지서비스이다. 「아동복지법」, 아동복지사업, 아동복지관, 아동복지시설연합회, 아동복지단체협의회의 사업이 좁은 의미의 아동복지서비스이다.

넓은 의미의 아동복지는 일반아동과 그 가족을 대상으로 다양한 복지주체들이 서로 유기적으로 관련하여 체계적으로 복지활동을 전개하는 것을 말한다. 일반아동이란 실제적으로 보호를 요하는 아동을 포함한 모든 아동을 의미하는 것으로, 아동복지는 빈곤, 방치, 유기, 질병, 결함 등을 지닌 아동 또는 환경에 적응하지 못하는 비행아동들 뿐만 아니라 모든 아동이 신체적 · 지적 · 정서적 발달에 있어서 안전하며 행복할 수 있도록 위험으로부터 보호하기 위하여 제 기관에서 실시하는 사회적 · 경제적 · 보건적인 모든 생활을 의미한다(Friedlander, 1966). 아동복지의 대상에 아동의 가족이 포함되는 것은 아동의 일차적 책임은 가족에게 있으며, 최선의 아동복지는 아동양육에 대한 가족의 기능을 강화하여 주는 것이라는 입장을 근거로 하기 때문이다. 즉, 넓은 의미에서 아동복지란 모든 아동의 안녕을 위한 신체적 · 사회적 · 심리적 발달을 보호하고 촉진하기 위해 경제, 교육, 보건, 노동 등 다양한 분야에 걸친 국가와 사회단체 및 개인이 행하는 정책, 법률, 서비스 등을 포함하는 포괄적인 모든 노력을 의미한다.

아동복지의 개념 및 정의는 국가나 사회적 상황의 이념과 사회적 변화에 따라 다소 차이가 있고 학자들의 관점에 따라 다양하게 정의되고 있다.

미국의 아동학자 카두신(Kadushin)은 아동복지를 사회적 서비스의 한 형태로 정의하고 있고, 코스틴(Costin, 1985)은 아동복지를 가족생활을 강화하기 위한 사회복지의 한 분야로서 아동과 그 가정의 복리증진을 위한 것이라고 정의 하였다. 또한 메이어(Meyer, 1985)는 아동복지를 지속적인 사회체계의 하나로 아동의 복지를 증진시키기 위한 사회제도이며, 하나의 전문직으로서 사회사업의 한 분야라고 정의하였다.

미국아동복지 연맹은 아동복지는 '부모가 양육의 책임을 다 할 수 없거나 지역사회와 아동, 아동의 가족이 요구하는 자원 및 보호를 제공하지 못하는 아동에게 사회적 서비스를 제공하는 것'이라 정의하고 있고, 우리나라는 「아동복지법」 제3조 제2항에서 아동복지란 '아동이 행복한 삶을 누릴 수 있는 기본적인 여건을 조성하고 조화롭게 성장 · 발달할 수 있도록 하기 위한 경제적 · 사회적 · 정서적 지원을 의미한다'고 하였다(조용남, 2015).

종합적으로 아동복지를 정의하면 사회제도적인 측면에서 '사회 구성원으로서 아동의 기본적인 욕구를 충족시키고 건전한 성장과 발달을 도모하기 위하여 여러 가지 활동을 가능케 하는 공적인 방법과 절차'이며, 공적인 측면에선 '아동복지와 관련된 법령, 공공과 민간의 조직, 사회복지 전문직과 같이 제도화된 실천'이다

2) 아동복지의 의의

아동복지의 의의는 세 가지 측면에서 설명할 수 있다.

첫째, 아동 개개인은 기본적 생활보장이 되어야 한다.

인간은 성숙한 개체로 가능하기까지는 장기간 타인의 보호와 양육을 필요로 한다. 영아기는 가장 기본적인 음식섭취와 배설물 처리를 혼자 힘으로 하기 어려우며 타인의 도움 없이는 생존 자체가 불가능하다.

유아기와 아동기에는 생리적 욕구해결이나 언어에 의한 의사소통이 가능하지만 혼자서 지낼 수 없고 노동력도 없어 의존적일 수밖에 없다. 즉, 한 인간이 스스로 사회적으로 자립한 인간으로 성숙하기 위해선 일정기간 타인의 도움이 절대적으로 필요하다. 부모나 가족이 여러 사유로 인하여 아동보호와 양육의 책임을 다하지 못할 때 사회가 그 부모와 가족을 도와서 아동이 기본적인 생활을 영위할 수 있도록 보장하는 것이 아동복지의 의의다.

둘째, 미래인력의 보호와 육성이라는 의미를 가진다.

아동은 미래사회를 이끌어갈 주역으로 적절히 보호하고 교육하는 것은 장차 나라의 장래와 직접적인 관련을 갖는다. 따라서 아동을 심신이 건강

하고 지식과 인격을 갖춘 성인으로 성장하도록 하는 것은 미래사회를 이끌어 갈 훌륭한 인적 자본을 확보하는 것이다. 아동기의 발달은 전 생애에 걸쳐서 기초가 되는 매우 중요한 시기로서 이 시기를 놓치면 성인기에 회복할 수 없는 부분이 있다. 특히 빈곤으로 인한 교육, 의료, 문화 등에서 박탈을 경험하는 아동에 대한 공적부조나 영유아에 대한 보호와 교육에 관한 제도는 아동을 미래사회의 주역으로 인식하고 이들을 보호·육성하는 노력의 일환이라고 보고 있다. 따라서 아동이 전문적지식과 건전한 인격을 갖춘 인간으로 성장하는 것은 한 사회와 국가의 발전을 위한 기본 전제가 된다.

셋째, 장차 발생할 수 있는 사회문제를 예방할 수 있다.

아동은 성인과 마찬가지로 다양한 욕구를 가지고 있으나 스스로 이러한 욕구를 충족할 수 있는 능력이 없으므로 이를 충족시켜줘야 한다. 욕구가 충족되지 않으면 사회의 유능한 구성원이 되기 위한 건강한 발달이 어렵다. 따라서 아동기에는 적절한 의식주 생활을 통해 기본적인 생리적 욕구와 다양한 환경이나 장난감에 접하거나 놀이를 함으로써 즐거움을 누리는 등의 문화적 욕구가 충족되어야 한다. 욕구가 좌절될 때 정서 불안이나 신체적 이상을 경험하기 쉽고, 청소년기의 비행이나 가출 등으로 연결될 수도 있다. 따라서 아동의 욕구를 충족시키려는 사회적 노력인 아동복지는 아동이 일으킬지 모르는 사회문제를 미연에 방지하기 위해서 필요하다.

2 아동복지의 이념 및 전제조건

1) 아동복지의 이념

우리나라 「아동복지법」에는 아동복지의 이념을 정립하고 있다. 동법 제1조에서 "이 법은 아동이 건전하게 출생하여 행복하고 건강하게 육성되도록 그 복지를 보장함을 목적으로 한다"라고 하였으며, 제3조에는 "1. 모든 국민은 아동을 보호양육하고 사회생활에 적응되도록 육성할 책임을 진다. 2. 국가와 지방자치단체는 보호자와 더불어 아동을 건전하게 육성할 책임을 진다."라고 명시하고 있다. 즉, 국가와 국민이 아동을 건전하게 육성할 의무와 아동의 복지와 권리에 관한 이념을 나타내고 있음을 알 수 있다.

아동은 아동 자신 또는 부모의 성별, 연령, 종교, 사회적 신분, 재산, 장애유무, 출생지역, 인종 등에 따른 어떠한 종류의 차별도 받지 아니하고 자라나야 한다. 또한 아동은 완전하고 조화로운 인격발달을 위하여 안정된 가정환경에서 행복하게 자라나야 하며, 아동에 관한 모든 활동에 있어서 아동의 이익이 최우선적으로 고려되어야 한다는 것이 아동복지의 기본이념이다.

(1) 자유방임주의와 가부장제

자유방임주의적 전통에 입각할 때 국가의 복지는 개인의 자유에 대한 억압이다. 따라서 국가에 의한 어떠한 조치도 구속이나 통제이며 이러한 것으로부터의 보장이 국가의 역할이다. 국가는 '아동'의 부모는 아니며, 아동의 부모가 지닌 우선적 책임에 동의한다(Archad, 1993)는 것이 자유방임주의적 입장이다. 이 관점은 권리의 관점에서 본다면 부모의 권리가 중시되고, 자녀양육의 책임자로서 부모의 권리를 국가가 옹호 또는 중시해야 한다는 견해를 유지하고 있다. 즉, 아동보호의 문제가 발생하거나 국가가 아동의 보호에 개입해야 하는 상황은 부모 개인의 심리적 결함이나 경제적 어려움 등으로 부모로서 자질에 문제가 발생한 경우라고 보고 있다.

(2) 국가부권주의와 아동보호

국가부권주의는 혈연관계보다 심리적 유대에 근거한 부모-자녀관계를 중시하며, 부모와의 분리나 어떤 형태의 개입이든 미래에 심리적 결속이 형성될 수 있는 좀 더 나은 보호자인 타인에게 아동을 맡김으로써 아동의 복지를 좀 더 일찍 준비하고 문제 있는 보호의 위협을 줄이는 것이 중요하다고 본다. 따라서 입양이나 위탁보호 등의 대리보호에 대해서 긍정적이다. 국가의 역할이 강조되며, 권위주의적이고, 강제적으로 개입이 가능하다.

(3) 가족중심주의와 부모의 권리

아동은 의존적이며, 미숙한 존재로서 부모의 적절한 보호를 받아야 하는 존재이다. 국가는 생물학적 가족이 유지되도록 다양한 종류의 서비스를 제공하면서 가족을 지지해 주는 역할을 해야 하며, 이것이야말로 국가의 이상적인 형태라고 본다. 가족중심주의는 심리적 부모와 자녀 관계를 소홀히 다루지는 않으나 주요 관심은 생물학적 부모와 자녀와의 관계 유지에 있다. 따라서 가족중심주의는 국가가 아동에게 대리적 보호를 제공하기보다는 아동에게 대리적 보호가 필요하지 않도록 가족을 위한 지지적 서비스를 제공해야 한다는 견해를 갖고 있다.

2) 아동복지의 전제조건

(1) 가정과 부모

가정은 아동복지의 최우선 조건이다. 가정은 아동이 태어나서 최초로 경험하는 생활환경이며, 아동의 건강한 성장과 발달에 필수적인 요소이다. 아동은 어머니의 태에서부터 생존에 필요한 생리적 욕구를 충족하며, 정서적인 인간관계를 경험하고, 사회화의 기초를 형성하게 된다(윤매자 외, 2016). 어린 시절의 경험은 매우 중요하며 부모 및 가족과의 상호작용은 개인의 삶에 일생 동안 영향을 미친다. 아동은 가정에서 이탈되어서는 안 되며, 가정이 없는 아동에게는 가정을 만들어 주어야 한다.

가정에서 부모의 양육태도가 중요시되는 것은 부모가 자녀를 양육할 때 과잉보호하거나 혹은 방치하거나 무관심한 경우 혹은 지나친 훈육이나 처벌을 할 경우다(송정애, 2015). 양육태도는 아동의 건강한 성장과 발달에 가장 중요한 요인이 되는데, 양육기술이 부족하면 부모-자녀 간의 갈등 및 스트레스 그리고 욕구 불만족을 경험하게 되고, 이로 인하여 아동에게 불미스러운 행동이나 아동학대 등을 초래하기도 한다.

이처럼 가정과 부모는 아동의 건전한 양육과 보호, 사회화, 정서적 발달은 물론 인격을 형성하는 데 중요한 역할을 수행한다. 아동들은 사람을 대하는 방법을 배우게 되고 상대방의 요구를 받아들이는 방법과 자신의 요구를 남에게 전달하는 것도 배우게 된다(양금실, 2010).

건강한 가족은 가족원 간에 사랑, 배려, 이해, 신뢰를 바탕으로 서로의 목표를 달성할 수 있도록 격려해 주고 자율성을 인정하므로 서로 간의 의사소통을 원활히 할 수 있으며, 가족원의 문제해결에 대한 수행능력이 뛰어나고, 가족원 간에 가치관 및 신념에 있어서 건강한 가치체계를 공유하므로 아동의 건강한 성장과 복지를 도모할 수 있다.

(2) 경제적 안정

경제적 안정(economic well-being)은 개인이나 가족이 빈곤하지 않은 상태를 유지할 수 있는 능력을 의미하는 것으로, 일반적으로 이는 개인이나 가구의 소득수준과 빈곤수준을 통해 측정할 수 있다(김승아, 2008).

개인이 자산을 소유하고 있는 경우 이를 통해 심리적인 안정감을 얻을 수 있다. 이러한 심리적인 안정감은 미래를 계획하도록 하며, 나아가 이를 위한 투자를 가능하게 한다. 경제적 안정은 현 세대의 빈곤문제뿐만 아니라 후 세대의 경제적인 안정에도 영향을 미치기 때문에 빈곤과 중요하게 연관된다.

저소득층은 불안정하고 낮은 수준의 소득으로 인해 개인이 스스로 저축을 하기 어렵기 때문에, 미래의 소비를 위한 저축의 부족으로 건강 악화나 필요한 의료비나 안정적인 생활을 위한 주택마련과 같은 필요불가결한 소비를 하지 못하게 된다. 또한 소득 상실의 경험은 자녀들에게 위축감과 고통을 안겨주어 또래와의 관계나 학교생활 적응에 어려움을 겪게 되고 열등감에 빠지게 된다.

이처럼 경제적 안정은 삶의 만족감과 자기효능감을 증가시켜 개인의 사고와 행동에까지 영향을 미칠 수 있으므로 아동복지와 매우 중요한 의미를 가지고 있다.

(3) 교육

교육은 인적자본을 형성하는 개인의 무형자산에 해당된다. 연구자들은 가구주의 학력이 높을수록 빈곤 진입의 가능성을 낮추고, 빈곤 탈출 그리고 배우자 선택과 인간관계형성에 영향을 준다고 한다.

우리나라 「헌법」 제27조에는 ‘모든 국민은 능력에 따라 균등하게 교육을 받을 권리를 가진다.’라고 명시하고 있다. 교육는 아동의 성장과 발달을 돕는 다양한 지식과 자원을 제공하며, 올바르게 성장하도록 이끌어 줄 수 있다(윤매자 외, 2016).

따라서 교육은 아동에게 잠재력을 개발할 수 있도록 하며, 질적 성장과 발달 그리고 자아존중감을 향상시키고, 사회와 소통하고 살아가는 데 자신감을 갖도록 하므로 모든 아동에게 교육의 기회가 실질적으로 보장되어야 한다.

(4) 건강과 안전 환경

WHO 등 국제기구에서는 각 국가의 보건수준을 평가하는데 영아 사망률을 가장 기초적인 지표로 활용하고 있다. 보건수준을 나타내는 대표적 지표인 영아사망률은 곧 아동건강과 연관된다. 이에 모성건강 증진을 위한 보건의료 투자와 새로 태어나는 생명이 건강하고 안전하게 출발을 할 수 있도록 지원하는 것은 아동 개개인의 생존과 직결될 뿐 아니라 국가의 존속과 관련된다는 점에서 아동복지의 기반이 되는 요인이다(이용희, 2006). 또한 아동기의 활발한 시기에 학교생활이 중요하고 실수와 사고가 많아지는 시기이므로 외상과 화재를 예방하는 안전 환경 조성과 약물중독, 음식으로 인한 각종 질환이 발생하지 않도록 환경오염에 대한 예방이 최우선시 되어야 한다.

특히 초기 아동기에 나타날 수 있는 '주의력결핍과잉행동증후군(ADHD)'과 같은 정신질환은 심리적인 원인 외에도 대기오염, 음식 공해 등 환경오염과 관련이 있으므로 화학물질 등 부정적인 환경에 노출되지 않도록 주의해야 한다.

따라서 태아건강을 위해 어머니들이 건강한 아기를 낳을 수 있는 모자보건 대책과 아동에 대한 건강생활 증진을 위한 교육과 지원이 아동복지 차원에서 이루어져야한다.

(5) 건전한 놀이와 문화

아동의 생활은 놀이 속에서 이루어진다. 아동은 놀이를 통해 신체가 튼튼해지며 자신의 감정을 표현하면서 정서의 균형을 이룬다. 아동은 놀이

문화를 통하여 세계와 접촉하고 자아를 발견하고, 사회를 경험하며, 현실을 재구성하여 미래의 세계를 창조한다. 이처럼 아동에게 있어서 놀이는 사회적 경험인 동시에 문화적 경험이며, 창의적 사고를 할 수 있는 능력과 잠재력을 키운다.

놀이에서 아동은 다른 상황을 보여 줄 수 있는 능력보다 더 높은 단계의 능력을 보여 주고, 아동의 인지, 정서, 사회적 능력에 대한 통찰을 얻을 수 있는 중요한 요인이 된다.

따라서 아동발달을 촉진시키고, 아동의 놀이 욕구에 대한 욕구 충족과 흥미를 유발시키는 자유로운 공간과 사회적 문화가 조성되도록 지원하는 것이 요구된다.

3 아동복지의 대상과 서비스

1) 아동복지의 대상

아동복지의 대상은 18세 미만의 모든 아동으로 요보호아동과 일반아동으로 구분되고 있다. 그러나 아동복지서비스의 수혜 대상을 구분하는 데는 어려움이 있다. 요보호아동이나 일반아동 모두는 일정 기간 동안 성인의 도움이 필요하며, 자신의 생존과 생활 또는 권리를 위한 적극적인 행동을 하는 데에는 제한이 있으므로 양육자의 보호와 지원이 절대적으로 필요하기 때문이다.

우리나라에서 아동복지대상은 1961년 「아동복리법」 제정당시에는 요보호아동을 우선으로 하였으나, 오늘날에는 모든 아동을 대상으로 한다.

(1) 요보호아동

요보호아동은 「아동복지법」 제3조 제4항에 의거하여 보호자가 없거나 보호자로부터 이탈된 아동 또는 보호자가 아동을 학대하는 경우 등 그 보호자가 아동을 양육하기에 적당하지 아니하거나 양육할 능력이 없는 경우의 아동이다. 요보호아동에 대한 개념을 살펴보면 다음과 같다.

① 부모들이 아동의 양육기능을 상실하거나 충분히 발휘할 수 없게 되는 등 양육에 문제가 생긴 아동이다.
② 아동의 신체적 · 지적 · 정서적 장애로 인해서 정상적인 사회참여를 제한받고 있는 아동이다.
③ 가출이나 비행 등 아동자신의 문제행동으로 인하여 사회적 · 법적 보호를 필요로 하는 아동이다.
④ 부모로부터 신체적 · 정신적인 학대를 받거나 양육을 거부당하게 되어 특별 보호를 필요로 하는 아동들이다(장인협, 1996).

이처럼 요보호아동의 발생은 첫째, 사회적 · 경제적 또는 파탄된 가정생활과 관련되는 정서적 문제 등에서 기인되거나 둘째, 수입보장, 교육, 고용기회, 보건복지, 서비스 등과 같은 사회적인 대비의 결함에서 기인될 수도 있으며 셋째, 부모들이 평소에 대처해 나가지 못하는 아동들의 예외적인 혹은 특수한 문제 등에서 기인될 수 있다(김현용 외, 1997).

(2) 지원대상아동

모든 아동은 가정을 기반으로 부모의 보살핌 속에서 건전하게 성장할 수 있어야 한다. 그러나 가정이 아동 성장에 필요한 충분한 조건을 갖추지 못할 때 사회가 아동을 지지하고 보충하는 역할을 하게 된다.

지원대상아동은 「아동복지법」 제3조 제5항에서 아동이 조화롭고 건강하게 성장하는 데 필요한 기초적인 조건이 갖추어지지 아니하여 사회적

·경제적·정서적 지원이 필요한 아동을 의미한다.

지원대상아동은 「아동의 빈곤예방 및 지원 등에 관한 법률」 제3조에서 생활여건과 자원의 결핍으로 인한 복지·교육·문화 등의 격차를 해소하기 위하여 지원이 필요한 빈곤아동을 말하며, 「동법 시행령」 제2조에서는 지원이 필요한 아동은 「아동복지법」 제3조 제4호 및 제5호에 따른 보호대상아동 및 지원대상아동, 「국민기초생활보장법」 제2조 제2호 따른 수급자인 아동, 「한부모가족지원법」 제4조 제2호에 따른 「한부모가족지원법」 및 「다문화가족지원법」 제2조 제1호에 따른 다문화가족의 아동 등 복지·교육·문화 등의 격차를 해소하기 위하여 사회적·경제적·문화적 지원의 필요함을 보건복지부 및 여성가족부장관이 인정하는 아동으로 규정하고 있다(주수길 외, 2016).

(3) 일반아동

일반아동은 사회의 특별한 보호를 받지 않고 아동이 속한 가정에서 양육과 보호를 받으며 성장할 수 있는 아동을 의미한다.

「아동복지법」 제4조 제1호에서는 국가와 지방자치단체는 아동의 안전·건강 및 복지증진을 위하여 아동과 그 보호자 및 가정을 지원하기 위한 정책을 수립하는 것을 강조하고 있으며 제6호에서는 아동의 보호자가 아동을 행복하고 안전하게 양육하기 위하여 필요한 교육을 지원하여야 한다고 규정하고 있다.

일반아동은 부모와 함께 살면서 편안한 삶을 산다고 할지라도 내적으로나 외적으로 위험요소를 지니고 있다. 갑작스러운 경제적 위기, 부모의 실직, 가족의 질병, 자연재해 등은 아동에게 예상치 못한 삶의 급격한 변화를 초래할 수 있으므로 아동에게 심리사회적인 부적응과 연결되어진다.

일반아동을 위한 복지서비스는 아동이 특별한 문제나 장애가 있어서라기보다 아동의 행복과 건강한 발달을 촉진하기 위해 실시되는 국가의 시책이라고 할 수 있다. 즉, 초·중등학교의 의무교육제도가 여기에 해당되며, 어린이공원, 놀이터, 아동회관, 체육 · 연극 · 영화 · 과학 실험전시 시설, 아동휴게숙박시설, 야영장, 청소년 수련관 등 아동전용시설, 보육지원, 육아 휴직 등을 포함한다(김성경 외, 2016).

아동은 가족구성원 중 가장 먼저 보호를 받아야 할 존재로서 전체 아동의 건전한 성장 발달을 도모하고 위험요소에 대한 예방 차원에서 조금 더 강화된 포괄적 아동복지서비스가 요구된다. 그리고 아동을 보호 · 양육하는 가족에 대한 안정적인 경제 및 주택정책이 필요하다.

2) 아동복지서비스의 분류

아동복지서비스는 분류 기준에 따라 다음과 같이 나누어 볼 수 있다. 서비스가 제공되는 장소에 따라, 서비스가 갖고 있는 기능을 중심으로 또는 가족의 욕구에 따라 분류할 수 있다. 욕구에 따른 분류는 가정이 아동을 위한 일차적인 서비스의 중심임을 강조하여 아동의 기본적인 생리적 · 심리적 · 사회적 욕구가 충족되지 못하거나 부모-자녀 간의 관계에서 역할수행에 장애가 있는 경우의 아동복지서비스가 수행하는 방어선(line of defence)의 위치에 따라 제1차 방어선, 제2차 방어선, 제3차 방어선으로 서비스를 분류하기도 한다(장인협 · 오정수, 2013).

(1) 서비스 제공 장소에 의한 분류

서비스 제공 장소에 따른 분류는 아동복지서비스 분류에서 가장 전통적이고 일반적인 방법으로 보편적으로 사용되고 있다(장인협 · 오정수, 2000).

① 가정 내 서비스: 가정 내 서비스는 아동이 부모를 비롯한 가족구성원과 함께 생활하면서 필요한 양육과 서비스를 제공받는 것을 의미한다. 가족의 구조적 결손은 없지만 심각한 스트레스나 역기능의 위험요소를 가지고 있을 때 제공되며, 원가정의 기능 중 결핍된 부분을 지지하거나 보충해 줌으로써 원가정의 해체나 붕괴를 막아 주

는 기능을 수행한다. 더불어 아동이 속해 있는 가정의 강점을 지원하여 특정 위기상황에서 극복할 수 있는 자원의 역할을 수행할 수도 있다.

② 가정 외 서비스(out-of-home service): 가정 외 서비스는 아동이 원가정을 떠나 일정 기간 동안 시설이나 위탁가정 등에서 생활하면서 제공받는 양육 및 보호서비스를 의미한다. 아동이 자신이 생활하는 가정과 가정 이외의 서비스 장소에서 보호나 서비스를 받는 경우 그리고 자신의 출생가정을 떠나서 일시적으로 또는 장기적으로 보호시설이나 다른 위탁가정 등에 거주하면서 양육이나 서비스를 제공받는 경우를 모두 포함한다. 예를 들어, 취업모가정의 경우 어머니가 직장생활을 하는 동안 보육시설 등에서 아동이 보호·양육서비스를 제공받은 경우 등이다.

(2) 서비스의 기능에 의한 분류

카두신(Kadushin)이 제시한 서비스 기능에 의한 분류는 아동양육을 위한 가정의 역할에 대하여 아동복지서비스가 어떠한 기능을 지니는가에 따라 지지적 서비스, 보조적 서비스, 대리적 서비스로 구분하였다(kadushin, 1974).

① 지지적 서비스

지지적 서비스(supportive service)는 가족과 부모, 아동의 관계에서 일어나는 문제를 해결할 수 있도록 부모나 가족의 기능을 지원하고 능력을 강화시켜 주는 서비스다. 지지적 서비스는 다른 서비스와는 달리 아동들이 자신의 가정에 머물러 생활하면서 받을 수 있는 서비스다. 이러한 서비스를 제공함에 있어서 서비스의 기능은 부모나 아동의 역할을 대신해 주는 것이 아니라, 가족구조나 구성원의 역할을 침해하지 아니하고, 다만 외부에서 가족 내부의 역할과 기능이 제대로 수행될 수 있도록 지원해 주는 역할을 한다. 지지적 서비스의 목표는 가족구성원의 사회적 기능을 향상시킴으로써 가족의 붕괴 위험을 감소시키는 것이다(장인협 · 오정수, 2013).

지지적 서비스가 필요한 상황은 일반적으로 아동의 양부모가 함께 생활하고, 부모의 역할을 효과적으로 수행할 의사와 능력이 있지만 부모-자녀 간의 갈등이나 부부갈등의 결과 부모-자녀관계에 어려움이 있는 경우다. 지지적 서비스를 제공하는 과정에서 부모-자녀관계의 역기능이 있더라도 서비스는 가족의 구조를 손상시키지 않거나 가족구성원의 역할과 기능을 대신하지 않는다. 서비스는 가족구조의 외부에서 머무르면서 도움을 제공하게 된다. 이러한 지지적 서비스를 제공하는 주요기관에는 가족서비스기관과 아동상담기관이 있으며, 가족구성원에 대한 개별지도와 집단서비스, 가족치료 등의 접근방법이 활용된다.

② 보조적 서비스

지지적 서비스는 가족서비스를 제공하는 사회복지기관이나 아동상담소 등에서 아동문제에 대하여 부모들이 자신의 역할을 잘 수행할 수 있도록 그들을 강화시킴으로써 아동복지를 실행하는 것이라 할 수 있다. 따라서 이들 서비스는 가정 외부에서 이루어진다. 반면에 보조적 서비스(supplementary service)는 아동이 가정 내에서 생활하도록 지원하면서, 부모들이 가진 역할의 일부를 대신 수행하는 서비스이다. 아동양육을 위한 부모의 역할이 일시적으로 충족되지 못할 때 이러한 보조적 서비스가 필요하게 된다. 부모의 일차적인 역할은 아동을 양육하고 건강하게 보호하는 일이다. 이러한 역할은 현금소득을 필요로 하며 부모는 경제적인 활동을 통하여 소득을 마련해야 한다. 그러나 부모의 사망, 질병, 장애, 실업 등의 예기치 않은 상황은 가족의 역할을 대신해 줄 사회적 장치가 필요하며, 보조적 서비스는 이와 같이 가족의 적절한 역할수행이 어려움을 당하는 경우에 아동의 욕구를 충족시키는 사회적 장치로서 의미가 있다.

보조적 서비스에는 빈곤가정을 지원하는 소득보장(income maintenance)으로서 현금급여 또는 아동수당, 일하는 어머니를 도와주는 보육서비스(day care), 부모가 질병이나 부재중일 때 아동의 집안일을 도와주는 가정봉사원(homemaker)서비스 등이 포함된다.

③ 대리적 서비스

대리적 서비스(substitute service)란 부모가 아닌 제삼자가 부모 역할의 전부를 대신하는 경우다. 이러한 급격한 양육 역할의 변화는 아동의 출생가정이 기능을 상실하여 아동에게 필요한 최소한의 양육활동과 보호를 제공할 수 없게 된 경우에 발생한다. 완전한 가정을 마련해 주는 입양, 일정한 기간 동안 가정에 위탁하는 위탁보호, 집단으로 아동을 보호하는 긴급피난 및 집단보호, 집단가족, 아동시설, 주거지역치료소 등의 서비스 등이 포함된다.

(3) 방어선의 위치에 의한 분류

방어선의 위치에 따른 분류는 카두신(Kadushin, 1974)의 저서 『아동복지서비스』에서 부분적으로 제시된 바 있으며, 카두신은 지지적 서비스를 1차 방어선, 보조적 서비스를 2차 방어선, 대리적 서비스를 3차 방어선의 개념으로 인식하였다.

한편 주커만(Zuckerman)은 그의 저서 『아동복지』에서 지지적 서비스와 보조적 서비스의 대부분을 제1차 방어선(The First Line of Defence)으로 보았으며, 대리적 서비스 중 가정 형태의 서비스를 제공하는 가정위탁과 입양을 제2차 방어선(The second Line of Defence), 집단보호서비스를 제3차 방어선(The Third Line of Defence)으로 구분하여 아동복지서비스를 다음과 같이 체계적으로 분류하였다(Zuckerman, 1983 : 26-31).

① 제1차 방어선으로서 가정 내 서비스

가정은 아동에게 일차적인 방어선으로서의 기능을 수행한다. 그러나 가정이 아동의 기본적인 욕구를 충족하지 못할 위험에 처하거나 부모-자녀의 역할관계에 장애가 있을 경우 가정의 사회적 기능을 회복, 유지, 강화하기 위해 제1차 방어선으로서 가정 내 서비스가 수행되어야 한다. 가정에서 생활하는 아동과 가족을 위한 서비스로는 지역사회의 기관에서 제공하는 아동상담과 가족복지서비스 등이 대표적이다.

② 제2차 방어선으로서 대리가정서비스

가정이 정상적인 기능을 충분히 수행하지 못하면 아동에게 원가정의 역할을 대신할 수 있는 다른 보호의 장이 요구된다. 이러한 경우, 가능한 한 가정과 유사한 자연스러운 보호의 장으로서 대리가정을 마련해 주는 것이 대리가정서비스이다. 이러한 주장은 골드스타인(Goldstein), 프로이트(Freud), 솔리트(Solnit, 1973)에 의하여 제안된 것으로 최소침해대안(the least detrimental alternative)의 원칙이라고 불린다. 이 원칙은 가정의 기능수행에 장애가 있을 경우, 아동에게 가장 적절한 형태의 보호와 서비스가 무엇인가를 결정하는 기준으로 널리 수용되고 있다. 이 원칙이 제시하는 서비스의 목표는 아동의 삶과 가정에 대하여 제한적인 요소를 최소한도로 줄이는 것이다. 따라서 구조화된 생활시설에 비하여 덜 구속적이고, 가정생활의 환경에 접근하며, 지역사회에 자유롭게 접근할 수 있는 보호의 장으로서 대리가정이 제안되는 것이다. 대리가정서비스의 대표적인 형태로는 가정위탁과 입양서비스를 들 수 있다.

③ 제3차 방어선으로서 집단보호(생활시설)서비스

제3차 방어선으로서의 집단보호인 그룹홈이나 생활시설에 의한 서비스는 앞서 언급한 최소침해대안의 원칙에 따라 아동의 욕구가 출생가정이나 대리가정에 의하여 충족될 수 없는 경우에 한하여 집단적인 보호를 제공하는 것이다. 또래집단과의 관계가 중요한 요소인 집단적인 생활환경이 필요한 아동, 특수한 욕구를 가진 장애아동에게 이러한 집단적 주거

환경에 의한 서비스가 제공된다. 집단보호는 6~12명의 아동을 수용한 소규모 집단가정에서부터 대규모 수용시설에 이르기까지 규모와 형태가 다양하다. 어떤 가정은 직원이 대리부모의 역할을 수행함으로써 가정의 형태로 운영하기도 한다. 또한 정서적인 장애를 지닌 아동이나 가정에서 행동장애를 일으킨 아동을 위하여 치료적인 기능을 수행하는 시설도 있다. 대부분의 집단보호프로그램은 공공 또는 민간복지기관에 의하여 운영되며 공공재원의 지원을 받는다(오정수 · 정익중, 2013).

PART II

아동복지의 발달과 제 접근

CHAPTER 05

아동복지발달사

1 아동의 역사적 이해

역사적으로 아동을 바라보는 관점은 각 사회의 관점에 따라 다르게 나타난다. 고대사회에서는 아이들을 전쟁의 인질과 노예로 파는 경우가 흔하게 일어났으며 유아 살해가 만연해 있었다. 제도적으로는 유모가 유아를 유기하는 것을 허용하기까지 하였다. 또한 아이가 기어 다니거나 움직이지 못하게 붕대나 천으로 온 몸을 감싸 벽에 걸어놓기도 하였다. 심지어 붕대에 감싼 아이를 공처럼 던지며 놀기까지 하였다. 이처럼 아이들을 무시하고 함부로 대하는 일은 중세에도 나타났다(V. P. Suransky, 윤종희 외 역, 1992).

중세기 사람들은 아이들을 보호 받아야 할 대상으로 여기지 않았다. 출생률과 유아사망률이 높았기 때문에 6세 이하의 어린이는 가족의 구성원으로 받아들이지 않았다. 아이가 7세가 되면 사회의 한 구성원으로 이해하였지만, 아이의 독특성을 인정하지 않고 단지 어른들 틈에 끼인 성인으로 보았다. 또한 당시의 예술 작품이나 성인과 같은 옷을 착용한 어린이들을 통해서 알 수 있듯이 당시 사람들은 아이들을 어른의 축소판으로 생각하였다(Mary J. Gander et al., 김봉소 역, 1898).

한편 아리에스(Philipp Aries)는 「아동의 탄생」이라는 저서에서 '아동기는 근대에 의해 발견된 것'이라고 주장하였는데, 부모들이 그들의 아이를 사랑하기 않았다거나, 보호하지 않았다는 것을 의미하지는 않는다. 단지 사람들의 심성 가운데 아동이 차지할 자리가 없었다는 것이다. 즉, 7세 이하 어린이의 사회적 지위에 상관없이 중세사회는 아동기에 관한 어떠한 관념도 갖고 있지 않았다는 것이다. 이는 아동기에 적합한 독자적인 제도나 고유한 가치가 설정되지 않았으며 특징, 특권, 제약에 있어 특정한 연령단계가 인정되지 않았을 뿐만 아니라 사회적·문화적 제도로서도 이를 뒷받침하고 있지 못했다는 것이다. 또한 16세기 이전까지의 아동들은 어른들과 같은 복장을 입고 있었지만, 16세기 이후에 비로소 아동기에 적합한 고유의 복장이 나타나기 시작하였으며, 이러한 변화는 주로 소년에 한정된 것이고 소녀들은 훨씬 나중에 소녀에 알맞은 복장이 등장하였는데, 이는 아동기의 의식이 우선 소년을 위한 것으로 각성되어 소녀들은 오랜 기간 전통적인 생활양식 가운데 머물며, 어른 여성과는 구별이 없었다(배여진, 2010).

1900년대부터 아이들은 하나의 독립적이며 어른들과 다른 존재로 인식하기 시작하였다. 이에 높은 사망률, 불충분한 의료보호, 기초적인 교육기회의 제한 등 아동들이 겪고 있는 심각한 권리침해에 관한 문제들이 사회적인 이슈로 떠올랐으며 매춘, 유해한 노동에 학대받는 아동들, 구금시설과 같은 어려운 환경 속에 있는 아동들 그리고 난민과 무력분쟁의 피해자가 된 아동들의 상황은 국제사회의 경종을 울렸다. 이로부터 아이들의 복장이 성인의 스타일과 구분되기 시작하였고, 그 후 1700년대 말 아이를 보자기나 붕대로 싸는 습관이 사라지기 시작하였으며, 조금씩 법적으로 아이들을 보호하기 시작하였다. 그 후 유엔총회에서 아동인권의 구현을 위하여 1989년 아동의 권리에 관한 협약을 채택하였으며, 1995년 말 세계 185개국이 이 협약을 비준하였다. 그리고 우리나라도 1991년 11월 20일에 비준하였다(Mary J. Gander 외, 김봉소 역, 1898; 임창현, 2008).

이처럼 아동이 연약한 존재라는 것을 강조하는 것은 아동을 신적인 순수함이 반영된 존재라고 보는 것과 결부되기도 하고, 이들을 보호하고 어른들의 세계로부터 격리시켜 교육해야 한다는 도덕관념을 불러일으키는 것을 의미하며, 아동을 혼자 방치해서는 안 된다는 것을 의미한다.

2 외국의 아동복지발달사

외국에서 아동의 문제가 사회적 이슈로 인식되고 사회문제로 다루어진 것은 근대사회 이후의 일이다. 산업화 이전의 고대사회와 중세사회는 부모에게 양육의 일차적 책임이 있었다. 요보호아동은 종교단체나 자선단체에서 보호되었으며, 아동은 인격체가 아닌 보호자의 소유물로서 취급되었다. 산업화 이후 국가나 사회가 개입하여 아동복지의 대책이 발전하게 되었으나 산업혁명 시기에는 아동이 값싼 노동력의 착취를 위해 이용되었던 것이 근대사회에 들어서야 고유한 인격체로 인정되고, 나아가 권리의 주체로서 자리 잡게 되었다.

1) 고대사회(古代社會)

고대사회는 가족이나 씨족에 의해 형성된 원시공동사회이다. 아동에 대한 사회적 태도와 양육 형태는 매우 원시적이었으며, 아동은 부족의 소유물로서 아동의 생명 및 존재는 종족 보존을 위한 수단에 불과했다. 풍속이나 습관, 미신 등에 좌우되어 많은 아동이 희생되었으며, 영아살해, 유기, 낙태, 아동매매 등이 오랫동안 여러 지역에서 행해져 왔다.

고대사회는 아동양육을 포기한 부모가 바구니에 아기를 담아 강이나 광장에 버리면 자녀가 없는 사람이 데려가 키우는 포팅(potting) 관습이 있었으며 고대 그리스는 피임이나 이차적 유산이 실패했을 경우 유아살해가 자행되어 왔다. 유스티니아누스 법전에서 아동매매를 합법화하여 아동매매가 더욱 성행하였다.

이후 기독교 정신이 서구사회의 기본 가치가 되면서 유아살해, 기아, 매매, 낙태가 죄악시 되었으며, 고대 로마 황제인 콘스탄티누스에 의해 아동을 살해할 수 없다는 조항이 법전에 명시되어 아동살해가 감소되었다(이성한 외, 2016).

2) 중세사회(中世社會)

중세사회는 봉건제사회로서 종교의 영향이 강했던 시대다. 탄생과 동시에 계급이 정해지는 신분제사회였기에 신분에 따른 처우 또한 매우 달랐다. 서구사회의 아동복지는 중세에 들어서 종교단체를 통해 시작되었다. 당시 신분이 낮은 계층의 아동들은 장원(莊園)을 위한 군사력과 경제력 확보를 위한 농노(農奴)로 취급되었다. 이때 종교단체에서 아동을 보호하려는 움직임이 싹트기 시작하여 교회의 재산으로 종교적인 의미를 부여하는 아동보호사업이 출발되었다. 그러나 이는 종교적인 자선행위(慈善行爲)에 지나지 않았으며, 아동개인의 욕구나 권리를 중심으로 하는 현대적 의미의 전문적 아동복지사업의 활동은 되지 못했다.

이상과 같이 중세사회에서는 신분에 따른 일부 아동의 권리가 인정되고 종교단체가 자선 차원에서 가난하거나 의지할 곳 없는 아동의 보호를 시도해 아동보호사업이 싹트기 시작했다. 그러나 이 시기의 아동보호활동의 대부분은 단순한 동정적인 감정에 근거를 둔 종교적 자선행위였고, 근대적인 의미의 아동복지는 전개되지 않았다.

3) 근대사회(近代社會)

이 시기는 상공업의 발달 또는 산업혁명으로 봉건제도가 무너짐에 따라 많은 농민들이 농토를 잃고 일자리를 구하기 위하여 방황하는 수많은 부랑자가 생겼다.

수도원(修道院)의 해체는 종래 교회에 의해 구제받을 수 있었던 다수의 빈곤자들을 거리로 내몰게 되어 그로 인한 빈곤문제가 심각하게 되었다. 이러한 문제에 대한 대처로 「구빈법(救貧法, Elizabethan Poor Law)」이 제정되었다. 그 수혜대상자는 ① 노동 가능한 빈민(able-bodied poor), ② 노동 불가능한 빈민(impotent poor), ③ 요부양아동(dependent children)으로 구분되어, 아동복지제도의 기원이 되었다. 요부양아동의 범주를 고아, 기아, 미아, 빈곤가정아동으로 정하고, 이들을 봉사적으로 받아들일 뜻이 있는 사람에게 위탁 혹은 적은 금액으로 유료위탁을 시켰다. 가사(家事)나 기타의 일을 할 수 있는 아동은 도제(徒弟)를 보내어 남아는 24세까지 여아는 21세까지 일을 하게 하였다. 이에 따라 아동을 노동력 제공자로 간주하면서 발생한 노동력 착취 문제와 노동으로 인한 교육기회 박탈로 사회에 미치는 부정적인 영향을 방지하고자 영국에서는 「공장법(1802)」을 제정하여 최저 근로연령과 근로시간을 법적으로 명시함으로써 아동을 보호하는 입법조치를 실행했다. 이 법은 프랑스(1841), 스웨덴(1881), 미국(1895)의 근로아동을 위한 관계법 제정에 영향을 미쳤다.

산업혁명으로 대량 발생한 취업모에 대한 보호대책에는 민간 주도의 탁아시설이 주된 역할을 담당했다. 1861년 영국의 오웬(Owen)이 공장 내에 세운 성격형성신학원(New Institute for the Formation of Character)이 효시가 되어 보호와 교육을 담당하는 많은 유아학교(infant school)가 설립되었다.

4) 현대사회(現代社會)

19세기 후반 이후 현대사회로 접어들면서 많은 학자들이 활발하게 연구를 전개하였다. 20세기에 들어서 제1차 세계대전, 경제 대공항, 제2차 세계대전을 거치면서 각 나라들은 그의 국민이 산업화 및 도시화되는 현대사회에 적응하여 복된 생활을 누릴 수 있도록 국가책임을 인식하여 법제(法制) 및 정책 활동을 통해 이를 보장하기 시작하였다. 1909년 미국 백악관회의(White House Conference)에서 당시 대통령이었던 루즈벨트는 아동문제와 사회사업에 대한 전국적인 관심을 불러일으켰다. 이어 1930년의 3차 백악관회의에서 '아동보건 및 보호'를 주제로 19개조에 이르는 「아동헌장」을 채택하여 아동복지의 전문화에 획기적인 계기를 마련했다.

아동복지의 대상을 요보호아동에 국한하지 않고 일반아동으로 확대하는 보편주의적 아동복지제도가 도입되었다. 이와 관련해 1933년에는 「아동청소년법(Children and Young Persons Act)」이 제정되었고 아동복지에 대한 국가적인 책임이 강조되고, 복지대상이 일반아동까지 확대됨에 따라 복지대책의 일환으로 아동수당 및 가족수당제도가 도입되었다. 영국은 1946년에 제정된 가족수당제도의 개선책으로 1974년 모든 아동을 대상으로 하는 「아동수당법」을 제정하였다(표갑수, 2000).

1959년에 유엔이 '아동권리선언'을 선포한 이후, 1979년은 아동의 해로 지정되었다. 유엔의 1959년 '아동권리선언'의 주요 선언은 아동의 출생권, 생존권, 발달권, 행복추구권, 교육권, 오락권, 법적보장, 사회적 보장 등을 골자로 하고 있다. 이후 30년이 지난 1989년에 아동권리에 관한 국제법으로 확정되었으며, 아동은 자신이 필요로 하는 자원을 제공받고 위험으로부터 보호받고 안전을 확보할 수 있는 권리, 자신의 복지와 관련된 결정에 대해 알 권리와 참여할 권리 등이 보장되어야 함이 강조되고 있다. 이와 관련해 아동은 성장과 더불어 책임 있는 성년기에 대한 준비로 사회활동에 참여할 기회를 더욱 많이 가져야 한다.

20세기 이후에는 아동의 권리를 세계적으로 인정하였고 이를 법제도화하였다. 이는 아동복지사업의 발전을 가져왔는데, 아동복지사업은 크게 재가형태의 지지적 서비스, 부모의 역할을 보조해 주는 보조적 서비스, 부모의 역할을 대신해 주는 대리적 서비스 등으로 발전하였다.

3 우리나라의 아동복지발달사

1) 전통적 아동보호

우리나라 아동복지의 변천은 조선시대 이전의 전통적 보호사업과 광복 전까지의 근대사회, 현대사회의 아동복지로 구분하여 살펴볼 수 있다. 각 시대는 정치·사회적 변동을 겪으면서 아동복지 이념, 서비스의 형태, 대상, 내용 등에 있어서 많은 변화를 가져왔다.

(1) 삼국시대(三國時代)

우리나라 아동보호의 역사는 삼국시대로 거슬러 올라간다. 『삼국사기』에는 신라 3대 유리왕(儒理王) 5년(28년)에 전국의 환과고독노병(鰥.寡.孤.獨老病)을 대상으로 무료급식과 보살핌을 제공하였다고 기록되어 있으며, 백제 온조왕 33년(15년), 고구려 태조왕 56년(108년)에 관곡을 배급한 것으로 기록되어 있다. 이와 같이 삼국시대의 아동보호는 고아나 기아를 중심으로 제한적으로 이루어졌으며, 친족부양을 우선시하여 요보호아동의 문제를 가급적 가족 내에서 해결하도록 하였다. 국가는 자연재해와 같은 위기 상황에서 일시적으로 고아들을 대상으로 구제정책을 실시하였으며, 민간차원에서 고아를 노비나 양자로 들이는 방법으로 구제가 이루어지도록 하였다(구자헌, 1972).

(2) 고려시대(高麗時代)

고려시대는 불교의 자비사상에 입각하여 고아나 기아, 빈곤아동을 사찰이나 관가에서 수용하여 보호하기 시작하였으며. 제6대 성종(成宗) 13년(994년)에 나이 어린 고아를 10세까지에 한하여 관가에 수용하고 이후부터는 본인의 의사에 따라 거주하도록 하였다. 이는 오늘날의 고아원과는 거리가 멀지만 우리나라 수용보호사업의 시초로 볼 수 있다(하상락, 1989). 충목왕 3년(1347년)에는 관립영아원이라 할 수 있는 해아도감(孩兒都監)을 설치하여 유아들을 보호하였다. 고려시대는 엄격한 계급사회였으므로 고아수양(孤兒收養)이 자가노비(自家奴婢), 인신매매, 유괴, 약탈 등의 폐단을 야기시켰으며, 전쟁과 흉년으로 인해 발생한 고아나 걸식아동, 빈민아동 등을 승려나 사역승으로 양성하거나 민가에서 양자나 노비로 삼는 민가수양도 이루어졌다(표갑수, 2000).

그러나 고려시대는 엄격한 신분제도와 계급사회가 유지되었으므로 고아의 수양을 거의 대부분 입양가의 노비로 삼는 경우가 많았으며, 고아의 민가수양을 빙자하여 인신매매나 유괴, 약탈 등이 성행하였다(주수길·주명국, 2012).

(3) 조선시대(朝鮮時代)

조선시대에도 고려시대와 같이 민가수양이 실시되었으나 고려시대보다는 발전하여 고아와 기아 및 빈곤아동에 대한 법령이 제정되었다. 현종 2년(1661년)에는 유기된 아동을 대상으로 민가수양이 실시되었으며, 아동이 10세에 이르면 양육한 자로 하여금 사역할 권리를 갖게 하였으며, 숙종 22년(1696년)에는 수양을 원하는 아동 가운데 부모나 보호자가 없는 아동을 관청에서 사목의 규정에 따라 수양관계를 결정하여 흉년에 한해 민가수양을 하도록 하는 수양임시사목(修養臨時事目)이 제정되었으며, 정조 7년(1783)에는 서울과 지방에서 흉년이 들어 기근이 심한 때에 유기를 당하여 사방에 호소할 곳이 없는 불쌍한 아동, 특히 몸을 가리고 입에 풀칠하는 것을 자력으로 도저히 해결할 수 없는 아동과 사방을 떠돌면서 걸식을 하는 부랑아들을 관가에 유양 또는 민가에 수양하도록 허용하는 자휼전칙(字恤典則)을 제정하였다(구자헌, 1972).

수양임시사목이나 자휼전칙은 모두 유기 또는 부랑하는 아동의 생명을 보호하기 위하여 국가에서 수용보호하거나 민가에서 수양하여 양자녀 또는 노비로 삼는 것을 허가하는 것을 근본취지로 삼고 있다.

2) 근대의 아동복지

근대사회의 아동복지는 조선시대 말부터 대한제국기를 거쳐 일제 강점기까지의 아동보호 및 구호사업을 의미한다. 조선시대 말부터 대한제국기까지 정치적 격동기와 맞물리면서 정부의 구제사업은 거의 공백기였다 할 수 있다. 이 시기 아동복지분야에서 두드러진 활동은 서양선교사들의 자선사업이었다(박정란 외, 2001).

우리나라에서 근대적 의미의 아동복지시설로서의 보육시설은 고종 25년(1888년) 프랑스 교회에 의해 서울 명동에 천주교회고아원이 개설된 것을 시작으로, 고종 32년(1895년) 인천에서 천주당부속고아원이 설립되고, 광무 10년(1906년)에 독지가 이필화가 설립한 경성고아원이 세워져 근대적 성격을 띤 아동복지사업이 시작되었다(표갑수, 2000).

일제 강점기인 1913년에는 조선총독부 제생원에 맹아부가 설치되었으며, 1930년대에 들어서면서 각 지방에 보육원을 비롯한 사회복지시설이 설립되기 시작하여 1939년에는 60개 시설이 설립되었다. 1944년 조선구호령이 시행되어 「모자보호법」과 「의료보험법」이 부분적으로 부가해서 종합화 되었다. 조선구호령은 근대적 의미의 공적 복지의 출발이라 할 수도 있으나 일본 본토와 현격한 차이가 나는 매우 형식적인 복지사업에 불과했다(한종수, 2014). 즉, 이 시기의 아동복지는 공적 사회사업의 확대로 일정 부분 진전의 모습을 보였으나, 여전히 아동은 미래의 병역 또는 노동력으로 취급당해 최소한의 보호와 구제만을 제공하는 것에 머물렀다(박정란 외, 2001).

3) 현대의 아동복지

근대 이후 현대의 아동복지는 광복 이후부터 현재까지의 기간을 말하며 전통사회나 근대에 비해 아동의 복지권이 보장되고 아동의 복지에 대한 사회 및 국가의 개입이 더욱 확고해짐으로써 비교적 조직적이고 체계적으로 실시되었다.

1945년부터 1950년대에 이르는 시기는 사회구호적 차원의 아동복지사업기로 우리나라 아동복지사에서 일대전환기였다. 광복 이후 미군정은 법령 112호로 아동노동법규를 공표하고 14세 미만의 아동고용을 금지했다. 1947년 「미성년자 노동보호법」이 제정되었으며, 이 법은 12세 미만 아동의 노동 절대금지와 18세 미만 아동의 위험한 직종의 노동금지 내용을 포함했다. 그러나 광복 이후 한국전쟁을 거치면서 한국전쟁 이후의 수많은 전쟁고아와 기아, 미아의 문제가 발생하여 요보호자에 대한 수용구호의 필요성이 대두되어 외국 민간원조에 의한 구호사업이 활발히 진행되고 각종 사회복지시설이 급증하였다. 이 시기에는 국가에 의한 사회적 보호가 미비해 다수의 외국기관이 국내에 들어와 활동하며, 아동후원사업을 전개하였는데, 기독교아동복리회(C.C.F), 선명회세계본부, 양친회 등이 대표적이다. 이 시기는 이전의 일제 강점기와 한국전쟁을 겪으면서 고아와 기아, 미아의 발생이 매우 심각하였지만 요보호자에 대한 사회의 지원여력은 턱없이 부족한 상태였다. 즉, 아동보호에 대한 국가책임보다는 민간자원의 동원과 시설의 재정적 자립을 강조하였으며 외국 민간원조에 의존하던 시기이다. 또한 외부의 원조를 바라고 너도나도 고아원을 세우는 폐단이 발생하여 시설장은 재단법인을 설립하고 시장이나 도지사의 인가를 받아 시설을 운영하도록 한 시기이다.

1960년대와 1970년대는 선별주의 원칙에 입각한 잔여적 형태의 서비스가 이루어진 단계로, 국내외 입양사업이 확대되고 해외입양이 지속적으로 증가했으며, 취업여성의 증가로 보육에 대한 서비스도 증가했다. 그러나 1970년대까지 우리나라 아동복지는 일반아동을 대상으로 한 보편적 서비스로 발전하지 못하였고, 보호를 필요로 하는 아동을 중심으로 하는 선별주의 원칙에 기초한 잔여적 형태의 서비스였다(장인협 · 오정수, 2001).

1970년대 후반부터 산업화, 도시화, 핵가족화, 가치관의 변화로 소년소녀가장문제, 가출아동, 부랑아동, 비행아동, 정서장애아동, 신체장애아동의 문제뿐만 아니라 저소득층 또는 일반가정의 방치된 아동문제 등 광범위하고 다양한 아동문제가 등장하게 되었다. 이에 변화된 가정과 아동의 욕구에 부응하여 「아동복리법」을 전면 개정하여 1981년 4월 13일에 「아동복지법」이 제정되었다. 대표적으로 아동상담소를 법정기관으로 지정하고, 일반아동의 문제를 예방하고, 요보호아동의 발생을 막기 위해 모에 대한 보호를 포함하는 등 이전보다는 적극적으로 아동의 복지를 보장하고자 하는 내용이 포함되었다(현외성, 2001).

1980년대 중반 이후로 갈수록 기혼여성의 취업확대에 따른 탁아수요증가에 대응하고 아동의 건전한 육성을 위하여 탁아시설의 설치에 대한 관심이 높아졌다. 이러한 과제에 대처하기 위해 1989년 9월 「아동복지법 시행령」 중 일부가 개정, 1991년 「영유아보육법」이 추가로 제정되었다. 「아동복지법 시행규칙」도 1990년 1월 9일에 보건사회부령 제839호로 제정되어 시설탁아 및 가정탁아시설의 시설기준이 정해졌다(장동일, 1996). 또한 OECD에 가입하면서 「아동복지법」 개정이 추진되어 2000년부터 「아동복지법」이 시행되었다.

2004년에는 「아동복지법」 및 「영유아보육법」이 개정되었고, 「유아교육진흥법」이 폐지되고, 「유아교육법」이 공포되어 2005년부터 시행되고 있다. 2004년 7월에 아동복지의 주관부서가 보건복지부에서 여성부로 이관됨에 따라 보육정책기능을 강화하는 한편 '잔여적 · 선별적 보육'에서 '보편적 보육'으로 보육의 패러다임이 전환되었다.

이상에서 살펴본 바와 같이 우리나라에서의 아동복지서비스는 시설보호, 입양, 아동결연, 가정위탁 및 영유아보육사업 등으로 다양하게 발전되어 왔다. 최근에 와서는 여성의 취업증가로 인한 보육서비스의 중요성이 강조되고, 아동학대, 청소년비행, 약물남용, 미혼모, 10대 청소년의 임신, 학교폭력 등으로 인해 파생되는 다양한 문제 등이 시급히 해결해야하는 아동복지의 한 분야로 대두되고 있다.

CHAPTER 06

아동복지정책과 관련법

1 아동복지정책

1) 아동복지정책의 개념

정책이란 정부나 정치 단체, 개인 등이 정치적인 목적을 실현하거나 사회적인 문제를 해결하기 위하여 취하는 방침이나 수단을 의미하며, 정책 집행 전달체계를 통해 구체적인 서비스로 전환되어 나타난다.

아동복지정책(child welfare policy)은 대상인 아동, 목표인 복지 그리고 아동복지를 구현하기 위한 수단인 정책의 합성어이다. 아동복지정책은 아동의 복지를 위한 정책이지만 아동복지는 다른 분야의 복지정책과 밀접한 관련이 있으며, 특히 아동이 속한 가족을 위한 복지정책과는 매우 밀접하게 관련되어 있다(송정애, 2015).

우리나라 아동복지정책은 1961년 「아동복리법」 제정을 토대로 요보호아동중심의 복지가 이루어졌으며, 1981년 「아동복지법」으로 개정되면서 복지대상이 일반아동으로까지 확대되었으나 여전히 소극적 · 잔여적 형태의 아동복지정책이 기조를 이루고 있다.

아동복지정책은 아동의 안전한 보호와 가족의 유지를 목표로 하며, 그동안 선별적 아동복지는 1961년 「아동복리법」 제정 이후부터 1991년 「아동복지법」 개정 이전까지의 시기로, 우리나라 최초의 아동 관련 법인 「아동복지법」을 제정하여 아동복지에 대한 국가책임의 원칙을 법제화하였다. 보편적 아동복지 지향단계는 1981년 「아동복지법」 개정 이후부터 2000년 아동학대와 관련된 규정들을 중심으로 한 「아동복지법」 개정 이전까지의 시기로서 복지대상 아동을 일반아동으로까지 확대하였으며, 지금의 수용시설 중심의 아동복지에서 가정위탁이나 입양 등으로 변화하는 등 아동복지의 지향점이 전환되었다. 또한 2000년 이후부터는 아동학대, 안전, 보육 등 다양한 아동복지서비스를 실시함으로써 미흡하지만 보편적 아동복지 실시단계로 접어들게 되었다(조용남, 2015).

보건복지부의 아동복지정책은 무엇보다도 전체 아동 및 가족의 다양한 욕구와 문제들 중 어떤 것을 우선순위로 충족시켜 줄 것인지에 대해 중요한 초점을 맞추고 있다.

이와 같이 아동복지정책은 아동의 신체적 · 심리적 욕구를 파악하고 충족시키기 위해 마련된 정부의 법적 장치와 서비스 제공을 위해 조직화된 정부의 노력이라고 할 수 있다. 그리고 아동과 아동이 속해 있는 가족에게 관련 서비스를 제공하기 위한 종합적인 정책이라고 할 수 있다(공계순 외, 2013).

아동복지정책은 정부 또는 공공기관에 의해 행해지는 아동복지정책으로 국가 차원의 아동복지서비스 제공을 규정하는 계획과 행동으로 민간 차원의 정책을 제외한 공공정책을 아동복지정책으로 보는 경우가 많다(한성심 외, 2013).

이미자(2013)와 성효순(2016)은 아동복지정책에 대한 개념적 정의를 다음과 같이 정의하고 있다.

첫째, 아동복지정책의 대상은 아동과 아동의 부모, 아동복지기관의 종사자 등 아동복지와 관련된 모든 사람들과 사회복지기관이다.

둘째, 아동복지정책의 협의는 아동을 위한 지침과 행동규칙, 정책적 가이드라인을 의미한다.

셋째, 아동복지정책의 광의는 아동이 건강하게 성장하고 발달할 수 있도록 하는 사회와 교육서비스, 사회관계 등의 삶의 질 향상과 관련된 정책을 의미한다.

넷째, 아동복지정책은 아동복지관계법 규정에 따라 아동의 욕구를 파악하고 충족시킬 수 있는 아동 관련 정책의 근거를 의미한다.

다섯째, 아동복지정책은 아동과 아동을 포함하는 가족을 위하여 아동의 건강한 성장과 발달을 도모하고 아동을 둘러싼 가정이 원래의 역할을 충실히 잘할 수 있도록 지지하고 보완하는 공공의 모든 정책을 의미한다.

보건복지부의 아동복지정책은 무엇보다도 전체 아동 및 가족의 다양한 욕구와 문제들 중 어떤 것을 우선순위로 충족시켜 줄 것인지에 대해 중요한 초점을 맞추고 있다.

이러한 쟁점과 관련하여 페코라 외(Pecora et. al., 2000)는 아동복지정책 결정에 대해 다음과 같이 숙고되어야 함을 제시하였다(이혜원, 2006).

(1) 아동 개인의 보호 : 가족중심의 보호

아동의 권리와 이익을 최우선하는 정책에 있어서는 아동을 우선 가족으로부터 분리시킴으로써 부모의 친권을 박탈하여 시설 또는 제2의 가정에서의 보호를 강조할 수 있다. 반면에 가족의 유지와 가족의 기능지원에 초점을 둔다면 재학대의 가능성이 있음에도 불구하고 아동을 가정에 머무르게 함으로써 친가정 중심의 보호를 강조할 수 있다. 따라서 아동과 부모의 권리가 균형을 이루고 궁극적으로 가족의 기능을 통합할 수 있는 정책이 강구되어야 한다.

(2) 잔여적 서비스 : 보편적 서비스

이 쟁점은 보호를 필요로 하는 아동에 대한 개별적 서비스에 중점을 두는 것이 바람직한가 아니면 전체 아동에게 보편적인 서비스를 제공하는 것이 바람직한가에 관한 문제이다. 그러나 양자택일의 선택을 하기보다는 우선순위를 정해 양자를 통합하는 것이 중요하다.

(3) 가정 내 가족중심접근(재가보호) : 가정 밖 시설중심접근(시설보호)

이 쟁점은 다양하고 복합적인 욕구를 가진 아동 및 가족에게 친가정, 위탁가정, 입양가정, 그룹홈과 시설 가운데 어떤 장소에서 서비스를 제공하는 것이 바람직한가에 관한 문제이다. 이와 관련하여 아동이 전문치료 등의 이유로 비록 일시적으로 가정 밖에서 생활하고 있다 하더라도 친가정에 대한 지원, 예를 들어, 자녀를 학대한 부모에 대한 상담치료 등은 계속되어야 한다.

(4) 아동복지 전문가 : 준전문가 또는 자원봉사자

전문가들만으로는 아동문제를 예방하고 해결함에 있어서 한계가 있음이 지적되고 있다. 특히 아동학대나 학교폭력 등과 같이 생태체계적 요인들이 복합적으로 상호작용한 결과 초래된 문제의 경우, 아동복지 전문가를 중심으로 가족, 친지, 교사, 의사, 심리치료사, 간호사, 멘토, 가정봉사원 등 자원봉사자들 간 협력과 연계가 서비스의 효과성을 높여 준다.

(5) 예방 : 치료

이 쟁점은 현재 제공되는 서비스가 너무 늦게 그리고 너무 제한되게 제공된다는 점에 초점을 두고 있다. 아동 및 가족에 대한 사전 지원이 가장 적극적인 아동복지정책이지만, 이러한 서비스의 상당 부분이 현재에는 절실하게 도움을 필요로 하지 않는 가정에게도 제공될 수밖에 없으며, 이를 위한 재정이 대부분의 사회에서 부족한 것이 현실이다. 따라서 양자 간 균형을 이루는 것이 현실적으로 필요하다.

(6) 현재의 비용지출 : 미래의 투자를 통한 장기적 효과

현재 비용이 지출되는 아동복지서비스의 효과는 일반적으로 서비스의 제공 직후보다는 아동의 발달과 함께 장기간에 걸쳐 서서히 나타난다. 따라서 아동복지정책을 결정함에 있어서 현재의 비용 지출과 장기적으로 얻게 될 결과와의 균형을 이루는 것이 중요하다.

2) 아동복지정책의 유형

우리나라의 아동복지정책은 제1차 아동정책기본계획에 잘 나타나 있다. 이는 「아동복지법」에 의해 5년마다 수립되는 아동분야의 중기계획이다. 중앙정부의 기본계획은 2015년 5월에 수립하여 4개 영역 16개 중점과제, 158개 세부과제로 이루어져 있다. 2013년도 아동종합실태조사 결과에 따라 취약한 부분을 개선하고 아동을 권리의 주체로 온전하게 권리실현을 할 수 있게 하며, 현재 60.3%인 아동의 삶의 만족도를 2019년도에는 77%까지, 현재 74.0점인 주관적인 행복지수를 2019년도에는 85점까지 끌어올려 OECD 국가 평균에 이르고자 하는 계획이다. 5개 분야는 미래를 준비하는 삶, 건강한 삶, 안전한 삶, 함께하는 삶으로 구성되어 있다(주수길 외, 2016).

아동복지정책의 목표를 달성하기 위해서는 각각의 고유한 정책 목표를 갖고 조직화된 노력이 필요하다(장인협, 2004; 오경자, 2015; 성효순, 2016).

표 6-1 ● 2000년 이후 정부별 아동복지정책 기조

정부별 (대통령)	국민의 정부 김대중 (1988~2002)	참여 정부 노무현 (2003~2007)	이명박 정부 이명박 (2008~2012)	박근혜 정부 박근혜 (2013~2017)
정책기조	생산적 복지	참여 복지	능동적 복지	맞춤형 고용 · 복지
주요 영역 및 법령 개정	• 국민기초생활보장 제도(2000) • 전국민 국민연금 기반구축(1999) • 장애인복지 5개년 계획 (1998)	• 저출산 고령사회 기본법(2005) • 보육확대(2004) • 차상위계층지원 (2004) • 장애인차별금지법 (2007)	• 5세 누리과정, 0~2세 무상보육 (2012) • 장애인연금(2010) • 정부조직법 개정으로 아동/청소년 업무 분리	• 무상보육, 무상교육 실현과 내실화(2013) • 사회보장기본법 전부개정 시행(2013)
아동분야 국정과제	제6절 사회 · 문화분과 위원 - 9. 미래지향적 청소년 육성방안	국정과제 자. 참여복지와 삶의 질 향상 - 비전 2030 '사람이 희망이다'	국정과제 47. 아동과 청소년의 건강한 성장을 뒷받침하겠습니다.	• 국정과제 66. 안심하고 양육할 수 있는 여건 조성 • 국정과제 87. 아동인권 보호 강화 및 건강한 성장발달지원
아동분야 세부정책 과제	미래 주역인 청소년 건전육성방안 마련 - 청소년수련시설 확충, 청소년 수련활동 전문화, 비행청소년 선도 활동 등	방과후 보육을 방과후 아동복지서비스로 확대 개편하는 등 종합적인 아동보호체계 구축 - 희망스타트 시작	〈1〉 저소득층 자녀 지원을 위해 희망스타트를 드림스타트로 바꾸고, 국정과제로 선정	〈4〉 돌봄서비스 확대 [국정과제 선정] 1. 드림스타트센터 확대 2. 아동발달지원계좌 확대 3. 아동인권보호 및 아동안전 강화 4. 입양아동의 안전 · 권익 보호

출처: 제15대, 16대, 17대, 18대 대통령직 인수위원회 백서 참고, 재구성

(1) 가족유지 및 지원정책

가족유지 및 지원정책은 아동이나 가족의 욕구가 무엇인가에 기초하여 결정된다. 아동복지정책의 목표를 달성하기 위해서는 각각의 고유한 정책 목표를 갖고 조직화된 노력이 필요하다.

아동이 있는 가정에 대한 지원은 주택수당, 교육관련 보조 등 다른 형태의 사회보장과 연계되어야 하는데, 아동양육을 지원하는 정책은 소득보장에 의한 방법과 서비스 제공에 의한 방법이 있다. 소득을 보장하는 방법도 보편주의 원칙에 의하여 전체 아동을 대상으로 일정한 급여를 지

불하는 방법과 일정한 기준의 선별주의 원칙에 의하여 사회적 취약계층의 아동에게 급여를 제공하는 방법이 있다.

아동양육의 지원범위에 있어서도 가족에게 부과되는 아동양육의 비용은 생계비뿐만 아니라 보육, 교육, 의료 등의 비용을 포괄하고 있다. 아동을 위한 소득보장의 특징은 급여가 아동 자신에게 직접 주어지는 것이 아니라 가족 또는 다른 부양 의무자에게 지급되는 것이다.

세계적으로 아동부양과 가족유지를 위하여 가족수당제도를 실시하는 나라는 2012년 88개국에 달하고 있으며, OECD 국가 중에는 미국, 터키, 멕시코, 아일랜드를 제외한 모든 국가에서 가족수당을 실시하고 있다. 아동수당은 가족의 소득에 관계없이 아동이 있는 모든 가족에게 수당을 지급함으로써 아동양육의 비용을 사회가 분담하기 위한 제도이다.

사회복지서비스를 제공하는 방법은 가족의 기능을 강화시키기 위한 상담과 교육서비스, 문제가 발생한 사례에 대하여 가족에 초점을 두는 상담서비스, 집중적인 가족위기서비스가 포함된다(오정수 외, 2013; 오경자, 2015).

(2) 대체가정서비스 정책

대체가정서비스 정책으로는 아동을 일시적으로 보호할 가정을 찾아 서비스를 지원하는 친족 보호 등의 일시적 대체 가정보호정책과 국내입양, 해외입양 등의 영구적인 대체 가정보호정책이다.

일시적인 대체가정서비스의 역사적 기원은 부모가 없는 고아를 대상으로 한 보호로 출발하였으나, 양친이 모두 없는 아동의 비율은 미국의 경우 0.1% 미만이며, 오늘날 서구 산업국가의 대체가정서비스의 목적은 특별한 욕구를 지닌 아동을 위한 보호에 있다.

가정위탁보호는 육체적 · 성적 학대, 유기, 특수한 의료적 요구 등을 지닌 아동들을 대상으로 부모와 떨어져 다른 가정에서 보호를 받는다. 가정위탁은 여러 가지 수준에서 제공될 수 있다. 최근에는 치료 목적의 가정위탁이 복합적인 욕구를 지닌 아동을 위한 집중적 보호 방법으로서 그 중요성이 증대하고 있다.

주거시설보호는 지역사회의 그룹홈, 주거치료센터, 감호시설, 재활시설 등 여러 가지 형태의 장에서 제공된다. 가정에서 제공될 수 없는 서비스 욕구를 지닌 정서장애, 행동장애를 지닌 아동들에게 서비스를 제공하며, 아동의 보다 다양한 욕구를 충족시키기 위하여 시설의 형태가 다양화되고 있으며, 종종 아동의 가족을 포함시키기도 한다.

(3) 아동보호서비스 정책

아동보호서비스 정책은 아동학대와 유기에 대한 대응으로 학대를 가하는 부모나 기타 보호자로부터 아동을 분리하여 보호하는 정책이다. 미국의 경우, 아동보호서비스는 전통적 · 법적으로 아동의 보호에 관한 책임을 지닌 주나 카운티의 공공기관에 의하여 수행되었다. 해당기관은 아동의 유기와 학대사례를 조사하고, 아동이 가정에서 안전하게 보호를 받을 수 있을지 또는 사법기관과 다른 보호의 장으로 옮겨 공공기관의 보호를 받아야 할지를 결정하고, 사법기관과 긴밀하게 협조관계를 가지면서 아동을 위한 보호조치를 취한다.

최근 아동학대가 증가하고 사회적 이슈로 부각되면서 아동학대 방지와 대처를 위한 법적 · 제도적 장치의 마련이 요청되고 있다. 이처럼 학대 등의 사유로 인해 아동을 부모나 기타 보호자로부터 격리시키기 위해서는 각각의 법률에 의한 공권력의 개입이 적극적으로 필요하다.

아동보호서비스는 강제적으로 아동이 유기되거나 학대받는 사례에 대한 시민이나 사회기관의 호소에 의하여 시작되며, 기관은 아동에게 적절한 보호를 제공할 수 없는 부모로부터 아동을 분리시키도록 공권력에 요청한다.

3) 아동복지정책의 집행

사회복지정책이 사회생활에 미치는 영향력이 증대되면서 정책집행에 대한 관심도 점차 커지게 되었다. 이는 아동복지정책집행의 성공 여부에 따라 정책의 성패가 좌우되므로 아동복지정책의 효과를 높이기 위해서는 책임 있는 정책집행과정이 매우 중요하다.

아동복지정책집행은 일반적으로 다음과 같은 특성이 있다(송근원, 2004; 이순자, 2008; 조용남, 2015).

① 아동복지정책집행과정에의 참여자들은 다양한 선호, 이익, 가치, 신념체계에 따라 행동한다. 그러나 정책목표의 모호성, 정치 체제의 복잡성 및 상황적 가변성 때문에 어떤 정책집행도 다양한 참여자의 기대에 부응할 수 없는 것이 보통이다.

② 정부 관료제가 집행의 전반적인 과정을 통제하는 것은 아니지만 집행과정에 행사하는 직·간접적 영향력은 결코 무시될 수 없을 정도로 중요하므로 가장 중요한 역할을 수행하는 책임자는 정부 관료제이다.

③ 정책의 사회적 목표에 따라 정책집행 유형이 달라지고, 효과적인 정책집행은 상황에 따라 달라지므로 획일적이지 않다.

④ 정치체계의 분권적 성격은 정책이 어떻게 집행되는가에 중요한 영향을 지속적으로 미친다.

⑤ 구체적인 정책프로그램이 효과적으로 집행되었다고 하더라도 본래 의도한 바대로 산출, 성과, 영향을 초래한다고 보장하기 어렵다. 이러한 정책집행의 특징들을 고려해 볼 때, 정책목표 달성을 위한 다양한 활동들이 반드시 정책목표를 달성하는 것이 아니라는 사실을 알 수 있다. 즉, 정책집행과정은 여러 참여자들 사이의 상호작용과정으로 참여자들 사이의 협상과 타협을 통해 원래의 정책목표를 왜곡하기도 하고, 정책집행을 지연시키기도 하며, 때로는 정책목표를 전혀 실현시키지 않기도 한다. 아동복지정책의 집행은 사회적 약자

인 아동과 그 가족의 건강한 삶을 보장하기 위한 아동복지서비스 집행과정에 여러 사회 세력들이 정치적인 시각으로 접근한다. 정책 형성 단계뿐만 아니라 정책집행 단계에서도 이념적 논쟁이 지속되며, 재분배적 추진에 대한 정치적인 반대와 본래의 목표가 변질되어 나타날 수도 있다.

아동복지정책의 집행과정에서는 사회적 약자인 아동이 불리한 입장에 처하게 되는 것이 보통이다. 즉, 아동은 정치적으로나 경제적으로 다른 사회 세력들에 비해 사용할 수 있는 자원이 빈약하며, 아동복지정책집행 과정에서 큰 영향력을 발휘하지 못하게 된다. 따라서 아동복지정책의 성과를 달성하기 위해서는 당초에 세운 목표가 변질되지 않고 집행될 수 있는 집행체제 수립이 필요하며, 정책집행 조직구성원 간의 원활한 의사소통이 매우 중요하다(조용남, 2015).

4) 아동복지정책 분석

사회복지 분석은 사회복지정책의 여러 대안 가운데 적절한 것을 선택할 수 있도록 도와주므로 사회복지정책을 수립하는 데 있어서 도움이 된다.

길버트와 스펙트(Gilbert & Specht, 1974)는 사회복지정책 분석의 틀로 네 가지 차원의 선택 사항을 제시하였다. '누구에게 급여할 것인가?, 무엇을 급여할 것인가?, 어떻게 급여할 것인가?, 어떻게 재원조달을 할 것인가?'의 질문 형태로 표현되며, 사회복지정책 분석에 있어 가장 많이 쓰이는 분석틀이다(최서연, 2015; 김미영, 2016; 도미향 외, 2016).

(1) 대상체계

대상체계는 사회복지의 급여나 서비스를 누구에게 제공하느냐와 관련된다. 즉, 특정의 사람이나 특정의 집단에 국한시킬 것인가 아니면 모든 국민에게 제공할 것인가를 결정하는 것을 말한다. 이러한 문제는 선별주의와 보편주의 원칙에 의해 이루어진다. 보편주의적 아동복지서비스의 경우, 아동이 속한 가정의 경제적 지위와는 상관없이 제반 서비스를 제공받을 수 있는 대상이 모든 아동임을 규정하고 있지만, 선별주의적 아동복지서비스의 경우, 도움이 필요한 요보호아동에 국한해서 대상의 한계를 정하는 경우이다.

이러한 대상체계의 조건들은 각 국가마다의 가치관을 반영하여 서비스 수급자격대상이 결정된다. 영국의 경우 아동수당(child benefit)은 6개월 이상의 거주 조건과 16세 미만의 아동이라는 인구학적 조건과 보편주의 원칙을 적용한 경우로서 사회적 연대와 사회통합의 가치를 강조한 정책이다. 미국의 아동가족급여(AFDC)는 거주조건, 16세 미만이라는 아동의 인구학적 특성, 소득·자산 조사, 모성의 근로 능력과 선별주의 원칙을 적용한 경우로서 비용 효율성과 근로동기에 미치는 영향을 강조한 정책이다.

(2) 급여체계

급여체계란 아동복지대상자들에게 무엇을 제공할 것인가의 문제와 관련된다. 즉, 어떤 종류의 급여를 제공할 것인지에 대한 것으로 현물급여, 현금급여, 바우처, 비물질적 서비스 등이 여기에 해당된다.

아동복지를 실천하는 방법은 크게 소득보장과 서비스로 나뉘는데, 현금형태로 제공되는 소득보장 외에 대부분의 아동복지프로그램은 서비스가 중심이 되어 있다. 서비스는 아동복지 전문가의 개입에 의하여 전문가와 클라이언트인 아동이나 가족과의 대면적 만남을 통하여 이루어지고, 이러한 서비스에는 자기결정의 원리, 인간의 존엄성과 독특성의 강조와 같은 사회사업의 가치가 강조된다.

(3) 전달체계

전달체계란 대상과 급여체제가 결정되고 나면 어떠한 방법으로 전달할 것인가와 관련된다. 아동복지정책을 통하여 제공되는 재화나 서비스는 여러 영역에서 다양하기 때문에 전달체계의 형태도 공적 전달체계와 민간전달체계 그리고 협의체로 구분한다. 공적 전달체계는 아동복지정책을 수립하거나 행정업무를 추진하기 위해 조직된 정부 기구와 정부가 직접 서비스를 제공하기 위해 아동복지사업을 수행하는 아동복지기관 또는 시설을 말한다. 반면에 민간전달체계는 개인 또는 민간인으로 조직된 단체에 의해서 제반 아동복지사업이 수행되는 것을 말한다. 즉, 사회복지법인, 재단법인, 사단법인, 종교단체, 주민조직, 기타 사회단체가 운영 주체가 되어 아동복지서비스를 실천한다.

(4) 재원체계

재원체계란 아동복지서비스를 수행하는 데 필요한 재원은 어디에서 조달할 것인가의 문제와 관련된다. 아동복지를 실현함에 필요한 재원을 공공재정 혹은 민간재정 등 어떤 방법으로 충당할 것인지 결정해야 한다. 공공재정은 정부의 개입 정도는 어느 정도로 한정할 것을 말하며, 일반세, 목적세와 조세 비용 등으로 감당한다.

공공재정은 재정의 안정성과 지속성이 보장되는 장점이 있으나, 정부부담의 확대에 따른 조세저항의 문제가 발생할 수 있으며, 그러한 경우 사회보장세로 할 것인지, 일반조세로 할 것인지를 결정해야 한다. 민간재정은 민간의 자발적인 기부금이나 후원금, 사회복지 공동모금회 재원이나 이용자 부담금 등이 해당된다. 민간재정은 어떤 집단이나 지역의 특수한 욕구에 대처하기가 용이하고 창의성이 있는 서비스 개발을 촉진할 수 있으나, 지속적이고 안정적인 재원이 확보되지 못하는 경우가 생길 수 있다. 민간재정으로 충당할 때에는 사용자 부담과 민간의 기부금 비중을 어떻게 할 것인지를 결정해야 한다. 아동복지서비스는 공공재로서의 특성 때문에 민간재정으로 운영하면서 공공재정의 지원을 받는 혼합 형태인 경우도 많고, 영리적 요인도 발생하는 경향이 있다.

이와 같이 아동복지사업의 재정은 이용자가 부담하는 요금 또는 회비, 정부의 보조금, 후원자의 기부금 등으로 충당하고 있다.

2 아동복지정책 전달체계

복지서비스 전달체계는 수혜자들에게 어떠한 내용의 서비스를 어떻게 제공하는가에 따라 영향을 미치는 중요한 조직체계이다. 또한 사회복지서비스 전달체계는 지역사회 내에 존재하는 사회복지서비스의 공급자 간을 연결시키기 위하여 또는 사회복지서비스의 공급자와 클라이언트 사이를 연결시키기 위하여 만들어진 조직적 체계이다. 즉, 사회복지의 공급자 간 또는 공급자와 수요자 사이를 연결시키는 조직과 인력구조를 의미한다(최성재 외, 2001; 오경자, 2015).

사회복지서비스 전달체계는 조직적으로 복지서비스가 전달될 수 있게 하는 체제를 의미하며, 사회복지의 목표가 적합한 서비스를 효과적으로 수혜자들에게 제공하는데, 이러한 복지서비스 전달체계의 확립은 복지서비스의 적합성과 효과성을 복지대상자들에게 얼마나 발휘했는지 알아볼 수 있는 도구가 될 수 있다.

아동복지서비스 전달체계는 아동복지 급여와 서비스가 전달되는 데 관련되는 조직적인 체계로서 중앙정부와 지방정부, 아동복지기관 및 시설을 포함하는 모든 공공 및 민간조직의 서비스 전달망이라 할 수 있다. 아동복지정책의 궁극적인 목적이 수혜자에게 적합한 서비스를 제공하는 것이라면, 아동복지서비스 전달체계가 어떻게 설계되어 있느냐 하는 것이 매우 중요하다. 왜냐하면 아동복지 수혜자의 선정, 수혜내용의 성격에 관한 정책들이 실제로 표현되는 것이 바로 아동복지서비스 전달체계를 통해서 이루어지기 때문이다. 아동복지 수혜자의 선정과 이들에게 제공하는 사회적 급여의 형태 결정, 급여의 전달전략과 서비스를 제공하는 재원조달 등은 아동복지서비스 전달체계가 수행한다.

우리나라 「아동복지법」 제4조는 ① 국가와 지방자치단체는 아동의 건강과 복지증진에 노력해야 하며, 이를 위한 시책을 실행해야 한다. ② 아동의 보호자는 아동을 가정 안에서 그의 성장 시기에 맞추어 건강하고 안전하게 양육해야 한다. ③ 모든 국민은 아동의 권익과 안전을 존중해야 하며, 아동을 건강하게 양육해야 한다고 명시되어 있다. 따라서 아동복지 전달체계는 급여 또는 서비스를 효율적으로 수혜자에게 전달하기 위하여 어떠한 조직을 통하여 실천할 것인가를 결정할 중요한 전략이 필요하다. 국가와 지방자치단체는 요보호아동을 보살피고 건전하게 육성할 공적인 책임을 져야 하는 주체이다.

일반적으로 아동복지와 관련된 정부의 정책은 국가와 지방자치단체, 민간조직의 전달체계를 통하여 집행되어 대상자에게 급여나 서비스가 제공된다. 아동복지행정은 급여 또는 서비스를 효율적으로 대상자에게 전달하기 위하여 어떠한 조직과 인력을 통해서 실천할 것인가의 전략을 선택하는 것이며, 아동복지분야의 공공과 민간 조직들이 필요한 사업을 계획하여 공공과 민간의 조직에 의한 전달체계의 형성과 효율적인 운영이 필수적이다.

아동복지정책의 궁극적인 목적은 그 대상인 아동과 가족의 복지권을 보장하는 효과적이고 효율적인 전달체계를 마련하여 적합한 서비스를 제공해 주는 것이다. 현재 우리나라 아동복지 전달체계는 공공전달체계와 민간전달체계로 구분해 볼 수 있다.

1) 공공조직

아동복지 전달체계상의 공공조직은 중앙정부 각 부처의 아동정책 및 아동권리증진의 기본방향, 아동정책의 개선과 예산지원, 아동정책 관련 중앙부처 간 협조사항, 아동 관련 국제조약의 이행과 평가, 조정을 위하여 2004년 국무총리 아동정책조정위원회가 설치되었다.

아동복지 공공행정은 보건복지부를 중심으로 시 · 도, 시 · 군 · 구, 읍 · 면 · 동의 사회복지 행정체계로 연결된다. 시 · 도, 시 · 군 · 구에는 아동복지심의위원회를 두어 연도별 아동정책 시행계획에 관한 사항, 아동의 보호조치, 퇴소조치, 친권행사의 제한이나 친권상실 선고 청구, 후견인의 선임이나 변경 청구, 지원대상아동의 선정과 지원에 관한 사항을 심의한다(「아동복지법」 제12조).

행정조직으로는 아동보육 및 아동복지 담당부서가 있으며, 읍 · 면 · 동에는 사회복지전담공무원이 일선 아동복지행정을 담당한다. 우리나라 아동복지 공공조직은 전담기구가 없어 매우 미약한 상황이지만 일부 시 · 도 단위에 공공의 아동복지전담기구로 아동복지센터 또는 아동보호센터가 설치되어 있는 경우도 있다(오경자, 2015).

2) 민간조직

아동복지 전달체계의 민간조직으로는 아동복지시설(생활시설, 이용시설), 보육시설, 아동보호전문기관, 입양기관, 가정위탁지원센터, 실종아동전문기관 등이 설치되어 각 영역의 전문 아동서비스를 제공하고 있으며, 지역의 종합사회복지관에서 아동복지서비스를 제공하기도 한다.

민간조직은 공공전달체계와 연계하여 「아동복지법」상의 아동복지시설, 즉 양육시설, 아동일시보호시설, 아동보호시설, 아동직업훈련시설, 자립지원시설, 아동단기보호시설, 아동상담소, 아동전용시설, 아동복지관 등 영유아보호시설, 아동학대예방센터, 입양기관과 함께 직접 아동복지서비스를 전달하는 핵심적인 전달체계이다. 이러한 기관들의 운영은 사회복지법인, 재단법인, 사단법인, 종교단체, 각종 사회단체가 운영 주체가 되어 운영되고 있으며, 재원의 대부분은 정부의 예산지원에 의존하고 있다. 또한 영유아보육사업 등은 민간 영리기관이나 개인에 의해 유료서비스로 전달되기도 한다(오경자, 2015).

표 6-2 ● 아동복지 민간조직

아동복지 민간조직		시설의 종류/내용
아동복지 시설	생활시설	아동양육시설, 아동일시보호시설, 아동보호치료시설, 자립지원시설, 공동생활가정
	이용시설	아동상담소, 아동전용시설, 지역아동센터
보육시설		국·공립어린이집, 사회복지법인 어린이집, 법인 단체 등 어린이집, 직장어린이집, 가정어린이집, 부모협동어린이집, 민간어린이집
아동보호전문기관		중앙아동보호전문기관, 지방아동보호전문기관 (시·도 또는 소규모 단위)
입양기관		국외입양기관, 국내입양기관
가정위탁지원센터		중앙 가정위탁지원센터, 지방 가정위탁지원센터 (시·도 또는 소규모 단위)
실종아동전문기관		실종아동전문기관(어린이재단 위탁운영)

출처: 오정수·정익중(2014). p. 248

3) 우리나라 아동복지정책 전달체계 현황

우리나라의 아동복지정책은 0세에서 만 18세 미만의 아동을 대상으로 시행되고 있다. 이는 '국가가 100% 책임지는 보육지원'과 '방과 후 돌봄서비스' 그리고 '취약아동보호' 정책으로 분류해 볼 수 있다.

근본적으로 아동복지정책의 대상은 모든 아동과 그 아동을 포함하는 가정(부모나 가족)으로 규정하고 있으나, 카두신과 마틴은 '아동과 부모가 각각의 역할을 수행할 수 없을 때 아동복지의 대상이 된다'고 규정하였다. 실제로 우리나라에서는 아동복지대상을 특별한 도움을 필요로 하는 아동(「아동복지법」 제3조)과 그렇지 않은 일반아동으로 구분하고 있으며, 특별한 도움을 필요로 하는 아동은 다시 보호대상아동과 지원대상아동으로 구분하여 정책을 시행하고 있다. 또한 서비스가 제공되는 장소에 따라 재가서비스와 가정 외 서비스로 분류하고 있다.

현재 우리나라의 아동복지정책은 주로 보건복지부와 여성가족부, 교육부에서 시행되고 있으며, 보건복지부는 요보호아동과 저소득층 아동 등 특정계층을 중심으로 사업을 수행하고 있다. 그리고 여성가족부는 가출청소년, 위기청소년을 제외한 일반아동을 대상으로 한 체험과 활동중심의 사업을 주로 하고 있다. 또한 교육부는 학령기 아동의 학교 내 지원을 중심으로 사업을 진행하고 있어 학교 밖 아동에 대한 지원이 강화되어야 할 필요성이 요구되고 있다.

표 6-3 ● 2014 아동복지정책 전달체계 현황

구 분	내 용	전달체계
가정입양지원	보호자가 없거나 보호자로부터 이탈된 아동 등에게 건전한 가정을 영구적으로 제공하여 신체적·정서적·사회적으로 건강하게 성장할 수 있도록 지원/입양지원(국내, 국외)	국내입양기관 -국내외(4개) -국내(17개)
가정위탁보호	보호대상 아동의 보호를 위하여 성범죄, 가정폭력, 아동학대, 정신질환 등의 전력이 없으며, 법이 정하는 기준에 적합한 가정에 보호대상 아동을 일정기간 위탁하는 것	(중앙, 지역)가정위탁지원센터 운영
소년소녀가정지원	국민기초생활수급자(가구) 중 만 18세 미만 아동이 실질적으로 가정을 이끌어가고 있는 세대지원	가정위탁보호로 전환
공동생활가정 (그룹홈) 운영	보호를 필요로 하는 아동에게 그룹홈 형태로 가정과 같은 주거여건과 보호를 제공하여 건전한 사회인으로 성장하도록 지원	아동공동생활가정프로그램 운영
아동급식	빈곤 등 사유로 끼니를 거르거나 충분한 영향을 공급받지 못하는 저소득가정의 아동들에게 민·관 협조로 급식 제공	아동급식소, 음식점, 도시락 전달, 부식 배달 등
아동복지시설운영	아동양육시설 및 일시보호시설, 자립지원시설 등 운영	시·도, 시·군·구
보호아동 자립지원	보호대상 아동의 자립준비 역량강화 및 보호 종료 후 안정적인 사회진출과 자립실현을 위해 지원	시·도, 시·군·구, 자립지원전담기관, 아동자립지원사업단, 가정위탁지원센터 아동복지시설
디딤씨앗통장 (CDA)	아동발달지원계좌로 저소득층 아동의 사회진출시 학자금·취업·창업·주거마련 등에 소요되는 초기비용 마련을 위한 주거형성을 장기적·적극적으로 지원	자치단체, 디딤씨앗지원사업단, 금융기관
드림스타트	취약계층 아동에게 맞춤형 통합서비스 제공을 통해 아동의 건강한 성장과 발달을 도모하고, 공평한 출발기회를 갖도록 함으로써 궁극적으로 빈곤의 대물림에서 벗어날 수 있도록 지원	시·군·구 드림스타트, 드림스타트사업지원단

(계 속)

구 분	내 용	전달체계
아동복지교사 운영	지역사회아동복지서비스 제공을 위해 지역사회 복지사를 채용하여 운영	시·도, 시·군·구, 드림스타트센터, 지역아동센터
지역아동센터 운영	지역사회 아동의 보호·교육, 건전한 놀이와 오락의 제공, 보호자와 지역사회의 연계 등 아동의 건전육성을 위하여 종합적인 복지서비스 제공	지역아동센터(3,742개소)
아동학대예방	아동학대를 예방하고, 피해아동에 대한 적극적인 보호지원	(중앙, 지역)아동보호전문기관 운영
실정아동·장애인 보호	실종아동 및 장애아동의 보호	실종아동전문기관, 장애인 일시보호센터 운영
초등돌봄교실	초등학교 저소득층 및 맞벌이가정 자녀를 대상으로 돌봄, 숙제지도, 특기지도 등을 위해 시·도 교육청의 계획·지도 아래, 학교에서 운영	학교(7,395교실, 159,000명)
교육복지우선지원사업	교육취약아동 및 청소년을 대상으로 개개인의 수과 역량에 맞는 학습능력을 증진시키기 위한 각종 교육을 지원하는 사업으로, 교육청 지도 아래 각 학교에서 운영	학교
방과후아카데미 운영	기초생활보장수급자, 파산자, 차상위계층 가정의 초등학생 4학년부터 중학교 2학년 아동까지를 대상으로 체험활동, 특기적성교육, 보충학습, 급식 등을 지원하며, 지자체의 지도 아래 청소년 수련시설에서 운영	청소년수련시설 (200개소, 8천여 명)
아이돌봄서비스	전국가구 평균소득 100% 이하 가정의 아동을 대상으로 보육, 놀이간식, 등하교 동행 등 돌봄서비스를 제공하며, 지자체 등의 지도 아래 건강가정지원센터 등 서비스 제공기관에서 운영	서비스 제공기관(건강가정지원센터 등)(215개 기관, 6만여 명)

* 2014년 아동복지 관련 행정부처 사업안내 내용을 참조하여 재구성

3 아동복지 관련법

우리나라 아동복지의 법률체계는 「아동복지법」을 중심으로 아동복지와 직접 관련이 있는 법률과 「청소년보호법」 등 아동과 관련이 있는 법률들이 상호 연계되어 있다.

아동은 우리 사회의 미래이므로 아동의 복지구현이나 권익보호를 국가적 과제로 인정하는 인식전환이 요구되며, 이를 위해 「아동복지법」에서

도 아동보호를 위한 형식적인 처우나 제도의 마련으로 만족할 것이 아니라 아동이 진정으로 안전하고 행복하게 성장할 수 있는 실제적인 입법적 보완이 이루어져야 한다.

「아동복지법」은 아동복지를 조장하기 위한 사회적 책임을 명문화한 것으로서 아동복지사업을 실시하는 근거가 된다.

표 6-4 ● 아동에 관한 제반 법률

구 분	법 률
아동복지 관련법	아동복지법, 입양특례법, 실종아동보호지원법, 아동학대 범죄의 처벌 등에 관한 특례법, 아동의 빈곤 예방과 지원 등에 관한 법률, 영유아보육법, 장애아동복지지원법, 한부모가족지원법, 다문화가족지원법, 모자보건법, 청소년기본법, 청소년복지법, 청소년보호법, 북한 이탈 주민의 보호 및 정착지원에 관한 법률
공공부조 · 사회복지서비스 관련법	국민기초생활 보장법, 사회복지사업법, 장애인복지법, 가정폭력 방지 및 피해자보호 등에 관한 법률
보건의료 관련법	국민건강보험법, 의료급여법, 정신보건법, 지역보건법
교육 관련법	초 · 중등 교육법, 장애인 등에 관한 특수교육법, 학교급식법, 학교보건법
노동 관련법	근로기준법, 직업안정법, 최저임금법, 장애인 고용촉진 및 직업 재활법
법무 관련법	소년법, 민사, 민사소송법, 가족관계의 등록 등에 관한 법률, 가사소송법 보호관찰 등에 관한 법률, 보호소년 등의 처우에 관한 법률

출처: 주수길 외(2016). p.124

1) 아동복지법의 연혁

「아동복지법」의 최초 입법화 시도는 1952년 반관반민(半官半民)의 기관으로 발족한 한국아동복지위원회에서 아동복지법 기초분과위원회를 구성하여 1년간의 심의와 연구를 거쳐 보건사회부에 건의한 것이었다. 1961년 12월30일 법률 제912호 「아동복리법」으로 제정되어 요보호아동을 대상으로 제한하였다(김만두, 1992; 이태수, 2002).

「아동복리법」이 제정된 1960년대는 근대적 성격의 사회복지사가 시작된 시기이다. 1961년 「생활보호법」, 「아동복리법」, 「고아입양특례법」, 1963년 「사회보장에 관한 법률」, 「보호시설에 있는 고아의 후견직무에 관한 법률」, 「산업재해보상보험법」 등이 제정되었다.

1961년 제정된 「아동복리법」도 제정된 이후 별다른 변화 없이 유지되다가 1981년 4월 13일에 폐지되고, 「아동복지법」으로 제정되었다(송주미, 1998). 제정된 아동복지법은 대상을 요보호아동에서 모든 아동으로 확대하였고, 복지를 위해 국가와 가족이 공동책임을 진다는 전제하에 국가가 해야 하는 사업 및 역할을 규정하였다. 보편주의 관점에서 접근한 「아동복지법」에는 어린이날에 대한 법적 근거를 세웠으며, 아동복지지도원을 별정직 공무원으로 하였고, 무료탁아시설은 법인 이외의 사람도 신고만으로 시설을 설치, 운영할 수 있도록 하였다.

1989년 일부 개정되어 아동복지시설의 종류에 탁아시설이 추가되었고, 가정탁아제도가 신설되었다. 그리고 1993년 「영유아보육법」이 제정되었고, 1997년 「사회복지사업법」이 개정되었다. 또한 「아동학대방지법」은 1993년 9월 한국아동학대예방협회가 「아동학대방지법」 시안을 발표하여 1999년 12월 17일 「아동복지법」 개정안이 국회에 통과되고, 2000년 7월 13일 개정안이 시행되었다(변미희, 2003).

「아동복지법」은 2011년 8월 4일 전면개정을 통해 아동의 권리보장과 보호를 대폭 신장시킴으로써 법적 · 제도적 근거를 마련하였다. 이후에도 수차례의 개정을 통해 수정 · 보완하였으며, 2012년 개정, 2014년 개정, 2015년 개정 및 2016년 3월 22일 개정이 있었다.

특히 「아동복지법」은 2014년 1월 28일 「아동학대범죄처벌법」의 제정과 더불어 개정되면서 아동학대의 예방과 피해아동의 보호를 위한 부분에서 대폭적인 변화를 가져왔으며, 이후에도 아동에 관한 사회적 인식의 변화에 따라 아동의 보호나 복지에 대한 중요성이 강조되면서 국가나 지방자치단체의 책무를 강화하는 한편, 아동보호현장의 어려움을 해결하고, 현실적 문제점을 수정 · 보완하였다(문영희, 2016).

표 6-5 ● 아동복지법의 연혁

연 도		제·개정 이유 및 내용
아동복리법	1962년	• 사회적 보호가 필요한 아동에 대한 양육과 복지서비스 제공을 위해 제정함
아동복지법	1981년	• 학대아동에 대한 보호, 아동학대의 정의와 금지유형 규정, 아동학대 신고 의무화 • 아동안전에 대한 제도적 지원 • 아동복지지도원을 사회복지전담공무원으로 그 신분을 변경함
	2000년	• 아동정책조정위원회 설립 • 상습 아동학대 행위자에 대한 가중 처벌
	2004년	• 가정위탁지원센터의 설립 • 상습 아동학대 행위자에 대한 가중 처벌
	2006년	• 가정위탁지원센터의 설립 • 아동학대 신고의무자에 대한 아동학대예방교육
	2007년	• 인종차별금지에 관한 시책 강구 • 아동복지시설, 어린이집, 유치원, 초·중·고등학교 성폭력예방교육, 성폭력 피해 아동에 대한 지원 학대 • 아동학대 신고의무자 범위 학대(학원, 구급대 대원 등)
	2008년	• 실종·유괴 예방교육 실시 • 아동보호구역에 폐쇄회로 텔레비전 등 안전 강화
	2012년	• 아동종합실태조사 시행과 아동정책기본계획을 수립·시행 • 아동학대의 예방과 방지를 위한 교육과 홍보 활성화
	2013년	• 아동안전을 위한 모든 아동보호구역에 영상정보처리기기 설치를 의무화함 • 아동학대 신고의무자의 신고의무 위반 시 부과하는 과태료를 현행 100만 원에서 300만 원으로 상향조정함
	2014년	• 「아동학대범죄의 처벌 등에 관한 특례법」에 따라 관련조문 정비 및 아동학대 관련 범죄전력자의 아동 관련 기관 취업제한(10년)

출처: 도미향 외(2016). p. 126

2) 아동복지법의 주요 내용

「아동복지법」은 총 6장 75조항으로서 제1장 총칙, 제2장 아동복지정책의 수립 및 시행 등, 제3장 아동에 대한 보호서비스 및 아동학대의 예방 및 방지, 제4장 아동에 대한 지원서비스, 제5장 아동복지시설, 제6장 보칙으로 구성되어 있다.

「아동복지법」에서는 전체 아동을 대상으로 하여 '아동이 건강하게 출생하여 행복하고 안전하게 자랄 수 있도록 그 복지를 보장(제1조)'하는 것을 법의 목적으로 하고 있다.

「아동복지법」 제1장 총칙에서는 아동복지의 목적, 정의, 국가와 지방자치단체의 책무, 보호자 등의 책무 그리고 어린이날 및 어린이주간에 대해서 규정하고 있다.

법 제2장에서는 아동정책기본계획의 수립과 시행, 아동정책조정위원회, 아동종합실태조사와 평가, 아동복지심의위원회 및 아동복지전담공무원, 아동위원의 사항에 대해서 조례로 규정하도록 하였다.

법 제3장은 아동에 대한 보호서비스 및 아동학대의 예방 및 방지에 대한 아동보호서비스에 대해 보호조치, 사회보장정보시스템의 이용, 보호대상아동의 양육상황 점검, 보호대상아동의 퇴소조치 및 사후관리, 금지행위, 친권상실 선고의 청구, 아동의 후견인의 선임 청구 등 보조인의 선임, 아동학대의 예방과 방지 의무, 피해아동 등에 대한 신분조회 등 조치, 아동학대예방관련 사항, 신고의무자에 대한 교육, 피해아동 등급조치에 대한 거부금지, 국가아동학대정보시스템, 피해아동 및 그 가족 등에 대한 지원과 학대행위자에 대한 사항에 대해 규정하였다.

법 제4장은 아동에 대한 지원서비스에 대해 아동안전 및 건강지원과 취약계층 아동 통합서비스지원 및 자립지원 등이 규정되었다.

법 제5장은 아동복지시설 설치 운영에 대한 내용으로 아동보호전문기관, 가정위탁지원센터, 아동복지시설의 설치 및 운영사항과 휴·폐업 등의 신고와 아동전용시설의 설치, 학대피해아동쉼터의 지정, 종사자, 시설의 개선, 사업의 정지, 폐쇄 및 시설장의 의무에 대한 사항과 아동복지단체의 육성이 규정되었다.

법 제6장은 아동복지사업의 운영비 보조와 징수 그리고 압류 금지, 비밀유지, 조사, 청문, 권한의 위임, 유사명칭의 사용금지에 대해 규정되었다.

법 제7장은 벌칙은 아동·청소년의 성보호에 관한 법률에 관한 사항으로 규정되었다.

표 6-6 ● 아동 관련법의 분류

구 분		관련법
아동노동		근로기준법
아동교육		교육기본법, 초·중등교육법, 유아교육법, 장애인 등에 대한 특수교육법
아동범죄		소년법, 성매매방지 및 피해자보호 등에 관한 법률, 성폭력범죄의 처벌 및 피해자보호 등에 관한 법률, 가정폭력방지 및 피해자보호 등에 관한 법률, 학교폭력예방 및 대책에 관한 법률
아동건강		의료급여법, 정신보건법, 청소년보호법, 모자보건법, 학교안전사고예방 및 보상에 관한 법률, 자살예방 및 생명존중문화 조성을 위한 법률, 학교보건법, 학교급식법
아동문화		문화예술교육지원법, 청소년활동진흥법
아동보호 및 지원	일반아동	아동복지법 ,영유아보육법, 아동, 청소년 성보호에 관한 법률, 사회복지사업법, 건강가정기본법, 사회보장기본법, 저출산 고령사회기본법, 민법 ,청소년복지지원법, 청소년활동진흥법, 아이돌봄지원법
	시설아동	보호시설에 있는 미성년자의 후견 직무에 관한 법률
	장애아동	장애아동복지지원법
	실종아동	실종아동의 보호 및 지원에 관한 법률
	빈곤아동	국민기초생활보장법, 아동의 빈곤예방 및 지원 등에 관한 법률
	입양아동	입양특례법
	다문화아동	다문화가족지원법
	한부모아동	한부모가족지원법

출처: 초록우산 어린이재단(2013). p. 12

3) 아동복지법의 지위

「아동복지법」은 아동복지 관련 분야의 기본법으로서의 지위를 가진다. 「아동복지법」은 아동입법계열에서는 기본법이며, 사회복지전반에서 「사회보장기본법」의 개별법이 될 수 있다.

기본법과 「헌법」의 관계에서, 「아동복지법」은 18세 미만의 사람이 건강하게 출생하여 행복하고 안전하게 자랄 수 있도록 복지를 보장하는 것을 목적으로 여러 정책들과 관련 기관의 설립 및 권한에 대해 규정하고 있다. 「헌법」상 인간다운 생활을 할 권리, 사회보장·사회복지의 증진, 노인과 청소년의 복지향상, 혼인과 가족생활의 보호 등의 규정을 근거로 아동의 권리를 보장하기 위한 내용을 「아동복지법」이 보다 구체적으로 규정하고 있다. 「아동복지법」은 「헌법」상 아동의 복지를 증진하기 위한 국가의 책무와 아동의 권리에 관한 내용을 정하고, 아동 관련 법률의 방향을 제시하는 「헌법」의 보완법 · 매개법으로서의 지위를 가지고 있다고 볼 수 있다(최윤영, 2013).

4) 아동복지 관련법

기본법은 「헌법」의 하위규범이자 일반 법률의 상위규범으로서 국가정책의 한 분야를 담당하는 총괄적인 성격의 법이다.

「아동복지법」은 기본법으로서의 지위와 함께 일반법으로서의 지위를 갖고 있다고 볼 수 있다. 일반법이 어떤 사항에 관해 널리 일반적으로 규정하는 법령이라면, 아동복지에 대한 국가의 책무 및 기관 구성에 대한 내용과 아동이 받을 수 있는 급여와 서비스 등을 분야별 · 대상별로 규정하고 있는 「아동복지법」은 아동복지 관련 법률들의 일반법이라고 볼 수 있다.

따라서 '특별법 우선적용의 원칙'에 따라, 「영유아보육법」, 「장애아동복지지원법」, 「입양특례법」 등의 특별법은 아동복지법에 대해 우선적으로 적용될 수 있고, 그 법률에서 정하지 않고 있는 문제에 대해서는 아동복지법을 보충적으로 적용하며, 나아가 아동복지법에서도 규정하고 있지 못한 부분에 대해서는 「사회복지사업법」, 「사회보장기본법」, 「헌법」의 규정을 적용할 수 있다(최윤영, 2013).

우리 사회에서 아동학대의 심각성이 대두되면서 아동에 관한 사회적 관심이 고조됨에 따라, 2016년 「아동복지법」 일부개정에서는 아동정책의 효율화 도모, 아동보호의 강화, 아동보호기관 및 시설의 기능 강화를 강조하였다. 특히 아동복지의 실현을 '원가정 보호'에 두면서, 아동보호를 위한 조치의 마련과 제도개선, 아동의 권익보호를 충실히 하기 위해 국가나 지방자치단체의 장 또는 아동복지시설의 장이나 종사자에게 소정의 의무를 잘 이행할 수 있도록 규정하고 있다(문영희, 2016).

표 6-7 ● 아동의 연령기준에 관한 법률규정(아동복지 관련법)

법률명	관련 규정	호칭	연령	관련 내용
민법	제4조(성년)	미성년자	19세 미만인 사람	법률행위의 독자성 부인
아동복지법	제3조	아동	18세 미만인 사람	보호대상
아동의 빈곤예방 및 지원 등에 관한 법률	제3조	아동	18세 미만인 사람	보호대상
영유아보육법	제2조	영유아	6세 미만의 취학 전 아동	취학 전의 아동보육
입양특례법	제2조	아동	18세 미만인 사람	적용대상
장애아동복지지원법	제2조	장애아동	18세 미만의 사람 중 장애인복지법 제32조에 따라 등록한 장애인	보호대상
청소년기본법	제3조	청소년	9세 이상 24세 이하의 자	청소년의 권리 청소년육성정책
청소년복지지원법	제2조	청소년	9세 이상 24세 이하의 자	청소년 복지 증진
청소년활동진흥법	제2조	청소년	9세 이상 24세 이하의 자	청소년 활동 진흥
아동 · 청소년의 성보호에 관한 법률	제2조	아동, 청소년	19세 미만의 자	성매매 금지 등
청소년보호법	제3조	청소년	19세 미만인 사람	청소년유해매체물 및 청소년유해업소 관련
건강가정기본법	제24조	영유아, 아동, 청소년		국민의 생애주기
공연법	제2조	연소자	18세 미만인 사람	공연물의 등급분류
공직선거법	제15조	선거권자	19세 미만인 사람	선거권 보유 연령
국민기초생활보장법	시행령 제7조	근로 능력 없는 수급자	18세 미만	근로 능력 없는 수급자
근로기준법	제67조	미성년자	18세 미만인 자	근로계약의 당사자
도로교통법	제11조, 제12조	어린이	13세 미만인 사람	어린이 등에 대한 보호, 어린이 보호구역의 지정 등
모자보건법	제2조	영유아, 신생아	출생 후 6년 미만의 영유아 출생 후 28일 이내의 신생아	보호대상
소년법	제2조	소년	19세 미만인 자	형사처분에 있어 특별조치 대상

(계 속)

법률명	관련 규정	호칭	연령	관련 내용
식품위생법	제44조	청소년	19세 미만인 사람	청소년 출입 · 고용금지업소 등
영화 및 비디오물의 진흥에 관한 법률	제2조	청소년	18세 미만의 자	영화 및 비디오물의 등급분류
한부모복지법	제2조	아동, 청소년	청소년 한부모 : 24세 이하의 모 또는 부 아동 : 18세 미만(취학 중인 경우에는 22세 미만)의 자	보호대상
형법	제9조	형사미성년자	14세 되지 아니한 자	형사미성년자

출처 : 최윤영(2013). pp. 184-185

CHAPTER 07

아동복지실천

1 아동복지실천의 원칙

아동복지실천은 아동의 기본적인 생활과 삶의 질을 높이기 위한 전문적·체계적인 활동으로 아동과 그 가족 및 관련된 집단을 대상으로 아동의 문제를 해결하고 환경을 변화시키기 위해 개입하는 과정을 말한다. 아동복지의 실천에 있어서는 기본적으로 지켜야 할 원칙들이 있다. 이 원칙들은 각자의 독자성을 지니면서 상호 유기적 관련성을 가지고 적용될 때 더 나은 효과를 가져올 수 있으며, 여기에는 권리와 책임의 원칙, 보편성과 선별성의 원칙, 개발적 기능의 원칙, 포괄성의 원칙, 전문성의 원칙이 있다.

1) 권리와 책임의 원칙

아동복지실천의 주체로서 아동, 부모, 국가(사회)는 각각 권리와 책임을 가지며, 권리와 책임의 원칙은 이 세 주체 간 권리와 책임의 조화를 의미한다. 아동복지실천은 이들 각자의 권리와 책임의 확립을 바탕으로 상호작용과 협력 속에서 실행될 때 보다 바람직한 방향으로 나아갈 수 있다.

아동은 한 인간으로서 독자적인 권리를 가지고 태어난다. 아동은 생존과 발달을 위해 의식주를 제공받고 건강하고 안정된 삶을 누릴 권리가 있다. 또한 학대와 착취로부터 보호받으며 교육받을 권리와 더불어 놀이 활동에 참여하고 자신의 의견을 표현할 권리가 있다. 이처럼 아동은 권리의 주체이기도 하지만 동시에 자신의 성장과 발달에 대한 책임도 있다. 즉 아동은 성인의 보호만을 받는 수동적 존재가 아니라 독립된 개체로서 자신의 삶을 능동적으로 발전시켜 나가야 할 책임도 있는 것이다. 아동은 부모나 사회가 규정한 질서를 지키고 자녀로서 부모의 양육과 보호에 따를 책임이 있으며, 자신에 대한 책임감의 발달과 함께 자신의 발전에 도움이 될 수 있는 기회를 적극 활용할 수 있어야 한다.

부모는 자녀의 양육과 보호에 있어 일차적인 권리와 책임이 있다. 부모는 자녀의 건전한 성장과 발달을 위한 지원과 적절한 양육환경을 조성할 책임과 의무가 있다. 또한 부모는 자녀의 삶에 영향을 미치는 중요한 사항들에 대해 의사결정권을 가지며, 자녀가 사회구성원으로서 올바르게 성장할 수 있도록 지원할 의무와 책임을 가진다. 만일 부모가 그 책임을 다하지 못할 때 사회적 지원과 개입이 이루어지며, 경우에 따라 아동 이익 최우선의 원칙에 따라 부모의 권리가 제한될 수도 있다.

국가는 아동복지정책의 개발을 위한 입법 권한과 실제적인 대책을 수행할 권리와 책임이 있다. 아동권리협약(18조)에 의하면, 국가는 부모가 양육 책임을 잘 수행할 수 있도록 적절한 지원을 제공하고 때로는 아동을 위해 보호시설을 지정하고, 부모의 아동보호를 위한 적절한 조치를 취해야 할 책임이 있다. 또한 국가는 의무교육을 통해 아동의 교육권을 보장하고, 아동에게 술과 담배를 파는 행위를 금지하는 등 유해환경으로부터 아동을 보호하고, 아동학대 등의 문제가 발생한 경우 아동을 위한 적절한 조치를 취할 수 있는 권한이 있다. 국가는 아동이 부모의 적절한 보호, 감독을 받지 못할 경우 공권력을 행사하거나 부모의 권리를 제한할 수 있다.

2) 보편성과 선별성의 원칙

아동복지실천에 있어 보편성의 원칙은 전체 아동을 위해 적용되며, 선별성의 원칙은 특수한 요구나 문제를 가진 아동에게 적용된다. 보편성의 원칙은 전체 아동을 대상으로, 즉 성별이나 부모의 사회계층적 지위에 관계없이 동등한 수준에서 예방적 서비스를 목적으로 사회가 책임지고 여러 가지 복지서비스를 제도적으로 실시하는 것을 말한다.

선별성의 원칙은 조건이나 기준을 정하고 이에 따라 서비스의 대상을 제한하는 것으로 특정 아동과 그 가족에게 급여나 서비스를 제공하는 것이다. 즉, 요보호아동을 대상으로 치료적 서비스를 목적으로 사회가 책임을 지고 문제를 문제별로 분류하여 적절히 대처해 나가는 것이다. 따라서 선별성의 원칙에 의한 급여와 서비스는 그 성격에 있어 일시적 · 보충적 · 잔여적 성격이 강하다.

3) 개발적 기능의 원칙

개발적 기능의 원칙은 아동복지실천이 과거의 사후대책적 체계에서 보다 적극적이고 예방적이며 의도적인 변화를 가져올 수 있는 개발지향적 체계로 전환되어야 함을 강조하는 것이다. 그동안 우리나라 아동복지사업은 요보호아동을 대상으로 소극적 · 치료적 성격이 강했다 할 수 있다. 그러나 지금은 급격한 사회변화와 함께 아동과 그 가족을 둘러 싼 생태적 환경의 변화와 그에 따른 다양한 욕구의 출현, 또한 아동복지에 대한 사회적 기대수준이 높아짐에 따라 보다 적극적 · 예방적인 차원에서의 아동복지실천이 요구되고 있다. 따라서 사후치료적인 아동복지가 아니라 예방적인 측면이 함께 고려되어야 하며, 개별 아동뿐만 아니라 사회의 변화를 고려할 수 있어야 하고, 사회와의 유기적 관계 속에 있는 아동의 문제를 보다 다양한 측면에서 접근하기 위한 적극성을 가져야 한다(한성심 · 송주미, 2011).

4) 포괄성의 원칙

포괄성의 원칙에 의하면 아동은 하나의 인격과 삶을 지닌 인간으로서 그와 관련된 모든 측면이 상호 보완되는 가운데 여러 서비스를 종합적으로 마련해 주어야 한다는 것이다. 또한 아동의 신체적 · 인지적 · 사회정서적 발달은 각각 독립적으로 이루어지는 것이 아니라 서로 역동적으로 관련되어 있으며, 아동이 처한 상황이나 당면 문제도 주변의 여러 환경과 복잡하게 연결되어 있으므로 이에 대한 통합적 접근이 필요하다. 예를 들어, 장애아동을 위한 지원서비스로 의료, 교육, 심리, 직업재활프로그램과 함께 그 부모와 가족지원프로그램 등이 종합적으로 제공되는 것을 들 수 있다.

다시 말해 포괄성의 원칙은 아동복지의 실현을 위해 아동복지의 기본 전제인 건강한 가정생활, 경제적 안정, 교육 · 보건 · 노동 · 오락 및 특수보호 등에 대한 프로그램이나 서비스가 포괄적으로 제공되어야 함을 의미한다.

5) 전문성의 원칙

전문성의 원칙은 아동복지사업의 성과를 좌우하는 중요한 원칙이며, 아동복지사업은 전문가와 전문기관에 의해 이루어져야 한다는 것이다. 아동복지실천에 있어 아동과 아동발달에 대한 전문적인 지식과 이해, 또한 아동이 안고 있는 문제와 욕구를 충족시키고 해결하는데 필요한 전문적인 지식과 기술을 갖춘 전문인력이 요구된다. 따라서 아동관련분야의 전문가들이 아동정책과 사업분야에 적극 투입되고, 정부차원에서 아동복지분야의 전문인력 양성과 그에 대한 제도적 뒷받침이 보장될 필요가 있다.

2 아동복지실천 대상의 특성

아동복지실천은 그 대상이 되는 아동의 발달단계별 특성과 욕구 등을 고려하여 적용되어야 한다. 아동복지실천의 과정에서 고려해야 할 아동의 특성들은 다음과 같다(오정수 · 정익중, 2011).

첫째, 아동은 발달의 과정에 있으며 외부의 영향에 민감하다. 아동기는 신체적 · 인지적 · 사회정서적 발달이 완성된 단계가 아닌 변화의 과정 중에 있다. 또한 외부영향에 민감하게 반응하고 아직은 방어기제가 견고하게 형성되어 있지 않으며, 내면적 충동과 외부의 요구에 대처하는 능력도 충분히 발달되어 있지 않다. 그러므로 아동의 특정한 행동이 발달과정 상의 특성인지 병리적인 일탈이나 충족되지 못한 욕구를 채우기 위한 표현인지의 여부를 파악할 필요가 있다.

둘째, 아동은 어휘력이 떨어지기 때문에 말보다 행동언어로 의사소통하는 특성이 있다. 아동은 자신의 느낌과 감정을 행동으로 표현하고 즉각적으로 반응한다. 또한 놀이를 현실로 간주하여 현실과 환상 사이의 경계가 뚜렷하지 않다. 심리적 갈등은 성인과 같이 억압되어 나타나기보다 표면에 나타나는 경우가 많다. 그러므로 어린 아동이 클라이언트로 상담실을 찾아올 때는 행동언어를 통해 신뢰관계를 형성하고 비언어적인 도구를 통해 상담을 진행하는 것이 바람직하다.

셋째, 아동은 부모의 양육을 받으며 성장하고 그 특성상 부모에게 의존할 수밖에 없다. 그러므로 부모의 양육태도, 성격과 성장배경, 자녀와의 관계 등은 아동의 문제행동의 원인을 찾고자 할 때 그리고 문제개입을 위해 부모와 협력체계를 유지해야 할 때 중요한 참고자료가 된다. 그래서 아동복지실천에서 부모나 기타 보호자의 활동이 서비스의 일부로 포함된다.

넷째, 또래관계가 중요하다. 아동의 활동은 놀이를 매개로 하는 또래관계가 대표적이다. 아동의 문제행동도 또래와의 상호작용 형태와 밀접한 관련이 있다. 그래서 아동의 문제에 개입할 때 또래관계를 조정하여 적절한 또래관계가 형성되도록 하는 것이 직·간접적으로 문제해결에 도움이 되는 경우가 있다.

다섯째, 아동은 미성숙한 상태에 있다. 아동은 상담자와의 관계를 영속적인 것으로 생각하는 경향이 있으므로 그에 따른 사정, 개입, 종료계획을 세우는 것이 중요하다. 또한 장기기억이 성숙되기 전으로 기억의 비연속성이 있을 수 있다. 예를 들어, 어떤 것은 특히 잘 기억하기도 하고, 다른 것은 과장해서 기억하기도 한다. 때때로 아동들은 공상과 현실을 구분하지 못해서, 부모나 교사의 관심을 끌기 위해서 그리고 과도한 스트레스 상황에서 도피하기 위해 거짓말을 하기도 한다. 그러므로 아동의 이러한 미성숙한 특성을 고려하여 아동이 하는 말을 판단할 필요가 있다.

여섯째, 비자발적인 클라이언트인 경우가 많다. 아동의 문제를 인식하고 상담실에 데리고 오는 사람은 대부분 부모나 보호자이며, 아동은 자신의 문제를 인식하지 못한 비자발적인 클라이언트이다. 부모나 타인에 의해 이끌려 온 아동은 전문가의 도움에 초기 저항을 할 수 있다. 이때 전문가 개입에 참여의지나 문제인식이 약해 개입 영향력이 미약하게 나타날 수 있다. 따라서 전문가는 아동에게 여기에 온 이유를 아동이 이해할 수 있는 언어로 솔직하고 쉽게 설명해 주고 자칫 계속적인 질문으로 심문받는 느낌을 갖지 않도록 유의해야 한다. 또 상담내용은 확실한 비밀보장이 된다는 점을 아동에게 말해 주어야 한다.

3 아동복지실천과정과 방법

아동 및 가족을 대상으로 하는 아동복지실천과정과 방법을 단계별로 살펴보면 다음과 같다(공계순 외, 2007).

1) 초기단계

초기단계는 클라이언트와 사회복지사 간에 이루어지는 최초의 대면접촉에서 시작된다. 이 시기 중요한 과제는 먼저 클라이언트의 문제와 욕구를 파악하고, 아동과 부모의 기대가 본 기관의 목적과 기능에 부합하는가를 확인하는 것이다. 따라서 이 단계에서는 서비스 제공 여부와 형태 등을 결정하고 전문적 개입에 대한 합의를 도출하게 된다.

(1) 문제 및 욕구 확인

초기접수과정에서는 부모에게 어떤 이유로 기관에 왔는지, 무엇을 기대하는지를 질문하는 것이 좋다. 이러한 질문을 통해 부모의 아동에 대한 걱정이 적절한 내용과 수준인지, 기관을 통해 해결될 수 있는 것인지를 가늠할 수 있다.

문제가 비롯된 외부의 스트레스원이 분명하고 포괄적인 발달기준에 근거할 때 충분히 있을 수 있는 정도의 퇴행행동일 경우는 병리적인 관점보다 무엇이 그런 행동을 야기했는지에 대해 초점을 둘 필요가 있다. 때로는 클라이언트가 보는 문제와 사회복지사가 보는 문제가 불일치하는 경우도 있다. 이러한 경우에는 클라이언트가 제기하는 문제나 욕구에서 시작하여 사회복지사가 생각하는 문제로 점차 이동하는 것이 바람직하다.

(2) 서비스 제공 가능성과 개입 형태 결정

기관에 따라서는 초기접수상담만을 담당하는 사회복지사가 별도로 있는 경우도 있다. 그러나 한국사회복지기관에서는 초기접수부터 개입, 종결에 이르기까지 동일한 사회복지사가 하는 것이 일반적이다. 이러한 경우 초기접수과정이 사회조사과정이라는 초기상담과정으로 자연스럽게 연결된다.

가령 해당기관이 아동상담소와 같이 임상적인 상담기관이고 아동에게 상담치료가 필요한 경우라면 이 과정에서 치료의 형태와 방법이 결정되기도 한다. 그러나 문제의 성격이나 제공받고자 하는 서비스의 내용이 기관의 목적이나 기능에 부합하지 않는 경우도 있다. 이러한 경우는 그 이유를 설명하고 관련된 다른 기관에 대한 정보를 제공하거나 의뢰를 하게 된다.

(3) 초기 저항 다루기

제공될 서비스의 형태가 결정되고 초기 실천국면으로 들어서게 되면, 가장 중요하게 대두되는 문제가 클라이언트의 저항이다. 그래서 아동의 초기 저항을 어떻게 다루느냐가 이 단계의 중요한 과제가 된다.

아동의 저항은 말하기를 거부하고 문제가 없다고 부정하며 쓸데없는 주제에 대해 말하는 것으로 표현되기도 한다. 때로는 눈을 마주치지 않고 약속시간을 어기고 부정적인 몸짓이나 적대적 표정 및 행동을 보이기도 하며 책상 뒤에 숨는 등 다양한 방식으로 저항을 표현한다.

사회복지사는 아동이 처음 기관을 방문할 때 갖게 되는 두려움, 걱정 및 질문 등을 전적으로 이해해야 하며, 아동의 저항에 대처할 수 있는 방법으로 다음을 고려할 수 있다.

첫째, 사회복지사와 아동 간의 치료적 협력관계을 맺어야 한다. 이를 위해 사회복지사는 우호적이고 따뜻하며 관심과 공감을 잘 표현할 필요가 있다.

둘째, 상담 장소는 우호적이고 안락하며 편안해야 한다. 또한 아동은 상담과정에서 일관성 있는 규칙을 경험함으로써 행동의 결과를 예측할 수 있어야 하며, 이는 편안함을 조성하는 기반이 된다. 따라서 동일한 시간과 날짜를 정하여 규칙적인 상담약속을 해야 하며, 상담시간에는 전화나 노크소리 등으로 방해받아서는 안 되고 약속시간에 기다리게 해서도 안 된다. 아동에 대한 이러한 세심한 주의는 그로 하여금 자신이 가치 있고 중요한 사람이라는 느낌을 갖게 해준다.

셋째, 아동에게 상담이 무엇이며, 상담을 통해 무엇을 기대해야 할지를 이해시키는 것이다. 초기 면접 시 사회복지사는 아동에게 상담과정 및 사회복지사의 기대를 설명해 주어야 하며, 상담에 대한 설명은 아동의 발달수준에 맞게 짧고 간단하게 설명해주어야 한다. 또한 사회복지사는 벌을 주려는 사람이 아니라 도움을 주려는 사람임을 알려줄 필요가 있다.

넷째, 사회복지사는 아동을 다룰 때 상담시간에 필수적인 규칙, 즉 행동의 한계를 정하고, 그래야 하는 이유와 그렇게 하지 않을 때의 결과를 알려주어야 한다. 또 잘못된 행동은 적절하게 제지함으로써 바로잡는 것이 바람직하다(천성문 외 역, 2001).

다섯째, 비밀보장 여부에 대해 알려준다. 아동들은 상담내용의 비밀보장에 대해 알고 싶어 한다. 비밀보장이 지켜지기 힘든 예외적인 경우, 예를 들어, 상담 중 아동이 학대받은 흔적이나 현재 학대를 받고 있다고 판단되는 경우에는 보고를 하거나 위기 개입을 위한 외부 전문가를 요청할 수 있다. 그러나 이러한 경우에도 아동이나 부모에게 설명해서 동의를 구하는 것이 좋다. 이러한 경우를 제외하고는 상담내용은 확실하게 비밀이 보장된다는 것을 아동에게 말해주어야 한다(이부덕 외, 1996).

2) 조사단계

조사단계는 이후 사정평가의 기초가 되는 것으로 아동문제와 관련된 다양한 사실을 수집하여 조직화하는 단계이다. 주로 아동의 생육사와 발달사, 가족배경 및 사회적 관계망 등에 대한 정보를 수집한다.

(1) 생육사 조사

아동은 자신의 어려움이나 요구, 문제의 발달력 등을 효과적으로 표현하기 어려우므로 부모가 가장 중요한 정보원 중 하나가 된다. 부모로부터 정보를 수집할 때는 가능한 한 명확하고 구체적으로 하되, 부모에게 비위협적으로 정보를 수집하는 것이 중요하다. 이때 부모가 아동의 행동을 다루기 위해 어떠한 노력을 했는가에 대한 정보도 수집해야 한다. 발달력에 대한 정보 수집은 발달영역에서 중요한 정보를 제공할 뿐만 아니라 아동의 문제에 대한 부모의 기대와 지각을 알 수 있게 해준다(Braswell & Kendall, 1988).

아동에 대한 생육사 조사는 출생부터 현재에 이르기까지 생육과정과 발달단계별 주요 사건, 발달상태, 기능 수행 등을 알아보는 것이다. 부모 모두의 원가족 내 성장배경과 만남에서 결혼하기까지의 과정이 어떠했는지, 임신했을 때 원하는 임신이었는지, 임신기간 중에 신체적 · 정신적 어려움은 없었는지 등 임신과 관련된 정보와 자연분만이었는지, 출생 시 건강상태는 어떠했는지 등 아동의 출생에 대한 정보를 조사한다. 이는 아동의 출생 이전의 사실이 아동에 대한 과잉보호나 거부의 가능성을 탐색하는 실마리를 제공할 수 있기 때문이다.

또한 처음으로 부모와 떨어져 지냈던 캠프나 입학 첫날의 경험, 애완동물이나 조부모의 죽음 등 아동의 분리나 상실경험에 대한 자세한 정보도 탐색해야 한다. 이는 아동이 누구와 어떤 친밀한 관계를 가졌는지를 알려줄 뿐만 아니라 아동이 괴롭힘을 당한 경험에 대한 정보를 제공해 줄 수도 있다. 그 외 문제행동, 감정표현방식, 질병유무와 종류 등에 대한 정보도 필요하다(이부덕 외, 1996).

(2) 가족관계 및 역동 조사

아동문제를 보다 체계적이고 맥락적으로 파악하고 지원하기 위해 가계도가 활용된다. 가계도를 통해 세대 간 전승되는 독특한 양육방식이나 가족문제를 확인하는 것은 현재의 문제역동을 이해하는 데 도움이 된다. 가계도를 통해 부모들은 자신의 양육방식이나 원가족으로부터 전승받은 문제에 대한 통찰을 얻을 수 있고, 아동의 문제에 부모 자신이 어떻게 기여하고 있는지를 인식할 수 있다(천성문 외 역, 2000).

아이와 함께 찍은 가족사진도 가족 내 상호작용이나 역동을 사정하는 데 유용하다. 사진에서 누가 누구 옆에 있는지, 누가 누구의 어깨에 팔을 두르고 있는지, 그들의 접촉이 친밀한지, 누가 누구에게 기대고 있고 또는 누구를 멀리하고 있는지, 누가 행복해 보이고 누가 그렇지 않은 지 등을 사진을 통해 파악할 수 있다(이부덕 외, 1996).

(3) 사회적 관계망 조사

사회적 관계망은 아동을 중심으로 확대가족, 또래집단, 교육기관, 종교기관, 이웃 등이 포함된다. 이 조사의 목적은 아동 및 가족에게 주요타자(significant others)로 기능할 수 있는 주체를 찾아내는 데 있다. 예를 들어, 가족이 특정종교를 믿고 종교활동을 열심히 하는 경우 그 종교기관의 성직자가 가족에게 영향력 있는 주요타자가 될 수 있다. 또 아동이 다니는 학교의 교사가 주요타자로서 역할을 할 수도 있다. 사회적 관계망 내의 주요타자를 파악하면 아동복지 전문가는 이들과 연계하여 아동을 지원하거나 환경자원을 발굴하여 가족에게 연계하는 작업을 할 수 있다(최옥채, 2001).

(4) 다양한 정보원에 대한 조사

정확한 사정을 위해 아동과 그 가족에 대한 정보를 다양한 정보원으로부터 수집해야 한다. 무엇보다 부모의 정보가 중요하겠지만, 아동은 환경과 사람에 따라 다르게 행동할 수 있다. 따라서 아동에 대한 정보를 오직 한 정보원에게만 의존한다면 그 아동이 보이는 현재의 행동과 다른 장소에서 보이는 행동을 제대로 이해할 수 없게 된다. 만약 아동이 부모가 아닌 다른 양육자, 예를 들어, 조부모나 보모 등과 대부분의 시간을 보낸다면 아동에 대한 정보는 주 양육자인 조부모나 보모에게 얻는 것이 바람직하고, 추가적으로 부모 면담을 수행해야 할 것이다(박영애 외 역, 2001).

3) 사정 및 계획단계

사정 및 계획단계에서는 이전 단계에서 수집된 사실과 정보를 조직화하고 분석하여 구체적인 개입의 우선순위를 결정하는 단계이다. 수집된 자료에 대한 사정은 다음과 같은 몇 가지 관점에서 이루어질 수 있다.

(1) 아동발달관점에 근거한 사정

개입을 위한 아동문제의 사정은 아동발달의 관점에서 시작되어야 한다. 아동을 평가할 때는 연령에 근거한 보편적인 발달기준도 중요하지만 발달의 개인차를 인정하는 융통성도 필요하다. 예를 들어, 한 살짜리 아이가 걷지 못하는 것은 걱정할 필요가 없다. 이 연령에서는 걷지 못하는 아이가 많기 때문이다. 그러나 만 두 살이 넘은 아이가 혼자 앉을 수도 없다면 그건 문제다. 대부분의 아이들이 이 연령이 되면 혼자 앉을 수 있기 때문이다.

또래와 비교해서 지체되는 것뿐 아니라 나이에 맞게 행동하지만 더 이상의 진전을 못하는 경우도 문제가 될 수 있다. 가령 '심하게 떼 부리기'는 세 살짜리 아이에게는 문제가 아닐 수 있지만, 열두 살짜리 아동에게는 문제가 된다. 또한 연령에 맞는 행동이라도 너무 자주 또는 너무 드물게 일어나거나, 너무 강하거나 너무 약하게 혹은 너무 오래 또는 너무 짧게 지속되는 것은 문제가 될 수 있다. 예를 들어, 겁을 내는 것은 문제가 아니지만 너무 자주 지나치게 겁을 내면 문제일 수 있다(정명숙 외, 2001).

한편 개입을 위한 구체적인 기법이나 방법의 계획에 있어서도 아동발달의 관점에 근거해야 한다. 즉, 아동복지실천의 과정이 효과적으로 이루어지기 위해서는 그 실천에 있어 아동의 발달수준이나 능력이 반드시 고려될 필요가 있다.

(2) '환경 속 아동'의 관점에 근거한 사정

사회복지실천의 사정은 대상을 막론하고 '환경 속에 인간'이라는 이중적 관점에 근거해서 이루어져야 한다. 아동복지실천에 있어서도 아동 개인의 발달에 대한 사정과 더불어 아동이 속해있는 가정환경, 학교환경, 사회환경에 대한 사정이 동시에 이루어져야 한다.

한편 환경 속에 아동을 사정할 때는 개인과 환경에 대한 위험요소뿐 아니라 자원과 같은 보호적 요소에 대한 사정도 함께 포함되어야 한다. 아동의 개인적 자원과 관련해서는 신체적 건강, 높은 지능수준, 성공적인 학업성취, 유능감, 삶에 대한 낙관적인 태도, 책임감, 학교에 대한 흥미 등이 포함될 수 있다(공계순 외, 2007). 아동과 관련된 환경적 자원은 그 범위가 매우 넓고 다양하다. 부모의 동기화나 태도, 성격, 교육수준, 경제적인 능력이나 가족 내 심리적 지원과 같은 가족자원과 지역사회 내의 상호교류나 자조집단 참여, 장애아동수당 등과 같은 지역사회 내 자원에 이르기까지 공식적·비공식적 자원이 모두 포함된다.

아동사정

- 선천적인 기형이나 장애가 있어서 의료적 지원이나 특수교육서비스, 수술지원 등이 조기에 필요한가?
- 사회적·정서적·행동적 문제의 징후가 보여서 주의 깊은 관찰이나 심층적인 진단평가가 필요한가?
- 신체적·언어적·운동적 발달이 기대되는 수준보다 지나치게 늦어서 관찰과 평가가 필요한 경우인가?

가정환경사정

- 가정폭력이나 보호자의 정신건강상 문제로 건전한 양육이 불가능해서 즉각적인 격리나 의료적 지원이 필요한가?
- 가정환경이 안전이나 위생상태가 불량해져 물리적 환경에 대한 지원이 필요한가?
- 보호자의 신체질환, 간병 부담 등으로 양육환경에 대한 지원이 필요한가?
- 가족의 구조적 결손이나 실직, 빈곤 등과 같은 만성적인 위험요소가 있는가?

학교환경사정

- 학교 내 대인관계적인 측면으로 교사나 또래관계가 어떠한가?
- 학업활동을 적절하게 수행하고 있는가?
- 학교의 규범을 수용하고 내재화하고 있는가?
- 학교라는 제도에 대해 애착과 흥미를 가지고 있는가?

(3) 실천이론에 근거한 사정

실천이론에 근거한 사정은 이전 단계에서 수집한 자료들을 이론적 배경에 따라 분석하고 평가하는 것이다. 사회복지사의 이론적 지향에 따라 관심을 두어야 할 중요한 자료와 부차적인 자료들을 분류하여 우선순위를 결정하며, 문제해결의 단서와 개입방법을 계획한다.

이 단계에서는 사회복지사의 '훈련된 관심사', 즉 인간의 행위와 원조과정에 대한 관점에 근거하여 실천이 이루어진다. 사회복지사에 따라 개인의 변화에 관심을 갖기도 하고 또는 가족과 같은 해당 체계의 맥락에서 문제를 이해하고 해결하고자 한다. 예를 들어, 놀이치료 등을 통해 아동의 심리사회적 발달을 원조하는 사회복지사도 있고, 가족치료나 부부치료 등을 통해 주어진 체계 내에서의 역기능적인 상호작용과 아동문제와의 관련성에 보다 관심을 두고 원조하는 사회복지사도 있다.

또한 어떤 사회복지사들은 아동이나 부모의 감정에 초점을 맞추는 반면에 사고나 행동을 강조하는 사회복지사들도 있다. 이들은 사고, 감정, 행동의 세 가지 영역 중에서 하나가 변화되면 다른 두 개의 영역도 변화된다는 관점은 같지만, 변화의 최초 실마리는 세 가지 영역 중 무엇인가에 대해서는 의견을 달리하며 실제적인 개입양상도 달라진다.

사회복지사가 어떠한 훈련배경을 가지고 있고, 어떠한 이론적 지향과 관점을 지니는가는 중요하다. 그러나 만병통치약인 것처럼 특정한 실천이론적 관점에서 모든 아동의 문제를 평가하는 오류를 범해서는 안 된다.

최근에는 해당 아동의 문제를 설명할 수 있는 보다 최적의 관점과 개입 방법을 선택하고 절충할 수 있는 전문가적 판단이 더욱 중시되고 있다(이상균 · 박현선, 2000).

(4) 구조화된 평가도구에 근거한 사정

아동의 문제를 평가하기 위한 측정도구들은 대부분 자기보고식이기 때문에 언어적 표현이 가능한 학령기 아동에게만 사용된다. 자기보고식 도구 수행이 어려운 학령 전의 유아들에게는 관찰이나 추론적이고 투사적인 사정을 수행해야 한다. 예를 들어, 놀이를 통한 상호작용 평가, 발달적인 변화에 민감한 면접, 얼굴표정 그림, 그 외 구체적인 참조물을 사용한 사정도구를 사용해야 한다. 이러한 검사는 아동발달 심리전문가나 검사 전문가에게 의뢰하여 이루어진다.

현재 가장 흔히 쓰이고 있는 진단분류체계인 DSM-Ⅳ는 나이 어린 아동의 행동문제에 적절한 지침을 제공하지 못한다. 이 진단체계는 극단적인 사례(정신지체 혹은 자폐증)를 제외하고는 취학 전 유아에게 적용하기에는 무리가 있다. 따라서 5세 이하 아동에게 예후, 변인 혹은 치료까지 단정적으로 정의하고 있는 DSM-Ⅳ진단명을 엄격하게 적용하는 것은 적절하지 않다. DSM-Ⅳ는 문제가 되는 행동이 특정 진단의 기준에 부합하는 증상인지를 판단할 만한 명확한 근거가 거의 없기 때문이다. 따라서 아동의 증상이 정상발달 범위 내의 일시 일탈인지 아니면 지속적인 병리의 시발인지를 이해하기 위한 지침이 없기 때문에 과잉진단의 가능성도 높다(박영애 외 역, 2001).

4) 개입

개입은 이전 단계의 조사와 사정에 기초하여 아동의 문제를 다루기 위한 활동을 수행하는 것이다. 아동을 대상으로 아동복지실천현장에서 주로 활용되는 전문적 기법으로 놀이, 미술, 음악 등의 활동을 치료적으로 활용하는 방법과 복합적 욕구를 가진 아동을 위한 사례관리, 가족환경을 수정하고 개입하는 방법, 성인역할모델을 활용한 개입방법 등이 있다.

(1) 치료적 개입

언어적인 상호작용에 미숙하고, 학대 등의 심각한 외상을 경험한 어린 아동들에게는 놀이치료, 미술치료, 음악치료 등과 같은 매개체를 활용한 치료가 유용할 수 있다.

① 놀이치료

놀이치료는 놀이를 통해 아동의 심리정서적 세계를 이해하고 아동의 문제에 개입하기 위한 치료기법이다. 학령기 이전의 어린 아동은 자아방어기제가 충분히 발달하지 않았기 때문에 감정과 생각이 놀이를 통해 반영되며, 또 놀이는 아동으로 하여금 상담자에 대한 두려움을 경감시켜 주기 때문에 라포 형성에도 도움이 될 수 있다.

한편 놀이는 언어적 표현이 미숙하거나 말을 하지 않으려는 아동의 경우, 그의 문제를 진단하고 치료하는 데 효과적으로 활용될 수 있다. 놀이는 스스로 동기화되기 때문에 결과보다는 과정 자체가 중요하며, 놀이의 과정을 통해 아동들은 내적 욕구를 만족시킬 수 있다. 또한 놀이 자체에서 긍정적인 정서가 수반되고, 자신의 경험을 재현하며, 아동이 스스로 의미를 부여할 수 있는 자유를 주기 때문에 진단과 동시에 치료의 효과를 지닌다(천성문 외, 2001).

놀이치료는 치료사의 이론적 배경에 따라 접근방법에서 차이가 있을 수 있다. 정신분석학적 관점에서 놀이치료는 심리적 갈등과 적응문제를 가진 아동에게 놀이를 매개로 활용하여 아동과 의사소통하는 것이다. 이 과정에서 아동은 자신의 희망, 불안, 갈등 등을 놀이치료시간에 표현하게 되고 치료자는 아동의 문제에 대한 해석을 하며, 아동은 자신의 문제와 갈등에 대한 통찰을 통하여 문제를 해결하게 된다. 대부분의 아동문제를 다룰 때 놀이치료가 효과적이라고 알려져 있지만, 놀이치료는 학령기 아동이나 청소년보다 학령 전 영유아를 대상으로 하는 것이 보다 효과적인 것으로 나타났다(송정애, 2014).

② 미술치료

미술치료는 미술활동을 통해 심리치료를 수행하는 것이다. 아동이 그림을 그릴 때는 의식적이든 무의식적이든 아동의 신체적 · 정서적 · 인지적 발달수준과 성격, 사회적 배경이 반영된다(김재은 외, 1997). 미술치료는 미술이라는 비언어적 표현활동을 통해 나타나는 아동의 감정과 욕구, 생각을 이해하고 진단, 치료하는 상담기법 중 하나이다.

아동을 대상으로 하는 미술치료는 다른 상담기법에 비하여 활용하기 쉽고 그 효과도 매우 크다 할 수 있다. 특히 언어적 기술이 부족한 아동들에게는 미술활동을 통하여 자연스럽게 자신을 표현할 수 있기 때문이다. 일반적으로 미술치료를 통하여 아동은 다음과 같은 도움을 받을 수 있다(이재연 외, 1990).

첫째, 미술활동은 아동의 인지적 능력을 활성화시킨다.

둘째, 직접적으로 관찰하기 어려운 아동의 자기행동에 대한 인식을 파악할 수 있다.

셋째, 미술활동은 정화의 기능을 갖는다. 즉, 아동에게 사회적으로 수용되며 해롭지 않은 방식으로 분노, 적대감 등을 표현하게 한다.

넷째, 미술활동은 아동 스스로 주도하고 조절하는 활동이다. 미술작품은 아동 자신의 활동과 결과로서 아동의 자아를 고양시켜 준다.

다섯째, 미술재료를 선택하고 미술활동과정과 완성된 작품을 통하여 아동은 성취감, 개인적인 만족감과 가치감을 느낄 수 있다.

여섯째, 미술활동은 주저하거나 말이 없는 내성적인 아동과 친밀감을 형성하여 치료관계를 이루는 데 유용한 방법이다.

일곱째, 미술은 치료사로 하여금 아동의 마음을 다치지 않고 아동의 방어기제를 허물어트리지 않으면서 아동의 무의식 세계를 파악할 수 있다.

마지막으로, 미술활동은 아동에 대한 보충적 자료로 아동을 진단하는 데 도움이 된다.

미술치료에는 핑거페인팅, 모래그림 그리기, 자유그림 그리기, 주제그림 그리기, 콜라주, 포토몽타주 등의 여러 기법들이 활용될 수 있다. 또 아동중심적인 활동으로 혹은 치료사가 참여하여 공동 작업으로 진행될 수도 있다. 그림 그리기를 주저하는 아동의 경우에는 완성된 그림을 강요하기보다 낙서형태의 긁적거리는 정도가 적절할 수 있다. 주제그림의 경우 아동이 자발적으로 주제를 정하도록 권장하되 주제 잡기를 어려워하는 아동에게는 구체적인 주제를 주거나 몇 가지 주제에서 선택하도록 하는 것이 좋다.

③ 음악치료

음악치료는 아동과 치료자의 관계 속에서 심리적·정신적·생리적 건강을 회복, 유지, 증진시키도록 하고 행동적·발달적·신체적·사회적 기술을 습득하고 재활, 유지하기 위해 치료적 도구로서 음악을 사용하는 기법이다(김태련 외 역, 1984).

음악치료의 궁극적인 목적은 음악적 경험에서 얻어지는 다양한 기능 향상이나 심미적 이득을 아동이 속한 환경으로 일반화시키는 데 있다. 음악활동의 속성상 그리고 아동의 발달이라는 관점에서도 아동복지와 관련하여 음악의 활용과 음악치료적 개입 가능성은 매우 광범위할 수 있다.

음악치료는 운동영역, 의사소통영역, 인지영역, 사회영역, 정서영역 등의 발달을 위해 음악에 기초한 다양한 접근법을 사용한다. 예를 들어, 음악에 따른 움직임을 통해 신체적인 운동영역을 넓히고, 또래와 악기를 연주하거나 노래를 부르는 등의 활동에 참여하는 것만으로도 아동에게 집단 참여의 동기를 부여하고 자기유능감을 높일 수 있다(정현주, 2005).

또한 음악치료는 보다 구체적인 언어치료나 인지적인 목적에서 활용하기도 한다. 기질적인 문제가 없지만 다양한 경험이 없어서 단조로운 소리밖에 내지 못하는 아동들이나 정신지체와 같이 기질적인 문제로 음역 자체가 좁은 아이들은 언어적 상호작용에서도 동일한 어려움을 호소한다. 이러한 경우 노래 부르기와 같은 활동을 이용하여 아동이 소리 낼 수 있는 음역을 넓혀 줌으로써 아동의 언어능력 향상에 도움을 줄 수 있다(강수경, 2001).

(2) 가족에 대한 개입

아동복지실천의 과정에서는 아동문제에 접근하기 위해 부모 혹은 가족에 대한 개입을 강조한다. 그래서 아동상담을 위해 필요한 경우 부모와의 별도 면담을 정기적으로 병행하기도 한다. 그러나 부모면담의 병행은 문제의 성격과 아동상담과정에 따라 융통성 있게 이루어지는 것이 바람직하다.

아동발달에 영향을 미치는 개인적·환경적 요소가 많음에도 불구하고 대인관계이론을 비롯한 많은 이론들이 아동문제를 주로 부모, 특히 주 양육자인 어머니의 영향으로 돌리는 경향이 있다. 또 부모들도 아동문제의 발생에 있어 과도한 죄책감과 책임감을 느끼기도 한다. 아동을 다루는 방식이 잘못되었다고 하더라도 결코 악의로 한 것이 아니라는 점을 인정해 줄 필요가 있으며, 아동의 문제가 보다 복잡하고 다양한 원인으로 발생한 것임을 설명해 줌으로써 부모의 죄책감을 덜어 줄 수 있다. 또한 아동문제의 근본적인 원인 자체를 밝히는 것에 관심을 갖는 것 보다 현재 그러한 문제를 어떻게 이해하고 대처할 것인지를 더 강조해 주어야 한다. 부모들에게 죄책감과 수치심을 자극하는 것은 별 의미가 없을 뿐 아니라 아동을 위한 부모의 치료적인 협조를 얻는 데도 효과적이지 못하다(이부덕 외, 1996).

(3) 가족 외 성인 역할모델을 활용한 개입

아동기 발달단계의 특성상 의존적 욕구가 충족되어야 이후 성인기를 위한 독립적 기반을 마련할 수 있다. 따라서 부모나 교사 등 가까운 성인의 역할이 아동의 발달이나 진로에 매우 중요한 영향을 미친다. 그러나 문제를 가진 아동이나 청소년들은 가족 내 건전한 성인 역할모델이 부재한 경우가 많다. 이러한 경우 가족 외에서라도 건전한 성인 역할모델과의 결연이 필요하다. 예를 들어, 미국의 '빅브라더 빅시스터(Big Brother, Big Sister Program)'나 우리나라 청소년위원회에서 실시하는 '청소년 동반자' 프로그램과 같은 멘토링프로그램이 이 같은 취지로 만들어진 것이다.

멘토링프로그램은 건전한 역할모델과 아동의 친밀하고 상호적인 관계를 통해 저소득층 가정이나 실직가정 등의 고위험군에 속하는 아동과 청소년에게 정서적·사회적 지지와 격려를 제공하는 것이다. 이 프로그램에는 직접적 수혜자인 요보호아동과 직접적 제공자인 성인, 프로그램을 총괄 지원하고 기획하는 전문가집단이 관여한다.

아동과 성인의 결연관계 즉, 정기적인 만남을 통해 건강한 성인의 역할모델을 제시해 주고, 아동은 자신의 고민과 관심사에 대해 위로, 지지, 격려를 받으면서 궁극적으로 자신의 잠재력을 개발하고 건강한 사회인으로 성장해나갈 수 있게 된다.

(4) 사례관리적 개입

사례관리는 복합적인 욕구나 문제를 가진 클라이언트에게 필요한 다양한 사회적 자원을 연결하고, 연결된 자원을 지속적으로 관리하는 개입방법이다.

미성숙한 존재로서 아동은 가정과 사회 안에서 성장과 발달에 필요한 보호와 교육을 필요로 하는 존재이다. 아동의 기본적 혹은 발달적 욕구가 통합적으로 이루어질 때 건강한 성장과 발달을 기대할 수 있다. 이러한 측면에서 아동의 발달적 특성과 개별적 특성을 기반으로 한 통합적 접근 방법이 아동복지실천에서 필요하게 되었다.

특히 아동복지실천현장에서 경험하게 되는 아동의 문제는 단지 정서적·행동적 문제뿐만 아니라 가정환경, 가족구조의 문제, 부모로부터의 학대, 방임, 폭력 등의 문제를 동시에 가지고 있는 경우가 많다. 즉, 아동을 위한 사례관리는 아동의 문제를 가정과 학교 등 사회환경의 관점에서 접근하며, 환경 속에서 아동의 발달적 욕구를 충족시켜 건강한 성장을 할 수 있도록 하는 데 그 목적이 있다(송정애, 2014).

사례관리는 장애아동, 학대나 유기를 당해 가족 해체에 직면한 아동, 가출이나 비행청소년 등을 대상으로 이루어질 수 있다. 특히 가정폭력, 보호자의 알코올문제나 정신질환, 가족 해체나 빈곤 등이 복합적으로 존재하는 고위험 가정의 아동에 대해서는 현재 특별한 문제가 가시화되지 않더라도 예방적인 차원에서 사례관리가 지속적으로 수행될 필요가 있다. 예를 들어, 아동복지실천분야에서는 저소득가정 아동을 대상으로 위스타트사업, 드림스타트사업, 학교사회사업, 교육복지우선지원사업 등에서 사례관리실천기법이 적용되고 있다.

5) 종결

(1) 종결시점

종결은 의도적·계획적으로 이루어지기도 하고 다양한 원인으로 갑자기 이루어지기도 한다. 일반적으로 의도된 종결은 문제가 해결된 시점으로 사회복지사와 클라이언트가 상담을 통해 성취해야할 목표를 분명히 정했다면 종결 시점은 목표가 달성된 때라 할 수 있다.

(2) 종결에 대한 준비와 개입

때때로 아동들에게 종결이 어려울 수 있다. 아동은 자신에게 관심을 갖고 따뜻하게 대해주는 성인에게 애착을 형성하기 쉽기 때문에 사회복지사와 깊은 신뢰와 친밀감이 형성되면 어떠한 이유에서든 이 좋은 관계를 끝내고 싶어 하지 않을 수 있다.

그러므로 아동에게는 종결이 버려지는 경험이 아니라 아동 자신의 성장과 변화를 의미하는 경험으로 받아들여지도록 재조명해 주어야 한다. 이를 위해 아동에게 종결 3회기 전 정도에 미리 종결을 알리고 사회복지사 스스로는 물론 아동에게 충분히 준비시키는 것이 좋다. 아동에게 안전한 환경에서 자신의 슬픔을 표현하고 나누도록 허락하는 것이 필요하기 때문이다.

또 문제가 재발하면 아동이 어떻게 행동할 것인가에 대해 계획을 세우고 이를 미리 연습해 볼 수도 있다. 아동에게 사회복지사가 아직도 관심을 가지고 있으며, 필요하면 언제든 도움을 줄 수 있음을 알리는 것이 좋다.

4 아동상담

아동을 대상으로 하는 상담은 개별상담, 집단상담, 가족상담 등의 형태로 이루어지며, 아동의 건강한 성장과 발달을 돕고 환경에 효과적으로 적응할 수 있는 능력을 회복 또는 향상시키고자 하는 데 그 목적이 있다. 아동상담의 대상은 주로 발달상 혹은 적응상의 문제를 지닌 아동이며, 아동이 영향을 많이 받는 부모나 주 양육자 및 교사에 대한 상담도 포함될 수 있다.

1) 아동상담의 개념

아동상담은 아동복지사업 중 가장 기본적이고 중요한 사업이며, 부모와 아동이 가정 내에서 바람직한 관계를 가지고 행복할 수 있도록 지지·

강화해 주는 사업이다. 이는 아동이 가장 행복할 수 있는 곳이 바로 자신의 가정이라는 기본 전제에 기인한 것이다. 우리나라 보건복지백서(2010)에도 아동상담사업을 아동이 건전한 가정에서 자랄 수 있도록 상담과 지도를 실시함으로써 요보호아동의 발생을 사전에 예방하는 사업이라고 정의하고 있다.

일반적으로 아동상담사업은 가정 내에 부모가 생존해 있고 부모와 아동이 그들의 역할을 효과적으로 수행할 의지와 능력이 있으나, 부모-자녀관계의 갈등, 부부갈등, 형제 간 갈등으로 인하여 어려움에 처했을 때 가족성원의 사회적 기능을 개선하여 가족 붕괴의 위험을 방지하도록 직·간접적으로 돕는 원조의 방식으로 정의된다. 그리고 그 목표는 아동이 자신의 가정 내에서 정상적인 성장과 발달을 하기 위하여 가족생활과 환경의 질을 보존·강화·향상시키도록 돕는 것이다.

우리나라의 아동상담은 1959년에 설립된 서울아동상담소를 계기로 시작되었으나, 일반아동을 포함한 모든 아동 및 청소년을 위한 종합적이고 포괄적인 상담사업을 본격적으로 실시하게 된 것은 1990년대에 들어와 문화관광부에 의한 청소년상담실이 설립되면서부터라고 할 수 있다.

2) 아동상담의 특징

아동상담은 아동을 대상을 하기 때문에 성인상담과 다른 특성을 가진다. 김춘경 등(2002)은 아동은 성장과정에 있기 때문에 아동기 문제를 다룰 때는 장애(disorder)보다는 성향(tendency) 또는 어려움(difficulty)에 초점을 두고 지금 현재의 상태를 기준으로 앞으로의 성장발달 정도를 판단하여 장애로 발전하는 것을 예방한다는 입장에서 접근하는 것이 바람직하다고 하였다. 아동문제는 발달의 과정에서 적응상 어려움으로 인해 나타나는 증상이 대부분이므로 증상 자체에 초점을 두기보다 문제의 근본 원인을 조사하고 분석하여 그에 적절한 방법으로 상담할 필요가 있다.

한편 아동상담은 아동이 자신의 문제를 인식하고 그 해결을 위해 상담기관을 찾는 경우보다는 보호자나 교사, 시설직원 등 아동과 깊은 관계를 가진 사람들이 문제나 고민을 상담하는 경우가 많다. 즉, 상담목적으로 온 제3자의 욕구와 아동의 욕구가 이율배반적이고 또 그 양쪽의 욕구를 모두 충족시켜야 할 상황도 생길 수 있다. 다음은 좀 더 일반적인 아동상담의 특징들을 간략히 정리한 것이다.

첫째, 아동은 성장 중에 있다.

둘째, 아동은 언어능력이 상대적으로 덜 발달했다.

셋째, 아동은 대부분 상담동기가 낮다.

넷째, 아동문제는 부모와의 관계문제에서 비롯된다.

다섯째, 아동의 정신세계를 성인 상담자가 잘 모를 수 있다.

여섯째, 아동에게는 미래 선택의 폭이 넓다.

이처럼 아동이라는 특수 연령층을 대상으로 하는 상담에 있어서는 위와 같은 특징들을 반영하여 상담자의 태세, 전략 및 접근이 각각 달라져야 한다.

3) 아동상담을 필요로 하는 상황

상당수의 부모들이 때때로 아동의 원활한 기능을 가능하게 하는 환경의 조성에 실패한다. 그들이 직면하는 문제는 다양할 뿐만 아니라 특징, 지속기간, 심각성 정도에 있어서도 각양각색이다. 그러나 문제의 원인과 증상들은 서로 연관되어 있고 종종 중복되기도 한다. 한 가정이 상담을 필요로 하는 상황을 정리해보면 다음과 같다.

(1) 자연발생적인 위기상황

가족생활의 주기 또는 생활환경의 변화로 가족생활 속에서 일어나는 많은 '정상적인' 사건들이 가족구성원의 긴장과 신체 · 심리적 문제를 야기할 수 있다. 가정의 자연적 위기상황은 다음과 같은 것들이 있다.

첫째, 아버지의 직업이동으로 인해 가족구성원들이 정든 집을 떠나 새로운 지역사회, 친구, 학교에 적응해야 하는 상황

둘째, 저학력 상태에서 이루어진 조기결혼과 출산으로 인한 생활수준 저하, 개인적인 욕구만족이 연기되어야 하는 상황

셋째, 어린 자녀의 오랜 질병으로 인한 과중한 양육부담과 부부 간의 긴장감이 유발되는 상황

넷째, 자녀의 사망, 원하지 않는 임신, 장애아동의 출산, 조부모의 사망 등 특수한 적응능력을 요구하는 상황

다섯째, 막내의 입학, 자녀의 출가, 모의 취업 또는 조부모나 다른 친척과의 동거

(2) 부모의 양육능력을 제한하는 상황

적절한 양육을 통해 아동에게 바람직한 경험과 기회를 제공해야 하는 부모의 능력을 제한하는 요인들도 아동상담을 필요로 하는 상황이라 할 수 있다. 다음은 그 요인들을 몇 가지 정리한 것이다.

첫째, 빈곤, 낮은 교육수준, 실업, 거주불량, 사회적 차별, 절망감 등의 빈곤이 수반하는 문제

둘째, 자녀양육과 가정경제 책임의 이중 역할을 맡게 되는 한부모 문제

셋째, 부모의 정신지체 또는 신체적·정신적 질환

넷째, 가족구성원 간의 갈등

다섯째, 부모의 문제행동, 예를 들어, 절도, 알코올 및 약물남용, 폭력 등의 문제

여섯째, 아동양육과 가정관리능력의 부족

(3) 아동의 신체발달이나 행동상의 문제가 있는 경우

아동상담을 요구하는 아동의 신체적·정신적 문제들로는 만성질환을 포함한 아동의 신체적 또는 정신적 장애와, 특별한 심신장애는 없으나 친구의 결핍, 무단결석, 방화, 가출 등의 기능과 발달상의 문제를 보이는 상황 등이 있다.

(4) 국가 또는 사회의 제반환경이 가족생활에 불리한 경우

사회가 가족생활을 적절하게 지원해주지 못하여 개선을 요구하는 상황도 존재한다. 예를 들어, 건전한 사회계획을 주도하는 지도자의 결핍이나 이미 시작된 프로그램에 대한 재정적 지원과 의뢰체계서비스가 부실한 경우, 특정집단의 사람들과 문제에 대한 사회의 부정적 태도나 무관심, 지역사회에 대한 의견을 표명할 수 있는 통로의 단절, 실천 등을 통해 나타나는 사회제도의 실패 등이 그것이다.

4) 아동상담 유형

아동상담의 유형은 상담의 대상과 상담자가 활용하는 이론에 따라 분류되지만, 실제 상황에서는 제기된 문제에 따라 상담이 진행되면서 상담의 대상이 바뀔 수도 있고 상담의 기초가 되는 이론도 혼합되어 사용되는 경우도 있다. 상담의 대상에 따른 아동상담사업의 유형은 다음과 같다.

첫째, 아동의 문제를 아동 개인 또는 관련 성인들을 개별적으로 상담하여 해결하고자 하는 개별상담

둘째, 아동의 문제를 유사한 문제를 가진 아동 또는 성인들의 집단을 형성하여 개입함으로써 해결하고자 하는 집단상담

셋째, 아동의 문제가 부부문제와 연관되어 있다는 가정 하에 부모를 대상으로 하는 부부상담

넷째, 아동의 문제는 전체 가족과 연관되어 있다는 가정 하에 가족 전

체를 대상으로 하는 가족상담

다섯째, 아동의 문제는 지역사회의 문제와 연관되어 있다는 가정 하에 지역사회의 개선을 꾀하고자 하는 지역사회조직 등으로 분류된다.

한편 상담의 기초가 되는 이론으로는 정신분석, 행동수정, 현실적 상담, 인지치료적 상담, 합리적 상담 등이 있다. 이 외에도 아동 및 청소년을 대상으로 활용될 수 있는 상담기법으로 놀이치료, 사회심리극 등이 있다.

5) 아동상담 과정

아동상담의 과정은 문제의 성격이나 대상에 따라, 상담가가 활용하는 상담이론에 따라 다르게 진행될 수 있다. 그러나 일반적으로 상담의 대상이 개인, 부부, 가족, 집단, 지역사회 중 누구인가와는 무관하게 문제해결중심 접근방법을 사용한다. 문제해결중심 접근방법은 그림 7-1과 같은 순서로 이루어진다.

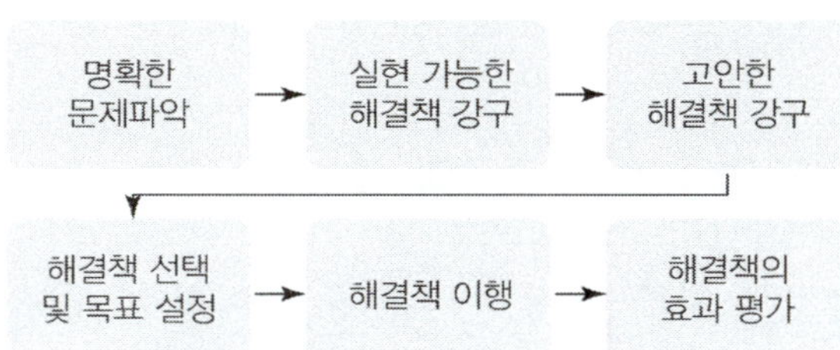

그림 7-1 아동상담사업의 과정

6) 아동상담의 문제점 및 발전방안

우리나라의 아동상담은 요보호아동에 대한 적절한 개입에 있어 미흡한 수준이지만, 일반아동이 요보호아동 및 문제아동이 되는 것을 사전에 방지하는 예방사업에 이제 겨우 눈을 돌리기 시작한 상태이다. 따라서 요보호아동과 일반아동 모두의 복지를 위한 아동상담사업의 활성화를 위해 반드시 직시해야 할 문제점과 그 개선방안을 고찰해보면 다음과 같다.

(1) 아동상담소 부족과 지역적 편재 개선

우리나라에는 전국적으로 공립아동상담소 8개소를 비롯하여 39개소의 아동상담소가 설치되어 있으며, 이는 전체 아동인구의 수요를 감당하기에 턱없이 부족한 수치이다. 더욱이 시립아동상담소의 대부분이 순수한 아동문제의 상담보다는 국내입양의 권장을 위해 설립된 상담소라는 것을 감안하면 문제는 훨씬 심각해진다.

아동상담소의 부족뿐만 아니라 아동인구수 분포와는 무관하게 특정지역의 편중화 현상도 문제가 된다. 현재 아동상담소는 경기 8개소, 광주·대전·부산·서울에 4개소가 운영되어 있으나, 강원·충남·전북·경북·울산·전남·경남·제주 지역에는 공립아동상담소가 아예 설치되어 있지 않은 상태이다. 따라서 강원·충남·전북·경북지역에는 빠른 시일 내에 아동상담소가 설치되어야 하고, 아동인구가 많고 문제의 소지가 많은 취약지역을 선별하여 우선적으로 아동상담소가 설치되어야 할 것이다.

(2) 사회복지관내 아동상담프로그램 활성화

아동상담소 설치에 따른 재정적 부담을 줄이면서 아동상담의 수요를 보다 충족시킬 수 있는 방안으로 현재 전국의 약 400여개 사회복지관에서 아동상담프로그램을 개발, 운영하는 것이다. 이는 기존의 시설을 활용하는 동시에 지역사회의 특성을 고려하면서 상담서비스에 대한 접근성을 높일 수 있는 효과적인 대안이 될 것으로 보인다.

(3) 전문상담인력 확보와 처우 개선

현재 시·군·구와 상담소에 배치되어 있는 아동복지지도원은 절대적으로 부족한 실정이며, 읍 · 면 · 동 단위로 위촉된 아동위원과의 연계활동도 미약한 수준이다. 이미 지난 2000년에 개정된 「아동복지법」에서는 아동상담소의 아동복지지도원 학력이 고등학교졸업 이상에서 전문대학 졸업 이상으로 기준이 높아지기는 하였으나, 전문상담을 하기 위해서는 보다 차별화된 교육과 훈련이 필요하다. 또한 날로 다양해지고 복잡해지는 아동 및 청소년 문제를 효과적으로 예방하고 치료하기 위해서는 상담요원의 전문성 향상을 위한 지속적인 보수교육 및 연수활동이 강화될 필요가 있다.

(4) 전문적인 상담서비스의 개발 및 제공

현재 요보호아동을 대상으로 하는 아동상담소의 서비스는 내용면에서 상당히 미흡한 편이다. 전국 아동상담소 및 아동복지지도원이 수행한 상담서비스 실적(상담조치결과)을 살펴보면 귀가, 연고자 인계 및 기타가 전체의 80%(보건복지부통계연보 자료)에 달할 정도로 상당히 소극적인 상담서비스가 이루어지고 있음을 알 수 있다. 이는 요보호아동 대다수를 이루고 있는 부모의 학대 및 방임, 이혼 및 재혼, 사망, 행방불명 등의 문제로 비롯된 결손 · 결함가정 아동뿐만 아니라 일반아동, 비행청소년이 안고 있을 다양하고도 심각한 사회 · 심리적 문제를 해결하기 위한 상담서비스로는 매우 미흡하다 할 수 있다.

예를 들어, 아동의 도벽과 같은 특수한 문제는 보다 전문적인 치료방법 및 기술을 요하는 데에도 불구하고 단순한 조언이나 귀가조치로 처리되었다면, 상담서비스의 실효성에 의문을 갖지 않을 수 없다. 따라서 이러한 문제를 보다 효과적으로 해결하도록 아동 및 그 가정을 돕기 위해서는 고도의 훈련과 경험에 바탕을 둔 전문적인 상담서비스가 개발 · 제공되어야 한다.

(5) 아동상담사업에 대한 교육 및 홍보

일반 국민들의 아동상담사업에 대한 의식전환을 위해 홍보 및 교육활동이 적극적으로 이루어져야 한다. 사회가 복잡해지고 아동 및 청소년 문제가 심각해짐에 따라 아동상담사업의 필요성은 더욱 높아지고 있기 때문에 지역사회 주민에게 기관의 프로그램이나 서비스를 홍보하여 상담서비스의 이용과 참여를 촉구해야 한다.

한편 상담기관들은 매스미디어에 상담자료, 사례 등을 제공하고 공익광고 등의 언론매체를 통해 아동상담의 필요성을 홍보하여 다차원적으로 상담에 대한 의식개혁을 꾀해야 한다. 상담소가 찾아가기에 부담스러운 곳이 아니라 일반인도 누구나 편하게 찾아가 도움을 받을 수 있는 곳이라는 인식의 변화가 있도록 교육 및 홍보활동이 전개되어야 할 것이다.

(6) 지역주민들의 적극적인 참여 유도

아동상담사업을 설립하고 준비하기 이전에 지역사회 주민들의 요구조사를 실시하여 지역주민들이 원하고 활용할 수 있는 프로그램 및 서비스를 개발, 제공해야 한다. 농촌과 도시, 빈곤지역과 중산층 지역, 어린 아동 또는 청소년 자녀가 많이 거주하는 지역과 젊은 부부들이 많이 거주하는 지역 등 각 지역의 특성에 따라 상담욕구는 다를 것이다. 따라서 지역사회 욕구에 대한 사전조사와 이를 통해 상담사업의 필요성을 결정하고, 그 규모나 성격 및 프로그램의 내용을 구체적으로 계획하여 해당 지역의 욕구에 맞게 설립·운영되어야 한다.

또한 지역사회 주민들의 참여를 이끌어내기 위해서는 아동상담소가 누구나 쉽게 찾아가 도움을 구할 수 있도록 그 위치가 편리해야 하고, 건물과 상담 장소는 편안한 분위기가 조성되어 있어야 할 것이다.

PART III

아동복지실천분야

CHAPTER 08

빈곤아동

1 빈곤의 개념

빈곤은 경제적 특성뿐 아니라 사회적 · 심리적 특성을 포함하는 복합적인 현상이다. 빈곤의 출발점은 경제적 측면에서 시작되지만, 아동과 그 가정의 심리적 · 사회적 · 문화적 측면에 커다란 영향을 미친다. 특히 빈곤한 가정의 아동이 겪는 물질적 결핍은 다방면에서 결손을 가져오며, 이는 아동의 건강한 성장과 발달을 저해하는 위험요인으로 작용할 수 있다.

빈곤에 대한 정의는 국가와 시대 그리고 학자에 따라 다양하게 제시되고 있으나, 여기서는 빈곤을 절대적 빈곤과 상대적 빈곤으로 구분하여 살펴보고자 한다.

1) 절대적 빈곤

절대적 빈곤은 인간이 살아가는 데 절대적으로 필요한 최소한의 자원을 충족시키지 못한 상태를 의미한다. 즉 의식주나 기타 생활에 필요한 자원이 결핍되어 인간다운 생존이 위협받는 상태를 말한다.

절대적 빈곤은 1899년 영국의 부스(Booth)가 처음 사용한 용어로서, 최저한의 생활수준을 영위할 능력이 없는 상태 또는 생활상의 필요가 충분하게 충족되지 않은 상태로 정의된다. 즉, 생활자원이 절대 기준인 빈곤선 혹은 최저생계비에 도달하지 못할 때의 상태이며, 이는 빈곤을 객관적으로 측정하려는 시도이다.

따라서 절대적 빈곤은 한 사회에서 최소한의 생계를 유지하기 위해 필요한 재화와 서비스를 구입하는 데 소득수준이 미치지 못하는 경우를 말한다. 우리나라에서는 가구 총 소득이 국민기초생활보장제도에서 사용하는 최저생계비에 미치지 못하는 계층을 절대빈곤층이라 한다.

2) 상대적 빈곤

상대적 빈곤은 특정사회의 전반적인 생활수준을 고려한 상대적 박탈감과 불평등의 개념으로 그 사회의 대다수가 누리는 생활수준에 미치지 못하는 불평등으로서의 빈곤을 의미한다. 즉, 다른 사람들과 비교해 상대적으로 적게 가지고 있는 상태를 의미하며, 상대적으로 낮은 수준의 계층을 빈곤층으로 정의하는 것이다.

상대적 빈곤을 측정하는 방법으로는 전체 사회의 계층별 소득순위에서 하위층에 해당되는 일정한 비율을 빈곤층으로 정의하는 순수상대빈곤방식과 전체 사회의 평균소득에 해당되는 일정비율을 빈곤층으로 정의하는 유사상대빈곤방식이 있다.

상대적 빈곤을 그 사회의 평균소득과 대비하여 상대적으로 소득이 낮은 계층으로 볼 때, 보통 가구 총소득이 중위층 평균소득의 40~50%이하에 속하는 계층을 상대적 빈곤층이라 한다. 또 가구 총소득이 중위소득의 50~70%에 속하는 계층은 상대적 빈곤 차상위계층이라 한다.

우리나라에서는 급속한 경제성장과 공공부조 제도로 인하여 절대빈곤은 상당히 완화되었지만, 사회의 양극화로 인한 불평등 심화는 구성원들에게 상대적 박탈감을 느끼게 하고 있다. 현대사회에서는 절대적 빈곤보다는 상대적 빈곤의 개념이 주로 사용되고 있다. 따라서 절대빈곤보다는 상대빈곤에 주목하여 빈곤현상을 파악하는 것이 우리나라의 아동빈곤 문제를 진단하는 데 더 적합할 수 있다(김미숙 외, 2007).

2 빈곤아동의 개념

빈곤아동이란 빈곤한 가정의 만 18세 미만의 아동으로 경제적 어려움과 부모의 사망, 유기, 방임 등으로 충분한 부양을 받지 못하고 사회적으로 보호가 필요한 요보호아동을 의미한다.

「아동의 빈곤예방 및 지원 등에 관한 법률」 제3조에서는 '빈곤아동이란 생활여건과 자원의 결핍으로 인한 복지 · 교육 · 문화 등의 격차를 해소하기 위하여 지원이 필요한 아동을 말한다'고 규정되어 있으며, '아동빈곤이란 아동이 일상적인 생활여건과 자원이 결핍하여 사회적 · 경제적 · 문화적 불이익을 받는 빈곤한 상태를 말한다'로 정의하고 있다.

빈곤아동을 절대빈곤의 개념에 따라 정의하면 빈곤선 이하 또는 최저생계비 이하의 소득을 가진 가정, 즉 우리나라에서는 국민기초생활보장제도 수급가정의 18세 미만 아동이다. 「국민기초생활보장법」의 최저생계비란 '인간으로서 건강하고 문화적인 생활을 영위하기 위한 최소한의 비용'이라고 규정되어 있고, 국가가 그 이하의 소득을 가진 가구를 기초보장수급자로 선정해 보호하도록 하고 있다.

한편 빈곤아동을 상대빈곤의 개념으로 정의하면 빈곤아동은 우리나라 평균 가구소득 하위 20%에 포함되는 가정의 아동을 말한다. 차상위계층까지 빈곤아동으로 볼 때에는 평균 가구소득의 하위 50%이하에 포함되는 가정의 아동이 된다.

3 빈곤문제 관련 이론

1) 인적자본투자이론

인적자본투자이론(Human Capital Investment Theory)은 가구의 빈곤 또는 사회경제적 배경이 아동발달 및 학교적응에 미치는 과정을 구체적으로 제시한다. 이 이론은 자녀의 인적자본형성에 기여하는 물질적 재화, 경험, 서비스를 구매할 수 있는 가족의 경제적 능력에 따라 자녀의 발달정도가 달라질 수 있다고 설명하면서 부모는 비용과 편익을 고려하여 금전적 자원과 시간을 자녀의 인적자본형성에 투자한다고 본다(Becker & Tomes, 1986).

인적자본투자이론은 노동의 질적인 차이, 즉 생산성의 차이에 주목한다. 생산성은 인적자본에 대한 투자에 따라 좌우되며, 개인의 생산성에 따라 소득과 임금이 결정된다. 교육은 인적자본에 대한 투자이며 교육이 사람들의 인지능력을 향상시키거나 지식과 기능을 습득하도록 함으로써 생산성의 향상을 가져올 수 있기 때문에 좋은 직업을 가질 수 있고 나아가 높은 소득을 얻게 된다(정준수, 2014).

빈곤가구는 일반가구에 비해 상대적으로 물적·인적 자원이 부족하다. 빈곤가구는 제한된 자원으로 가정경제를 이끌어야 하기 때문에 아동발달의 투자에 큰 기회비용을 감당하기가 쉽지 않다. 소득수준이 높은 부모는 아동의 성인기 인적자본형성을 위한 투자비용에 대한 기회비용이 상대적으로 적어 다양한 측면에서의 투자가 적극적으로 이루어지지만, 소득수준이 낮은 부모는 자녀의 교육투자비용에 대한 기회비용이 상대적으로 높기 때문에 자녀에 대한 교육투자의 수준을 낮추게 된다는 것이다(윤희선, 2012). 즉, 소득수준이 낮을수록 부모는 국가가 투자하는 공교육 이외에 자녀를 위하여 사교육에 비용을 투자하기 힘들어진다.

따라서 인적자본투자이론에 의하면 소득수준이 낮아질수록 자녀의 인적자본형성에 투자할 수 있는 기회는 제한되며, 인적자본에 투자한 자원의 양에 따라 소득차이가 발생하고 궁극적으로 빈곤탈출의 중요한 요인이 될 수 있다.

2) 가족과정모델이론

가족과정모델(Family Process Model)은 빈곤이 가족구성원들에게 미치는 영향과 그것이 아동의 발달에 어떠한 영향을 미치는 가를 설명하는 이론이다. 가족과정모델에 의하면 빈곤의 경제적 압박감은 부모의 스트레스 및 사기저하, 우울, 정서적 불안 등의 부정적인 정신건강을 야기하고, 이는 부부관계 및 부모-자녀관계, 양육태도 등과 매개하여 아동발달에 부정적인 영향을 초래한다고 본다(MacLoyd, 1990; Conger et al, 1992).

빈곤가족은 인간으로서의 보편성을 가지고 있는 동시에 빈곤계층 특유의 가족문화를 공유하고 있으며, 일반가족이 경험하지 못하는 독특한 문제들을 가지고 있다. 그들은 단순히 물질적 결핍으로 고통을 받는데 그치지 않고 인격적 박탈가능성을 동시에 갖게 되어 가족기능이 제대로 수행되지 못하고 이러한 현상은 그들의 가족체계 내에서 다시 계속적이고 새로운 빈곤의 요인이 되어 연속적인 문제를 가져올 수 있다.

빈곤으로 인한 경제적 스트레스는 가구 구성원들의 만족감과 부부 및 부모-자녀관계와 같은 가족과정에 부정적인 영향을 미치고, 이러한 가족과정은 부적절한 부모-자녀관계를 통해 아동에게 영향을 미칠 수 있다. 빈곤으로 인한 부정적인 정신건강은 자녀양육의 파괴와 연결되고 아동의 성장기에 영향을 미치게 되고(윤희선, 2012), 빈곤가구의 부모는 일반가구 부모에 비해 상대적으로 정서적 긴장상태, 우울 및 불안과 같은 스트레스가 높게 나타나는 것으로 보고되고 있다(김광혁, 2006).

가족과정모델이론에 의하면 빈곤으로 인해 부모가 겪는 좌절감과 긴장감, 스트레스는 자녀의 양육방식과 태도에 부정적인 영향을 미칠 수 있으며, 아동은 제대로 보호받지 못하고 방임과 학대 등의 열악한 환경에 노출될 수 있으며 발달과정에서 심각한 손상을 경험할 수 있다.

3) 스트레스-취약성모델

스트레스-취약성모델(Vulnerability-Stress Model)은 정신건강에 취약한 개인이 스트레스에 노출될 때 정신건강상의 문제가 발생한다는 것이다. 빈곤은 아동의 정신건강과 밀접한 연관성을 가진다. 이는 부모의 양육태도와 가족 간의 관계에도 영향을 미치지만, 아동의 개인적 취약성으로 인해 아동 자신에게 미치는 영향도 간과할 수 없다.

빈곤은 빈곤가구의 가족들 모두에게 스트레스 사건이 될 수 있다. 경제적 어려움이 한 가족에게 처하게 될 때, 갑작스런 소득 감소로 인한 어려움은 경제적 압박감을 상승시키고 개인의 삶에 직접적인 영향을 미칠 뿐만 아니라 다른 가족성원의 반응을 통해서도 간접적으로 영향을 미쳐서 경제적 위기의 악영향이 증폭될 수 있다(김진이, 2009). 빈곤으로 인한 스트레스는 아동에게도 우울, 불안 등의 부정적인 정신건강수준을 유발하여 단절 및 거절에 대한 심리도식이 형성되어 심각한 문제를 초래할 수 있다.

스트레스-취약성모델은 아동 양육투자, 부모-자녀관계, 아동의 정신건강요인과의 영향관계를 통해 아동의 건전한 발달과 사회성 발달을 위해 다각적인 접근이 요구되는 이론이라 할 수 있다.

4) 빈곤문화이론

빈곤문화이론은 미국 문화인류학자인 루이스(Lewis)에 의해 1959년 처음 주창되었는데, 빈곤층 사람들은 도시 저소득층 밀집지역에 모여 살면서 사회의 주류문화와는 질적으로 상이한 태도와 가치, 행동을 포함하는 빈곤문화를 형성하게 되며, 이러한 문화를 다음 세대로 전승하며 그 안에서 특유의 생활양식을 이루며 산다는 것이다.

빈곤문제는 빈곤층의 물질적 문제뿐만 아니라 인간의 영혼, 가치, 태도 등의 문제이기도 하며, 표면적으로는 경제적인 문제로 보이지만 내면적으로는 가족 역기능의 문제, 심리적 문제, 사회관계의 문제 등이 복합적으로 얽혀 있다. 또한 빈곤문제는 문화와 인간관계, 계층이나 계급구조, 정치 · 행정적인 요소, 사회변동의 형태와 속도 그리고 역사적인 측면까지 다차원적인 특성을 지니고 있다(박혜신, 2003). 특히 빈곤문제는 한 세대에서 다음 세대로 전승되는 빈곤의 재생산 혹은 빈곤의 악순환이 반복될 수 있는데 이를 빈곤문화의 개념으로 설명할 수 있다.

빈곤문화는 일단 형성되면 지속되는 경향이 있다. 루이스가 제시한 빈곤문화의 특징을 간략하게 요약하면 다음과 같다.

첫째, 빈곤계층의 자녀들은 6-7세가 되면 대개 하위문화의 기본적인 태도와 가치를 흡수하고, 이후 그들은 심리적으로 일생동안 생활조건을 향상시키거나 발전을 도모하려는 기회를 갖지 않으려고 한다.

둘째, 빈곤문화에서 성장한 개인들은 태도 및 성격, 가치구조와 관련하여 운명주의, 무력감, 의타심, 열등감, 연약한 자아구조, 성적 정체감의 부족, 강한 현재지향성, 남성우월주의, 병리현상에 대한 높은 관용, 역사의식의 부재, 지역적인 생각, 계급의식의 부재 등의 특성이 있다.

셋째, 빈곤문화에 젖은 빈곤층에서는 저항적인 성격과 잠재력을 갖는다는 점에서 이들은 지배계급의 가치와 제도에 대하여 비판적이고 정부나 고위관리들을 불신하며 교회에까지 냉소적이기 때문에 빈곤문화는 기존질서에 반대하는 정치운동에 이용될 수 있다.

넷째, 미래에 대한 계획 부재는 자녀에 대한 교육투자를 감소시키고, 이들의 낮은 학력은 직업선택의 기회를 제한하고 결국 빈곤이 대물림되고 생활에 대한 만족감을 느끼지 못하게 한다.

4 빈곤과 아동문제

많은 연구들이 아동기의 빈곤은 아동의 성장과 발달에 부정적인 영향을 미치고, 일반아동에 비해 신체 · 인지 · 사회 · 정서발달에 있어 낮은 성취를 나타내는 것으로 보고하고 있다. 또한 빈곤가정의 아동은 사회구성원으로서 건강하게 성장하기 위한 경제적·사회적 기회의 박탈가능성이 높아 빈곤의 부정적인 영향이 성인기까지 누적되어 빈곤이 대물림될 가능성도 높다.

빈곤으로 인한 인적·물적 자원의 결핍은 아동이 정상적인 발달과업을 성취하는데 어려움을 초래할 뿐만 아니라 성인기 사회적응과 사회구성원으로서 적절한 역할수행을 어렵게 만들고, 이는 빈곤의 대물림이라는 악순환을 반복하게 만든다. 여기서는 빈곤으로 인해 발생할 수 있는 아동문제를 몇 가지 측면에서 살펴보고자 한다.

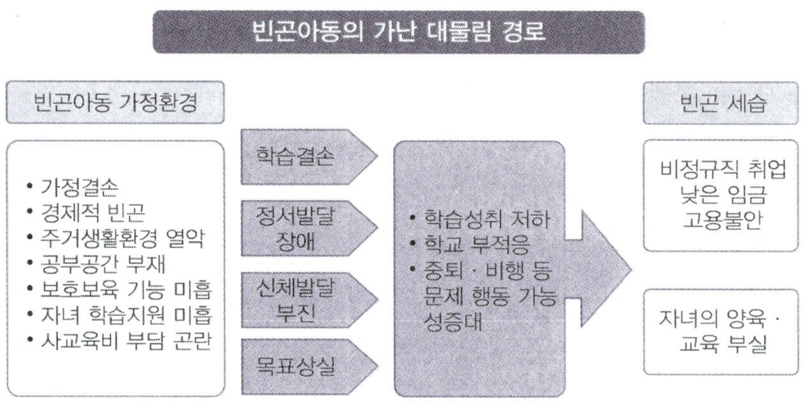

출처: 빈부격차·차별시정위원회(2004)

그림 8-1 빈곤아동의 빈곤 대물림 경로

1) 건강문제

빈곤으로 인해 아동에 대한 적절한 영양공급이 이루어지지 못하면 아동의 건강 및 발달상의 문제가 생길 수 있다. 특히 영양결핍은 정상적인 신체발육 뿐만 아니라 두뇌발달, 언어발달, 수리능력 등의 학습능력과 사회·정서발달에도 부정적인 영향을 미친다.

빈곤가정의 신생아는 빈곤하지 않은 가정에 비해 저체중으로 출생하거나 출생 후 1개월 이내의 사망률이 높다. 영아기 동안에도 신장이나 체중이 평균에 미치지 못하는 비율이 높고, 이후 만성질환에 걸리거나 청소년기 음주·흡연 등의 건강상 문제를 유발할 확률이 높다(황해익 외, 2017).

특히 임신기간 중 영양결핍은 조산과 저체중으로 이어질 수 있으며, 이 경우 유아는 호흡기장애, 신경장애, 학습장애를 겪을 가능성이 높다(노병일, 2008; 김호년, 2011). 우리나라 초등학교 4~6학년을 대상으로 한 최선희(2003)의 연구결과에서도 빈곤아동의 평균 키가 일반아동의 평균 키보다 1cm 이상 작으며, 체중도 1kg 이상 차이가 있어 전체적으로 빈곤아동이 일반아동에 비해 발육상태가 안 좋은 것으로 나타났다.

2) 사회·정서 및 행동문제

맥로이드(McLoyd)는 경제적 결핍이나 빈곤이 아동의 사회·정서적 문제에 어떻게 영향을 미치는가를 생태학적으로 설명하였다. 그는 '빈곤은 부모 역할을 포함하여 지지적이고 일관성을 유지하려는 개인의 능력을 감소시켜 아동에게 간접적으로 영향을 미친다'고 하였다. 즉, 경제적 결핍과 부모의 양육행동 간의 주요 매개원은 바람직하지 않은 만성적인 상황이나 생활사건으로 인한 심리적 고통과 부부간의 결속력 상실을 초래하고, 이로 인한 부적절한 양육태도는 아동의 사회·심리적 측면에 영향을 미치게 된다.

실제로 빈곤계층이나 차상위계층의 아동이 비빈곤아동보다 부모로부터 신체적·정신적 학대를 더 심하게 받는 것으로 나타났으며, 특히 신체적 학대가 높은 것으로 나타나 이러한 요인이 아동의 정서 및 행동발달에 부정적인 영향을 미친다고 보았다(초록우산어린이재단 아동복지 연구소, 2012).

휴스턴(Huston)은 빈곤가정의 아동들은 부모에 의한 신체적·정신적 학대, 가족 스트레스, 가족해체 등 빈곤상황에서 파생되는 다양한 요인으로 인해 정서적 문제를 가지고 있음을 발견하였다(강명순, 2000). 신체적인 학대를 받은 아동은 공포장애와 부모에 대한 감정적인 공포심을 가지고 있으며, 부모 간의 갈등과 싸움 등으로 스트레스를 경험하는 것으로 나타났다. 또 가족크기의 감소 경향에도 불구하고 빈곤가정의 경우 일반계층에 비해 형제자매 수가 많고, 부모의 이혼이나 가출 등으로 맏이에게 부모역할이 강요되고 있어 그로 인한 스트레스가 큰 것으로 분석되었다(최경숙, 2000).

심리적 측면에서 빈곤가정아동들은 대체로 자아존중감이 낮고 우울함을 느끼는 수치도 높으며, 성취동기가 낮고, 비판과 승인에 대하여 다소 민감한 반응을 보인다(민경화, 2000). 즉, 간단한 과제수행에서 비판을 받았을 때 중류층 아동에 비하여 과제수행이 하락했고 승인을 받았을 때는 보다 향상을 나타내었다. 빈곤가정아동들의 낮은 자존감과 우울감은 약물사용이나 자살충동에도 강하게 영향을 미치는 것으로 보고되었다(김병수, 2000).

또한 빈곤가정의 아동들은 중류층 아동들에 비하여 충동적인 성향을 가지고 있으며, 이것이 또래관계에 부정적 영향을 미치기도 한다. 빈곤아동들은 사회적 상징, 권위에 무조건 반항하며 부모의 보호와 지지가 부족하여 공격적·파괴적 성향을 더 많이 보인다. 또한 심리적으로 개별화가 억제되어 자아존중감이 부족하고 소극적 성향, 열등감 등 부적절한 자아개념을 가지기 쉽다(정민자 외, 2010).

최선희 등(2014)의 연구에서도 빈곤아동이 비빈곤아동보다 충동성과 우울감이 높고 지위비행, 도피비행, 재산비행 등의 비행경험률이 높은 것으로 나타났다. 특히 가출, 무단조퇴 등의 도피비행은 비빈곤아동에 비해 3배정도 높은 발생률을 보였다. 비행에 대한 연구들은 빈곤이 아동의 비행에 직접적으로 영향을 미치기보다는 가정 내 부모를 통해 간접적으로 이루어진다고 지적하고 있다. 즉, 빈곤은 부모의 지도감독이나 양육방식 등에 영향을 미치고 이것이 다시 아동에게 영향을 준다는 것이다. 부모의 양육행동에 대한 연구들은 빈곤부모의 훈육이 비일관적이거나 위협적, 강압적이며 부모-자녀간 애착이 약하다고 보고하고 있다. 또 빈곤부모는 아동의 행동이나 친구관계 등에 대한 지도감독을 제대로 하지 못하고 언어적인 훈계보다는 신체적인 체벌을 더 자주 사용하며 아동에 대한 정서적 지지수준도 낮은 것으로 나타났다(Conger et al., 1994).

3) 학습 및 학교적응문제

빈곤은 아동의 인지발달에 부정적인 영향을 미치며, 이것이 학령기 학업성취의 저하로 연결되는 경향이 있다. 빈곤가정의 아동은 비빈곤아동에 비해 교육적 혜택을 받을 수 있는 기회가 제한될 가능성이 높다. 빈곤가정에서는 아동을 위한 적절한 학습공간과 학업에 필요한 물품이나 자료 등이 적절히 제공되지 못하고 도서관이나 영화관, 박물관 등 문화생활의 기회도 결핍될 수 있기 때문에 충분한 지적 자극을 받을 수 있는 환경에서 성장할 기회가 비빈곤아동보다 부족하게 된다.

또한 빈곤가정의 부모가 비빈곤가정의 부모에 비해 인지적 자극을 제공하거나 탐색적 활동을 자극하는 경향이 낮은 것도 아동의 인지발달과 학업성취에 영향을 미친다. 빈곤가정의 부모들은 밤늦게까지 일을 해야 하는 등 자녀들과 함께 보낼 시간이 없거나 자녀들과 접촉할 기회가 많지 않아 아동을 지도·감독하는 데 어려움을 겪는 경우가 많으며(한국여성복지연구회, 2005), 이로 인해 아동의 학업성취도 저하 및 학교부적응의 문제를 초래한다는 것이다.

아동에 대한 가정의 낮은 지원뿐만 아니라 교사의 빈곤아동에 대한 낮은 기대와 지지 그리고 또래집단과의 관계도 학교적응에 영향을 미친다. 빈곤아동은 학교환경에서 상대적으로 더 높은 스트레스를 경험하고, 학교로부터의 지지가 낮다고 인식하는 것으로 나타났다(Eamon, 2001). 또래집단으로부터의 지지부족이나 소외는 아동의 자존감을 저하시키고 비행을 초래하기도 하여 학교로부터 징계를 받게 되고, 이는 다시 비행집단과 동일시하게 되는 촉발요인이 되기도 한다.

따라서 빈곤아동이 학업에 흥미와 능력을 촉진시킬 수 있는 기본적인 교육은 초등학교 저학년 시기에 필요하며, 빈곤의 악순환의 고리를 끊을 수 있는 아동에 대한 교육적 조기개입이 무엇보다 중요하다(이효숙, 1999).

아동에게 학교는 가정보다 확대된 사회이며, 가족 이외에 교사 및 친구와의 관계가 새롭게 형성되는 사회관계의 장이다. 대부분의 아동이 가정 다음으로 많은 시간을 보내는 장소이다. 즉, 아동이 필요로 하는 신체적·지적·정서적·사회적 발달을 도모할 수 있고, 아동기 이후의 사회생활에 성공을 예측하는 중요한 지표가 되므로 학교에서도 빈곤아동에 대한 세심한 관심이 요구된다.

5 빈곤가정아동을 위한 복지서비스

1) 정부지원서비스

(1) 아동급식지원사업

아동급식은 아동이 빈곤, 가족해체, 부모의 실직, 질병, 가출 및 직업적 특성, 아동학대, 방임, 유기, 부양기피 및 거부, 가정위탁아동, 소년소녀가정, 그밖에 여러 가지 사유로 가정에서 제대로 보살핌을 받지 못해 끼니를 거르거나 먹는다고 해도 필요한 영양을 충분히 공급받지 못하는 경우에 아동의 건전한 성장을 위하여 식사를 제공하거나 식사를 할 수 있도록 관련식품 등을 지원하는 일체의 행위를 말한다.

아동급식의 목적은 첫째, 저소득가정의 아동들이 건강하고 행복하게 자랄 수 있도록 민·관이 협조체계를 구축하여 지역실정과 아동의 가정환경 및 욕구에 맞는 급식을 효율적으로 제공하는 것이다. 둘째, 아동들은 신체적·정신적으로 성숙하지 않아 스스로의 급식능력이 부족하므로 급식이 필요한 아동들에게 적극적으로 급식을 지원하는 데 있다.

① 지원대상

지원대상은 18세 미만의 취학 및 미취학아동으로 다만 18세 이상인 경우에도 고등학교에 재학 중인 아동을 포함하며 18세 미만인 학교탈락아동도 포함된다.

② 급식지원사업의 내용

정부에서 제공하는 급식지원사업의 구체적인 내용은 아동급식위원회에서 협의, 결정하도록 하고 있다. 미취학아동의 경우 조·중·석식을 지원하며, 취학아동의 경우 조·석식을 제공하되 방학 및 토·공휴일에는 중식도 지원한다. 급식기간은 연중 365일이며, 아동특성과 지역여건에 맞는 방법으로 지원하는데 현금지급은 하지 않고 있다. 급식전달방법은 지역실정과 아동여건에 따라 급식소 급식, 일반음식점 급식, 도시락 배달, 주·부식지원, 식품권 등의 방법으로 지원하며, 저소득층 밀집지역 등 지역실정에 따라 학교급식시설을 급식소로 지정·운영하는 방안을 강구하고, 지역아동센터와 사회복지관은 교육 및 복지프로그램과 병행하여 급식을 제공하도록 유도하고 있다.

(2) 교육복지투자우선지역 지원사업

교육복지투자우선지역 지원사업은 대도시 내에서 교육·문화적 환경이 상대적으로 열악한 지역을 '교육복지투자우선지역'으로 선정하여 다른 부문보다 많은 정책적 배려와 지원을 함으로써 해당지역의 교육·문화·복지환경과 서비스의 질을 개선하기 위한 사업이다. 이 사업은 가정의 경제적 결핍으로 인한 교육소외 학생의 실질적 교육기회 균등 및 교육격차를 해소하고, 학교가 중심이 되는 지역교육공동체 구축을 통해 학습, 문화, 심리·정서, 보건 등 삶 전반에 대하여 지원함으로써 교육취약 아동·청소년의 교육적 취약성을 해소해 나가고자 하는 데 주요 목적이 있다.

① 지원대상

전체 학생을 대상으로 하지만 저소득, 다문화, 북한이탈, 기타 교육취약 집단 학생들을 일차적 지원대상으로 하고, 빈곤, 가정 해체 등의 취약성을 갖고 있는 학생들은 집중 지원대상이 된다.

② 지원사업의 내용

첫째, 학습능력증진사업이다. 즉, 교육취약 아동 · 청소년의 학습결손과 누적 방지를 위한 학습동기 유발에 역량을 집중시키기 위하여 지역사회의 자원을 활용하는 일이다.

둘째, 다양한 문화체험을 제공함으로써 문화결손을 줄여주려는 활동이 있다.

셋째, 심리 · 정서발달을 지원하여 학교와 일상생활에 적응하기 어려운 학생들을 위한 치유와 재원을 제공하는 일이다.

넷째, 그 외에 교사와 학부모지원, 복지프로그램의 활성화, 영유아교육 · 보육 활성화 자원을 활용하는 활동 등이 있다.

표 8-1 ● **교육복지투자우선지역사업의 프로그램 내용**

영역	프로그램 내용
학습	학습과 문화, 심리 · 정서지원이 통합적으로 구성된 종합프로그램, 기초학습부진학생 지도, 저소득층 우수학생 지도, 학력신장과 사교육비 경감을 위한 프로그램, 학생 수준별 맞춤식 소그룹 지도 프로그램, 예비 초 · 중 프로그램, 학습 및 문화공간으로서의 기능 수행을 위한 학교도서관 사업
문화체험	문화체험프로그램 : 1회성 행사가 아닌 지속적이고 다양한 활동으로 다차원 능력계발을 위한 관점에서 진행
심리 · 정서	개별 및 집단상담, 부적응학생 진단 및 치료, 학교적응활동지원, 교사 등의 정서 멘토링, 진로, 진학프로그램 등
운영지원	학부모 · 교사 연수, 사업홍보, 운영협의회, 개별 프로그램지원, 특기적성 활동, 동아리활성화 지원, 토요프로그램(요리활동, 문화체험, 텃밭 가꾸기, 동네체험 등), 교사 멘토링, 학습단위 문화체험, 문화 · 예술 · 스포츠 등의 특기적성 개발 프로그램, 창의적 체험활동과 교육복지사업 연계 등

(3) 드림스타트

드림스타트(Dream Start)는 취약계층 아동에 대한 맞춤형 통합서비스를 제공하여 빈곤에서 벗어날 수 있는 잠재능력을 함양하고 공평한 출발기회를 제공함으로써 건강하고 행복한 사회구성원으로 성장할 수 있도록 지원하는 사업으로, 금전지원의 확대만으로 아동의 빈곤문제를 해결할 수 없다는 인식하에 빈곤아동을 대상으로 집중적이고 예방적인 인적 자본 개발을 통해 공평한 출발기회를 보장하고자 하는 대표적인 아동정책이다. 즉, 맞춤형 서비스를 통해 아동의 건강한 성장과 발달을 지원하고 공평한 출발기회를 제공함으로써 빈곤의 대물림에서 벗어날 수 있도록 하는 데 그 목적이 있다.

드림스타트 추진 배경

- 가족해체에 따른 가족의 기능 약화
- 사회양극화 등에 따른 아동 빈곤문제의 심각성 대두
- 빈곤은 아동발달에 악영향 유발
- 부적절한 양육환경과 기회 불평등 야기
- 빈곤아동에 대한 사회투자가치의 중요성 강조
- 건강, 보육, 복지 등에 대한 파편화된 개별서비스로 인해 서비스 사각지대 존재
- 아동과 가족에게 초점을 둔 통합지원체계를 통해 아동에게 공평한 출발기회 보장 필요

출처 : 보건복지부(2010)

① 지원대상

드림스타트사업 대상아동은 아동의 성장 및 복지여건이 취약한 가정의 만 12세 이하 아동 및 가족, 임산부이며, 국민기초수급 및 차상위계층의 아동, 결손가정, 성폭력피해아동, 한부모가정, 다문화가정, 조손가정 등에 우선지원을 원칙으로 하고 있다.

② 드림스타트서비스 유형 및 내용

드림스타트는 대상자의 복합적인 욕구를 파악하여 지역사회의 자원과 연계한 맞춤형 통합서비스를 제공하고자 한다. 서비스지원은 가정방문을 통하여 아동, 가구현황조사, 위기의 정도를 검사한 후 사례관리 대상 아동과 그 가족에게 지역자원과 연계한 맞춤형 서비스를 지원하고, 정기적인 위기도 검사와 지속적인 모니터링 및 통합사례관리를 실시한다. 특히 보건, 복지, 보호, 교육, 치료 등 종합적인 지원과 건강증진, 기초학습, 사회성 및 정서발달, 부모의 양육지도, 그 외 아동의 성장과 발달을 도모하기 위하여 필요한 서비스를 제공한다. 서비스 유형은 기본서비스, 필수서비스, 맞춤형 서비스가 있다.

첫째, 기본서비스는 드림스타트사업의 고유기능인 통합사례관리의 기초로 모든 드림스타트 사례관리 대상에게 반드시 직접 제공하는 서비스로 가정방문을 통해 주기적으로 면담하고 현황을 조사하는 서비스이다.

둘째, 필수서비스는 아동의 전인적 발달을 지원하기 위하여 아동발달영역(건강 · 인지/언어 · 정서/행동 · 부모/가족)별로 필수적인 핵심프로그램인 필수서비스를 아동별로 각 1회 이상 제공하는 것이다. 이는 서비스기관과 연계하여 프로그램을 실시하거나 서비스기관의 강사를 드림스타트 또는 특정장소(가정, 어린이집 등)에 파견하여 실시한다.

셋째, 맞춤형 서비스는 아동을 사정한 결과에 따라 대상별로 지원하는 서비스로 기본 및 필수서비스 이외에 제공되는 서비스이다. 지역자원 및 대상 아동의 사정 결과로 나타난 문제나 욕구를 고려하여 맞춤지원을 하는 것이 특징이다. 주로 연계방식이 원칙이지만 연계방식이 어려울 경우 직접 방식을 활용하여 서비스를 제공할 수도 있다(보건복지부, 2016).

표 8-2 ● 필수서비스 주요 내용

대상	필수서비스 내용	
아동	• 건강검진(성장발달 스크리닝 포함) • 예방접종 • 영양교육 • 응급처치교육	• 아동권리교육 • 인터넷 중독 및 예방교육 • 소방 및 안전교육 • 학대 및 (성)폭력 예방교육
임산부	• 산전 및 산후 검진 • 예비부모교육	
부모	• 자녀발달 및 양육교육	

영아(생후 36개월 미만)의 경우 프로그램 참여가 어려운 점을 고려하여 영양교육, 응급처치교육, 아동권리교육, 인터넷 중독 및 예방교육, 소방 및 안전교육, 학대 및 (성)폭력 예방교육은 부모교육으로 대체 가능

출처 : 보건복지부(2016)

표 8-3 ● 서비스 영역별 서비스 내용

서비스 영역	서비스 내용
신체 · 건강	• 건강검진 및 예방(신체 및 건강검진, 예방접종, 치과검진 및 관련교육, 건강교육, 클리닉, 응급처치 및 영양 관련 교육 등) • 건강관리(질병 관련 치료지원 등)
인지 · 언어	• 기초학습(기초학력검사, 기초학력 배양, 독서지도, 경제교육 등) • 학습지원(교구재활용학습, 공부방, 도서관 운영, 보충학습, 예체능, 학습지지원 등
정서 · 행동	• 사회정서(사회성 발달, 정서발달, 아동권리교육, 아동학대 예방, 성폭력 예방, 다문화 관련교육, 소방 및 안전교육, 진로지도 등) • 심리행동(심리상담 및 치료, 인터넷 중독 상담 및 치료) • 보호(돌봄기관 연계, 야간보호 및 교육 등) • 문화체험(체험학습, 영화 및 공연관람, 캠프 등)
부모 및 가족 임산부	• 부모교육(상담 및 교육, 자녀발달, 양육, 자조모임 등) • 부모지원(취업지원, 자활상담, 가계경제상담) • 양육지원(다문화가정지원, 취미, 여가, 안전 및 건강지원 등) • 산전산후관리 등

③ 사업추진체계

보건복지부가 총괄하고 시 · 군 · 구가 아동통합서비스기관(드림스타트)을 설치하고 운영한다. 드림스타트 지원체계는 그림 8-2와 같다.

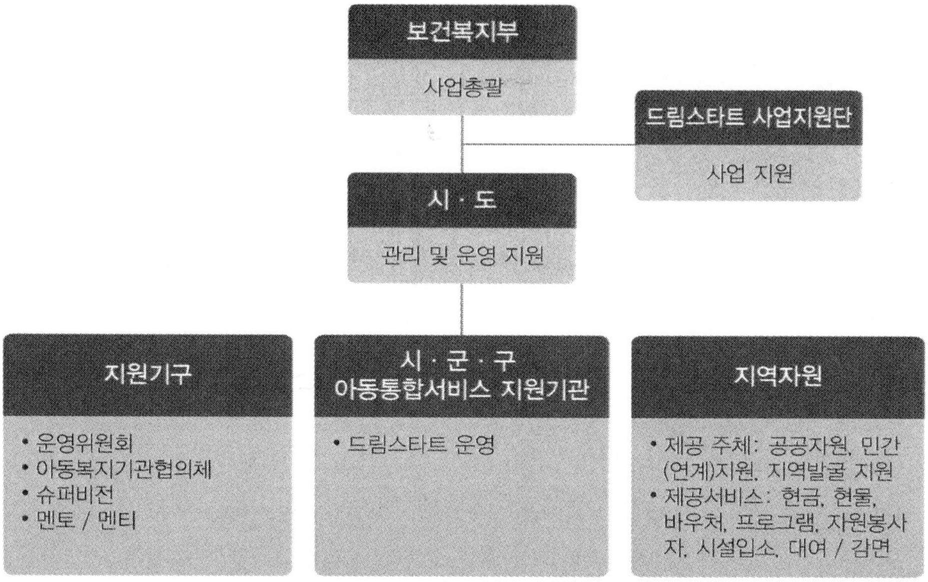

그림 8-2 드림스타트 지원체계

(4) 디딤씨앗통장(아동발달지원계좌 서비스)

아동발달지원계좌(Child Development Account: CDA)는 2007년부터 미래의 성장동력인 아동에 대한 사회적 투자로 빈곤의 대물림을 방지하고 저소득층 아동의 사회진출 시 학자금, 취업, 창업, 주거마련 등에 소요되는 초기비용 마련을 위하여 시작되었고, 2011년에는 국민기초수급가정아동에 대한 지원으로 확대되었다.

① 지원대상 및 기간

지원대상은 만 18세 미만의 아동복지시설생활아동, 공동생활가정아동, 장애인시설생활아동, 가정위탁아동, 소년소녀가정아동, 국민기초생활수급자가정아동, 가정복귀아동 등이다. 기간은 만 0세~18세 미만까지, 기초생활수급아동은 가입 시부터 18세 미만까지 지원한다.

표 8-4 ● 디딤씨앗통장 개설 아동 유형별 현황(2016. 12)

구분	합계	아동복지 시설생활 아동	가정위탁 아동	소년소녀 가정아동	공동생활 가정아동	장애인 복지시설 생활아동	가정복귀 아동	기초생활 수급권자 가정아동
총가입자	70,417 (100%)	12,481 (17%)	9,087 (13%)	104 (1%)	2,408 (3%)	1,184 (2%)	4,239 (4%)	42,936 (60%)

출처: 디딤씨앗통장 홈페이지(http://www.adongcda.or.kr)

② 적립방법 및 적립금 사용용도

아동이 후원자 또는 보호자의 후원으로 매월 4만원 이내의 일정 금액을 저축하면 국가(지방자치단체)가 만 17세까지 같은 액수만큼 1:1 매칭으로 적립해 준다. 월 46만원 내에서 추가적립도 가능하며 추가적립에 대한 국가매칭은 없다. 적립금은 만 18세 이후 학자금, 기술자격 및 취업훈련비용, 창업지원금, 주거마련지원 등 자립을 위한 용도에 한하여 사용 가능하다. 만 24세까지 사용용도가 발생하지 않을 경우 사용용도 제한 없이 아동적립금 및 정부매칭지원금의 지급이 가능하다.

2) 민간지원서비스

(1) 지역아동센터사업

지역아동센터사업은 1984년부터 주로 취약계층지역에서 민간으로 운영하던 공부방의 명칭을 변경한 것으로 방과 후 돌봄이 필요한 지역사회 아동의 건전육성을 위하여 보호·교육, 건전한 놀이와 오락의 제공, 보호자와 지역사회 연계 등 종합적인 복지서비스를 제공하고자 한다.

지역아동센터의 주요 기능

- 취약계층 아동 지역사회보호개념 실현: 지역사회 내에서 아동의 권리보장과 안전한 보호·급식지원으로 결식 예방
- 교육적 기능: 아동의 학습능력 제고, 학교부적응 해소, 일상생활 지도, 학교생활 유지 및 적응력 강화
- 정서적 지원: 아동의 심리·정서적 안정 및 건강한 신체발달 기능 강화
- 문화서비스 제공: 문화적으로 소외되어 있는 아동에 대하여 문화체험 및 다양한 문화경험의 장 제공
- 지역사회 연계: 지역사회 자원 발굴 및 지원 강화, 지역사회 내 아동문제에 대한 사전 예방적 기능 및 사후 연계

① 지원대상

지원대상은 맞벌이가정 등 지역 내 방과 후 돌봄서비스를 필요로 하는 18세 미만의 아동들이다. 지방자치단체 및 지역아동센터는 지역 내 빈곤, 학대·방임가정, 조손, 맞벌이·이혼가정의 아동, 다문화가정의 아동 등 돌봄이 필요한 아동들을 적극적으로 발굴, 보호하여 아동방임을 예방하도록 한다.

지원대상아동 이용기준

중위소득 100%이하 지역사회 방과 후 돌봄을 필요로 하는 18세 미만의 아동
- 소득기준: 중위소득 100%이하
- 돌봄 필요성 기준: 교육급여 대상 가정 아동, 「한부모가족지원법」에 의한 가정 아동, 「다문화가족지원법」에 의한 가정 아동, 「장애인복지법」에 의한 장애가정 아동, 조손가정, 3명이상 다자녀가정 아동, 맞벌이가정 아동
- 연령기준: 초등학생 및 중학생 연령대 중심으로 선정, 이용 중 아동이 고등학교 진학 시에 이용 가능

② 지역아동센터의 지원내용

지역아동센터에서 아동에게 지원되는 서비스는 아동보호(안전한 보호, 급식

등), 교육기능(일상생활 지도, 학습능력 제고 등), 정서적 지원(상담, 가족지원), 문화서비스(체험활동, 공연) 등으로 지역사회 내 아동돌봄에 대한 사전 예방적 기능 및 사후 연계를 제공한다.

프로그램은 기본프로그램과 특화프로그램으로 구성되고, 기본프로그램은 보호 · 교육 · 문화 · 정서지원 · 지역사회연계 영역으로 구성되며, 특화프로그램은 지역사회 특수성 및 주요 대상의 특성을 고려하여 맞춤형으로 운영한다.

표 8-5 ● 지역아동센터 프로그램

영역	세부영역	세부프로그램	프로그램 예시
보호	생활	일상생활관리	센터생활적응지도, 일상생활지도, 일상예절교육, 부적응아동지도
		위생건강관리	위생지도, 건강지도
		급식지도	급식지도, 식사예절교육
	안전	생활안전지도	저녁돌봄
		안전귀가지도	안전귀가지도, 생활안전지도
		5대 안전의무교육	교통안전, 실종유괴 예방, 약물오남용 예방, 재난대비, 성폭력예방
교육	학습	숙제지도	숙제지도, 학교생활관리
		교과학습지도	수준별 학습지도, 온라인교육(IPA학습 등), 학습부진아 특별지도
	특기적성	예체능활동	미술, 음악, 체육지도
		적성교육	진로지도, 적성교육(독서, 요리, 과학 등)
	성장과 권리	인성 · 사회성 교육	인성교육, 사회성 교육
		자치회의 및 동아리활동	자치회의, 동아리활동
문화	체험활동	관람 · 견학	공연 및 연극 관람, 박물관 등 견학
		캠프 · 여행	체험활동, 캠프 및 여행
	참여활동	공연	공연
		행사(문화/체육 등)	전시회, 체육대회
정서지원	상담	연고자상담	부모 및 가족상담, 연고자 상담
		아동상담	아동상담
	가족지원	보호자교육	보호자교육
		행사 · 모임	부모소모임, 가정방문

(계 속)

영역	세부영역	세부프로그램	프로그램 예시
지역사회 연계	홍보	기관홍보	기관홍보
	연계	인적 연계	자원봉사활동, 인적결연후원, 후원자관리
		기관 연계	지역조사와 탐방, 전문기관 연계, 복지단체 연계

③ 지역아동센터 설치

지역아동센터 설치는 「아동복지법」 제50조 및 「동법 시행규칙」 제23조에 의해 「민법」상의 권리의무 주체(국가, 지방자치단체, 민법상의 자연인 및 법인 등)로 결격사유(폐쇄명령을 받고 3년이 경과되지 아니한 자)가 없는 한 누구나 설치·운영이 가능하다.

국가 또는 지방자치단체 외의 자가 시설을 설치하려는 경우에는 관할 시장·군수·구청장에게 신고하고 설치신고서 등 서류를 제출해야 한다.

(2) 위스타트사업

위스타트(We Start)사업은 2004년 3월 중앙일보의 '탐사기획-가난에 갇힌 아이들'이라는 특별기획 보도가 계기가 되어 여러 민간단체들이 뜻을 모아 시작된 운동이다. 위스타트운동은 사회구성원 모두가 나서서 빈곤가정의 아동들에게 공정한 복지와 교육의 기회를 제공해 빈곤의 대물림을 끊고 삶의 출발을 돕자는 시민사회운동이다. 위스타트운동은 1회성의 물질적 도움을 주기보다는 어려서부터 예방적이고 통합적인 개입이 이루어져야 빈곤으로부터의 탈피가 가능하다는 가정 하에 0~12세 빈곤층 아동들에게 교육·문화·복지서비스를 통합적으로 제공하는 것을 목적으로 하고 있다.

위스타트운동본부에서는 빈곤아동들이 지역사회에서 최소한의 교육 및 복지 권리를 누릴 수 있도록 학교, 사회복지관, 보건소, 지방자치단체 등이 연계해서 위스타마을 만들기, 건강지킴이 만들기, 희망의 집 꾸미기, 교육출발선 만들기, 후견인 맺어주기 등의 사업을 시행하고 있다.

위스타트사업은 아동들을 연령별로 구분하여 특화된 프로그램을 제공한다. 영아와 산모에게는 집중적인 건강관리와 보육서비스가 시행되고, 유아에게는 취학 준비 및 인지능력개발프로그램을, 학령기 아동에게는 기초학력 제고 및 학교적응프로그램을 제공하고 있다.

표 8-6 ● 위스타트 연령별 특화프로그램

연령	프로그램
0-3세	• 사회복지사, 간호사 가정방문프로그램 • 산모, 영유아 건강문제 발생 시 협력병원 의뢰 • 건강 유지에 필수적 식품 제공 • 포괄적 보육서비스 시행
4-6세	• 학교 준비 및 인지능력개발프로그램 • 어린이집, 지역아동센터 등 아동시설 환경개선사업 • 어린이집 이용 보조금 지급
7-12세	• 기초 학력 제고, 학교적응프로그램 • 학업부진학생 개별학습지도 • 가족단위 사례관리로 종합적 해결책 모색 • 빈곤아동을 위한 특별학교 운영비, 급식비지원

출처: 위스타트운동본부(2010), http://westart.or.kr.

(3) 한국복지재단 결연사업

한국복지재단 결연사업은 시설보호아동, 가정위탁아동, 소년소녀가정아동, 모·부자세대아동 등 요보호아동과 지역사회 이웃과의 결연으로 물질적·정신적 지원을 통해 아동의 건전한 성장을 도모하는 것을 목적으로 실시되는 사업이다.

(4) 지역사회종합복지관

지역사회종합복지관은 지역사회 내에 일정한 시설과 전문인력을 갖추고, 지역사회의 인적·물적 자원을 동원하여 지역사회문제를 해결하고, 주민의 복지욕구를 충족시키기 위해 종합적인 복지사업을 시행하는 시설이다. 대부분의 지역사회종합복지관에서는 빈곤가정아동을 대상으로 상담, 정서적 지원, 가사, 의료, 결연, 방과 후 학습지도, 자립지원서비스 등을 제공하고 있다.

CHAPTER 09

학대피해아동

1 아동학대의 개념

아동은 건강한 삶을 누려야 할 권리가 있음에도 불구하고, 보호자나 성인에 의해 그 권리를 박탈당하거나 침해당하고 있는 실정이다. 아동학대가 공식적으로 사회적 관심이 된 것은 미국에서 아동학대에 관한 광범위한 사회조사 및 원인분석이 시작된 1960년대부터이다. 1960년대 말까지는 아동학대를 보고하도록 하는 법이 미국 대부분의 주에서 마련되었고, 1974년에는 전국 아동학대예방 및 치료법이 제정되었으며, 전국 아동학대 및 방임센터가 설립되었다(고인숙 · 류현수, 2017).

아동학대란 보호자를 포함한 성인에 의하여 아동의 건강, 복지를 해치거나 정상적인 발달을 저해할 수 있는 신체적 · 성적 폭력 또는 가혹행위 및 아동의 보호자에 의하여 이루어지는 유기와 방임이다.

아동학대는 시대와 사회문화적인 배경에 따라 그 기준이 다르며 연구자에 따라 다양하게 정의된다. 세계보건기구(WHO)는 1999년 3월 제네바에서 열린 아동학대예방에 관한 회의에서, '아동학대는 아동의 양육에 책임을 지고 있거나, 신뢰 관계에 있거나, 권위를 가진 사람에 의한 모든 형태의 신체적 · 정서적으로 가혹한 처사, 성 학대, 방임 또는 보호의 태만 및 상업적이거나 다른 형태의 착취로서 그 결과 아동의 건강, 생존, 발달 및 존엄성에 실제적인 해를 끼치거나 그러한 가능성을 초래한 것'으로 정의하고 있다(안재진, 2002).

아동학대를 협의로 정의하는 입장에서 신체적 학대에 대해 캠프(Kempe)는 '부모나 양육자의 행위 또는 태만으로 인하여 초래되는 비우발적인 신체적 상처'라고 정의하였다. 피학대아동 증후군(The Battered Child Syndrome)이라는 용어를 사용하여 부모로부터 구타당한 아동들이 나타내는 신체적 증후를 자세히 기술하면서 아동학대를 신체적 학대에 국한시켰다.

아동학대의 광의적 정의는 학대와 방임을 구분하지 않고 광의의 아동학대에 방임을 포함시키고 있다. 길(Gil)은 아동학대를 '아동의 평등한 권리와 자유를 박탈하거나 아동의 적절한 발달을 저해하는 행위나 방임 상태 그리고 개인이나 제도, 사회의 행위나 태만'으로 정의한다. 학대에 방임을 포함시켜 정의할 때, 아동의 권리를 보호하고 예방적 개입을 지지할 수 있다는 면에서 보다 바람직한 정의라고 볼 수 있다(김믿음, 2015).

법적인 차원에서 아동학대는 아동양육에 대한 일차적 책임을 지는 부모가 적절한 양육환경을 제공하지 않을 때 국가가 제도적으로 취할 수 있는 조치를 의미한다.

사회복지 차원에서의 아동학대는 의료적 접근과 법적 접근의 중간적 입장에서 '아동의 권리와 자유를 박탈하거나 아동의 적절한 발달을 저해하는 행위나 방임상태 그리고 개인이나 제도, 사회의 행위나 태만'으로 정의한다.

우리나라의 아동학대에 대한 정의는 「아동복지법」 제3조 제7호에서 '아동학대란 보호자를 포함한 성인에 의하여 아동의 건강 또는 복지를 해치거나 정상적인 발달을 저해할 수 있는 신체적·정신적·성적 폭력이나 가혹행위를 하는 것과 아동의 보호자가 아동을 유기하거나 방임하는 것'으로 규정하였다. 이러한 정의는 적극적인 가해행위뿐만 아니라 소극적 의미의 방임행위까지 아동학대의 정의에 명확히 포함하고 있다(이재연 외, 2012 재구성).

2 아동학대의 발생원인

아동학대의 원인은 학대의 주 가해자가 되는 부모, 학대를 받는 아동, 학대가 발생하는 가정 및 사회 요인 등 매우 다양하다. 아동학대 행위자의 80% 이상이 부모이고 정상적인 사람들이다. 그 중 소수만이 성격장애나 정신장애를 가지고 있을 뿐 모든 부모들이 학대부모가 될 가능성이 있다. 그럼에도 불구하고 일반적으로 아동학대는 빈곤 및 가정 내의 스트레스 등과 연관된 경우가 많다. 부모의 교육 정도가 낮거나 실직상태, 생활수준이 낮고, 부부갈등이 잦을 때 발생한다. 또는 가정폭력, 부모의 정신과 질환, 부모가 알코올 등의 중독이 있는 경우도 학대의 가능성이 높아지는 것으로 볼 수 있다. 그밖에도 아동이 조산아이거나 정신지체, 신체적 장애가 있는 경우 학대가 더욱 발생하게 된다(고인숙 · 류현수, 2017).

아동학대는 한 가지 원인보다는 다양한 원인이 상호 관련성이 있는 것으로서 살펴보면 다음과 같다(박상주, 2005; 김믿음, 2015).

1) 개인적 요인

개인적 요인으로는 학대자의 심리적 특성과 정신적 문제 그리고 우울, 중독, 성격구조의 결함에 원인이 있는 것으로 본다. 이는 부모의 정서적 · 성격적인 주요한 특징으로 어린 시절의 성장경험, 즉 적대, 비난, 처벌, 거부, 무시, 복종, 과잉기대 등에 의해서 비정상적인 정서적 · 성격적 특성을 형성하게 된 것이다. 학대부모가 경험한 아동기의 외상은 신체적 학대, 방임, 부모를 잃음, 가족의 붕괴 또는 어머니와의 이별 등으로 이러한 경험들이 자녀 학대의 원인이 된다.

또한 아동의 특성도 아동학대를 유발하는 주요 원인으로 볼 수 있다. 팔러(Faller)는 아동 개인의 기질적 · 육체적 장애, 즉 사회적 · 신체적 · 교육적 발달 지체, 만성질병 등으로 인해 부모로부터 학대를 받게 된다고 하였다.

나이가 어린 부모들은 심리적 안정감이 결여되기 쉽고, 아동의 행동이나 욕구를 이해하지 못하여 아동학대를 쉽게 행하게 된다. 어린 나이에 일찍 부모가 된 어머니는 연이어 또 다른 아이를 낳게 되어 학대의 위험이 증가하게 된다. 부모들은 종종 자신의 자녀가 마치 어른처럼 행동해 주기를 기대하고, 이처럼 높은 기대는 아동학대의 가능성을 높이는 원인이 된다.

그밖에도 원하지 않는 출생이거나 원하지 않는 성으로 태어난 경우, 출산 시 진통이 심했던 경우도 아동학대의 가능성이 높다.

2) 가족적 요인

가족의 형태와 가족 간의 불화, 빈곤이 아동학대의 원인이 된다. 조부모와 같이 사는 가족과 부모와만 사는 가족 사이에는 구타율의 차이가 없는 반면, 가족 수가 너무 적거나 많은 경우 아동이 매 맞는 기회가 많은 것으로 나타난다.

미성년 부모의 경우 책임감이 약하고 충동성이 강하기 때문에 학대의 위험성이 크고 자신들이 달성하지 못했던 성취감을 아동에게 기대하게 되며, 이러한 동기로 인해 아동의 욕구에 관심이 있는 것이 아니라 단지 자신의 욕구에 관심을 가지며 자신들의 욕구가 충족되지 않을 때 학대가 일어나게 된다(장세림, 2007).

또한 가족 간의 불화가 심할 경우 아동이 화목하고 안정적인 가정보다 신체적 · 정서적 학대를 경험하게 되는데, 가족원 간의 의사전달이 용이하고 개인의 자율성이 얼마나 보장되느냐에 따라 학대의 수준이 달라진다.

미국의 전국아동학대 및 방임센터의 1988년 연구 조사에 따르면, 고소득층에 비해 저소득층의 아동학대 발생률이 무려 7배나 높았으며, 빈곤가족의 자녀들은 특히 방임되는 경향을 많이 보였고, 발생하는 학대의 수준도 저소득층에서 더 심각한 것으로 나타났다. 이처럼 경제적인 압박감은 자기통제에 필요한 부모의 심리적 기제를 악화시켜 좌절감을 가져오게 하며, 이것을 해소하기 위해 아동에게 폭력을 사용하는 것으로 나타나(성형혜, 1997) 가족 간의 상호작용 부족과 저소득층 가정에서 학대가 가장 빈번히 일어나는 것으로 밝혀졌다.

3) 사회심리적 요인

아동학대의 사회심리적 요인은 가족의 낮은 사회경제적 계층, 직업의 불만족, 가정의 불화, 사회적 고립, 가족의 역기능적 상호작용 형태에서 많이 발생한다. 이러한 사회 경제적인 문제와 부부갈등은 아동에 대한 부모의 학대와 연관되며, 가족의 상호작용 형태에도 영향을 주게 된다.

사회적 고립과 대인관계의 결함을 갖고 있는 부모는 자신이 친구나 친척들과의 접촉이 거의 없으며, 화를 잘 내는 공격성과 심리적인 좌절감에 자주 빠지는 성향이 있다. 또한 경제적 수준이 낮은 가정일수록 불량한 주거 상태, 불충분한 영양섭취를 동반하여 가족 관계의 긴장을 유발시키며, 가장의 실직은 자신감을 잃고 열등감에 빠지게 되므로 가족위기를 접하게 된다(장세림, 2007). 이와 같은 요인 및 성향을 가진 부모는 학대부모가 될 확률이 큰 것으로 나타나고 있다.

4) 문화적 요인

아동학대의 문화적 요인은 폭력을 허용하는 사회적 태도이다. 우리나라와 같이 훈육의 방법으로 체벌이 심한 나라에서는 부모가 아동을 자신의 소유물로 다루려고 하는 관념이 아동에 대한 사회화의 일반적 태도이다. 이러한 문화적 요인은 광범위한 사회환경, 즉 문화규범, 가치, 신념, 법, 제도, 성역할에 대한 고정관념과 가족생활에 관한 규범 등이 아동학대의 주요 원인이 된다(장세림, 2007).

폭력과 젊은이에 대한 부모의 태도는 문화적으로 차이가 있으며, 이러한 태도는 어떠한 사건을 계기로 학대하는 데 기여하게 된다.

5) 생태학적 관점

아동학대의 생태학적 관점은 여러 관점을 체계적으로 분석 통합한 것이다. 즉, 아동이나 부모의 개인적 특성과 가족 등 환경의 특성이 상호작용한 결과로 아동학대의 발생을 설명하는 관점이다.

벨스키(Belsky)는 부모가 자녀를 학대하기까지의 과정을 개체 발생적 발달 차원으로 보았으며, 이를 둘러싼 생태학적 공간을 미시적 체계, 외체계 및 거시적 체계로 나누어 각 체계가 서로 영향을 주고받으며 아동학대 발생에 중요한 역할을 한다고 보았다.

미시적 체계는 아동학대가 즉각적으로 일어나는 상황으로, 아동과 부모 및 부부, 기타 여러 가족이 처한 현재의 상황적 조건에 따른 심리적 변화에 의해 형성된 체계이며, 외체계는 가족의 생활에 영향을 주는 취업 상태와 자원의 분배 및 사회적 혜택의 제공 등의 공식 및 비공식 구조를 말한다. 거시적 체계는 아동학대를 묵인하거나 강화하는 사회의 문화적 가치관과 분위기 등을 말한다(이소희, 1989).

3 아동학대의 유형

1) 신체적 학대

「아동복지법」 제17조는 신체적 학대를 '아동의 신체에 손상을 주는 학대 행위'로 규정한다. 아동학대는 우발적인 사고가 아니라 보호자를 포함한 성인이 아동에게 신체적 손상을 입히거나 신체적 손상을 입도록 허용하는 모든 행위를 말한다.

아동학대는 부적절한 체벌 또는 심한 훈육의 결과로서, 성인이 정당한 이유 없이 또는 이유가 있다고 할지라도 지나치게 감정적으로 아동을 때

리거나 벌하는 것이다. 또한 고의적인 아동의 노동력 착취는 아동의 연령에 맞지 않는 일이나 장시간 노동을 시켜 신체적으로 혹사시키는 것으로서 신체적 학대에 해당한다(이현희, 2013).

아동의 신체에 상처를 입히는 것에는 의도적으로 때리기, 불로 지지기, 물어뜯기, 주먹질하기, 어깨나 팔다리 비틀기, 흔들어대기, 목조르기, 칼로 찌르기와 같이 신체적 상처를 입히거나 고통을 주는 것이다. 이러한 신체적 학대는 가볍게 여겨지는 구타로부터 상해의 위험이 있는 구타행위까지 포함한다.

신체적 학대를 당한 아동은 단순한 타박상, 골절, 내부 장기의 손상, 발달지연, 정신지체, 자아기능의 손상, 대인관계의 어려움 그리고 열등감을 경험할 수 있다. 그 외에 학교부적응과 과잉행동, 우울증 등은 장기적으로 아동기 이후의 삶에 치명적인 후유증을 남길 수 있다.

2) 정서적 학대

정서적 학대는 아동의 언어적· 심리적인 상태에 영향을 주는 학대이다. 정서적 학대는 신체적 학대처럼 외부로 드러나지 않아서 쉽게 발견하기 어렵고 신체적으로 학대받은 아동이 정서적 피학대를 동반하는 경우가 많다. 아동에게 모욕적인 행동, 거부적으로 대하는 언어적·비언어적인 학대는 아동의 자아존중감과 정서에 손상을 준다(김믿음, 2015).

정서적 학대는 보호자나 양육자가 아동에게 아동의 인격, 존재, 감정을 심하게 무시하고 모욕하는 행위나 잔혹하고 학대적인 부당함이 명백한 행위로, 아동을 비방하거나 위협하는 행동, 아동을 타락시키는 행동, 필요한 발달적 자극을 주지 않는 태만행동, 적절한 치료와 통제를 하지 않는 경우와 아동발달수준에 맞지 않는 비현실적인 기대로 아동을 괴롭히는 것으로, 욕설, 의도적 따돌림, 모욕, 비웃음, 적절치 못한 비난, 극도의 무관심, 가정폭력을 목격하게 하는 등의 아동의 심리 정서에 폭력을 가하는 것을 의미한다. 특히 언어적 학대는 부모의 화풀이로 아동에게 욕을 하거나 심하게 고함을 지르는 행위, 아동의 단점을 계속적으로 놀리는 행위 및 언어적 공격 폭력을 일삼는 행위이다(이현희, 2013).

이처럼 정서적 학대는 아동의 정신건강 및 발달에 해를 끼치는 학대 행위로 어른들이 깨닫지 못하면서 행해지는 경우가 많다. 이러한 어른의 부주의한 정서적인 학대의 결과로 인한 애정결핍은 아동의 자아존중감과 감정표현에 부정적인 영향을 주어 반사회적 행동이나 정신신경병적인 문제를 초래하는 반응으로 나타날 수 있다.

3) 성적 학대

「아동복지법」 제17조는 '성적 학대는 아동에게 음란한 행위를 시키거나 이를 매개하는 행위 또는 아동에게 성적 수치심을 주는 성희롱 등의 행위'라고 규정되어 있다. 성적 학대란 성인의 성적 만족을 위해 아동의 신체에 접촉하는 행위를 말하며, 아동과 성인 사이의 부적절한 성적인 행동을 모두 포함한다.

성적 학대는 미성년의 미성숙한 아동과 청소년을 그들이 동의할 수 없거나 가족 간의 사회적 금기를 어기며 이해하지 못하는 성적 활동에 개입시키는 것을 말한다(Barker, 1995). 또한 놀이를 통해 착각하게 하거나 아동을 사람들로부터 심리적으로 고립되도록 조정하거나 두려움이나 강압적인 힘을 이용하는 것을 포함한다.

성적 학대는 근친상간이나 양육자 또는 선생님 등으로부터 행해지는 것으로 겉으로 잘 드러나지 않을 뿐만 아니라, 성에 대한 언급을 금기시하는 사회 분위기와 피해 아동과 가족들이 이를 숨기려고 하는 경향 때문에 은폐된 채 넘어가서 조기에 발견되지 않을 뿐만 아니라 잘 해결되지 않는다(이현희, 2013).

성적 학대의 유형으로는 아이와 보호 관계가 있는 사람들로부터 저질러지는 것으로서 아이에게 강제로 애무하거나 성교를 하는 것, 근친상간, 남색, 아이 앞에서의 노출, 성적 착취 등의 성폭력과 포르노비디오를 아동에게 보여주는 행위 등이 해당된다.

성적 학대 피해아동은 생식기 관련 감염이나 질환, 원하지 않는 임신으로 연관될 수 있다. 이러한 성적 학대 후에는 수면장애나 불안증세 등이 나타나며, 시간이 흐르면서 연령에 맞지 않는 행동과 선정적인 행동을 보이기도 한다(이재연 외, 2012).

4) 방임

「아동복지법」 제17조는 방임을 '자신의 보호·감독을 받는 아동을 유기하거나 의식주를 포함한 기본적 보호·양육·치료를 소홀히 하는 행위'로 규정하고 있다.

방임은 보호자가 아동의 필수적인 욕구와 안전을 제대로 제공하지 않고 건강한 발달을 저해하는 행위이다. 이러한 행위는 아동에게 고의적으로 의식주, 교육, 의료적 보호 등을 주지 않거나 거부하고, 사랑과 관심을 보이지 않는 등의 심각한 방임과 고의적인 것은 아니지만 적절한 지도감독을 행하지 않는 일반적인 방임으로 구분한다.

방임은 아동에 대한 양육, 보호를 소홀히 하여 아동의 정상적인 발달을 저해한다. 즉, 애착 형성의 붕괴, 생리적 성장의 실패, 자기개념의 손상, 학교 및 또래관계의 부적응, 의사소통과 사회성 부족 현상 등으로 정신병리와 같은 후유증이 장기적으로 나타난다.

이와 같이 아동기의 정상적인 성장을 저해하는 신체적 방임, 정서적 방임, 의료적 방임, 교육적 방임, 유기의 특징을 살펴보면 다음과 같다.

① 신체적 방임 : 신체적 방임이란 양적으로 충분하지 않고 양질의 영양소가 결핍된 음식을 먹이거나 날씨와 계절에 맞지 않은 옷과 더러운 옷을 입게 하거나 씻지 않아 불결하고, 부적절하고 비위생적이며 위험한 주거환경에서 생활하도록 내버려두는 것이다(권은주, 1997).

② 정서적 방임 : 정서적 방임이란 아동의 부모나 보호자가 아동에게 관심이 없거나 매우 적어서 아동의 성장을 방해하는 것으로, 즉 정서

적인 양육이 거부되어 양육자와의 대화나 피부 접촉이 단절된 상태를 의미한다(박봉영, 1989).

③ 의료적 방임 : 의료적 방임이란 아동의 건강을 보호하는데 이를 거부하거나 지연시키고, 신체적 · 정신적 아픔이나 증상을 말해도 적절한 의료적 보호를 받지 못하는 것을 말한다(송성자, 1993).

④ 교육적 방임 : 교육적 방임이란 부모나 주 양육자가 교육활동에 필요한 정신적 · 물질적 지원을 제대로 제공하지 못하는 상태를 말한다. 즉, 아동의 교육에 관심이 없는 것, 아동의 친구관계에 관심이 없는 것, 부모의 도움이 필요한 학습활동이나 자료준비를 도와주지 않는 것이다. 또한, 아무 연락 없이 결석, 지각을 하거나 거짓말이나 사소한 물건을 훔치는 부적응 행동을 하더라도 내버려두는 것이다(이영희, 1992).

⑤ 유기 : 유기아동이란 부모로부터 양육이 거부된 사회적 고아로, 부모나 보호자가 있더라도 고아와 같은 상태에 놓여 있는 아동이다. 이러한 아동은 아동복지의 대상체계에 있어서의 요보호아동 중 양육환경에 문제를 지닌 아동으로서 부모로부터 양육을 거부당한 아동 등을 말한다.

4 아동학대 후유증

아동학대는 가해자의 대부분이 친부모로서 아동의 동심에 큰 상처를 남긴다. 일반적으로 아동은 독자적인 생활이 불가능하고, 자기 방어력이 약하므로 학대를 받을 경우, 아동의 신체적 · 정서적 · 인지적 발달을 포함하는 전 발달영역에서 심각한 손상을 입는다. 피학대아동은 일반아동과는 다른 독특한 행동 및 발달특성을 보이며 이러한 영향은 아동기의 단기적 문제에 그치지 않고 성인기에 이르기까지 지속된다. 피학대아동은 학업성취가 떨어지고 정신적 문제, 성문제, 알코올 및 약물 중독을 경험하며, 심각한 비행과 범죄에 빠질 확률이 높다(김민음, 2015).

또한 아동기의 피학대 경험은 아동의 건강과 발달, 복리에 많은 영향을 미친다. 아동의 피학대 경험은 아동의 자아개념과 자아존중감에 심각한 손상을 주게 되며 성인기까지 후유증을 남긴다. 오랜 기간에 걸친 학대 경험으로 인해 대인관계를 형성하는 능력에 손상을 입게 되어 직장의 동료관계나 결혼관계, 나아가 부모역할 수행 능력에도 어려움을 겪을 수 있다. 아동학대로 나타나는 후유증을 신체적·심리적 및 정리병리 후유증으로 나누어 살펴보면 다음과 같다.

1) 신체적 후유증

- 신체적 손상 : 아동학대로 인해 피부결손 및 자상, 신체 일부의 변형 및 절단, 화상, 골절 및 치아골절, 안구골절, 기타 내부 장기 파열, 두뇌 손상, 성병 감염 등이 있으며, 극단적인 경우에는 사망에 이른다.
- 성장 실패 : 적절한 영양 섭취의 부족으로 인하여 체중이 증가하지 못하고 성장이 지연된다.
- 생리기능의 변화 : 스트레스와 관련이 있는 신경전달 체계의 이상이 발생한다.

2) 심리적 후유증 및 정신 병리

- 지능 및 인지 기능의 손상 : 아동학대로 인해 지능 및 인지 기능 결함이 발생할 수 있다.
- 중추신경계 손상 : 방임, 영양 결핍, 모성 결핍 등은 아동의 두뇌 발달에 악영향을 줄 수 있다.
- 감정조절 기능의 저하 및 이상 : 아동학대로 인해 감정적으로 자기를 조절하는 능력에 저하를 초래하기도 한다.
- 자기개념의 손상 : 반복적인 처벌, 구타, 위협 등으로 인해 실제로는 잘

못이 없음에도 불구하고 자신의 행동으로 인해 벌 받는 것으로 생각하게 되고 결국 부정적인 자기개념을 갖게 되기도 한다.

- 애착 형성의 붕괴 : 생후 초기 발달에서 폭력과 거부에 노출되어 '기본적 신뢰감' 형성에 결함을 갖게 되기도 한다.
- 지나친 공격성 및 사회적 위축 : 아동학대로 인해 피해아동은 지나친 공격성과 사회적 위축으로 인하여 성공적으로 적응해 나가는데 심각한 장해를 초래하기도 한다.
- 자학적, 자기 파괴 행동 : 아동학대로 인해 피해아동은 자살시도 및 위협, 자해 행동 등을 나타내기도 한다.
- 학교 부적응 : 아동학대로 인해 피해아동은 집중력이 짧고, 부산하고, 정서적으로 불안정하여 학업 수행이 저조한 경우가 있다.
- 정신병리 : 발달과정에서 심리적 후유증이 반복되면 결국 정신병리현상을 초래하게 된다. 공격적 행동, 비행, 범죄, 약물남용, 학교 부적응을 가져오기도 하며, 주의력결핍, 과잉행동장애, 반항장애, 외상후스트레스장애, 우울증, 다중인격장애가 나타나기도 한다..

부모가 아동에게 학대를 가할 때 피학대아동은 신체적 피해뿐만 아니라 자신 및 주변세계에 대한 내적 신념을 손상하게 된다. 이러한 후유증은 적절한 심리치료를 받지 않을 경우 성인이 되어 사회생활을 하는 데 큰 영향을 미칠 우려가 있으며, 학대와 관련된 경험으로 인해 또 다른 아동학대를 유발하게 되고 심각한 정신장애로 이어질 수 있다.

5 학대피해아동을 위한 보호서비스

아동과 관련 있는 모든 사람은 아동학대범죄를 알게 된 경우나 그 의심이 있는 경우에는 아동보호전문기관 또는 수사기관에 의뢰할 수 있다.

또한 「아동학대범죄의 처벌 등에 관한 특례법」(약칭: 「아동학대처벌법」) 제10조 제2항에서는 신고의무자가 직무를 수행하면서 아동학대범죄를 알게 된 경우나 그 의심이 있는 경우에는 아동보호전문기관 또는 수사기관에 신고를 의무적으로 해야 한다고 명시하고 있으며, 아동학대를 인지하고도 신고하지 않는 경우 신고의무자에 대해서 500만원의 과태료를 부과하도록 명시되어 신고의무자의 책임을 엄격하게 다루고 있다(「아동학대처벌법」 제63조 제1항).

또한 신고인의 인적사항이나 신고인임을 미루어 알 수 있는 사실을 다른 사람에게 알려주거나 공개 또는 보도하여서는 안 되며, 공개 또는 보도한 자는 1년 이하의 징역 또는 500만 원 이하의 벌금에 처한다(「아동학대처벌법」 제63조)고 되어 있다. 아동보호전문기관 상담원 외에도 지방자치단체 공무원, 아동복지 관련 종사자 등 신고의무자의 인적사항을 알고 있는 자가 신고인의 신원을 노출할 경우, 「형법」 제127조(공무상의 비밀누설), 「아동복지법」 제65조, 「아동학대처벌법」 제62조 비밀엄수 등 의무 위반죄 등에 따라 처벌받도록 되어 있다. 이는 학대의 사실을 알고 신고할 경우 신고자의 신상이 노출되어 피해를 볼 수도 있다고 인지할 경우에 신고를 기피하게 되는 현상을 방지하기 위함이며, 피해아동이 학대에 무방비 상태에 놓이게 되는 것을 막기 위한 조처이다.

1) 아동학대 피해자 지원기구

아동학대 처리 및 예방사업은 보건복지부의 아동보호전문기관을 통해서 이루어진다. 아동보호전문기관은 중앙과 지역으로 구분되며, 주요 업무는 아동학대 신고 및 피해아동과 가족에 대한 지원, 가해자를 위한 상담, 교육 및 아동학대예방 홍보사업을 제공하고 있다. 아동학대 사건은 전국에 설치된 아동보호전문기관을 통해 접수, 처리되며, 정해진 규정과 절차에 의해 피해아동은 보호와 지원을 받을 수 있다(임시아, 2017).

(1) 중앙아동보호전문기관

아동보호전문기관은 「아동복지법」 제45조에 의거하여 아동학대문제를 전문적이고 체계적으로 대처하기 위해 설치되었다. 중앙아동보호전문기관은 각 지역아동보호전문기관과 쉼터지원, 연구, 교육, 프로그램 개발, 예방과 홍보, 정책개발, 아동학대정보시스템 운영 등 「아동복지법」 제46조의 업무수행에 근거하여 아동학대와 관련된 다양한 업무를 수행하고 있다(임시아, 2017).

(2) 지역아동보호전문기관

지역아동보호전문기관은 '지방자치단체는 학대받은 아동의 발견, 보호, 치료에 대한 신속처리 및 아동학대예방을 담당하는 지역아동보호전문기관을 시·도 및 시·군·구에 1개소 이상 두어야 한다'는 「아동복지법」 제45조에 의거하여 총 55개소가 설치되어 있다.

보건복지부장관, 시·도지사 및 시장·군수·구청장은 아동학대예방사업을 목적으로 하는 비영리법인을 지정하여 제1항에 따른 중앙아동보호전문기관 및 제2항에 따른 지역아동보호전문기관의 운영을 위탁하고 있다.

(3) 학대피해아동쉼터

아동학대는 가해자가 대부분 부모이고 가정 안에서 발생되는 경우가 많아 피해아동이 가해자와 가정에 함께 있을 수 없는 경우 일시적이거나 일정 기간 보호하고 상담 등의 서비스가 진행된다. 이를 위해 현재 전국에 35개의 학대피해아동쉼터가 있다.

학대피해아동쉼터의 법적 근거는 「아동복지법」과 「아동학대처벌법」에 있으며, 「아동복지법」 제22조 제4항에 '국가와 지방자치단체는 아동학대예방을 위하여 피해아동 보호를 위한 조치를 취해야 한다'는 부분과 「아동학대처벌법」 제12조와 제47조에 '피해아동을 아동 관련 보호시설로 인도하거나 보호 · 위탁한다'고 명시되어 있다.

학대피해아동쉼터는 지방자치단체가 설치하는 지역아동보호전문기관과 달리 민간(비영리법인)에서 설치하는 것을 원칙으로 한다.

2) 아동학대 피해자 지원절차 및 주요 내용

아동학대에 대한 우리나라의 서비스 전달과정은 아동학대 행위를 목격하거나 의심되는 학대아동을 발견하면 아동학대예방센터(1391)나 경찰서(112)에 신고접수, 현장조사 및 위기사정, 아동학대 판정, 사례개입 및 계획 작성, 사례개입 및 사례관리, 사례평가, 종결 및 사후관리의 과정을 거친다.

(1) 신고접수

신고 받은 아동학대사건은 경찰과 아동보호전문기관에 신고접수 사실을 통보한다. 신고자가 모든 정보를 제공할 수 있는 것은 아니므로 접수자는 신고접수 단계에서 적절한 판단과 이후 원활한 현장조사를 위해서 가능한 한 많은 정보를 파악하기 위한 노력을 시도해야 한다. 이 단계에서 상담자가 기본적으로 관찰하고 파악해야 할 사항들은 다음과 같다.

① 아동의 이름, 성별, 나이, 주소, 전화번호
② 가해자로 의심되는 사람의 이름, 성별, 나이, 주소, 전화번호
③ 신고자와 아동 및 그 가족과의 관계
④ 신고자 이외에 학대 사실을 확인해 줄 사람의 이름, 전화번호
⑤ 아동에게 어떤 일이 일어났으며, 아동이 입은 상처나 피해에 대한 설명
⑥ 아동이 위험에 처해 있거나 학대를 받고 있다고 믿는 이유
⑦ 상황이 급박한 것인지 아닌지에 대한 신고자의 견해 등

한편 이 과정에서 유념해야 할 사항은 다음과 같다.

① 신고자의 신분은 보호되어야 하며 그 의사에 반하여 신분이 노출되어서는 안 됨

② 신고자가 원하는 경우 신고한 사례에 대한 결과를 제공받을 수 있음

(2) 현장조사

신고가 접수되고 사례개입이 가능한 기본 정보가 파악되면, 신고자의 의사와 무관하게 반드시 현장출동을 통해 피해아동의 상황을 파악해야 한다. 이 단계에서 상담자가 기본적으로 이해하고 유념해야 할 사항들을 정리하면 다음과 같다.

① 피해아동의 위급성 여부 확인, 신변보장과 안전조치

② 가능한 한 피해아동 및 학대자를 직접 대면할 것

③ 학대자로 의심되는 자가 진술하는 학대 상황과 아동의 상처 및 정황 등이 일치하지 않는 경우나 징후가 심각하지 않은 경우라고 할지라도 학대발생 가능성이 충분히 있으므로 주의하여 살필 것

④ 지속적인 방임은 신체학대만큼 치명적일 수 있으므로 가볍게 다루지 않도록 주의할 것

⑤ 피해아동의 나이가 어릴수록 더욱 주의 깊게 확인할 것

⑥ 피해아동의 보호를 위하여 아동학대의 정황적 증거 및 증인 확보에 최대한 노력할 것

⑦ 비밀보장의 원칙을 준수할 것

(3) 사례판정

사례판정단계에서는 아동학대의 심각성 정도와 위급성 여부를 파악하고 적절한 개입방법을 결정하기 위하여 응급아동학대, 단순아동학대, 잠재위험아동학대, 일반아동학대사례에 대한 판정이 주요 목적이다.

① 응급아동학대사례

- 아동학대가 현재 발생되고 있으며 아동의 안전이 매우 위험하다고 판단되어 12시간 이내에 긴급 현장조사가 필요한 사례
- 성적 학대이거나 유기 등인 사례
- 방임사례일 경우 아동의 연령이나 학대의 지속성 정도에 따라 위급하다고 판단되는 사례
- 고소 · 고발사례

② 단순아동학대사례

- 아동학대가 발생되었으나 아동의 신체적 · 심리적 상처가 경미하고 학대의 지속성 정도가 미약하여 48시간 이내에 현장조사가 필요한 사례
- 가정지원서비스를 통하여 아동이나 가족의 욕구가 충족되고 상황이 호전될 가능성이 있는 사례

③ 잠재위험아동학대사례

신고내용과는 달리 아동학대사례이기보다는 아동양육에 대한 이해 및 기술부족, 일회성 신체적 체벌 등으로 판단되는 사례

④ 일반아동학대사례

아동학대와는 관계없이 시설입소나 이혼으로 인한 양육권 분쟁 등으로 아동양육 및 정서행동문제와 관련된 전반적인 아동상담이 필요하다고 판단되는 사례

(4) 서비스 제공단계

학대피해아동과 학대행위자에게 그들의 욕구에 기반한 다양한 서비스를 제공함으로써 피해아동의 후유증을 극복하도록 돕고, 학대유발요인을

감소시켜 재학대 발생을 예방하며 학대가 발생한 가정에 적절한 서비스를 제공함으로써 가족기능을 강화하는 데 초점을 둔다.

학대피해아동에게 심리치료서비스를 제공함으로써 학대의 부정적인 영향을 완화시키고, 아동이 자신의 감정을 자유롭게 표현하고 지지받고 있다고 느끼게 함으로써 긍정적인 자아존중감을 형성하는 데 중점을 둔다. 또한 학대행위자에게는 상담 및 치료를 제공하여 학대행위자가 개인 및 집단상담을 통해 자신의 문제행동을 치료하고 자신의 감정을 조절하는 능력을 높이고 자아존중감을 높이도록 돕는다. 학대가족에게는 가족보존서비스, 부부상담, 가족상담 등의 서비스를 제공한다(정옥분 외, 2016).

이 단계에서 상담자가 기본적으로 이해하고 유념해야 할 사항들을 정리하면 다음과 같다.

① 서비스 제공계획 수립 시 고려해야 할 사항들

- 아동의 안전 및 보호가 최우선적으로 고려되었는가?
- 피해아동과 학대자 및 그 가족을 위해 가장 효과적이고 적절한 서비스가 제공되도록 계획이 수립되었는가?
- 지역사회의 다양한 서비스 기관과 잘 연계할 수 있도록 계획되었는가?
- 누가, 무엇을, 언제 할 것인지 상의하고 구체적인 계획을 수립하였는가?
- 성취 가능한 목표를 설정하였고, 설정된 목표에 대한 우선순위를 결정하였는가?

② 가족을 위한 서비스 제공계획 수립 시 고려해야 할 사항들

- 가족이 단기간 동안 집중적으로 서비스를 제공받을 수 있도록 계획되었는가?
- 아동이 가정에서 보호받으며 서비스를 제공받을 수 있도록 계획되었는가?
- 가족구성원이 개별상담 및 정신과 치료를 받을 수 있도록 계획되었

는가?

- 가족구성원이 부부상담 및 부모교육을 받을 수 있도록 계획되었는가?
- 알코올 및 약물남용 등에 상담을 받을 수 있도록 계획되었는가?
- 학대하는 부모 및 가정에 대한 지지서비스가 계획되었는가?

③ 아동을 위한 서비스 제공계획 수립 시 고려해야 할 사항들

- 개별적인 심리상담서비스가 제공될 수 있도록 계획되었는가?
- 집단적인 심리상담서비스가 제공될 수 있도록 계획되었는가?
- 놀이치료, 미술치료, 음악치료 등 아동의 특성에 맞는 프로그램이 계획되었는가?

(5) 종결 및 사후관리

종결은 개입목표가 달성되어 아동학대 재발 가능성이 낮다고 평가되거나 개입이 적절하지 않았다고 평가할 경우에 이루어진다. 가족의 안정 유지 및 학대의 재발을 방지하기 위해 종결된 사례에 대해 6개월 동안 전화상담이나 직접방문 등을 통해 문제의 재발생 여부를 확인한다. 아동학대 사례 중에는 장기적으로 사례관리가 필요한 경우가 많기 때문에 아동학대보호전문기관은 연도와 상관없이 서비스를 제공하고 있다.

이 단계에서 상담자가 기본적으로 이해하고 유념해야 할 사항들을 정리하면 다음과 같다.

① 아동학대문제가 재발할 가능성이 희박하다고 평가되는가?
② 아동의 문제행동이 현저히 감소하였거나 긍정적 행동변화가 나타났는가? 그리고 이러한 긍정적 변화가 지속되고 있는가?
③ 아동이 자신을 보호할 수 있는 능력이 형성되었으며, 위기해결능력이 생겼는가?

④ 부모가 학대상황을 인정하고 상담 및 치료계획에서부터 종료되는 시점까지 최소 3/4 정도를 참석하고 있는가?
⑤ 아동의 양육과 관련된 환경이 현저하게 향상되었는가?
⑥ 종결 후 6개월 동안 매월 1회 이상 직접방문 등의 방법으로 가족 또는 아동과 접촉하여 문제 재발생 여부를 재확인할 수 있는가?
⑦ 종결 후에라도 가족이 도움을 필요로 한다면 언제든지 상담원을 통해 필요한 도움 자원을 제공받을 수 있는가?

CHAPTER 10

장애아동

1 장애에 대한 이해

1) 장애의 개념

장애의 개념을 보편적으로 정의내리기는 쉽지 않다. 왜냐하면 장애의 개념은 사회의 사회문화적·정치적·경제적 상황에 따라 지속적으로 변화해 왔기 때문이다.

한편 장애의 개념은 협의의 개념과 광의의 개념으로 구분된다. 협의의 개념으로서 장애는 신체 또는 정신기능의 저하와 이상, 상실 또는 신체 일부의 훼손 등을 가리키는 의학적 측면에 초점을 둔 것이며, 광의의 개념으로서 장애는 의학적 측면뿐만 아니라 그로 인해 발생되는 능력의 저하와 사회적 불이익까지를 포함한다.

1975년 유엔장애인권리선언에서는 '장애인이라 함은 선천적이든 후천적이든 신체적·정신적 능력의 불완전으로 인하여 일상의 개인적 또는 사회적 생활에서 필요한 것을 자기 스스로 완전히 또는 부분적으로 확보할 수 없는 사람'으로 정의함으로써 장애를 광의의 개념으로 규정하였다.

1980년 세계보건기구(WHO)는 '국제장애분류체계(International Classification of Impairments, Disabilities, and Handicaps: ICIDH)'를 통해 장애의 개념을 손상, 능력장애, 사회적 불리로 구분하여 정의하였다.

첫째, 손상(impairment)은 질병이나 외상으로 인해 심리적 · 생리적 · 해부학적 구조나 기능의 상실 또는 비정상적 상태로, 기능의 손상은 기본적인 정신기능, 소화 · 신진대사기능, 면역 · 내분비기능 등의 손상을, 구조의 손상은 뇌, 척수 및 관련구조, 음성 · 언어 및 관련구조, 귀 및 청력체계구조, 눈 및 관련구조, 순환기구조 등의 손상을 말한다.

둘째, 능력장애(disability)는 손상으로 인하여 인간에게 있어 정상적인 것으로 간주되는 활동의 수행능력(읽기, 말하기, 쓰기, 보기, 걷기 등)이 일부 제약되거나 결여되어 있는 상태를 말한다.

셋째, 사회적 불리(handicap)는 손상이나 능력장애로 인해 사회적 불이익을 받는 것으로 사회생활에의 참여에서 제한을 받거나 지장을 초래하는 것을 말한다.

이와 같이 볼 때 장애의 발생과정은 외상이나 질병으로 인해 손상이 오면 일상생활의 수행능력이 저하되는 상태인 능력장애로 그리고 손상과 능력장애로 인한 사회적 불이익으로 진행된다고 볼 수 있다. 그러나 장애의 진행은 모든 장애인에게 동일하게 나타나는 것은 아니다. 개인의 의식과 만족 수준, 사회적 인식 정도에 따라 개인의 장애 정도가 사회적 불리로 진행될 수도 있고 또 그렇지 않을 수도 있다. 예를 들어, 사고로 신체기능을 상실한 사람은 '손상'이 되었지만 생활 속에서 아무런 제한이나 구속을 느끼지 않는다면 '사회적 불리'상태로 진행되지 않았다고 볼 수 있다(조안나, 2018).

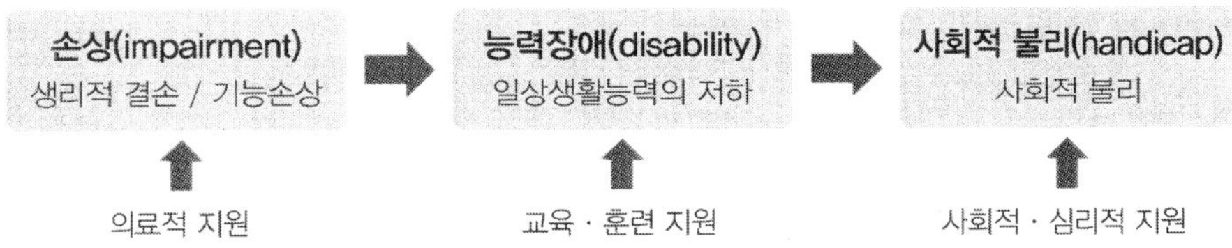

그림 10-1 국제장애분류에 따른 장애의 정의와 지원체계

2001년 세계보건기구는 국제장애분류를 폐기하고 국제기능 · 장애 · 건강분류체계(International Classification of Functioning, Disability and Health: ICF)를 발표하고, 장애의 개념을 '손상, 능력장애, 사회적 불리' 대신 '활동과 참여'로 제시하였다. 이는 장애를 활동이나 참여가 제한된 상태로 설명하는 것이며, 장애가 개인 내부보다는 주변 환경의 요인 때문이라는 점을 강조한 것이다.

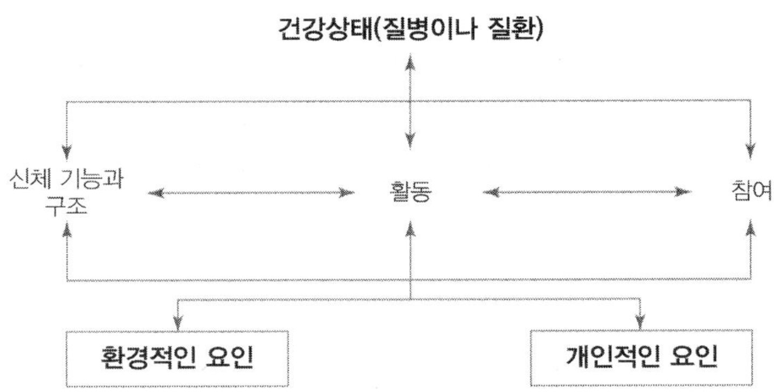

그림 10-2 ICF 모델: ICF의 주요 요소 간의 상호작용

ICF 모델에 의하면, 손상은 정신적 기능, 목소리, 말하기, 신진대사, 감각기능 등 신체기능에 문제가 있거나 뇌척추와 관련된 구조, 운동과 관련된 구조, 신진대사와 관련된 구조에 문제가 있을 때를 말한다. 활동은 보기, 듣기, 인지하기, 의사소통, 운동, 이동 등의 특정한 행위들의 조합을 의미하며, 활동제한은 이러한 활동을 수행하는 데 어려움이 있는 상태를 말한다. 참여는 개인의 사회 참여 정도와 참여를 촉진하거나 방해하는 사회적 반응을 말하며, 물리적 · 사회적 · 환경적 요인을 모두 포함한다. 참여제한은 이동, 정보교환, 사회적 관계, 교육과 노동, 여가, 경제적 활동에 참여하는 것이 어려운 상태를 의미한다. 실제로 한 개인의 신체적 · 정신적 손상보다는 물리적 환경이나 손상에 대한 사회문화적 태도가 활동수행이나 사회참여에 영향을 미치는 경우가 더 많다. 따라서 장애를 규정하는 것은 개인적인 요인뿐만 아니라 사회적 요인도 중요하다고 할 수 있다(이은주 외, 2018). 이러한 이유로 최근에는 장애의 문제를 개인의 문제가 아닌 또 다른 장애를 유발하는 사회환경에 두고, 사회환경과 사회적 인식의 개선과 변화를 강조하고 있다.

2) 장애인 권리

1990년대 말부터 우리 사회에서 '정상화'와 '사회통합'이라는 이념이 등장하고, 장애인의 '자립생활운동'과 '장애당사자주의'가 장애인복지의 새로운 패러다임으로 부상하면서 장애인에 대한 정책은 궁극적으로 장애인의 인간다운 삶의 질을 보장하고 재활을 통한 복지 실현으로 발전하게 되었다. 장애인 정책은 세계적으로 개별적 · 자선적 접근에서 사회적 · 제도적 접근으로 발전, 변화되어 왔다.

2006년 유엔의 장애인권리협약 채택은 국제장애인인권운동에 도전과 기회를 동시에 가져오게 하였다. 이 협약에서 장애인의 인권이 조약에 명시되었고 장애인들에 관한 중요한 이슈들을 공통의 언어로 변호하게 되었다. 유엔장애인권리협약은 장애인들이 지역사회에서 존엄성을 가지고 그들의 권리를 알고 주장할 수 있도록 그 협약에 대해 보다 광범위하게 교육하기 위함이었다.

세계무역기구(World Trade Organization: WTO)와 세계은행이 발표한 최근 통계에 의하면 전 세계 10억 명이 장애를 가지고 있다고 전한다. 모든 장애인들은 다른 사람들과 마찬가지로 동등한 인권을 가지고 있음에도 불구하고 여러 가지 이유로 비장애인들과 동등한 권리를 요구하는 데 있어 사회적·법적·실질적으로 어려움을 겪는다. 이는 장애에 대한 부정적 태도, 근거 없는 소문, 고정관념으로부터 발생한다(원재천 외, 2016). 유엔장애인권리협약의 채택은 장애와 장애 관련 단체 및 기관들을 변호하는 데 있어 새로운 관점을 제공하고, 장애에 관한 기존 인식의 전환을 가져왔다. 또한 장애인들의 권리옹호, 시민적·정치적·경제적·사회적·문화적 권리의 주장이 가능해졌으며, 장애인인권운동에 대한 강화의 의지로 사람의 인권이 더욱 강화되었다 할 수 있다(임시아, 2017).

우리나라 「장애인복지법」 제4조에서는 장애인은 인간으로서 존엄성과 가치를 존중받으며, 그에 걸맞은 대우를 받을 권리, 국가·사회구성원으로서 정치·경제·사회·문화, 그 밖의 모든 분야의 활동에 참여할 권리, 장애인 관련 정책 결정과정에 우선적으로 참여할 권리가 있음을 명시하고 있다. 이는 장애인의 정상화와 사회통합을 위해서 인간다운 삶을 위한 소득보장은 물론이며, 비장애인과 동등하게 모든 권리를 갖고, 사회의 인식과 장애당사자의 시민의식이 확립되어 장애인과 비장애인이 차별 없이 복지국가의 시민으로서의 삶을 영위해야 함을 의미한다(정도선, 2011). 또한 2008년에 제정된 「장애인 차별금지 및 권리 규제에 관한 법률」에서는 모든 생활영역에서 장애를 이유로 한 차별을 금지하고, 장애를 이유로 차별받은 사람의 권익을 효과적으로 구제함으로써 장애인의 완전한 사회참여와 평등한 실현을 통하여 인간으로서의 존엄과 가치를 구현함을 목적으로 정하고 있다.

한편 장애를 바라보는 시각과 장애인에 대한 인식의 변화와 함께 장애인복지정책과 서비스의 변화를 다음과 같이 요약할 수 있다(박영숙 외, 2008).

첫째, 재활의 접근방향이 변화하고 있다. 장애인 개인의 재활을 위한 치료, 교육 및 훈련차원에서 장애인에게 영향을 주는 각종 환경의 개선과 변화를 요구하고 있다.

둘째, 장애인과 가족의 참여기회를 확대하고 있다. 재활의 주체인 장애당사자의 자기결정과 선택에 대한 강조와 참여의 기회를 확대하여 장애인의 삶의 질 향상에 주력하고 있다.

셋째, 분리적 접근의 사고에서 통합적 접근의 사고로 전환되고 있다. 장애인 관련 정책이 장애인에게만 차별 또는 역차별적 분리접근에서 비장애인과 동등한 통합적 시민 권리로서 보장을 요구하고 있다.

넷째, 장애의 개념 규정에서 긍정적인 용어 사용을 강조하는 추세에 있다.

2 장애아동의 정의 및 유형

1) 장애아동의 정의

장애아동은 장애를 가진 만 18세 미만의 아동으로 선천적 혹은 후천적으로 신체, 정서, 인지, 언어, 학습능력 등의 장애로 인해 양육과 재활 및 사회적응에 있어 특별한 보호를 필요로 하는 아동을 말한다.

일반적으로 장애아동과 특수아동을 혼용하여 사용하는 경우가 많다. 그러나 장애아동은 「장애인복지법 시행령」에 따라 장애인으로 등록된 만 18세 미만의 아동을 말하며 다만, 6세 미만의 아동으로서 장애가 있다고 보건복지부 장관이 별도로 인정한 사람을 포함한다. 특수아동은 「장애인 등에 대한 특수교육법」에 따라 특수교육대상자로 진단·판정을 받은 아동을 말한다.

2) 장애아동의 유형

장애아동의 유형은 「장애인복지법」과 「장애인 등에 대한 특수교육법」으로 각각 구분할 수 있다. 「장애인복지법」은 주로 질병이나 신체적 손상의 정도에 의한 분류인 반면에, 「장애인 등에 대한 특수교육법」은 특수교육 가능성의 여하에 따른 분류로서 장애유형의 분류에 있어 서로 상이한 부분이 있다. 이는 「장애인복지법」의 목적은 복지적 차원에서 장애발생 예방 및 장애인 복지대책을 포괄하여 장애인의 복지와 사회활동 참여증진을 통하여 사회통합에 이바지함에 있으며, 「장애인 등에 대한 특수교육법」의 목적은 장애유형 및 장애정도의 특성을 고려한 교육에 두고 있기 때문이다.

(1) 장애인복지법에 의한 분류

우리나라 「장애인복지법」 제2조 제1항에서는 '장애인이란 신체적 · 정신적 장애로 오랫동안 일상생활 또는 사회생활에서 상당한 제약을 받는 자'로 정의하고 있으며, 여기서 '신체적 장애'는 주요 외부 신체기능의 장애, 내부기관의 장애 등을, '정신적 장애'는 발달장애 또는 정신질환으로 발생하는 장애를 말한다.

신체적 장애 중 외부신체 기능의 장애에는 지체장애, 뇌병변장애, 시각장애, 청각장애, 언어장애, 안면장애가 있으며, 내부기관의 장애에는 신장장애, 심장장애, 간장애, 호흡기장애, 장루 · 요루장애, 뇌전증장애가 있다. 그리고 정신적 장애에는 지적장애, 정신장애, 자폐성장애가 있다.

「장애인복지법 시행령」 제2조 별표에 제시된 장애 기준에 맞는 경우 장애인으로 등록되고, 등록이 된 후 각자가 지니는 장애의 종류와 정도, 이로 인해 비롯되는 문제 등에 따라 정부 및 지역사회에서 제공하는 서비스를 받을 수 있다. 따라서 장애아동이 복지서비스를 이용하기 위해서는 장애 기준에 의한 진단을 받아야 한다.

표 10-1 ● 장애인복지법에 따른 장애분류 및 기준

대분류	중분류	소분류	기준
신체적 장애	외부 신체기능 장애	지체장애	가. 한 팔, 한 다리 또는 몸통의 기능에 영속적인 장애가 있는 사람 나. 한 손의 엄지손가락을 지골(손가락 뼈) 관절 이상의 부위에서 잃은 사람 또는 한 손의 둘째 손가락을 포함한 두 개 이상의 손가락을 모두 제1지골 관절 이상의 부위에서 잃은 사람 다. 한 다리를 리스프랑(Lisfranc: 발등뼈와 발목을 이어주는) 관절 이상의 부위에서 잃은 사람 라. 두 발의 발가락을 모두 잃은 사람 마. 한 손의 엄지손가락 기능을 잃은 사람 또는 한 손의 둘째 손가락을 포함한 손가락 두 개 이상의 기능을 잃은 사람 바. 왜소증으로 키가 심하게 작거나 척추에 현저한 변형 또는 기형이 있는 사람 사. 지체에 위 각 목의 어느 하나에 해당하는 장애정도 이상의 장애가 있다고 인정되는 사람
		뇌병변장애	뇌성마비, 외상성 뇌손상, 뇌졸중 등 뇌의 기질적 병변으로 인하여 발생한 신체적 장애로 보행이나 일상생활의 동작 등에 상당한 제약을 받는 사람
		시각장애	가. 나쁜 눈의 시력(만국식 시력표에 따라 측정된 교정시력)이 0.02 이하인 사람 나. 좋은 눈의 시력이 0.2 이하인 사람 다. 두 눈의 시야가 각각 주시점에서 10도 이하로 남은 사람 라. 두 눈의 시야 2분의 1 이상을 잃은 사람
		청각장애	가. 두 귀의 청력 손실이 각각 60데시벨(dB) 이상인 사람 나. 한 귀의 청력 손실이 80데시벨 이상, 다른 귀의 청력 손실이 40데시벨 이상인 사람 다. 두 귀에 들리는 보통 말소리의 명료도가 50퍼센트 이하인 사람 라. 평형기능에 상당한 장애가 있는 사람
		언어장애	음성기능이나 언어기능에 영속적으로 상당한 장애가 있는 사람
		안면장애	안면 부위의 변형이나 기형으로 사회생활에 상당한 제약을 받는 사람
	내부기관 장애	신장장애	신장의 기능부전으로 인하여 혈액투석이나 복막투석을 지속적으로 받아야 하거나 신장기능의 영속적인 장애로 인하여 일상생활에 상당한 제약을 받는 사람
		심장장애	심장의 기능부전으로 호흡곤란 등의 장애로 일상생활에 상당한 제약을 받는 사람
		간 장애	간의 만성적 기능부전과 그에 따른 합병증 등으로 인한 간기능의 장애로 일상생활에 상당한 제약을 받는 사람
		호흡기장애	폐나 기관지 등 호흡기관의 만성적 기능부전으로 인한 호흡기능의 장애로 일상생활에 상당한 제약을 받는 사람
		장루 · 요루장애	배변기능이나 배뇨기능의 장애로 인하여 장루 또는 요루를 시술하여 일상생활에 상당한 제약을 받는 사람
		뇌전증장애	뇌전증에 의한 뇌신경세포의 장애로 인하여 일상생활이나 사회생활에 상당한 제약을 받아 다른 사람의 도움이 필요한 사람

(계 속)

대분류	중분류	소분류	기준
정신적 장애		지적장애	정신 발육이 항구적으로 지체되어 지적 능력의 발달이 불충분하거나 불완전하고 자신의 일을 처리하는 것과 사회생활에 적응하는 것이 상당히 곤란한 사람
		정신장애	지속적인 정신분열병, 분열형 정동장애, 양극성 정동장애, 반복성 우울장애에 따른 감정조절 · 행동 · 사고 기능 및 능력의 장애로 인하여 일상생활이나 사회생활에 상당한 제약을 받아 다른 사람의 도움이 필요한 사람
		자폐성장애	소아기 자폐증, 비전형적 자폐증에 따른 언어 · 신체표현 · 자기조절 · 사회적응 기능 및 능력의 장애로 인하여 일상생활이나 사회생활에 상당한 제약을 받아 다른 사람의 도움이 필요한 사람

(2) 특수교육법에 의한 분류

「장애인 등에 대한 특수교육법」(2016)에서 특수교육대상자로 분류하는 장애의 유형은 총 11가지로, 시각장애, 청각장애, 지적장애, 지체장애, 정서 · 행동장애, 자폐성장애, 의사소통장애, 학습장애, 건강장애, 발달지체, 그 밖에 대통령령으로 정하는 장애가 있다.

장애의 조기발견을 위하여 교육장 또는 교육감은 관할구역의 어린이집 · 유치원 및 학교의 영유아 또는 학생을 대상으로 수시로 선별검사를 하고, 문제가 있는 경우 각 가정에 통보해야 한다. 통보를 받은 부모는 전문기관에서 선별검사를 거쳐야 한다. 부모의 특수교육에 대한 요청이 있으면 학교는 아동의 건강검진 결과보고서 또는 진단서를 진단 · 평가하여 그에 적절한 특수교육을 제공하게 된다.

표 10-2 ● 특수교육 대상자 선정기준

특수교육대상자	선정기준
시각장애	시각계의 손상이 심하여 시각기능을 전혀 이용하지 못하거나 보조공학기기의 지원을 받아야 시각적 과제를 수행할 수 있는 사람으로서 시각에 의한 학습이 곤란하여 특정의 광학기구 · 학습매체 등을 통하여 학습하거나 촉각 또는 청각을 학습의 주요수단으로 사용하는 사람
청각장애	청력손실이 심하여 보청기를 착용해도 청각을 통한 의사소통이 불가능 또는 곤란한 상태이거나, 청력이 남아 있어도 보청기를 착용해야 청각을 통한 의사소통이 가능하여 청각에 의한 교육적 성취가 어려운 사람

(계 속)

특수교육대상자	선정기준
지적장애	지적 기능과 적응 행동 상의 어려움이 함께 존재하여 교육적 성취에 어려움이 있는 사람
지체장애	기능 · 형태상 장애를 가지고 있거나 몸통을 지탱하거나 팔다리의 움직임 등에 어려움을 겪는 신체적 조건이나 상태로 인해 교육적 성취에 어려움이 있는 사람
정서 · 행동장애	장기간에 걸쳐 다음 각 목의 어느 하나에 해당하여, 특별한 교육적 조치가 필요한 사람 가. 지적 · 감각적 · 건강상의 이유로 설명할 수 없는 학습상의 어려움을 지닌 사람 나. 또래나 교사와의 대인관계에 어려움이 있어 학습에 어려움을 겪는 사람 다. 일반적인 상황에서 부적절한 행동이나 감정을 나타내어 학습에 어려움이 있는 사람 라. 전반적인 불행감이나 우울증을 나타내어 학습에 어려움이 있는 사람 마. 학교나 개인문제에 관련된 신체적인 통증이나 공포를 나타내어 학습에 어려움이 있는 사람
자폐성장애	사회적 상호작용과 의사소통에 결함이 있고, 제한적이고 반복적인 관심과 활동을 보임으로써 교육적 성취 및 일상생활 적응에 도움이 필요한 사람
의사소통장애	다음 각 목의 어느 하나에 해당하여 특별한 교육적 조치가 필요한 사람 가. 언어의 수용 및 표현능력이 인지능력에 비하여 현저하게 부족한 사람 나. 조음능력이 현저히 부족하여 의사소통이 어려운 사람 다. 말 유창성이 현저히 부족하여 의사소통이 어려운 사람 라. 기능적 음성장애가 있어 의사소통이 어려운 사람
학습장애	개인의 내적 요인으로 인하여 듣기, 말하기, 주의집중, 지각, 기억, 문제해결 등의 학습기능이나 읽기, 쓰기, 수학 등 학업성취영역에서 현저하게 어려움이 있는 사람
건강장애	만성질환으로 인하여 3개월 이상 장기입원 또는 통원치료 등 계속적인 의료적 지원이 필요하여 학교생활 및 학업수행에 어려움이 있는 사람
발달지체	신체, 인지, 의사소통, 사회 · 정서, 적응행동 중 하나 이상의 발달이 또래에 비하여 현저하게 지체되어 특별한 교육적 조치가 필요한 영아 및 9세 미만의 아동

3 장애아동 및 가족이 겪는 어려움

1) 가정 내 갈등과 스트레스의 증가

장애아동의 문제는 아동 개인의 문제뿐만 아니라 가족구성원 전체의 심리적 안정과 결속에 위험요소로 작용할 수 있다. 장애아동이 있는 가정은 장애아동에 대한 수용의 어려움, 아동에 대한 적절한 대처지식과 능력의 결여, 아동에게 투하되는 시간적 · 경제적 · 정신적 한계와 보호능력의 탈진으로 인한 스트레스로 가족 긴장과 갈등을 공유하고 있는 등 여러 가지 문제로 고통을 당하고 있다(공계순 외, 2011).

장애아동의 출현은 가족구성원 간의 관계의 질에 부정적인 영향을 미치고 갈등과 불화의 원인이 될 수 있다. 장애아동에 대한 부모의 심리적 반응은 종교, 사회경제적 지위, 자녀의 장애정도, 장애에 대한 사전 지식 등에 따라 다르게 나타나지만 죄의식, 절망, 분노, 수치심, 슬픔 등의 감정은 누구에게나 나타나는 일반적인 반응이다. 그러나 이러한 감정을 적절하게 극복하지 못할 때 가족긴장과 갈등은 만성화되고 극단적인 경우 아동에 대한 유기나 가족해체가 일어날 수 있다.

장애아동 가족구성원들은 양가감정을 가지고 있으나 지속되는 것이 아니라 일생을 통하여 순환되며 반복된다. 장애아동에 대한 가족구성원들의 적응도 단번에 완성되는 것이 아니며, 부정적인 감정을 인정하고 개선해 나가려는 의지와 함께 긍정적인 해석으로 전환해 나가려는 노력이 요구된다. 이에 대해 가족들은 자신들의 부정적인 자세가 장애아동으로 인한 변화에 따른 가족의 적응에 전혀 도움이 되지 않음과 자신들의 솔직한 감정을 인정하는 것과 정상적인 건강한 반응임을 이해하는 것이 도움이 된다(김상용, 2007).

이처럼 장애아동을 양육하는 일은 부모의 많은 노력이 요구되는 일이며, 여기에 치료와 교육 등으로 경제적 어려움이 가중되기도 한다. 따라서 장애아동 뿐만 아니라 그 가족의 안정과 복지를 위해서는 심리적 · 사회적 · 교육적 · 경제적 측면에서의 지원과 서비스가 매우 필요하다고 할 수 있다.

2) 장애아동의 활동 제한

장애아동은 외부세계에 대한 적극적인 탐색이 제한되며 다른 일반아동에 비해 활동이나 선택이 제한받게 된다. 특히 신체적 장애를 가진 아동은 신체적 능력의 제한뿐만 아니라 치료상황이 주는 제한에 직면하게 될 것이며 다양한 경험을 시도할 수 있는 기회를 박탈당할 수도 있다.

장애아동은 또래친구들과 어울려 놀 수 있는 기회가 적고 따라서 친구를 사귀는데 어려움이 있다. 이러한 문제들은 장애아동이 아동기에 나타나는 발달이나 역할들을 제대로 수행할 수 없게 하며, 장애에 대한 적응도 현저히 감소되고 그로 인해 자아개념의 형성에도 부정적인 영향을 미칠 수 있다. 결과적으로 비장애 아동과의 상호교류가 적어지고 사회활동의 감소로 인해 사회에 재진입할 수 있는 기회를 상실하게 된다.

3) 비장애형제가 겪는 어려움

장애아동의 출현은 그의 형제자매에게도 많은 영향을 미치게 된다. 비장애아동은 부모가 장애형제에게 상대적으로 더 많은 관심을 보일 때 소외감을 느끼고 부모의 관심을 얻기 위해 퇴행행동을 보이는 경우도 있다. 또 장애형제를 돌보는 일에 있어 과도한 책임감을 부여받기도 하며, 부모의 장애자녀에 대한 실망감을 보상해주기 위해 과도한 성취압력에 시달릴 수도 있다.

때로는 장애형제와 자신을 과잉동일시하여 발달이 지체되는 경우도 발생하며, 장애에 대한 '전염성'에 대한 우려 혹은 자신이 장애아를 출산할지도 모른다는 미래에 대한 두려움을 갖기도 한다. 장애형제로 인해 당황함을 경험하며 수치심, 소외감, 외로움, 상실감, 분노, 책임감, 성취에 대한 압력을 느껴 가족관계에서 욕구불만을 경험하여 대인관계에서 어려움을 경험할 수 있다(정영선 · 조영숙, 2013).

그러나 모든 비장애형제가 부정적인 영향만을 받는 것은 아니며, 가족의 장애아동을 대하는 태도나 양육방식을 통해 긍정적인 영향을 받을 수도 있다. 또 장애형제를 돌보는 일에 지나친 책임감을 부여하지 않는 범위 내에서 비장애형제들에게 장애형제를 가르치거나 돌보는 일에 참여시키는 것은 부정적인 문제를 감소시킬 수 있는 한 방법이 된다.

최근에는 가족중심서비스의 개념이 강조됨에 따라 장애아동의 형제자매에 대한 관심이 높아졌다. 이들을 위한 다양한 지원프로그램이 개발되어 비장애형제가 정서적 · 심리적으로 겪을 수 있는 부정적인 감정을 완화시켜 줄 필요가 있다.

표 10-3 ● 비장애형제에게 미치는 영향

긍정적 영향	부정적 영향
• 성숙 • 책임감 • 개인 간의 차이 수용 • 자아의식 함양 • 사회적 유능감 • 인내 • 성실함 • 통찰력 • 감사하는 마음 • 관용적	• 장애형제자매와 자신을 과잉동일시 • 친구관계에서의 어려움 • 죄의식, 수치심 • 소외감, 외로움, 상실감 • 위축 • 욕구불만 • 가족상황에 대한 분노 • 가중된 책임감 • 성취에 대한 지나친 압력 • 장애형제를 대신하여 성공하려는 심리적 부담감

4) 경제적 어려움

장애아동의 가족은 부모의 경제활동의 제약과 지속적인 의료비 지출 등으로 경제상태가 악화되기 쉽다. 장애아동의 출현은 가족 역할의 재구조화와 함께 부모 중 한사람이 아동의 양육과 치료를 전담해야할 때 직업생활의 유예와 함께 가족수입이 경감된다. 한편으로 기본적인 양육비 외 추가지출로 의료비, 특수치료비, 교통비, 보장구 구입비, 보호·간병비 등이 발생하게 된다.

경제적 어려움로 인해 장애아동이 학교를 중도 포기하거나 치료시기를 놓치게 되는 경우도 있다. 경제적 어려움으로 인해 적절한 치료와 교육을 받지 못하고 방치되는 경우, 이는 장애의 정도를 심화시키고 재활의 가능성과 기회를 축소시킴으로써 사회적으로도 커다란 손실을 초래할 수도 있다.

장애아동가정은 양육에 있어 경제적 부담이 매우 큰 것으로 나타나고 있지만 장애아동을 양육하는 가정의 추가비용 보전에 있어서 기초생활보호대상자 및 차상위계층 이하의 장애아동가정으로 지원대상을 소득기준으로 제한하고 있을 뿐만 아니라 지원수준도 장애로 인한 추가 소요 비용에 미치지 못하는 실정이다. 특히 장애아동을 둔 부모는 비장애아동의 부모에 비해 맞벌이를 통한 경제적 자립의 기회가 적기 때문에 소득 대비 지출이 높은 이유로 경제적인 어려움을 겪게 된다.

4 장애아동의 현황

1) 장애아동 현황

우리나라 장애아동의 현황을 2017년 장애인 실태조사를 근거로 살펴보면, 2017년 장애 추정 인구수는 267만 명으로 장애 출현율은 5.39% 이며, 등록 장애인 수는 2,545,637명으로 장애 등록률은 94.1%이었다. 0세~17세까지의 장애아동은 72,260명으로 전체 장애인의 4% 미만으로 집계되었으며, 이 중 남아가 47,272명, 여아는 25,048명으로 남아의 장애출현율이 여아의 장애출현율보다 높게 나타났다. 또한 연령 증가에 따라 장애출현율이 높아지는 경향이 있으며, 이는 연령 증가에 따른 후천적 장애의 증가를 의미한다고 볼 수 있다.

표 10-4 ● 0세~17세 등록 장애인 수

연령	계	남자	여자
0세	46	34	12
1세	517	287	230
2세	1,157	649	508
3세	1,640	970	670
4세	2,313	1,440	873
5세	3,310	2,189	1,121
6세	4,637	3,176	1,461
7세	4,835	3,307	1,528
8세	4,365	2,963	1,402
9세	4,436	2,981	1,455
10세	4,927	3,301	1,626
11세	4,288	2,813	1,475
12세	4,481	2,911	1,570
13세	4,979	3,266	1,713

(계 속)

연령	계	남자	여자
14세	5,503	3,528	1,975
15세	5,981	3,886	2,095
16세	6,699	4,337	2,362
17세	8,146	5,174	2,972
합계	72,260	47,212	25,048

출처 : 보건복지부(2018)

실제로 장애 발생원인을 살펴보았을 때 사고 혹은 질환 등 후천적 원인에 의해 발생하는 비율이 높으며, 이는 2017년 실태조사 기준 88.1%를 차지하고 있다. 따라서 후천적 장애가 발생하지 않도록 사전예방을 위한 장애예방사업에 중점을 둔 지원이 이루어져야 할 것이다.

표 10-5 ● 장애 발생원인

구분	2005년	2011년	2014년	2017년
선천적 원인	4.0	4.6	4.7	5.1
출산 시 원인	0.7	0.9	1.3	1.4
후천적 원인	89.0	90.5	88.9	88.1
질환	52.4	55.1	56.2	56.0
사고	36.6	35.4	32.7	32.1
원인불명	6.3	4.0	5.1	5.4
계	100	100	100	100

2) 보육 및 교육현황

장애아전담보육시설 현황과 장애아동발달재활사업의 현황을 살펴보면, 장애아전담보육시설은 꾸준히 증가하고 있는 추세이지만 여전히 장애아동을 보육할 장애아전담보육시설은 부족한 실정이다.

장애아전문어린이집은 「장애아동복지지원법」 제 32조에 따라 이에 준한 요건을 갖추고, 상시 12명 이상 장애아(단, 미취학 장애아 9명 이상 포함)를 보육하는 시설 중 지방자치단체가 지정한 시설을 말한다. 장애아통합어린이집은 장애아전담교사를 배치하고 정원의 20% 이내에서 장애아 종일반을 편성하여 운영하거나 미취학 장애아를 3명 이상 통합보육하고 있는 어린이집으로 시·군·구가 지정한 시설을 말한다. 장애아전문어린이집이 꾸준히 증가하고 있으며 장애아통합시설의 경우 2004년 이후 756개소가 증가하는 등 장애아 통합보육이 활성화되고 있다.

표 10-6 ● 장애아전문·통합시설 현황

	2008	2009	2010	2011	2012	2013	2014	2015	2016
장애아전문시설	160	168	166	169	171	172	174	175	177
장애아통합시설	756	806	810	815	836	867	872	899	911
계	916	974	976	984	1,007	1,039	1,046	1,074	1,088

출처: 보건복지부(2017). 보육통계

또한 장애아동에 대한 발달재활서비스의 지속적 확대 등에 따라 2011년 56.0%에서 2014년 62.5%, 2017년 69.4%로 재활치료서비스 이용률이 증가하고 있는 추세이다.

표 10-7 ● 장애아동 재활치료서비스 이용률

2011년도	2014년도	2017년도
56.0	62.5	69.4

3) 특수교육대상자 현황

교육부에서 조사한 2017 특수교육통계의 연도별 특수교육대상자 현황에 따르면 특수교육대상자가 특수학교 및 특수교육지원센터와 비교해서 일반학교를 다니고 있는 비율이 높게 나타났다.

표 10-8 ● 연도별 특수교육대상자 배치 현황

연도	특수학교 및 특수교육지원센터	일반학교	계
2013	25,522 (29.5)	61,111 (70.5)	86,633 (100.0)
2014	25,827 (29.6)	61,451 (70.4)	87,278 (100.0)
2015	26,094 (29.6)	61,973 (70.4)	88,067 (100.0)
2016	25,961 (29.5)	61,989 (70.5)	87,950 (100.0)
2017	26,199 (29.3)	63,154 (70.7)	89,353 (100.0)

출처: 교육부(2017). 2017 특수교육통계

특수학급의 현황은 초등학교에 많은 인원과 학급 수가 배치되었는데, 상대적으로 유아기에 해당하는 유치원의 학급 수와 학생 수는 적은 것으로 나타났다.

또한 일반학급에서 통합교육을 실시하고 있는 곳에서도 특수학급이 있는 곳과 유사하게 초등학교에서 많은 인원의 장애학생들이 통합학급반에서 일반아동들과 함께 교육을 받고 있음을 알 수 있다. 유아기에 장애를 가진 아이들이 다니는 일반 유치원의 학급 수와 유아 수는 적은 것으로 나타났다.

표 10-9 ● 특수학급 현황

과정별	학교 수	학급 수	학생 수	교원 수
유치원	714	731	2,763	742
초등학교	4,192	5,281	22,400	5,286
중학교	1,811	2,364	10,256	2,378
고등학교	1,065	1,916	11,928	2,192
전공과	17	33	217	60
계	7,799	10,325	47,564	10,658

출처: 교육부(2017). 2017 특수교육통계

2017년 장애인 실태조사 결과에 따르면, 향후 보육·교육 시 가장 필요한 것으로 20.8%가 장애아전담보육시설 확대를 꼽았고, 다음으로 장애아동발달재활사업 확대(19.9%), 특수교육 보조인력 증원(12.4%), 교사의 전문성 확보(9.4%)인 것으로 나타났다.

표 10-10 ● 향후 보육·교육 시 가장 필요한 것

구분	비율
장애아전문보육시설 확대	20.8
장애아동발달재활서비스 확대	19.9
교육도구나 기자재 사용 시 편리성 확보	3.4
교사의 전문성 확보	9.4
특수교육 보조인력 증원	12.4
교사 및 교육기관의 확대	7.4
학교 내 편의시설 확대	2.5
등하교 편리성 지원	3.8
교육에 대한 충분한 정보 제공	8.0
고등교육지원 강화	3.0
부모교육 상담지원	1.1
교육비 부담 감소	8.4
기타	-
계	100.0

출처 : 보건복지부·한국보건사회연구원(2018). 보육통계

5 장애아동을 위한 복지서비스

장애아동을 위한 복지사업은 장애의 예방과 조기발견 및 진단, 특수교육 및 상담과 사회적 지원체계 연계 등의 서비스를 제공하는 것이다. 이 사업의 궁극적인 목적은 장애아동이 가지고 있는 잠재력을 최대한 개발하여 정상적인 생활이 가능하도록 원조하는 데 있다. 특히 서비스로서 장

애아동을 위한 조기대응은 아동의 장애를 최소화하고 치료효과를 높일 수 있으며, 교육과 재활의 기회를 통해 비장애인과 동등하게 사회에 적응할 수 있는 기회를 제공할 수 있다는 점에서 의미가 있다.

장애아동을 위한 복지서비스는 각 아동이 가진 발달상의 특수성과 장애의 정도 및 특성을 고려하여 이들의 발달을 보장하고 사회적 능력을 고양시켜 비장애인과 다름없이 사회생활을 영위할 수 있도록 하는데 의의가 있으며, 장애아 가족의 지원을 통해 가족기능을 회복시켜주고, 국가 및 사회에 기여하는 인적 자원을 양성한다는 점에서 의의가 있다. 여기서는 장애아동에 대한 복지서비스를 생활지원서비스, 의료·재활지원서비스, 보육·교육지원서비스로 나누어 살펴보고자 한다.

1) 생활지원 서비스

(1) 장애아동수당

장애아동수당은 아동이 최소한의 생활을 유지할 수 있도록 보호자에게 경제적 지원을 하는 정책으로, 보호자의 경제적 수준 및 장애아동의 장애 정도를 고려하여 매월 일정 금액을 수당으로 지급하는 제도이다.

장애아동수당은 18세 미만의 등록 장애인 중 「국민기초생활보장법」에 의한 기초생활수급자 및 차상위계층을 대상으로 지급한다. 서비스의 내용은 두 가지로 나눌 수 있는데, 중증장애아동수당과 경증장애아동수당이다. 중증장애아동수당에서 국민기초생활보장 생계 또는 의료급여수급자는 2018년 2월 기준으로 월 20만 원을 지급받고, 국민기초생활보장 주거 또는 교육급여 수급자와 차상위계층은 월 15만 원을, 보장시설 수급자는 월 7만 원을 지원받는다. 경증장애아동수당에서 국민기초생활보장 생계 또는 의료급여 수급자는 월 10만 원을, 국민기초생활보장 주거 또는 교육급여수급자와 차상위계층은 월 10만 원, 보장시설 수급자는 월 2만 원을 지원받는다.

표 10-11 ● 장애아동수당

구분	생계 또는 의료급여 수급자		주거 또는 교육급여 수급자		차상위계층		보장시설 수급자 (생계 또는 의료)	
	중증	경증	중증	경증	중증	경증	중증	경증
지원금 (1인/월)	20만 원	10만 원	15만 원	10만 원	15만 원	10만 원	7만 원	2만 원

- 중증장애인 : 1~2급 장애인, 3급 중복장애인
- 경증장애인 : 3~6급 장애인

출처 : 중앙장애아동 · 발달장애인지원센터(http://www.broso.or.kr)

(2) 아동양육지원사업

장애아가족 아동양육지원사업은 상시적인 돌봄이 요구되는 장애아가정의 돌봄 부담을 줄이고 보호자의 정상적인 사회활동을 돕기 위해 지역사회 내 자원봉사자 등을 돌보미로 활용함으로써 일시적인 돌봄서비스를 제공하거나 장애아동 가족대상의 상담, 모임 등 휴식지원프로그램을 제공하는 사업이다.

① 돌봄서비스

장애아동 돌봄서비스의 지원대상은 만 18세 미만의 1~3급 장애아동과 거주하는 전국가구평균소득 100% 이하 가정으로, 맞벌이가구의 경우 맞벌이 합산소득 25%를 감액적용하며, 소득의 판별근거는 국민건강보험 납부액을 기준으로 하고 있다.

② 휴식지원프로그램

휴식지원프로그램은 소득기준에 상관없이 만 18세 미만의 모든 장애아가족이 포함되며, 돌봄서비스를 받지 않는 가정도 참여할 수 있으며, 돌봄서비스를 받는 가정을 우선적으로 지원한다.

표 10-12 ● 장애아가족 양육지원사업의 지원내용

구분	지원내용
돌봄 서비스	• 양육자의 질병, 사회활동 등 일시적 돌봄서비스 필요시 일정한 교육과정을 수료한 돌보미를 파견하여 장애아동 보호 및 휴식지원 • 아동의 가정 또는 돌보미가정 등에서 돌봄서비스 제공 • 1아동당 연 480시간 범위 내 지원(특별한 경우 연장 가능)하며 선정 가정이 사용하지 않은 잔여시간은 추가 선정하여 지원 특별한 경우의 예 : 한부모가정, 조손가정, 장애부모가정, 다자녀(자녀 3인 이상)가정, 출산모가정, 맞벌이가정, 양육자 질병 및 사고로 인한 입원가정 등 지방자치단체별 다양하게 적용 가능
휴식지원 서비스	• 가족관계 회복 및 돌봄노동 분담을 위해 장애아가족 문화 · 교육프로그램, 휴식, 박람회, 가족캠프 등 휴식지원프로그램 운영 • 돌보미를 통한 장애아가족 상담서비스, 생활지도 등 제공 및 자조모임결성지원 등을 통해 양육의 어려움 경감, 정보 공유 등 • 가족휴식지원 및 가족역량강화프로그램 확대 : 가족상담(치료)프로그램, 가족교육프로그램(부모교육, 비장애형제자매교육, 가족관계 개선 등)

출처 : 보건복지부(2016)

(3) 장애인 거주시설서비스

장애인 거주시설은 거주공간을 활용하여 일반가정에서 생활하기 어려운 장애인에게 일정기간 거주 · 요양 · 지원 등의 서비스를 제공하는 동시에 지역사회생활을 지원하는 시설이다. 즉 장애인이 필요한 기간 동안 생활하면서 재활에 필요한 상담, 치료, 훈련 등의 서비스를 받아 사회복귀를 준비하거나 장기간 요양하는 시설을 말한다. 거주시설에는 장애유형별 거주시설과 장애인 단기거주시설, 장애인 공동생활가정 등이 있다.

장애유형별 거주시설은 장애유형이 같거나 유사한 장애를 가진 사람들을 대상으로 주거 · 일상생활 · 지역사회생활 등의 서비스를 제공하는 시설로, 지체 · 뇌병변장애인 거주시설, 시각장애인 거주시설, 청각 · 언어장애인 거주시설, 지적 · 자폐성장애인 거주시설이 있다.

단기거주시설은 보호자의 일시적 부재 등으로 도움이 필요한 장애인에게 단기간 주거서비스, 일상생활지원서비스, 지역사회생활서비스를 제공하는 시설이다. 공동생활가정은 스스로 사회에 적응하기 곤란한 장애인들이 장애인복지 전문인력에 의한 지도와 보호를 받으며 공동으로 생활하는 지역사회 내의 소규모 주거시설이다. 또 장애영유아 거주시설은 6세 미만의 장애영유아를 입소 또는 통원하게 하여 보호함과 동시에 재활에 필요한 의료·교육·심리·사회 등 재활서비스를 제공한다.

(4) 장애인활동지원

장애인활동지원제도는 신체적·정신적 장애로 일상생활과 사회생활을 하기 어려운 중증 장애인에게 활동지원서비스를 제공함으로써 자립생활과 사회참여를 지원하고, 그 가족의 부담을 줄임으로써 장애인의 삶의 질 향상을 목적으로 한다.

장애인활동지원은 만 6세~만 64세의 「장애인복지법」상 등록된 1급에서 3급 장애인 중 활동지원인정조사표에 의한 방문조사 결과 220점 이상(활동지원등급 4등급 이상)인 장애인을 대상으로 한다. 지원되는 서비스는 활동보조, 방문목욕, 방문간호가 있다.

표 10-13 ● 장애인활동지원서비스 유형

유형	내용	제공인력
활동보조	활동보조인이 신체활동, 가사활동, 사회활동지원, 기타 서비스 제공	활동지원사
방문목욕	요양보호사가 목욕시설을 갖춘 장비를 이용, 수급자의 가정 등을 방문하여 목욕서비스 제공	요양보호사
방문간호	방문간호사가 수급자 가정을 방문하여 간호서비스 제공	방문간호사

(5) 발달장애인 부모상담지원

발달장애인(「장애인복지법」에 근거한 지적·자폐성장애인) 부모상담지원은 과중한 양육부담을 안고 있는 발달장애인 부모에게 집중적인 심리·정서적 상담서비스를 제공하여 우울감 등 부정적 심리상태를 완화시켜 궁극적으로 가족의 기능 향상을 목적으로 한다.

발달장애인 부모상담지원은 발달장애 자녀를 가진 부모 및 보호자를 대상으로 전국가구 평균소득 150% 이하인 경우에 지원된다. 상담서비스는 개별 및 집단의 형태로 지원되며, 1인당 월 16만 원을 바우처로 12개월간 지원된다. 특별한 경우(대상자의 요청, 상담사의 의견, 심리 · 정서검사 등 확인절차 필요) 최대 12개월까지 연장될 수 있다.

2) 의료 · 재활지원서비스

(1) 발달재활서비스

발달재활서비스는 정신적 · 감각적 장애아동의 인지, 의사소통, 적응행동, 감각 · 운동 등의 기능 향상과 행동발달을 위한 지원서비스이다. 지원대상은 만 18세 미만의 시각 · 청각 · 언어 · 지적 · 자폐성 · 뇌병변 장애아동으로 소득기준이 전국가구 평균소득의 150% 이하의 가구에 해당되어야 한다. 장애인 등록이 안 된 만 6세 미만의 영유아는 발달재활서비스 의뢰서, 검사결과서 및 검사자료로 대체 가능하다.

발달재활서비스를 받는 아동은 매월 발달서비스 바우처를 지원받으며, 이를 통해 언어 · 청능, 미술, 음악, 행동, 놀이, 심리, 감각, 운동 등 발달재활서비스를 선택하여 이용할 수 있다.

(2) 특수교육대상자 치료지원서비스

특수교육대상자 치료지원서비스는 장애자녀를 둔 가정의 치료비 부담을 경감시키고 특수교육대상 학생들에게 일정금액의 치료비를 지원하는 것이다. 서비스는 유치원~고등학교 특수교육대상자 중 단위학교 개별화교육지원팀의 심의를 거쳐 선정되었거나 특수교육지원센터의 치료지원 진단 · 평가를 통해 선정된 자 등을 대상으로 이루어진다.

치료지원서비스는 특수교육대상자 중 치료지원을 원하는 사람에 한해 지원된다. 즉 특수교육대상자가 치료지원을 희망하면 진단평가를 실시하여 대상자를 선정한다. 대상자로 선정되면 병원, 장애인복지관, 치료실 등에서 물리치료, 작업치료, 음악치료, 미술치료 등의 다양한 바우처서비스를 지원받을 수 있다.

(3) 장애인 의료비지원

장애인 의료비지원은 저소득 장애인이 안정적이고 건강한 생활을 영위할 수 있도록 의료비를 지원하는 사업으로 의료급여 2종 수급권자인 등록장애인이거나 건강보험의 차상위 본인부담 경감대상자인 등록장애인(만성질환자 및 18세 미만 등록 장애인)을 지원한다. 지원내용은 진료, 검사, 조제 관련 지원과 보장구 관련 지원이 있다. 장애인 의료비는 장애인에게만 지원되고 장애인과 세대를 같이하는 비장애인에게는 지원하지 않으며, 지원대상자가 의료기관을 이용할 때 발생하는 본인 부담금의 일부 또는 전액을 지원받을 수 있다.

한편 미숙아·선천성 이상아에 대한 의료비지원이 이루어지고 있는데, 이는 미숙아와 선천성 이상아에 대한 의료비지원을 통해 과다한 의료비 지출로 치료를 포기함으로써 발생하는 장애 및 영아 사망을 예방하기 위한 것이다. 지원대상은 전국 월평균가구소득 150% 이하의 미숙아 출산가정, 다자녀 가구에서 출생한 미숙아 및 선천성 이상아인 경우 소득수준에 관계없이 지원을 받는다.

(4) 보조기구지원사업

장애아동의 학습과 일상생활의 활동에 필요한 보조기구를 교부·대여 또는 수리하거나 구입 또는 수리에 필요한 비용을 지원하는 서비스이다. 지원내용으로 장애인 보장구지원, 장애인 보조기구지원, 정보통신보조기기지원이 있다.

장애인 보장구지원은 장애인의 생활 안정과 의료보장을 위해 보장구 구입 시 본인부담금을 지원하는 것이다. 지원대상은 등록장애인 중 건강보험대상자와 의료급여 수급권자이다. 지원내용은 장애의 종류와 필요에 따른 의사의 진단에 따라 결정한다.

장애인 보조기구지원은 저소득 장애인의 생활능력 향상 및 복지증진을 위해 장애인보조기구를 교부해주는 서비스이다. 지원대상은 지체 · 뇌병변 · 심장 및 시각 · 청각 등록장애인, 기초생활수급자 및 차상위계층에 속한 자이다.

정보통신보조기기 지원서비스는 장애인의 생활안정 및 의료보장을 위해 정보통신보조기기를 보급하는 일이다. 지원대상은 등록장애인이며, 지원내용은 보조기기 제품가격의 80%를 지원하며 기초생활보장수급자 및 차상위계층 장애인은 개인부담금의 50%를 할인해 준다.

3) 보육 · 교육지원서비스

(1) 장애아 보육료지원

장애아동의 양육지원과 부모의 경제적 부담을 경감시키기 위해 장애인복지카드를 소지한 만 12세 이하 장애아동을 대상으로 보육료를 지원하고 있으며, 다음의 경우에도 예외적으로 지원을 받을 수 있다.

- 「장애인 등에 대한 특수교육법」에 따라 특수교육대상자로 선정된 만 3~8세 아동이 특수교육대상자 진단평가 결과 통지서를 제출한 경우
- 취학연령이 되었음에도 부득이하게 질병 등의 사유로 일반 초등학교 및 특수학교에 취학하지 못한 장애아동
- 장애인복지카드 또는 특수교육대상자 진단평가 결과 통지서를 미소지한 만 5세 이하 영유아가 장애소견이 있는 의사진단서를 제출한 경우

(2) 장애아 교육비지원

장애영유아 무상교육은 장애영유아의 장애 중증화 예방과 적합한 발달을 위해 조기교육을 무상으로 지원하는 서비스이다. 지원대상은 특수교육대상자로 선정된 만 3세 미만의 영아, 특수교육대상자로 선정된 만 3~5세 아동이다. 특수교육대상자는 특수교육지원센터에서 진단·평가를 받아야 선정 가능하다.

지원내용으로 첫째, 특수학교의 유치원과정, 영아학급 또는 특수교육지원센터에서 교육 제공(의료기관, 복지시설, 가정 등에 있는 영아에게는 순회교육 제공), 둘째, 기본생활습관, 인지, 언어, 대소근육 운동, 사회성 등의 영역에서 발달특성에 맞는 개별화된 교육 무상지원, 셋째, 입학금, 수업료, 교과용 도서대금 등 면제(그 외 학교운영지원비, 통학비, 현장·체험학습비 등 예산범위 내 지원)받는다.

CHAPTER 11

영유아보육아동

1 영유아보육서비스의 이해

1) 보육서비스의 개념

보육의 개념은 사회 발전이나 생활수준의 향상과 더불어 변화되어 왔다. 「영유아보육법」이 제정되기 이전 시기에는 빈민을 구제하거나 여성의 노동력을 확보하는 차원에서 시작되었으나, 차츰 모든 계층의 영유아를 대상으로 하여 가족의 교육기능을 지원하고, 어린이의 삶의 질을 높이려는 방향으로 변화해가고 있다. 이는 보육의 주체가 되는 아동의 전인적 성장, 발달을 위해서는 의료, 보건, 안전한 환경뿐만 아니라 교육을 함께 강조해야 한다는 인식이 확산된 결과이다.

보육의 개념은 종전의 탁아의 개념에서 출발하였다. 아동을 위탁한다는 의미의 '탁아(託兒)는 아동이 그의 가정에서 정상적인 양육을 받기 어려운 경우 하루 중 일정 시간동안 타인이나 기관에서 보호와 양육서비스를 제공받는 것을 의미한다. 보육에 대한 초기의 개념은 부모의 부호 역할을 보충·보완하는 서비스로서의 성격에 초점을 두고 있다. 즉, 보육서비스는 "여러 가지 이유로 낮 동안 그들의 친부모가 아닌 다른 사람들에 의해서 보호를 받아야 하는 아동들에게 주어지는 보호(Frederickson, 1957)"라고 정의하였다. 「영유아보육법」에서는 "영유아를 건강하고 안전하게 보호·양육하고, 영유아의 발달 특성에 맞는 교육을 제공하는 어린이집 및 가정양육 지원에 관한 사회복지서비스"로 정의하고 있으며(보건복지부, 2011), "좋은 보육서비스란 교육적 지도, 건강서비스, 아동의 전인적인 성장과 발달지원, 아동과 그 가족이 필요로 하는 사회적 서비스를 제공하며 아동을 안전하게 보호하여 그들 부모들이 풍요로운 가정생활을 유지하도록 도와주는 데 있다(Costin, 1972)"고 정의되어 보육을 부모 및 가정의 필요에 부응하는 서비스에 초점을 도고 규정하기도 하였다. 즉, 영유아보육서비스는 부모와 가정의 필요에 의해서만이 아니라 점차 아동의 성장 및 발달과 교육뿐만 아니라 아동 최우선의 원칙에서 아동의 입장과 아동의 권리에 대한 인식을 바탕으로 개념이 정의되어야 한다. 따라서 보육서비스는 부모 및 가정의 복지증진과 아동 자신의 발달과 복지를 위해 보육의 전문가가 아동의 발달과 욕구에 적합한 보호 및 교육 서비스를 제공하는 것으로 정의할 수 있다.

2) 영유아보육서비스의 목적

영유아보육서비스는 빈곤한 맞벌이 부부의 가정에서 방치되는 아동을 위험으로부터 안전과 보호로부터 출발하여 점차 기능상 취약해진 가정의 양육 및 보호 기능을 보완하는 역할을 담당하였다(이순영 외, 2009). 구체적으로 부모에 의한 양육과 보호를 보충하는 서비스로서 보육서비스를 필요로 하는 상황은 다음과 같은 경우를 들 수 있다(장인협, 오정수, 2001).

첫째, 부모가 모두 직장에서 일을 할 경우 보육서비스를 통해 부모가 일을 하는 동안 수행하지 못하는 부모의 역할 기능을 보충해 준다.

둘째, 아동이 정신적·신체적 혹은 정서적 장애를 지니고 있어서 항상 무거운 부담이 되고 있는 경우 부모를 위해 보육서비스가 도움이 될 수 있다.

셋째, 부모와 자녀 간의 관계에 장애가 있는 경우 일시적인 해결책으로 제공될 수 있다.

넷째, 어머니나 아버지가 사망했거나 오랫동안 병원에 입원해 있을 경우 홈메이커서비스에 대한 대안으로 제공될 수 있다.

다섯째, 심각하게 박탈당한 가정환경에 대한 치료도구로 활용될 수 있다.

특히, 영유아는 그 시기 자체가 중요한 생의 한 부분이다. 영유아의 정서적 · 신체적 · 지적 · 도덕적 측면에서의 조화로운 발달을 통한 전인적인 성장의 아동으로서의 발달을 목표로 하는 프로그램을 제공해야 할 것이다.

세계적으로 교육과 복지를 종합하여 프로그램을 개발하여, 적용하고 있는 대표적인 사례로 미국의 헤드스타트(Head start)프로그램을 들 수 있다. 이 프로그램은 교육, 건강, 사회복지, 부모참여 서비스를 포함하고 있다.

우리나라 「영유아보육법 시행규칙」 제1조에서 보육은 "영유아의 심신을 보호하고 건전하게 교육하여 건강한 사회구성원으로 육성"하는 데 목적이 있다고 제시되어 있으며, 「영유아보육법 시행규칙」 제23조에는 보육시설에서는 교육, 건강, 안전, 부모에 대한 서비스, 사회화와 교류 등의 여섯 가지 영역을 통합한 프로그램을 다음과 같이 구성, 운영토록 하고 있다.

① 영유아의 신체적 · 사회적 · 지적 및 언어적 발달과 자기존중감 발달
② 균형 있는 영양 공급 및 올바른 식습관 지도
③ 신체적 · 정서적 건강뿐만 아니라 가족 및 지역사회의 건강 증진
④ 스스로 자신의 안전을 보호할 수 있는 능력과 기술의 발달
⑤ 부모 참여, 부모 교육 등을 통한 보육 효과의 증대
⑥ 영유아, 가정, 지역사회 모두의 복지 증진

이상과 같이 영유아보육서비스는 아동의 신체적 보호뿐만 아니라 교육, 영양, 건강, 안전에 대한 균형 잡힌 서비스의 제공을 구체적인 목표로 제시하고 있다.

3) 영유아보육서비스의 필요성

경제성장과 더불어 사회 패러다임의 변화는 도시화, 산업화, 정보화, 다양한 가족의 증가 등 자녀양육과 교육에 대한 욕구가 점점 더 심각하게 제기되고 있다. 영유아 보육서비스의 필요성으로 첫째, 부모역할에 대한 가치관의 변화, 둘째, 여성의 경제활동 증가, 셋째, 출산율 저하, 넷째, 가족구조와 기능의 변화 등을 들 수 있다.

(1) 가치관의 변화

현대사회에서 부모는 전통적인 부모역할에서 벗어나 경제적 자립과 자아실현의 욕구가 강해지고자 하는 의식의 변화이다. 자신을 계발하고 자아실현을 하는 것이 부모 자신은 물론 자녀들에게도 좋은 영향을 미친다고 생각하여 취업모가 늘어나고 있으며, 취업을 하지 않은 경우에도 자신의 자아실현이나, 사회봉사활동 등의 다양한 사회생활에 참여하게 됨으로써 가정의 기능이 자녀양육을 대신해 줄 사회적 제도가 요구되었다(강란혜, 2006). 이러한 변화로 현대의 부모는 자녀양육이 전적으로 부모의 책임이라는 생각에서 국가와 사회가 지원하여야 한다는 국민의식로 변화하게 되었다. 이렇듯 부모 역할에 대한 사회적 가치의 변화는 자기개발을 위한 시간 확보를 위해 보육서비스를 이용하려는 가정이 늘어났다.

(2) 여성의 경제활동 참여 증가

우리나라 여성의 경제활동 참여율은 꾸준히 증가하고 있으며, 미혼여성의 일시적인 경제활동이 아닌 결혼 후에도 지속적인 사회생활의 참여로 인해 기혼여성의 취업률 또한 증가하고 있는 추세이다. 특히 취업모는 가사 및 육아부담과 직장생활을 병행하는데 있어 많은 어려움을 경험하고 있으며, 이 중에서 가장 큰 문제로 자녀양육이 지적되고 있다. 취업모의 경제활동과 자녀양육 및 교육문제 해결을 위한 보육시설의 필요성을 다시 한 번 부각시키는 것이라 하겠다(김봉남, 2015).

(3) 저출산 고령화

2018년 우리나라 합계출산율(여성인구 1명이 평생동안 낳을 것으로 예상되는 평균 출생아 수)은 0.98명으로 1.0명의 벽이 깨진 것으로 나타나 초저출산의 심각한 사회문제로 대두되고 있다. 추가 자녀를 갖지 않는 것은 육아휴직의 어려움, 양육비 및 사교육비에 대한 부담, 보육시설의 미비 등의 여러 가지 원인을 들 수 있다. 출산율의 저하는 곧 노동력의 부족현상을 초래하고, 사회보장비용 부담의 증가로 이어지게 된다. 따라서 보육시설의 확충을 통해 시급한 문제의 개선은 물론, 임신 · 출산 · 육아를 사회가 함께 책임지는 근본적인 대책이 필요하다.

(4) 가족구조와 기능의 변화

전통적인 대가족 구조에서 핵가족으로의 변화는 가족의 기능과 가족구성원의 역할, 가족 수 및 가치관의 변화를 초래했다. 전통적 대가족제도하에서는 조모나 형제, 자매를 통한 아동양육의 지원이 가능했으나, 핵가족화된 현 가족현상에서는 아동양육에 대한 지원을 가정 외에서 찾아야 하는 현실에 이르렀다. 또한 최근 이혼, 사별 등으로 인한 한부모 가족이 늘어남에 따라 아동의 양육문제는 가정에만 의존할 수 없는 상황이 되었다. 이와 같이 가족구조의 변화는 가치관의 변화나 삶의 양식변화 등과 맞물려 가정과 연계된 국가적 차원의 보육서비스를 필요로 하게 된다.

2 영유아보육서비스의 개념과 기능 발전과정

1) 영유아 보육정책의 개념과 기능

보육정책이란 보육에 관하여 국가 차원에서 수립하는 공익을 위한 정부 및 공공기관의 미래지향적인 활동방침으로, 영유아와 가정이 도움을 필요로 할 때 국가가 조직적이고 적극적으로 개입하여 보호와 교육을 합리적으로 조화시켜 영유아가 건전한 사회구성원으로 성장할 수 있도록 돕기 위한 모든 활동을 의미한다.

현대사회에서 의미하는 보육정책이란 부모의 여러 사유로 인해 영유아를 돌볼 수 없게 된 경우뿐만 아니라 영유아의 성장발달을 위해 영유아의 보호자가 그 역할을 타인에게 위임하는 것을 법으로 정한 기준에 의거하여 정부 및 공공기관의 역할이 제대로 수행될 수 있도록 개입하는 모든 활동이라 할 수 있다(김기신, 2010).

김익균(2005)은 보육정책의 기능을 다음과 같이 여섯 가지로 분류하여 설명하였다.

첫째, 예방적 기능으로 사회발전이나 경제개발의 역기능 현상으로 나타나는 부정적 요소들에 대처하는 예방적 기능을 의미한다. 즉, 영유아에게 지·덕·체가 겸비된 보다 나은 인격형성을 위해 심신발달에 위험을 주는 경제적, 사회적, 심리적, 기타환경적인 장애로부터 보호하고, 그들의 건전한 발육을 위하여 모든 가능한 시설과 기회를 제공한다.

둘째, 광범위한 아동복지의 기능으로 낮 동안 보호자가 가정에서 영유아를 양육할 수 없거나 영유아가 장애를 가지고 있을 때 혹은 거주 지역의 환경이 아동의 건강한 성장에 부적절한 요인을 가지고 있을 때 가정을 대신하여 아동을 보호하는 기능을 수행함으로써 아동복지의 증진을 촉진한다.

셋째, 조기교육의 기능이다. 보육사업과 아동복지의 보편주의 이념에 따라 의도적이고 조직적으로 영유아의 지적, 정신적, 신체적 발달을 촉진시켜 줄 수 있는 바람직한 경험이나 활동이 포함된 교육적 프로그램의 제공을 통하여 아동 조기교육 효과를 도모한다.

넷째, 가족복지의 기능으로서 부모의 역할수행에 어려움이 있는 가정에 대해 자녀교육, 일반교육, 육아 상담서비스와 지역 사회 자원의 적절한 활용방법을 제공해줌으로써, 부모의 기능회복 촉진과 영유아의 원만한 성장을 도모하여 가족복지를 증진시킨다.

다섯째, 장애아동 및 특수아동을 위한 기능이다. 정상아동뿐 아니라 정서, 심신, 행동장애 등 특수한 문제를 지닌 아동들에게도 그들의 욕구에 맞는 다양하고 개별적인 프로그램을 개발하여 지원해 줌으로써 결핍 환경의 아동을 위한 보상적 조기교육 기능 및 특수문제 아동 나아가 아동의 건전한 신체적·정서적 성장발달을 돕는 좋은 집단경험의 장으로 서비스 기능을 담당한다.

여섯째, 지역사회 연계의 기능이다. 영유아를 매개로 하여 지역주민이 협동 단결할 수 있는 장으로 보육기관을 개방하여 지역사회 주민의 조직력을 강화하고 나아가 지역사회의 경제적·사회적 발달을 위한 제반사업 추진을 원활하게 함으로써 복지 증진을 도모할 수 있다(김익균, 2005; 김기신, 2010 재인용).

2) 영유아 보육정책의 대두배경

보육정책의 필요성은 크게 사회적 변화에 따른 필요성과 영유아발달 특징에 따른 필요성으로 나누어 볼 수 있다.

(1) 사회적 배경

① 가족구조 및 기능의 변화

우리나라의 전통적인 가족구조 형태인 확대가족이 대부분의 가족구조

형태를 이루던 과거와 달리 현대에는 가족구조의 형태가 핵가족화되어 있으며, 이혼율의 증가와 함께 한 부모가정, 조손가정의 수 역시 날로 늘어가고 있는 실정이다.

과거 확대가족 내에서의 보육은 대체로 조부모의 조력이 있었으며, 남성과 여성의 역할이 분리되어 있어 어머니의 역할인 애정, 정서적 안정감, 애착형성, 수용과 배려를 아버지의 역할인 지식, 규범, 가치, 사회화 등이 자연스럽게 학습되었으나 현대 핵가족 내에서는 그 구분이 불명확해졌다(이순형 외 2002).

이러한 현상으로 보육의 일차적 기능인 신체보호는 물론이고 영유아기에 꼭 형성되어야 할 발달과업 중 도덕성, 사회성 전반에도 문제가 야기될 수 있다.

실제 핵가족의 아동과 청소년들이 확대가족의 아동과 청소년들에 비해 부적응 행동비율이 높고, 정서와 행동상의 문제를 더 많이 보인다는 연구결과도 있다(황혜정, 1994).

특히 이혼이나 사별로 인한 한 부모가정이나 조손가정과 같은 결손아동의 경우 경제적인 어려움뿐 아니라 정서적, 심리적 불안상태에 놓여 있어 적절한 보육서비스의 제공이 시급하다.

또한 사회전반에 걸쳐 부적절한 TV내용, 유해한 인터넷 컨텐츠, 각종 게임방의 증가, 그 외에도 아동이 스스로 통제하기 어려운 유해환경이 노출되어 있어 올바른 가치관의 정립과 도덕성발달을 저해하고 있는 실정이다.

② 취업모의 증가

산업의 발달로 여성의 경제활동 인구가 증가하고 고학력 여성의 수가 증가함에 따라 기혼여성의 사회활동 참여 욕구 역시 증가하고 있는 시점에서 이들의 가장 큰 고민은 자녀양육이 되었다.

취업모의 자녀양육에 대한 고민은 좁게는 기본적으로 먹고, 신체상의 안전을 지키는 것에서부터 넓게는 정서적 발달과 인지적 발달의 측면에까지 이른다. 실제로 어머니의 취업 자체가 문제되기보다는 이에 따른 양육의 문제를 적절히 해결해 주지 못해서 생기는 각종 안전의 문제, 잦은 대리 양육자의 교체로 인한 정서적 불안정의 문제 등으로 생기는 행동유형이 학령기에 이르러 학습능력과도 연결된다는 연구보고도 있다(이순형, 2002).

우리나라 여성의 경제활동 참가율은 남성의 경제활동 참가율의 1980년 76.4%에서 2006년 74.4%로 줄어든 것에 비해, 여성은 1980년대 42.8%였던 것이 꾸준히 점차 증가하여 2010년에는 49.9%, 2014년에는 51.3%, 2016년에는 52.2%, 2018년에는 52.9%로 꾸준히 증가하고 있다.

여성의 경제활동 참여는 각 가정의 경제적 안정뿐 아니라 여성의 교육수준 향상에 따른 고학력 경제활동 인구를 국가적인 차원에서 적극 활용하여 국가성장에 기여한다는 의미가 있다. 한편 과학기술의 발달로 인해 가사노동이 과거에 비해 훨씬 수월해 졌으며, 가사노동 시간 또한 단축되어 상대적으로 여가시간 활용의 기회가 높아져 자아실현의 욕구가 날로 커져가고 있다. 경제활동에 참여하는 여성뿐만 아니라 가치관의 변화로 인해 다양한 취미생활이나 봉사활동과 같은 사회참여 여성이 늘고 있는 것이다.

③ 복지사회구현

현대사회에서 인간의 존엄성 보장과 인권존중은 복지사회 실현의 기본이다. 이에 아동의 복지실현은 모든 아동이 신체적, 정신적 건강한 발달을 통해 개인이 지닌 잠재력을 최대한 실현할 수 있도록 도와주는 것이다. 각 개인 아동이 자신이 지닌 잠재력을 최대한 개발하고 그 능력을 실현하는 것은 국가의 미래 발전을 예측할 수 있는 지표가 되며, 이를 위해서는 모든 아동이 안전한 장소와 교육의 기회를 제공받을 수 있는 정부의 제도적 장치는 필수불가결하다.

(2) 영유아 발달특성에 따른 필요성

① 영유아의 신체적 발달 특성에 따른 필요성

영아기 시기에는 급속한 신체발달에 따른 운동기능의 발달이 이루어지며, 이는 신경과 근육조직의 성숙에 의존한다. 영아의 뒤집고, 앉고, 기고, 서고 하는 모든 운동기능의 발달을 통해 외부자극에 반응하며, 환경을 탐색하고, 감각적인 경험을 통하여, 인지발달을 촉진한다. 이러한 과정을 통해 영아는 정보를 해석하고 기억하는 능력이 생긴다. 영아기의 신체적 발달은 이후의 유아기에 습득하여야 할 자조기술을 익히는 데 도움을 준다. 즉, 유아기에 거쳐야 할 신체발달의 과업인 혼자 먹기, 숟가락과 젓가락 사용하기, 옷 입기, 단추 끼우기, 괄약근의 조절에 따른 대소변 가리기 등은 영유아기의 신체발달과 관련이 있다(서풍연, 1985; 김기신, 2010 재인용). 또한 신체발달에 있어 중요한 부분을 차지하는 놀이활동을 통해 운동기술을 발달시키고, 사회성을 배우며, 타인의 역할을 수용하고, 현실에서 경험한 좌절과 분노를 해소하기도 한다.

이와 같이 영유아기의 신체적 발달의 특성에 따라 적절한 자극을 주고, 무엇보다 일상에서 안전을 위협하는 환경으로부터 보호해야 한다. 영아기의 경우는 더욱 철저한 보호가 필요하다.

균형잡힌 영양공급 또한 신체발달을 돕는 중요한 요인이다. 균형잡힌 영양공급의 문제는 가정 내 보육의 가능한 상태라 하더라도 철저히 지켜지기 어려운 부분이다. 최근 들어 대두되고 있는 소아비만이나, 소아당뇨 같은 문제는 단적인 예이며, 올바른 식습관 형성은 보육 시 절대 간과해서는 안 되는 부분이다.

이와 함께 집단생활을 통해 배우게 될 규칙과 규범 등이나 또래 집단 내에서 자연스러운 학습이 가능한 사회성의 발달 또한 보육시설이 필요한 이유이다.

② 정서적 발달 특성에 따른 필요성

정서는 출생시부터 기쁨이나 슬픔 같은 기본 정서를 가지고 태어나지만, 그것은 덜 분화된 상태에 있다. 그러나 영아가 연령이 증가함에 따라 점차 분화된 정서를 나타낸다. 영아기에 보이는 모든 표현행동은 초기에는 자극에 직면하여 발생하거나 자극에 수반되는 여러 가지 생리적 변화(예: 혈압, 맥박수, 호흡의 변화)라든가 눈이 보이는 행동(예: 미소나 찡그림) 등의 반응을 말한다. 자연발생적으로 반응하던 정서표현은 시간이 경과함에 따라 자신에게 반응해주는 특정 개인에게 반복되며, 유아기에 이르러 애착형성과 타인에 대한 신뢰도에까지 영향을 미치게 된다. 이러한 영유아의 정서는 영유아의 사회적 능력과 밀접한 관련이 있고, 또래 관계도 향상시킨다. 정서 조절이 잘되는 영유아는 사회적으로 적절한 행동을 하며, 덜 공격적이고 친구들 사이에서도 인기가 있고 학업에서도 우수한 것으로 알려져 있다(강화영, 2008). 반면 공격성이 빈번하게 표출되는 영유아는 또래 수용도가 낮다 다른 영유아의 정서에 대한 공감이나 감정이입은 타인과의 관계 형성에 중요한 요인이 된다(정옥분, 정순화, 임정화, 2007).

따라서 정서발달의 특성은 영아기에 획득한 많은 행동이 개인적 성향으로 고정되어 유아기에는 타인을 구별하는 태도, 선호, 행동방식의 발달로 이어진다. 특히 유아기에는 여러 사람과의 상호작용을 통해 자아에 대한 긍정, 부정적 개념과 자존감이 형성되는데, 이는 집단 안에서 중요한 타인으로부터 자신이 인정받고 수용받고 있다는 것을 인식하도록 하는 것이 매우 중요한 전제가 되어야 한다.

③ 인지적 발달에 따른 필요성

인지는 인간의 정신적 사고과정을 의미하는 광범위한 개념으로 생물학적 성숙뿐만 아니라 경험의 영향도 받게 되는 것이다. 인지적 성장은 영아기에 급속도로 이루어지는데, 몇 가지 반사 능력만을 가지고 태어난 신생아는 점점 목적의식을 가지고 행동하는 존재로 바뀐다. 피아제는 영아는 자극에 자동적으로 반응하는 '반사적 유기체(reflexive organism)'에서 점차 자신의 행동을 통제할 수 있고 사고할 수 있는 '생각하는 유기체(reflectiveorganism)'로 변한다(정옥분, 2010).

영아기의 인지발달에는 시각적, 청각적, 후각적, 촉각적 자극이 필요하며, 특히 가장 큰 연관을 갖는 것이 언어능력의 발달인데, 언어능력은 인간의 사고와 문제해결을 용이하게 도와준다. 또한 영아의 인지능력 발달은 지적발달의 중요한 매체이며, 타인과의 관계형성에 기본이 된다(정옥분, 2010).

영아의 언어능력 발달 과정에서 양육자로부터 어떠한 자극이나 반응을 얻지 못해 늦은 언어발달을 보인 아동은 학령기에 들어 학습효과도 낮은 결과를 보인다는 연구도 있다(조명환, 1982). 유아기에 들어 사물을 지각하고 한 대상에 주의를 집중할 수 있는 능력 또한 언어능력과 밀접한 관계가 있다.

3) 영유아보육법의 발전과정

우리나라 최초의 영유아보육서비스는 1921년 태화기독교사회관에서 빈곤 가정과 전쟁고아들을 위한 구제사업의 일환으로 탁아프로그램을 개발함으로써 시작한 것이 영유아 보육사업이라고 할 수 있다. 그 후 본격적인 보육시설로 1926년에 설치·운영된 부산의 공생탁아소, 대구탁아소를 들 수 있다. 당시는 조선총독부는 내무국에 사회과를 설치하여 사회사업 분야의 지도 및 통제를 관할하고, 주로 탁아와 관련된 지도와 통제를 하였다. 이때의 조선총독부 사회과 통계를 보면 1939년에는 전국에 11개소의 탁아소에서 435명의 아동이 보육을 받은 것으로 기록되어 있다(서울특별시 보육정보센터 자료, seoul.childcare.go.kr).

1960년대 이 시기의 보육시설은 6·25전쟁을 전후하여 발생한 수많은 전쟁고아나 미아등 요보호아동을 수용보호하기 위한 시설 중심으로 탁아사업이 이루어졌고, 재정적 지원은 대부분 외국의 원조에 의한 것이었다.

이때의 탁아사업은 예방적 기능이 아닌 사후처리적, 응급구호적인 기능을 수행하는 정도로 국가 책임의 원칙이나 전문화된 서비스의 제공이 불가능하였고, 민간과 해외원조에 의존하여 요보호아동을 대상으로 한 사회구호적인 형태로 운영되었다. 정부는 이러한 시설들을 합리적으로 지도·감독하기 위해 1952년 10월 '후생시설 운영요령'을 시달하게 되었다. 이 요령에서 처음으로 '탁아소'란 명칭이 등장하였다. 탁아소의 기능은 직장을 가진 부모의 자녀를 일시 또는 일정기간 위탁·보호하는 시설이라고 규정했다(양경수, 2000). 탁아소는 1953년 부산에서 시립탁아소(범일 탁아소)가 설치된 것을 비롯하여 주로 빈민층 가정의 자녀를 단순히 보호해 줄 목적으로 설치된 당시의 보육시설들은 '고아원'과 큰 차이가 없이 시대적 요청에 따라 임시구호적 성격을 강하게 띠고 있어 보육의 제 기능을 다하지 못하였다.

1961년 「아동복리법」이 제정·공포 되면서 본격적으로 영유아보육사업이 실시되었다고 볼 수 있다. 이 법은 기초정책을 수립하고 탁아시설을 확충하였다. 1960년에 24개이던 영유아보육시설은 이후 고아, 기아·미아 등 수용보호를 목적으로 설치된 육아시설 등이 사업의 목적을 보육사업으로 바꾸면서 보육시설은 계속 증가하여 1966년 말에는 116개소, 1968년에는 202개소에 이루게 되었다(서울특별시 보육정보센터). 「아동복리법」에는 설치기준이나 보육기관, 내용등을 규정하여 아동복지증진과 보장을 위한 내용을 명시하였으며, 보육시설의 부족현상을 해결하기 위해서 보건사회부는 1968년 '미인가 탁아시설 임시 조치령'을 공포하여 '탁아소'라는 명칭을 '어린이집'으로 바꾸고 시설 설립을 권장하였다. 단순 보호 혹은 결손 아동을 대상으로 하는 곳이라는 기존 이미지에서 벗어나 교육이 이루어지게 하는 곳이라는 이미지를 갖게 되는 계기가 되었다(홍인혜, 2006).

1970년대에 보육시설은 '탁아시설 운영개선 방안'이 발표되면서 영세민 가정의 자녀에게도 위탁교육의 기회를 제공하고 보호와 교육을 병행하는 제도로 정착시켰으며, 중산층의 아동에게도 기회를 제공하면서 보육료를 받을 수 있도록 하였다. 1970년대 말에는 유아교육기관이 문교부의 유치원, 보건사회부의 어린이집, 농촌진흥청 산하의 농번기 상설 유아원 등으로 다원화되었다.

1980년대는 경제가 발전하고 여성들의 사회진출이 높아짐에 따라 보육과 유아교육이 중요시되어 1981년에 「아동복리법」이 「아동복지법」으로 전면 개정되면서 무료탁아시설은 법인 이외의 자도 신고만으로 시설을 설치·운영할 수 있게 되었다. 「아동복지법」 제1조에서는 전체 아동을 대상으로 하여 아동이 건전하게 출생하여 행복하고 건강하게 육성되도록 그 복지를 보장하는 것을 법의 목적으로 하였다(공인숙·한미현·김영주, 2002).

1982년에는 「유아교육진흥법」이 제정·공포되었다. 이로 인해 보건복지부장관의 어린이집, 농촌진흥청 관장의 농번기 탁아소, 내무부에서 설치 관장하던 새마을 협동유아원이 내무부 산하의 '새마을 유아원'으로 명칭을 통일하였다. 이로써 일반아동을 위한 법적 보육기관은 새마을유아원과, 유치원이 유아교육기관으로 존재하였다. 1987년에는 노동부에서 「남녀고용평등법」에 의한 직장탁아제도를 도입하였고, 1989년까지 3개소의 시범탁아소와 12개소의 직장탁아소를 설치하였다.

1991년 「영유아보육법」이 제정되면서 보호와 더불어 교육의 성격까지도 포함한 통합적인 형태의 보육이 이루어졌다. 「영유아보육법」은 유아진흥법이 보육기관을 '교육적 성격의 보육'으로 본 것과는 달리, '심신의 보호와 건전한 교육'을 보육으로 하였으며, 보육기관을 영유아의 보호와 교육기관으로 보육기관 종사자를 영유아의 보호와 교육의 담당자로 규정하였다.

2004년 전면 개정된 「영유아보육법」은 그 목적이 영유아를 심신 보호와 건전한 교육을 통하여 건강한 사회성원으로 육성함과 아울러 보호자의 경제적·사회적 활동을 원활하게 함으로써 가정복지 증진에 기여함에 있다(제1조). 또한 취업모의 자녀 외에도 일반아동을 보육하며, 보육비용 지원 확댈 등을 규정하고 있다. 2004년 6월 12일부터 주관부처가 보건복지부에서 양성평등여성가족부로 이관되면서 보육시설은 「영유아보육법」 전문을 개정하며 표준보육과정 개발의 근거를 마련하였고, 2007년 1월 여성가족부 고시 제2007-71호로 표준보육과정의 구체적 보육내용 및 교사 지침을 고시하였으며 2008년에는 표준보육과정을 보급하였다.

2008년 여성부로 이관되었던 영유아보육 업무가 보건복지부의 보육정책관실로 이관되며, 질적 수준을 향상시키고 수요자 중심의 정책으로서 아이사랑플랜을 수립하고 시행하였다. 이에 따라 어린이집 평가인증제를 활성화하고 어린이집 이용자에 대한 보육료를 지원하며 전자 바우처 '아이사랑카드'를 도입하였고, 보육프로그램, 아동의 건강 · 안전 등의 보육서비스를 제고할 수 있었다.

2011년에는 만 5세 공통과정 도입 · 시행을 발표하였다. 만 5세 공통과정인 '만 5세 누리과정'은 현재 유치원과 어린이집을 이원화되어 있는 교육 · 보육과정을 통합하여 만 5세 모든 어린이들이 새로운 공통과정을 배울 수 있도록 하는데 의의를 두고, 동년 8월 대통령령으로 '어린이집 유치원 공통으로 운영되는 '5세 누리과정'이 공포되면서 실질적인 통합의 시도가 이루어졌다.

2012년부터 만 0~2세, 만 5세 영유아를 대상으로 무상보육료가 지원이 되었으며, 2013년에는 만 0세~5세 아동에 대한 전면 무상보육이 시작되었다.

2015년 개정된 「영유아보육법」의 주요 내용으로는 "어린이집 CCTV 설치 의무화", "아동학대 행위자에 대한 어린이집 설치 · 운영 및 근무 제한 강화", "보육교사의 처우 개선", "원장, 보육교사의 자격관리 및 교육 강화" 등이 있다.

2016년 일부 개정된 「영유아보육법」에서는 '총칙'으로 「영유아보육법」의 목적, 정의, 보육이념, 책임, 보육정책조정위원회, 보육정책위원회, 육아종합지원센터, 보육개발원, 보육실태조사 등에 관한 사항이 규정되어 있다. '어린이집의 설치'로서 어린이집의 종류와 보육계획의 수립 및 시행, 어린이집의 설치에 관한 규정을 제시하고 '보육교직원'으로 보육교직원의 배치와 직무, 임면, 자격, 보수교육에 관한 조항이 개정되었다. '어린이집 운영'으로 운영기준, 어린이집운영위원회, 부모모니터링단, 보육과정, 어린이집 평가인증 등에 관한 규정을 제시하였다. '건강 · 영양 · 안전'으로 건강관리 및 응급조치, 예방접종, 급식관리 등에 관한 사항이 규정되어 있다. '비용'으로 무상보육, 양육수당, 보육서비스이용권, 금융정보 등의 제공, 세제 지원 등의 내용으로 이루어져 있다. '지도 및 감독', '보칙', '벌칙'에 관한 사항이 규정되어 있다.

3 영유아보육서비스 유형과 보육사업 현황

1) 설립주체별 어린이집 유형

(1) 국공립 어린이집

국가나 지방자치단체가 설치 · 운영(위탁운영 포함)하는 어린이집(직장 어린이집 제외) 중에서 직장 어린이집을 제외한 상시 영유아 11인 이상을 보육하여야 한다. 어린이집 명칭은 '○○어린이집'으로 하여야 한다. 설치절차는 국가 및 지방자치단체의 장이 인가절차 없이 직접 설치하되, 어린이집 수급계획 등을 포함한 보육계획을 사전에 수립(법 제12조)하여 「영유아보육법」상의 설치기준을 모두 갖추어야 한다(법 제15조). 배치기준은 저소득층 밀집지역 및 농어촌 지역 등 취약지역, 「건축법」에 따른 공동주택 중 대통령령으로 정하는 일정세대 이상의 공동주택을 건설하는 주택단지 지역, 「산업입지 및 개발에 관한 법률」 제2조 제8호에 따른 산업 지역에 우선적으로 설치하는 등 지역별로 균형 있게 배치한다.

(2) 사회복지법인 어린이집

「사회복지사업법」에 의한 사회복지법인이 설치 · 운영하는 어린이집으로 상시 영유아 21인 이상을 보육할 수 있는 시설을 갖추어야 한다. 어린이집 명칭은 '○○어린이집'으로 하여야 하며, 명칭 사용에 유치원, 학원 등 유사기관으로 오인할 수 있는 명칭은 사용할 수 없다. 설치시 관할 시장·군수 또는 구청장에게 사전에 인가 신청하여야 한다. 산업단지에 있는 지식산업센터 건물에 어린이집 설치시 안전사고 및 재난에 대비한 시설을 갖추어 5층까지 보육실을 설치할 수 있다. 배치기준은 영유아보육법령상의 설치기준을 모두 갖추어야 하고 지역의 보육수요와 어린이집의 공급현황 등을 감안하여 지역별로 균형 있게 배치한다.

(3) 직장 어린이집

사업주가 사업장의 근로자를 위하여 설치·운영하는 어린이집으로 국가 또는 지방자치단계의 장이 소속 공무원 및 근로계약을 체결한 자를 위하여 설치·운영하는 어린이집을 포함한다. 상시 영유아 5인 이상을 보육할 수 있는 시설을 갖추어야 하고, 어린이집 명칭은 '○○어린이집'으로 하여야 한다. 사업주가 직장어린이집을 설치할 경우에는 안전사고 및 재난에 대비한 시설을 갖추어야 한다. 산업단지관리공단·입주기업협의체·한국산업단지공단이 산업단지 내에 해당기관 및 산업단지 입주기업체·지원기관의 근로자를 위해 공동직장 어린이집을 설치·운영할 수 있는 경우 산업단지에 있는 건물 5층까지 설치가능하다. 영유아 20인 이하를 보육하는 직장어린이집은 가정어린이집을 설치할 수 있는 곳에도 설치할 수 있으며, 직장어린이집을 설치하고자 하는 자는 관할 시장·군수 또는 구청장에게 사전에 인가를 신청하여야 한다.

직장어린이집 설치 의무조항에서 「영유아보육법 시행령」 제20조 제1항에 의하여 "상시 여성근로자 300명 이상 또는 근로자 500명 이상을 고용하고 있는 사업장"의 사업주는 직장어린이집을 설치하여야 한다. 단 의무사업장의 사업주가 직장어린이집을 단독으로 설치하기 어려운 경우에는 사업주 공동으로 직장어린이집을 설치·운영하거나, 지역 어린이집과 위탁 계약을 체결하여 근로자 자녀의 보육을 지원하여야 한다. 직장어린이집 설치 의무는 민간 기업뿐만 아니라 국가 및 지자체도 적용된다.

직장어린이집 의무 미이행 시 보건복지부 장관은 직장어린이집 설치, 위탁보육 등의 의무를 이행하지 아니하거나 실태조사에 불응한 사업장의 명단을 공표할 수 있으며, 시·도지사 또는 시·군·구청장은 직장어린이집 설치의무 미이행사업장에 대하여 이행명령, 이행강제금을 부과할 수 있다.

(4) 가정 어린이집

개인이 가정 또는 그에 준하는 곳에 설치·운영하는 어린이집으로 상시 영유아 5인 이상 20인 이하를 보육할 수 있는 어린이집이다. 어린이집 명칭은 '○○어린이집'으로 하며, 명칭사용에 유치원, 학원 등 유사기관으로 오인할 수 있는 명칭은 사용할 수 없다. 설치절차에서는 영유아보육법상의 설치기준을 모두 갖추어야 하고, 관할 시장·군수 또는 구청장에게 사전에 인가 신청을 하여야 한다. 배치기준은 지역 보육수요와 어린이집의 공급현황 등을 감안하여 지역별로 균형 있게 배치되어야 한다.

(5) 협동 어린이집

보호자 또는 보호자와 보육교직원 11인 이상이 영리를 목적으로 하지 아니하는 조합을 결성하여 설치·운영하는 어린이집으로 상시 영유아 11인 이상을 보육할 수 있는 시설을 갖추어야 한다. 어린이집 명칭은 '○○어린이집'으로 하며, 명칭사용에 유치원, 학원 등 유사기관으로 오인할 수 있는 명칭은 사용할 수 없다. 상시 영유아 20인 이하를 보육하는 협동어린이집의 경우 가정어린이집을 설치할 수 있는 곳에도 설치할 수 있다.

협동어린이집은 보육아동을 둔 보호자 또는 보육교직원 11인 이상이 상호 출자하여 공동으로 어린이집을 설치·운영할 것을 약정함으로써 그 효력이 발생한다. 출자는 조합원의 약정에 따라 금전, 기타 재산 또는 노무로 할 수 있고, 조합원은 아동보육의 필요성이 없게 되거나 기타 조합 계약으로 정하는 시기에 탈퇴할 수 있으며, 출자금은 탈퇴 당시 조합의 재산 상태 및 지분에 의한다.

(6) 민간 어린이집

국공립 · 사회복지법인 · 법인 · 단체 등 · 직장 · 가정 · 협동 어린이집이 아닌 어린이집이다. 상시 영유아 21인 이상을 보육할 수 있는 시설을 갖추어야 한다. 어린이집 명칭은 "○○어린이집"으로 사용하고, 유치원, 학원 등 유사기관으로 오인할 수 있는 명칭은 사용할 수 없다.

설치기준으로는 「영유아보육법」상의 설치기준을 모두 갖추어야 하고, 관할 시장 · 군수 또는 구청장에게 사전에 인가를 받아 신청한다. 배치기준은 지역 보육수요와 어린이집의 공급현황 등을 감안하여 지역별로 균형 있게 배치되어야 한다.

2) 특수어린이집 유형

(1) 영아전담 어린이집

영아전담 어린이집은 만 3세 미만의 영아만을 20인 이상 보육하는 어린이집으로 2004년 이전 영아전담 어린이집으로 지정받았거나 국고보조금으로 영아전담 신축비를 지원받은 시설이다. 보육아동 정원 책정 시 보육정원을 기준으로 가능한 2세 미만반이 2세반보다 많게 되도록 편성하여야하며, 만 2세아 반만으로 보육정원을 책정할 경우 지정취소 사항이 된다. 반편성 기준으로 영아전담 어린이집은 영아를 전담하여 보육하여야 하나 예외적으로 시설 정원범위 내에서 40%까지 유아를 보육할 수 있다.

(2) 장애아전문 어린이집

「장애아동복지지원법」 제32조에 따라 요건을 갖추고, 상시 12명 이상의 장애아 또는 미취학 장애아 9명 포함 이상을 보육하는 시설 중 시장·군수·구청장이 장애아전문 어린이집으로 지정한 시설로서 시·도지사를 거쳐 보건복지부장관이 승인한 시설이다. 반편성 기준으로 장애아의 연령, 장애의 종류 및 정도를 함께 고려하여 반을 편성·운영하고, 12세까지 입소가 가능하다. 통합보육을 위하여 정원 범위 내에서 40%까지 비장애아를 보육할 수 있으며, 장애아전문 어린이집에서 비장애아를 보육하는 경우 비장애아 유아 보육현원이 9명 미만으로서 시장·군수·구청장이 지역내 수급상항(인근 지역 여유 정원이 없는 경우 등), 학부모의 요구(형제 등 동반입소) 등 불가피한 사유가 있다고 인정하여 승인한 경우에는 예외적으로 2세반과 유아반 혼합보육이 가능하나, 교사대 아동 비율은 2세반 기준으로 적용하고, 누리과정을 적용하여야 한다.

(3) 장애아통합 어린이집

정원의 20% 내에서 장애아종일반을 편성·운영하거나, 장애아종일반을 별도로 편성하지 않은 채 미취학장애아를 3명 이상 통합보육하고 있는 어린이집이다. 보육교사 배치 기준으로 장애아와 비장애아를 통합하여 보육하되 교사는 장애전담교사, 일반 보육교사 각각 1인씩 배치하여야 한다. 반편성 기준으로는 장애아의 연령, 장애의 종류 및 정도를 함께 고려하여 반을 편성·운영하고, 장애아의 교사대 아동비율은 1:3이 원칙이나, 장애아동의 빈번한 입·퇴소 등을 감안하여 3개 반당 1개 반에서 반당 1인의 탄력편성이 가능하다. 단, 종일반과 방과후 반은 분리하여 적용하여야 한다.

(4) 시간연장 어린이집

기준보육시간인 07:30~19:30을 경과하여 최대 24:00까지 시간을 연장하여 보육하는 어린이집이다. 운영원칙 중 해당시설의 종일보육 아동을 연장하여 보육하는 것이 원칙이나, 주간에 다른 어린이집 등을 이용한 경우에도 가능하다. 원칙적으로 별도 교사를 두어야 하나 시간연장 보육교사 근무수당을 지원받는 어린이집의 경우에는 교사 겸직 원장이나 보육교사가 시간연장반 교사로 겸임이 가능하다. 국공립 및 정부지원 비영리법인시설의 경우에는 부모의 취업 등으로 1명 이상이 보육시간 연장을 필요로 할 경우에는 시간연장 보육을 의무적으로 실시하여야 한다. 이를 위반할 경우 과태료 부과대상이 된다.

(5) 24시간 어린이집

24시간 동안 보육서비스를 제공하는 어린이집으로 야간보육으로 19:30~익일 07:30에 이루어지는 보육 또는 24시간 보육으로 부모의 야간경제활동, 한부모 또는 조손가정 등의 사유로 불가피하게 주간보육 07:30~19:30과 야간보육 19:30~익일 07:30을 모두 이용하는 보육의 형태이다. 24시간 어린이집 원장의 의무는 보육아동 입소시 보호자의 의무사항, 즉 주 3회 이상 전화 또는 방문을 통한 아동 접촉, 주 1회 이상 귀가, 상시 비상연락체계 유지, 장시간 아동 방치 시 「아동복지법」상 보호조치 의뢰 등, 야간 및 24시간 보육여건, 프로그램 등에 대해 상세히 안내하고, 보호자로부터 이용신청서를 제출받아 비치하고, 시 · 군 · 구 승인하에 24시간 보육이 가능하다. 아동의 보호자가 정단한 사유 없이 1개월 이상 아동을 어린이집에 방치하였을 경우, 어린이집 원장은 시 · 군 · 구청장에게 통하여 아동의 계속 보육여부 및 「아동복지법」 제10조 의한 보호조치의 필요성 등을 판단하도록 조치하여야 한다.

(6) 휴일 어린이집

일요일과 공휴일에 보육하는 시설이다. 휴일 어린이집은 공휴에 보육하는 시설이므로 원래 시설 정원과는 별도로 휴일 보육정원을 책정할 수 있다. 휴일 보육의 교사대 아동비율은 1:5를 원칙으로 하되, 장애아, 0세아는 보육교직원의 업무량을 고려하여 일부 달리 적용할 수 있으며, 유아로만 편성된 경우 1:7까지 조정하여 운영할 수 있다.

(7) 방과후 어린이집

초등학생을 대상으로 방과 후 보육서비스를 제공하는 시설로 방과후 보육서비스 제공은 4시간 이상으로 하여 19:30분까지 지원하게 된다. 방과후 어린이집은 영유아보육의 연계선상에서 초등학생 저학년을 우선 대상으로 하는 것으로 맞벌이 부부 또는 아동을 맡길 곳이 없는 가정을 우선적으로 하여 시설 정원 범위 내에서 20%까지 보육할 수 있다. 장애아동 방과후 보육시 반편성은 아동 3명을 기준으로 하고, 이때 보육교사는 방과후 및 장애아보육 보수교육과정을 이수하여야 한다.

3) 영유아보육사업 현황

(1) 어린이집 일반 현황

어린이집 현황을 보건복지부 기준 보육통계로 살펴보면 2018년 12월 31일을 기준으로 하여 가정어린이집이 47.6%로 가장 많고, 민간어린이집이 34.5%, 국공립어린이집이 9.2%, 사회복지법인어린이집이 3.5%, 직장어린이집이 2.8%, 법인·단체등이 1.9% 그리고 협동어린이집이 0.4% 순으로 나타나 우리나라 어린이집은 민간영역에 의존하고 있는 부분이 지나치게 높은 것으로 나타났다. 한편 2013년까지 꾸준히 증가해오던 민간·가정어린이집 시설수가 2014년을 기준으로 감소하고 있는 것으로 나타나 우리나라의 심각한 저출산 · 고령화 현상의 영향으로 인한 자연스러운 현상이라고 볼 수도 있으나, 앞으로 저출산 현상이 더욱 심화될 것을 예상할 때 어린이집의 운영에 대한 정부의 적절한 수준의 지원이 요구된다.

표 11-1 ● 어린이집 일반현황

2018. 12.31. 현재. (단위: 개소, 명, %)

구 분			계	국·공립 어린이집	사회복지 법인 어린이집	법인· 단체 등 어린이집	민간 어린이집	가정 어린이집	협동 어린이집	직장 어린이집
어린이집수	개소(A)		**39,171**	3,602	1,377	748	13,518	18,651	164	1,111
	(비중)		**100.0**	9.2	3.5	1.9	34.5	47.6	0.4	2.8
아동수	정원(B)		**1,732,324**	230,508	128,810	54,900	886,818	344,412	5,451	81,425
	(비중)		**100.0**	13.3	7.4	3.2	51.2	19.9	0.3	4.7
	현원(C)	계	**1,415,742**	200,783	92,787	41,298	711,209	302,674	4,360	62,631
		남	**731,498**	103,444	48,702	21,633	367,436	155,682	2,272	32,329
		녀	**684,244**	97,339	44,085	19,665	343,773	146,992	2,088	30,302
	(비중)		**100.0**	14.2	6.6	2.9	50.2	21.4	0.3	4.4
	이용률		**81.7**	87.1	72.0	75.2	80.2	87.9	80.0	76.9
보육교직원수	인원(D)	계	**333,420**	41,122	19,139	8,259	146,386	100,987	1,051	16,476
		남	**12,956**	971	1,882	668	8,118	1,100	26	191
		녀	**320,464**	40,151	17,257	7,591	138,268	99,887	1,025	16,285
	(비중)		**100.0**	12.3	5.7	2.5	43.9	30.3	0.3	4.9
어린이집1개당 아동수(C/A)			**36.1**	55.7	67.4	55.2	52.6	16.2	26.6	56.4
보육교직원1인당 아동수(C/D)			**4.2**	4.9	4.8	5.0	4.9	3.0	4.1	3.8

출처: 보육복지부 보육통계(2018.12.31)

(2) 연도별 어린이집 설치 · 운영 현황

연도별 어린이집 설치 · 운영 현황을 살펴보면 국공립 어린이집, 직장어린이집은 지속해서 증가하고 있으나 사회복지법인어린이집, 법인 · 단체 등 어린이집, 민간어린이집, 가정어린이집, 협동어린이집은 지속적으로 감소하고 있다.

표 11-2 ● **연도별 어린이집 설치 · 운영 현황**

2018. 12.31. 현재 (단위: 개소)

구 분	계	국·공립 어린이집	사회복지법인 어린이집	법인 · 단체 등 어린이집	민간 어린이집	가정 어린이집	협동 어린이집	직장 어린이집
2018	**39,171**	3,602	1,377	748	13,518	18,651	164	1,111
2017	**40,238**	3,157	1,392	771	14,045	19,656	164	1,053
2016	**41,084**	2,859	1,402	804	14,316	20,598	157	948
2015	**42,517**	2,629	1,414	834	14,626	22,074	155	785
2014	**43,742**	2,489	1,420	852	14,822	23,318	149	692
2013	**43,770**	2,332	1,439	868	14,751	23,632	129	619
2012	**42,527**	2,203	1,444	869	14,440	22,935	113	523
2011	**39,842**	2,116	1,462	870	14,134	20,722	89	449
2010	**38,021**	2,034	1,468	888	13,789	19,367	74	401

출처: 보육복지부 보육통계(2018.12.31)

(3) 연도별 어린이집 보육아동현황

연도별 어린이집 이용 아동은 2014년 1,496,671명으로 정점에 이르렀다가 2015년 이후부터 감소하기 시작하여 2018년 12월 말 현재 1,415,742명으로 줄어들었다. 어린이집 이용아동의 82%가 민간 · 가정의 어린이집을 이용하고 있고, 직장어린이집과 국공립어린이집은 12%만이 이용하고 있는 것으로 나타났다.

표 11-3 ● **어린이집 연도별 보육아동현황**

2018. 12.31. 현재 (단위: 명)

구 분		계	국·공립 어린이집	사회복지 법인 어린이집	법인 · 단체 등 어린이집	민간 어린이집	가정 어린이집	협동 어린이집	직장 어린이집
2018	계	**1,415,742**	200,783	92,787	41,298	711,209	302,674	4,360	62,631
	남	**731,498**	103,444	48,702	21,633	367,436	155,682	2,272	32,329
	녀	**684,244**	97,339	44,085	19,665	343,773	146,992	2,088	30,302
2017	계	**1,450,243**	186,916	96,794	43,404	738,559	321,608	4,508	58,454
	남	**749,266**	96,611	50,741	22,625	381,384	165,414	2,308	30,183
	녀	**700,977**	90,305	46,053	20,779	357,175	156,194	2,200	28,271

(계 속)

구 분		계	국·공립 어린이집	사회복지 법인 어린이집	법인·단체 등 어린이집	민간 어린이집	가정 어린이집	협동 어린이집	직장 어린이집
2016	계	**1,451,215**	175,929	99,113	45,374	745,663	328,594	4,240	52,302
	남	**750,122**	91,124	52,038	23,638	385,046	168,970	2,197	27,109
	녀	**701,093**	84,805	47,075	21,736	360,617	159,624	2,043	25,193
2015	계	**1,452,813**	165,743	99,715	46,858	747,598	344,007	4,127	44,765
	남	**750,621**	85,961	52,333	24,279	385,507	177,103	2,166	23,272
	녀	**702,192**	79,782	47,382	22,579	362,091	166,904	1,961	21,493
2014	계	**1,496,671**	159,241	104,552	49,175	775,414	365,250	3,774	39,265
	남	**773,987**	82,306	55,049	25,478	400,579	188,152	2,012	20,411
	녀	**722,684**	76,935	49,503	23,697	374,835	177,098	1,762	18,854
2013	계	**1,486,980**	154,465	108,834	51,684	770,179	364,113	3,226	34,479
	남	**768,523**	79,934	57,048	26,670	397,270	187,899	1,735	17,967
	녀	**718,457**	74,531	51,786	25,014	372,909	176,214	1,491	16,512
2012	계	**1,487,361**	149,677	113,049	51,914	768,256	371,671	2,913	29,881
	남	**769,573**	77,321	59,562	26,867	397,021	191,722	1,572	15,508
	녀	**717,788**	72,356	53,487	25,047	371,235	179,949	1,341	14,373
2011	계	**1,348,729**	143,035	112,688	50,676	706,647	308,410	2,286	24,987
	남	**699,806**	73,850	59,408	26,341	366,164	159,878	1,248	12,917
	녀	**648,923**	69,185	53,280	24,335	340,483	148,532	1,038	12,070
2010	계	**1,279,910**	137,604	114,054	51,126	671,891	281,436	1,898	21,901
	남	**665,305**	71,195	60,124	26,846	348,844	146,009	1,051	11,236
	녀	**614,605**	66,409	53,930	24,280	323,047	135,427	847	10,665

출처: 보육복지부 보육통계(2018.12.31)

(4) 연도별 어린이집 보육교직원 현황

연도별 어린이집 보육교직원 현황을 살펴보면 2018년 현재 어린이집에 근무하고 있는 보육교직원은 333,420명이고 유형별 근무현황에는 민간어린이집에 근무하는 교사가 가장 많고, 다음으로 가정어린이집, 국공립어린이집, 사회복지법인어린이집, 직장어린이집, 법인·단체등어린이집, 협동어린이집 순으로 근무하고 있다.

표 11-4 ● **연도별 어린이집 보육교직원 현황**

2018. 12.31. 현재 (단위: 개소)

구 분		계	국·공립 어린이집	사회복지 법인 어린이집	법인·단체 등 어린이집	민간 어린이집	가정 어린이집	협동 어린이집	직장 어린이집
2018	계	**333,420**	41,122	19,139	8,259	146,386	100,987	1,051	16,476
	남	**12,956**	971	1,882	668	8,118	1,100	26	191
	녀	**320,464**	40,151	17,257	7,591	138,268	99,887	1,025	16,285
2017	계	**330,217**	36,098	18,845	8,254	146,920	104,176	1,066	14,858
	남	**13,648**	954	1,895	691	8,644	1,260	28	176
	녀	**316,569**	35,144	16,950	7,563	138,276	102,916	1,038	14,682
2016	계	**321,766**	32,937	18,920	8,436	145,609	101,891	979	12,994
	남	**14,124**	941	1,928	726	9,013	1,330	29	157
	녀	**307,642**	31,996	16,992	7,710	136,596	100,561	950	12,837
2015	계	**321,067**	30,823	18,933	8,637	145,724	105,124	970	10,856
	남	**14,447**	942	1,908	725	9,226	1,470	29	147
	녀	**306,620**	29,881	17,025	7,912	136,498	103,654	941	10,709
2014	계	**311,817**	28,977	19,045	8,749	141,977	102,947	856	9,266
	남	**14,270**	884	1,878	729	9,117	1,527	25	110
	녀	**297,547**	28,093	17,167	8,020	132,860	101,420	831	9,156
2013	계	**301,719**	26,750	18,765	8,703	136,180	102,731	730	7,860
	남	**13,182**	806	1,768	672	8,304	1,534	18	80
	녀	**288,537**	25,944	16,997	8,031	127,876	101,197	712	7,780
2012	계	**284,237**	23,725	18,011	8,094	126,239	101,273	614	6,281
	남	**10,496**	643	1,492	556	6,255	1,475	17	58
	녀	**273,741**	23,082	16,519	7,538	119,984	99,798	597	6,223
2011	계	**248,635**	22,229	17,491	7,724	112,779	82,911	485	5,016
	남	**8,663**	501	1,364	496	5,076	1,161	14	51
	녀	**239,972**	21,728	16,127	7,228	107,703	81,750	471	4,965

출처: 보육복지부 보육통계(2018.12.31)

4 영유아보육서비스의 실천방향

최근 보육이 저출산·고령화 사회에서 출산율 저하에 따른 대책으로 보육서비스를 향상시키기 위해 다양한 노력들이 이루어지고 있다. 우리나라 영유아보육사업의 발전을 위해 개선되어야 할 발전과제로서 보육수급정책의 개선, 보육교사의 전문성 확보, 사회·문화적인 보육 환경 구성 등을 살펴본다.

1) 보육수급정책의 개선

첫째, 보육수요를 충족시키고 보육서비스의 질을 높이기 위해서는 정부의 보육재원을 현행수준보다 확충하여야 한다.

둘째, 국가가 지방정부에 대해 일률적으로 재정을 부담할 경우, 지역간 소득 격차가 심한 현실 하에서는 재정 상태가 취약한 지방자치단체는 빈곤의 악순환이 이어질 가능성이 많아진다. 따라서 보육재정은 지방의 재정 자립도와 보육 수요에 비추어 지원하고 기준선을 다양화하여 차등 지원하는 것이 바람직하다.

셋째, 좋은 보육제도는 국가의 재정지원을 극대화하는 한편, 국가의 간섭을 최소화하는 것이 바람직하다.

넷째, 양질의 보육서비스는 부모의 육아기능을 사회가 일정 시간이나 일정 기간 동안 대행·보충해 주는 가족의 부족이나 결손을 지원하는 데 있기보다는 영유아에게 발달적, 사회문화적으로 적절한 생활기회를 제공하는 가족의 보존과 발달을 꾀하는 데 있다.

다섯째, 분단 이후 남북한 보육체계는 각기 다른 이념과 조직 원리에 따라 구성되어 왔다. 그러나 통일에 대비하여 남북한의 보육체제에 대한 체계적인 연구와 분석이 이루어져야 한다.

여섯째, 현행 「영유아보육법」에서는 직장어린이집 설치 의무사항을 근로자 500명에서 상시 여성근로자 300명 이상을 고용하고 있는 사업장으로 규정하고 있다. 그러나 주요 보육 수요층인 25~34세 여성근로자는 주로 200명 이하를 고용하고 있는 영세사업장에서 취업하는 비율이 높으므로 현행 상시여성근로자 300명 기준은 비현실적이라 할 수 있다(동법 제44조의 2, 제44조의 3), 따라서 상시여성근로자 수를 대폭 하향조절하여 이루어져야 한다.

일곱째, 보육수요는 육아관련 제도와의 관계 속에서 조절될 수 있으므로 육아휴직제의 이용 가능성을 연구·검토하는 것은 매우 중요하다. 아이 키우기 좋은 바람직한 사회제도 속에서 육아휴직제는 영아보육에 드는 비용부담과 인력부족을 경감시키고 가족구성원 간의 적은 부담(특히 부모-자녀 간) 측면과 가정 내의 육아를 일정기간 동안 지켜준다는 의미에서 반드시 필요하고 보장되어야 할 것이다.

여덟째, 보육정책은 자녀양육에 대한 부부 공동의 책임에서 가족과 사회의 공동책임으로 변화됨에 따라 여성과 개별 가족에게만 부여해온 전통적인 육아·가족관에서 벗어나, 아동을 수단시 하지 않은 아동중심의 사고와 철학으로 접근할 때만이 실효를 거둔다는 점에서 아동관 정립을 위한 사회·문화적인 노력이 함께 있어야 한다.

아홉째, 영유아보육은 지역이나 계층에 구애됨이 없이 6세 미만의 모든 어린이에게 균등한 양질의 보육서비스, 즉 교육의 기회를 제공하는 방향에서 계획되어야 한다.

2) 보육교사의 전문성 확보

첫째, 하루에 8~10시간 이상을 아이들과 지내야 하는 보육교사에게 양질의 사회·문화적 환경과 질 높은 상호작용을 기대하는 것은 비현실적이다. 과다한 근무시간은 우수한 보육교사들이 보육시설 근무를 기피하게 만들고 이직 현상을 가중시킨다.

둘째, 현행 보육교사 양성과정의 교육과정은 기초분야, 응용분야, 지원

분야, 교양과목으로 구성되어 있다. 그러나 그와 더불어 관련 학문 분야로 인간관계론, 소아의학, 특수교육, 심리학, 가족과 사회, 가족정책 등으로 교과목을 보완하는 것이 바람직하다.

셋째, 현행 보육교사 양성과정의 교육연한을 1~2년으로 연장하여야 한다. 이는 교수·학습과정에서 현장을 관찰하고 체험하는 임상·실습기회를 대폭 늘림으로써 양성과정에서 보육에 대한 이해를 넓혀야 한다.

넷째, 보육반 편성 시 교사 대 영유아 간의 높은 비율을 해소하는 방안으로 '자원봉사자'를 적극 활용하는 방안을 고려해 볼 수 있다.

다섯째, 보육교사의 전문성 신장과 보육환경 개선을 위해서 현직 보육교사와 원장을 대상으로 보육의 질을 결정하는 원장의 교육철학과 운영관을 확립하여야 한다.

여섯째, 현직 보육교사의 재교육은 지역단위로 자율 연수 프로그램을 개발하여 실시한다. 그러나 보육시설에서 교사 간에 학력, 전공분야, 경력 등에 있어서 상당한 편가 있다. 보육교사의 자격연수 체제를 체계화함으로써 상위 자격 취득의 기회를 확대시켜야 한다.

일곱째, 보육교사 연수조건을 활성화하기 위한 방안의 하나로 보육정보센터나, 보육교사 교육원을 적극 활용한다.

3) 사회·문화적으로 적절한 보육 환경 구성

첫째, 보육 시설의 교육과정은 일상적인 생활과정에서 나타나는 유아의 전인적인 발달적 요구와 사회·문화적 환경과의 상호작용을 강조하여 구성한다. 영유아는 일상생활 속에서 사람, 사건, 사물 등과 같은 사회·문화적인 환경과 상호작용하면서 전인적인 성장·발달하므로 발달적으로나 사회·문화적으로 적절한 보육환경을 갖추는 것이 무엇보다도 중요하다. 따라서 보육의 특성, 영유아의 연령, 학부모 및 교사의 요구, 보육시설 및 지역사회의 실정 등을 반영하여 적절한 교육과정을 구성할 수 있도록 다양한 보육프로그램이 제공되어야 한다.

둘째, 보육프로그램의 내실화를 기하고 영유아의 영양문제를 근본적으로 해결하기 위해 급·간식서비스를 전담 또는 대행할 지역단위 시설을 설치 또는 위탁 운영한다.

셋째, 보육시설의 공간 배치를 살펴보면 개별 휴식이나 수면을 위한 별도의 공간이 없는 실정이다. 어린이집의 실내 공간에서 영유아가 자고 싶을 때 자고, 쉬고 싶을 때 쉴 수 있도록 활동실과 별도의 휴식 공간을 설치한다.

넷째, 실내·외의 공간배치는 흥미 영역별로 기본 자료와 활동 계획에 의해 변화되는 놀잇거리와 교구들을 구비하여 다양한 활동이 이루어지도록 고려한다.

다섯째, 현행어린이집 이용 원아의 구성이 종일반 또는 맞춤반으로 구성되어 있다. 이는 어린이집을 이용하는 수요자중심 또는 부모중심의 보육정책으로, 보육시설의 주요 대상자인 영유아의 심리적 측면에서나 어린이집 운영적 측면에서는 막대한 영향과 손실을 초래하여 보육의 질적 저하를 초래한다.

CHAPTER 12

가정위탁아동

1 가정위탁보호서비스

1) 가정위탁보호서비스의 의의

가정위탁보호란 자신의 가정에서 일시적 또는 장기적으로 돌볼 수 없는 아동을 계획된 기간 동안 대리가정이 보호하는 것을 말한다. 가정위탁보호서비스는 우리 사회에서 부득이 발생한 요보호아동을 가능한 한 시설보호를 억제하고 국내의 건전 가정에 위탁·대리 양육토록 함으로써 가족적 분위기 속에서 정서함양과 인격형성을 이루어 건전하게 성장토록 하는 데 그 목적이 있다(최성옥, 2003).

가정위탁보호에 대한 정의를 살펴보면 사회사업사전에서 위탁보호(Foster Care)는 '아동의 친부모 이외의 친척 또는 친척관계에 있지 않은 양육자가 아동의 가정 이외에서 아동을 24시간 돌보는 대리적 양육'으로 정의(김점자, 2004)하고 있고, 아동복지연맹(Child Welfare League of America)은 가정위탁보호를 '아동복지기관의 승인을 받은 위탁가정에서 아동의 일시적 보호와 양육이 이루어지는 계획적이고 목표 지향적인 서비스'라고 정의하였다. 따라서 가정위탁에 대한 정의를 종합하면 가정위탁보호서비스란 아동복지서비스의 하나로 유아가 자신의 가정에서 양육되기 어렵거나, 입양이나 통원에 의한 시설보호가 불가능하거나 또는 바람직하지 못할 때 계획된 기간 동안만 타인의 가정에서 제공되는 대리탁아이다. 일정기간 대리보호한다는 것은 영구적이지 않다는 의미이다. 따라서 위탁의 사유가 된 상황이 해소되면 아동은 다시 친부모에게 돌아가 친가정에서 자랄 수 있게 된다.

가정위탁은 아동들을 시설보호 중심에서 가정위탁보호로의 전환을 통하여 '모든 아동은 안정되고 화목한 가정에서 살 권리를 갖는다'는 원칙을 준수하고자 하는 정부의 의지와 목표를 반영하고 있다(허남순, 2009).

보건복지부가 제시하는 우리나라 가정위탁보호의 목적은 보호대상아동을 보호·양육하기를 희망하는 가정에 위탁함으로써 가정적인 분위기에서 건전한 사회인으로 자랄 수 있도록 하기 위한 것이다. 정부에서는 보호대상 아동이 발생할 경우 가정보호를 우선하도록 하며, 특히 2세 미만 영아의 경우 가정보호가 우선적으로 실시되도록 권고하고 있다(보건복지부, 2015).

위탁보호가 요구되는 상황은 가족 붕괴나 부모의 이혼, 사망, 별거, 질병, 실업, 투옥 등으로 인한 아동양육이 어려울 때, 부모가 알코올중독, 약물중독, 정신질환의 문제를 가지고 있을 때, 아동이 정서적인 문제나 행동의 문제 등을 보일 때, 아동 유기나 학대의 위험이 있을 때 등이다.

우리나라의 아동복지서비스는 주로 생활시설보호조치에 치중해 왔다. 시설에서 자란 아동들에게 두드러지게 나타나는 현상은 정서와 성격장애이며, 이들의 일반적 특징으로는 어떤 대상에도 애정을 갖지 못하는 사회적 무감동성(social apathy)과 상대방으로부터 끊임없이 애정을 구하는 애정공복증(affect hunger)이다. 애정 결핍적 정신병리는 아동이 3세 이전에 시설에 수용되었을 경우에는 거의 돌이킬 수 없을 정도로 지속적이 될 수 있다. 오늘날과 같이 수용인원에 비해 시설규모가 크고 시설종사자는 적은 아동복지시설의 환경 속에서는 입주아동에게 부모의 기능을 대신할 만한 보호를 기대하기 어렵다. 따라서 가정위탁보호서비스는 가정이 없는 아동에게 가장 가정적인 환경을 마련해 준다는 의미에서 바람직한 대리보호제도로서의 의의가 있다(이정림, 1985).

이처럼 가정위탁보호는 법적인 부모-자녀 관계에서 아동들을 양육하고 책임지는 입양과는 달리 부모양육의 부적절함으로 인해 위탁가정에서 일시적으로 혹은 장기적으로 가정위탁보호가 필요한 아동, 아동자신의 문제(신체적 · 정서적 · 지적 발달의 지체, 사회적인 일탈행동상의 문제아동)로 인해 가정위탁보호가 필요한 아동들을 보호하고 양육하는 대리적 서비스이다.

따라서 가정위탁서비스는 현대사회에서 발생되고 있는 다양한 사회문제로 인한 아동의 시설입소, 해외입양과 가족 해체를 예방하고, 가정적인 환경에서 아동을 보호함으로써 심리 · 정서적 안정을 도모하고, 친부모 상담 및 지원을 통해 본 가정에 복귀하도록 하거나 대리가정에서 바르게 성장할 수 있도록 돕는 데 있다.

2) 가정위탁보호의 원리와 필요성

현대사회는 친부모가 있음에도 불구하고 친가정과 분리되는 아동의 수가 증가하여 보호가 필요한 아동의 수는 해마다 증가하는 추세다.

가정위탁보호는 일시적인 대리보호서비스의 한 형태로 다음과 같은 일시적인 대리보호서비스의 기본원리가 필요하다(Cotin, L., Bell, C., & Downs, S., 1991; 김점자, 2004).

① 아동에게는 부모-자녀 관계와 부모에 의해 적절하게 양육되는 것이 무엇보다 중요하다. 한 사회의 일차적 책임은 아동의 원가정을 보존하는 것이다.

② 아동의 원가정이 아동을 보호할 수 있는 최소한의 양육 수준도 회복할 수 없는 상황이라면, 아동에게 영구적인 생활환경을 제공하기 이전까지는 일반적으로 가정 안에서 이루어지는 양육 및 사회화 경험을 대신해서 제공할 수 있는 서비스가 마련되어야 한다.

③ 다양한 대리보호의 형태(위탁가정, 그룹홈, 생활시설)는 각각 상이한 서비스 제공 능력을 가지고 있다. 아동에게 어떤 형태의 환경도 모든 아

동에게 최선의 것이 될 수는 없다. 아동에게 어떤 형태의 대리보호를 제공할 것인가에 대한 결정은 아동의 특수한 욕구뿐 아니라 이용 가능한 대리보호의 특징 및 아동의 욕구충족 능력에 의해 좌우된다.

④ 대리보호서비스의 대상자는 가족이며, 사업의 목표는 가족의 재통합 또는 아동에게 대안적인 영구 가정을 제공하는 것이다.

⑤ 대리보호의 제공자는 아동을 위한 서비스 제공체계의 핵심적인 일원이고, 아동의 영구적인 보호계획을 수립하는 과정에 반드시 참여한다. 대리보호의 제공자는 아동과 친가족 사이의 복잡한 역할과 관계를 관리하며, 친가족의 역할 모델이 되고, 가족의 재통합을 돕는다.

⑥ 아동의 장래에 중요한 영향을 미칠 수 있는 사항을 결정하기 전에 반드시 아동의 권리에 대해 숙고해야 한다. 동시에, 아동·가족·기관·대리보호 제공자 각각의 권리를 고려할 때는 균형 있는 시각을 가지고 있어야 한다.

우리나라의 가정위탁보호서비스의 법적 근거는 1999년 요보호아동에 대한 아동건전육성의 방안으로 가정위탁보호가 제기되어 2000년 정부의 가정위탁보호서비스 제공을 위한 제도가 「아동복지법」에 추가되어 시행되었다. 2000년 1월 「아동복지법」을 개정하면서 가정위탁보호에 관한 규정을 보다 구체적으로 명시하였으며, 2003년 가정위탁지원센터를 설치하여 본격적으로 추진해왔다. 2005년 「아동복지법」의 일부 개정에 따라 가정위탁지원센터의 설치, 기능, 가정위탁제도의 개념 규정 등 최소한의 법적 규정이 마련되면서 이를 전담하는 기관의 필요성이 제기되었고, 가정위탁서비스를 전담하는 기관인 가정위탁지원센터가 설립되었다(보건복지부, 2007). 가정위탁지원센터는 「아동복지법」 제48조(가정위탁지원센터의 설치 등), 제49조(가정위탁지원센터의 업무)에 근거한다.

가정위탁보호의 필요성은 아동이 개별적으로 보호받을 수 있는 위탁모를 이용하는 것이 아동들의 사회적 발달 및 지적 발달을 위해 절대적으로 필요하다. 친부모에 의해 양육될 수 없는 요보호아동에 대한 사회적 안전망의 일환으로써 가정위탁보호제도는 입양이나 생활시설보호에 비해 아동의 발달적 측면에서도 바람직하며, 아동의 위탁양육 기간 동안 친부모들이 안정을 되찾도록 도와주고, 아동을 다시 친부모에게 돌아가도록 할 수 있다는 점에서 또한 가정해체 방지를 한다는 측면에서도 그 사회적 의의를 찾을 수 있다.

연구자들은 아동의 집단보호가 만족스럽지 못한 이유에 대해 충분한 모성적 보호를 지속적으로 제공받을 수 없고, 아동의 수가 많아 시설의 일상생활에 모두 적극적으로 참여할 기회를 마련하기가 어렵다고 한다. 유년기에 5년 또는 그 이상의 기간을 시설에서 보낸 어린이들과 같은 기간을 가정에서 자란 어린이들이 성인이 되었을 때 사회에 적응하는 능력을 비교해 본 결과 가정에서 자란 어린이의 경우 부적응율이 18%, 생활시설에서 자란 어린이의 경우는 34.5%로 나타났으며, 생애 5년 또는 그 이상의 기간을 생활시설에서 지낸 어린이들 중 3분의 1이 성인 생활에서 사회적으로 무능한 사람으로 판명되었다.

영·유아기에는 집단생활에 적응하는 것이 불가능하기 때문에 개별적으로 보호받을 수 있는 위탁모를 이용하는 것이 아동들의 사회적 발달 및 지적 발달을 위해 절대적으로 필요하다. 그러므로 요보호아동의 건전한 아동양육을 위해서는 어려운 상황의 가정문제를 해결할 수 있도록 돕거나 대리가정으로 연결하는 것이 요구된다(김점자, 2004).

최근 들어 우리나라는 아동복지분야에서 시설보호중심의 아동복지를 그룹홈과 가정위탁보호로 관심을 돌리고 있는 추세이다. 보호가 필요한 아동을 보호하는 방법이 점차 고아원과 같은 보육시설에서 그룹홈, 가정위탁으로 변화하고 있다. 이러한 이유는 시설보호에서 나타나는 아동의 정서 및 성격 장애가 문제화되고, 비용측면에서도 상대적으로 지출액이 크기 때문이다(아동복지편람, 1997).

2 가정위탁보호서비스의 체계

1) 대상체계

가정위탁보호서비스의 실시에 따른 주체는 위탁아동, 친부모, 위탁부모, 위탁서비스기관으로 분류된다(김익균 외, 2001; 민혜선, 2015).

(1) 위탁아동

위탁아동은 가정위탁 대상아동을 의미하며 부모 모두 사망하였거나, 친부모가 어떠한 사정으로 인하여 자녀를 정상적으로 양육할 수 없을 때 일시적 또는 자립 시까지 가정위탁보호가 필요한 만 18세 아동을 의미하며 학교 및 유사 기술학교에 재학 중인 경우는 학교 졸업 시까지 그 폭이 확대된다.

보건복지부 아동분야사업안내(2015)에 의하면 만 18세 미만의 아동으로서 보호자가 없거나 보호자로부터 이탈된 아동, 보호자가 아동을 양육하기에 적당하지 않거나 능력이 없는 경우의 아동, 친가정 복귀를 우선으로 할 수 있는 아동, 친가정이 아동양육에 어려움을 갖는 경우, 가정위탁을 통해 아동위탁기간 동안 친부모가 문제를 해결하고 가정의 기능을 회복할 수 있는 경우의 아동, 시설에서 집단 생활의 부적응을 보이는 아동 중 위탁가정에서 보호하면서 아동의 심리적인 후유증을 줄이고 안정을 되찾을 수 있는 아동, 아동의 심리사회적 기능을 평가하여 일반위탁가정에서 보호가 가능하거나 지체 혹은 지적장애가 있다 하여도 이러한 아동을 보호할 의지 및 여건이 마련된 위탁가정으로의 배치가 가능한 아동 등을 그 대상으로 하고 있다.

(2) 친부모

친부모는 배우자의 사망, 질병, 이혼, 별거, 빈곤 등에 의해 자신의 아동을 직접 양육할 수 없어 가정위탁을 의뢰한 아동의 생물학적 부모이며, 친가정은 친부모가 있는 가정을 말한다. 그러나 경우에 따라 친가정은 의뢰한 친부모가 아닌 법적 보호자의 가정을 의미하는 경우도 있다. 친부모는 아동이 위탁되어 있는 동안 다시 아동을 양육할 수 있도록 그리고 부모와 가정의 기능을 회복할 수 있도록 최선의 노력을 해야 한다.

친부모는 아동을 위탁했다고 해서 부모의 의무가 없어지는 것은 아니며, 아동이 다시 가정으로 돌아올 때까지 기관과 위탁부모와 함께 계획을 세울 수 있도록 노력하는 것이 바람직하다.

(3) 위탁부모와 위탁가정

위탁부모는 보호가 필요한 아동을 위탁 받아 위탁기간 동안 돌봐주면서 친부모의 역할을 대신하는 부모로서, 가정위탁보호의 성공 여부를 결정하는 중요한 요인이라고 볼 수 있다. 이들은 무엇보다도 아동의 아픔을 이해하고 수용할 수 있는 마음자세를 가져야 하며, 일반아동들에 비해 경험하였을 정서적 상처를 감안하여 생활 속에서의 치료적 개입도 겸할 수 있어야 한다.

우리나라 가정위탁의 유형은 위탁가정과 위탁아동의 관계 및 유형에 따라 크게 세 가지로 나뉜다.

첫째, 친조부모, 외조부모에 의한 대리양육 가정위탁, 둘째, 친조부모, 외조부를 제외한 친인척에 의한 친인척 가정위탁으로 「민법」에 의한 8촌 이내의 혈족에 의한 양육, 셋째, 혈연관계가 없는 일반인 가정에서 보호하는 일반 가정위탁이다.

그 외 지방자치단체에서 전문 가정위탁, 일시 가정위탁 등 추가 유형에 대해 예산을 편성하여 운영이 가능하다.

위탁양육서비스는 양육비 부담 여부에 따라 무료 위탁보호, 유료 위탁보호, 고용 위탁보호, 입양 위탁보호, 전문적 위탁보호가 있다.

(4) 위탁서비스기관

위탁서비스기관과 사회복지사는 위탁부모를 모집하고, 위탁아동이 안정적으로 적응하여 생활할 수 있도록 적절한 도움을 제공할 책임을 갖으며, 각각의 역할들이 주어진다.

첫째, 위탁아동에 대한 역할은 아동이 위탁가정에 배치될 때 일반적으로 심리적인 분리기, 과도기 및 결합의 과정을 거친다. 부모와의 분리를 예견하게 되면 아동들은 예민하고 강렬한 부정반응을 보이게 되므로 아동에게 그의 친부모와 위탁부모에 대한 이야기를 해줄 필요가 있다. 또한 앞으로 모든 것이 잘 될 것이라는 희망을 전하고 일정한 시간이 흐르면 다시 친부모와 행복한 가정을 영위할 수 있다는 확신을 심어주도록 한다.

둘째, 친부모에 대한 역할은 부모의 일상생활상의 압박과 현실적인 문제, 자녀와의 관계에서 느끼는 애정과 증오의 상반된 감정 등을 이해하도록 하고, 가정위탁보호가 자녀에게 어떻게 영향을 미치는지를 설명하여 자녀가 신체·정서적으로 성장할 수 있는 좋은 기회임을 믿을 수 있도록 격려하며, 더 나은 부모가 되도록 책임감을 고취시키는 것도 중요하다.

셋째, 위탁부모에 대한 역할은 위탁부모에게 일반적인 아동의 발달특성, 육아방법, 위탁아동의 가정환경과 개별적인 발달특성에 대해 알려준다. 그리고 위탁부모의 양육에 대한 어려움을 덜어줄 수 있도록 자원을 연계해주어야 한다(성영혜 외, 2002)

2) 서비스체계

우리나라의 경우 요보호아동을 위한 예비위탁부모를 발굴하기 위해 예비위탁부모 양성교육, 가정위탁 책정 이후 위탁부모 및 위탁아동, 친부모에 대한 상담 및 교육, 「국민기초생활보장법」에 의한 생계비 및 양육비 보조금의 지원, 위탁아동 상해보험지원, 대리 · 친인척 위탁가정을 대상으로 전세자금지원, 위탁 종결 이후 자립정착금지원 등의 서비스가 제공되고 있다(보건복지부, 2015).

우리나라에서는 서비스 내용이 위탁부모보다는 주로 위탁아동에 초점이 맞춰져 있고, 그마저도 위탁아동을 키우는 데 필요한 최소한의 생활비와 양육보조금 등만 지원을 받고 위탁아동을 보호해야 하는 구조로, 다양하고 양적인 위탁가정의 모집이 어려운 부분이 있다. 따라서 위탁부모의 역할을 유지할 수 있는 다양한 보상체계들이 개발되어야 한다.

3) 전달체계

우리나라에서는 현재 중앙정부인 보건복지부가 가정위탁보호서비스의 법 · 제도적 정책 개발, 중앙가정위탁지원센터 위탁, 보조금 집행 및 평가, 인력 및 자격관리의 역할을 수행하도록 규정하고 있다. 시 · 도의 경우에는 지역가정위탁지원센터를 지정하고 운영지원, 예산, 양육보조금지원, 센터에 대한 지도관리, 통계관리 등의 업무를 수행하고, 시 · 군 · 구에서 가정위탁보호조치를 결정하고, 양육비의 지급과 관련하여 수급자 선정 및 급여 지급 등의 업무를 수행하도록 하고 있으며, 읍 · 면 · 동에서 위탁아동의 신청 및 접수, 위탁보호 의뢰자와 친인척 상담 및 가정조사 등의 업무를 수행한다. 그리고 지역가정위탁지원센터는 가정위탁보호조치가 결정된 가정에 대해 사례관리를 실시한다(보건복지부, 2013a).

미국의 경우 중앙정부와 주정부, 시 혹은 카운티가 명확한 규정에 따라 역할과 기능을 수행하고 있고, 가정위탁보호서비스를 수행하는 민간기관과 공적기간들이 유기적으로 협조하도록 하고 있다. 이에 우리나라도 다양한 서비스를 제공할 수 있는 기관 확충과 동시에 전달체계에 있어 각각의 명확한 역할 규정으로 인해 체계적인 서비스의 제공이 이루어질 수 있어야 한다(보건복지부, 2007).

4) 재정체계

우리나라 가정위탁보호서비스의 재정은 관련 예산이 2005년부터 지방자치단체로 이양되어 각 지방자치단체장의 가정위탁서비스에 대한 이해 및 의지와 지방자치단체의 재정자립도에 따라 차이가 있을 수 있다. 보건복지부에서는 매년 지자체에 가정위탁지원센터의 예산 권고(안)가 전달되어 지방자치단체 본예산에 가정위탁지원센터의 예산을 우선적으로 반영하도록 권고하고 있으나, 지방자치단체장의 가정위탁보호서비스에 대한 의지에 따라 지역 간 차이가 불가피한 실정이다. 그렇기 때문에 부족한 부분의 예산은 법인전입금 등의 자부담으로 운용이 되고 있다.

향후 가정위탁보호의 양적 증가와 서비스의 질적 향상을 위해서는 보다 합리적인 수준의 예산이 지원되어야 하고, 각 지역마다 상이한 예산의 획일적인 조율 또한 이루어져야 하겠다.

3 가정위탁서비스 현황 및 서비스 과정

1) 가정위탁서비스 현황

표 12-1 ● 연도별 위탁아동

(단위 : 명, %)

년도 \ 구분	계	대리양육 위탁아동	친인척 위탁아동	일반 위탁아동
2013년	14,584	9,829	3,803	952
	100.0	67.4	26.1	6.5
2012년	14,502	9,732	3,831	939
	100.0	67.1	26.4	6.5
2011년	15,486	10,205	4,260	1,021
	100.0	65.9	27.5	6.6

(계 속)

년도 \ 구분	계	대리양육 위탁아동	친인척 위탁아동	일반 위탁아동
2010년	16,359	10,865	4,371	1,123
	100.0	66.4	26.7	6.9
2009년	16,608	10,947	4,503	1,158
	100.0	65.9	27.1	7.0
2008년	16,454	10,709	4,519	1,226
	100.0	65.0	27.5	7.5
2007년	16,200	10,112	4,850	1,238
	100.0	62.4	29.9	7.7
2006년	14,465	9,062	4,160	1,243
	100.0	62.6	28.8	8.6
2005년	12,562	7,552	4,007	1,003
	100.0	60.1	31.9	8.0
2004년	10,198	5,196	4,133	869
	100.0	51.0	40.5	8.5
2003년	7,565	3,458	3,541	566
	100.0	45.7	46.8	7.5

자료 : 보건복지부 · 중앙가정위탁지원센터(2013)

표 12-2 ● 가정위탁보호사유

구분	계	부모 모두 사망	부나 모의 사망	별거 · 가출	이혼	부모 수감	실직 · 빈곤	부모 질병	학대 · 방임	미혼모(부)/혼외 출생	시설 의뢰	부모 장애	기타
계	14,584	644	3,736	4,204	4,635	322	191	214	189	273	51	52	73
	100.0	4.4	25.6	28.8	31.8	2.2	1.3	1.5	1.3	1.9	0.3	0.4	0.5
대리양육	9,829	310	2,242	3,014	3,611	198	126	98	56	125	1	15	30
	100.0	3.2	22.8	30.7	36.7	2.0	1.3	1.0	0.6	1.3	0.0	0.1	0.3
친인척	3,803	323	1,390	919	849	93	22	74	42	50	2	27	12
	100.0	8.5	36.6	24.2	22.3	2.4	0.6	1.9	1.1	1.3	0.1	0.7	0.3
일반	952	11	104	271	175	31	43	42	88	98	48	10	31
	100.0	1.2	10.9	28.5	18.4	3.3	4.5	4.4	9.2	10.3	5.0	1.0	3.3

표 12-3 ● 위탁유형별 위탁보호 기간

구분		계	대리양육	친인척	일반
계		14,584	9,829	3,803	952
		100.0	100.0	100.0	100.0
6개월 미만		825	567	191	67
		5.6	5.8	5.0	7.0
6개월 이상~1년 미만		1,007	610	318	79
		6.9	6.2	8.4	8.3
1년 이상~2년 미만		1,626	1,108	422	96
		11.1	11.3	11.1	10.1
2년 이상~3년 미만		1,555	1,040	468	47
		10.7	10.6	12.3	4.9
3년 이상~4년 미만		1,645	1,113	463	69
		11.3	11.3	12.2	7.3
4년 이상~5년 미만		1,613	1,149	376	88
		11.1	11.7	9.9	9.2
5년 이상~6년 미만		1,239	852	313	74
		8.5	8.6	8.2	7.8
6년 이상		5,074	3,390	1,252	432
		34.8	34.5	32.9	45.4
평균위탁기간		4년 9개월	4년 9개월	4년 8개월	5년 3개월

자료 : 보건복지부 · 중앙가정위탁지원센터(2013)

위탁가정과 아동 수는 지난 몇 년 사이에 꾸준히 증가한 것을 알 수 있는데, 이는 소년소녀가장세대를 친인척위탁 및 대리양육으로 전환하도록 한 정부의 시책과 2003년 가정위탁지원센터의 운영 이후에 가정위탁이 활성화된 것으로 평가된다.

우리나라의 가정위탁보호서비스는 「아동복지법」 제11조에 근거하여, 우리 사회에서 부득이 발생된 요보호아동을 가능한 한 시설보호를 억제하고 국내의 건전가정에 위탁대리양육토록 함으로써 가족적인 분위기 속

에서 정서 함양과 인격형성으로 건전하게 성장하도록 하는 것이다

미국이나 영국 등 대부분의 서구사회에서는 시설보호가 아동의 성격발달이나 행동에 미치는 여러 가지 문제로 인하여 이미 오래 전부터 가정위탁보호제도를 실시해오고 있다. 그러나 한국의 경우는 아직도 시설보호가 주를 이루고 있으며 정부가 지원하는 가정위탁보호서비스는 거의 실시되지 않고 있다.

우리나라는 현 입양기관에서 국내·해외입양을 갈 아동을 대상으로 대부분 1개월 미만에서 6개월이란 단기간 동안 일시가정위탁을 하는 것이 대부분이다. 외국에서의 위탁보호 대상아동은 첫째, 부모들의 이혼, 유기, 사망 등으로 파탄에 이른 경우, 둘째, 부모가 신체적·정신적 질병으로 아동을 보살필 능력이 없는 경우, 셋째, 부모의 학대 등으로 가정이 아동양육에 적합지 못한 경우, 넷째, 친부모가 위탁보호를 희망할 경우, 다섯째, 아동이 정서적 장애 또는 사회적 탈선행위 등 행동에 문제가 있는 경우, 여섯째, 가정경제가 어려울 때, 일곱째, 부모와 아동 간에 갈등이 있어 서로 욕구충족을 못할 경우, 여덟째, 시설수용아동 중 가정으로 돌아갈 가능성이 적은 아동의 경우, 아홉째, 시설수용아동 중 가정경험을 통해 문제행동에 치료를 기대할 수 있는 경우 등 다양하며 이러한 문제가 해결되면 자기 가정으로 돌려보내는 것이 목적이다. 반면 우리나라의 위탁아동의 대상은 고아나 가정파탄으로 시설에 수용된 아동과 미혼모 아동 중 입양 전 일시적으로 가정위탁보호가 실시되어 다른 나라와 상이한 성격이다.

그동안 한국은 전통적인 혈연중심의 대가족제도와 열악한 주거 환경 등으로 인하여 위탁가정이 활발하게 추진되지 못하였으나, 이제는 대부분의 가족이 핵가족화되고 주거 환경도 많이 개선되어 한두 명의 아동을 위탁할 수 있는 여건이 물리적으로도 많이 마련되었다. 그 외에 시민들의 사회공동체적인 의식도 많이 함양되어 자원봉사나 어려운 이웃돕기 등에 적극적으로 참여가 이루어지고 있다.

표 12-4 ● 가정위탁서비스

위탁가정서비스	위탁아동서비스	친부모서비스
• 위탁부모교육서비스 • 가정방문 및 상담서비스 • 자조모임 구성 및 운영지원서비스 • 지역사회 자원 활용 연계서비스 • 긴급지원서비스 • 물품지원서비스	• 사전 · 사후 심리 검사 • 아동상담서비스 • 프로그램을 통한 정서적 서비스 • 친가족에 대한 정보 제공 및 만남 주선 • 지역사회 자원 활용 및 연계서비스 • 친가족복귀 프로그램 • 결원후원서비스	• 가족치료의뢰서비스 • 친가족방문 및 상담서비스 • 친부모교육 • 아동발달과 양육에 대한 정보 제공 • 자립지원서비스 • 가족복귀프로그램

2) 가정위탁서비스 과정

(1) 가정위탁부모의 모집 및 교육

위탁부모 모집은 신문, 책자 및 각종 방송매체를 통하여 모집하며, 모집 후 표 12-5와 같이 위탁부모는 사전교육 8시간과 보수교육 8시간을 이수해야 한다.

표 12-5 ● 가정위탁부모교육

교육유형	대상	내용
사전교육(8시간)	일반위탁가정 부모교육	• 제1강 : 가정위탁사업의 이해와 절차 • 제2강 : 위탁아동의 특성과 위탁양육의 실제 • 집단프로그램 : 위탁 사례 발표, 질의응답
	친인척위탁가정 부모교육	• 제1강 : 가정위탁사업의 이해와 절차 • 집단프로그램 : 효과적인 부모역할 실제
	대리양육가정 부모교육	• 제1강 : 가정위탁사업의 이해와 절차 • 제2강 : 위탁아동의 특성과 양육방법 • 집단프로그램 : 아동문제행동의 대체방법 및 양육기술 훈련
보수교육(8시간)		• 위탁부모의 역할과 의무 • 문제행동의 원인과 대처 방법 • 효과적인 부모-자녀 관계 및 대화 기술 • 위탁 관련 행정, 법률, 지침의 이해 • 집단프로그램(위탁양육사례, 질의 응답)

(2) 위탁아동의 선정

위탁아동은 친부모 또는 아동복지 관련 기관으로부터 의뢰되며, 대체로 방임, 학대, 유기된 아동이 이해 해당된다.

(3) 위탁아동의 배치

위탁아동을 적절한 위탁가정에 배치하기 위해서는 능숙한 사회사업실천 방법을 활용해야 하며, 경험 있는 전문 사회복지사를 통해서 수행되어야 한다. 위탁아동을 위탁가정에 배치할 때 가장 중요한 일은 아동에게 행복의 기회를 갖도록 할 수 있는 가정에 위탁하는 것이다.

(4) 사후관리

아동이 위탁되어 있는 동안 위탁 담당 사회복지사는 위탁된 아동의 양육 상황을 조사·점검하고, 위탁아동, 친부모, 위탁부모 모두를 사후관리한다.

위탁부모 뿐만 아니라 친부모에게도 당면한 문제를 해결할 수 있도록 적절한 도움을 주어야 하고, 분기별 1회 이상 위탁가정을 방문 또는 전화연결 등을 통하여 아동의 적응 상태 및 양육 실태를 파악하도록 하며, 일반 위탁 및 신규 대리양육가정으로 결정된 가정에 대해서는 위탁보호 초기 3-6개월 이내에는 매월 위탁가정을 방문해야 한다.

(5) 위탁의 종결

아동위탁은 대부분 계획된 위탁 기간이 끝나면 위탁보호를 종결한다. 위탁보호 종결 시점에 원가정과의 재결합을 고려하며, 만약 원가정과의 재결합이 어려울 경우는 다시 위탁보호를 제공하고, 영구적 계획이 필요한 경우에는 입양과 시설보호를 고려한다.

4 가정위탁서비스의 실천방향 및 발전방향

가정위탁이 활성화되지 못한 것은 행정적인 면이나 경제적인 면에서 충분한 사전 준비 없이 실시되었고, 그로 인해 일반의 호응을 얻지 못해 정착하기 힘들었다고 볼 수 있다.

이처럼 가정위탁보호사업은 쉽지 않으나 고귀한 일이다. 현시점에서 발견되는 문제점 해결과 활성화 방안을 마련하기 위해 다음 몇 가지 사항을 제언하고자 한다.

1) 위탁가정과 아동의 특성에 적합한 사례관리의 강화

아동을 위탁하기 전 위탁부모와 아동이 만나서 적응 가능성을 시험하고 서로를 이해하는 기간을 갖는 것이 필요하며, 위탁가정이나 친부모, 아동의 상황과 위탁 사유에 맞는 서비스를 제공해야 한다.

2) 가정위탁지원센터의 확충과 전문성 강화

향후 가정위탁지원센터의 확충을 통해 위탁가정과 아동의 서비스 접근성을 높이고 부모와 아동의 욕구에 맞는 전문적인 상담서비스가 제공되어야 하며, 위탁아동의 권리 옹호 역할의 증대가 필요하다.

3) 단기위탁 등 다양한 형태의 가정위탁지원

긴급보호가 필요한 아동을 위한 단기위탁보호를 위해 행정적인 절차를 간소화하고 예산지원 방안에 대한 수정이 필요하다.

4) 지역사회 관련기관과의 협력체계 구축

가정위탁서비스는 아동의 성장 발달을 지원하기 위해 친가족과의 관계를 유지하는 것이나, 위탁가정이 양육자의 가정을 지원하는 등 기본적으로 가족복지지원서비스의 기능을 할 수 있어야 한다. 이를 위해 지역의 다양한 관련기관과의 연계를 맺고 일해야 할 필요가 있으며, 아동을 위해 어린이집, 방과 후 교실, 아동치료센터, 보건소 등과 협력해야 한다.

5) 가정위탁보호사업 홍보를 체계화하여 통일

가정위탁보호사업이 최근 활성화되면서 기관단위로 홍보가 이루어지고 있다. 폭넓은 대상에게 본 사업을 효과적으로 알리기 위해서는 홍보창구를 체계화하여 통일시킬 필요가 있다.

우리나라에서는 위탁가정보호를 입양 전 일시적으로 위탁가정에서 보호하는 것으로 인식되고 있다. 이에 앞으로 위탁가정보호의 본질을 제대로 수용하고 보다 더 전문적으로 가정위탁보호사업을 실시해야 한다.

이처럼 보호가 필요한 아동을 위한 가정위탁제도가 더 많은 아동을 위한 보호방법으로서 활성화되려면 많은 일반가정들이 가정위탁제도에 참여할 수 있도록 해야 한다. 이를 위한 정부의 계속적이고 적극적인 홍보가 필요하고 또한 서로 다른 보호가 필요한 아동이 그들의 필요와 욕구를 충족시킬 수 있는 단기, 장기 치료 등 다양한 형태의 위탁가정이 개발되어야 할 것이다. 뿐만 아니라 생활보호대상자가 아닌 아동들의 가정위탁을 위해서도 위탁가정에 대한 경제적인 지원이 현실화되어야 하고, 위탁가정을 전담하는 기관의 지정을 통해 계속적인 위탁가정을 선정하고 위탁가정이 그 기능을 잘하도록 지도하고 관리할 때 비로소 가정위탁제도가 활성화될 수 있을 것이다.

CHAPTER 13

입양아동

1 입양아동서비스

1) 입양의 개념

입양(adoption)은 생물학적인 과정을 통해서가 아니라 법적·사회적 관계에 의해서 영원한 친자관계를 맺게 하는 것이다. 즉, 입양이란 친부모로부터 아동의 현재와 미래에 대한 모든 권리와 의무가 소멸되고, 행정적·법적 권한에 의해 혈연관계가 없는 타인에게 양육의 권리와 의무가 이양되는 것을 말한다. 입양은 사회복지관점에서 볼 때 대리적 서비스로 인식하며, 나아가 가족형성이론에 속한다고 볼 수 있다.

입양아동서비스는 입양의 성립을 위한 일련의 조치로서 관계법의 제정에서부터 입양을 알선하고 성립시키는 기관의 모든 활동을 포함하며, 자신의 친부모로부터 분리될 수밖에 없는 아동에 대해 친가정과 유사한 환경에서 지속적인 보호를 받을 수 있게 함으로써 아동의 복지를 장기적으로 보장해 줄 수 있다.

2) 입양의 목적

카두신(A. Kadushin)은 입양은 '아동과 그의 친부모가 아닌 사람 사이에 친자관계를 맺게 하는 법적·사회적 과정'이라고 정의하며, 입양의 목적을 다음과 같이 정리하였다(김재한, 2003).

첫째, 아동에게 입양이 아니면 얻을 수 없는 영구적인 가정과 지속적이며 건전한 가족관계를 가질 수 있게 한다.

둘째, 불임부부가 부모가 될 수 있게 하는 수단이 된다.

셋째, 가문의 이름을 지속시키는 수단이 된다.

넷째, 유산을 물려주는 수단이 된다.

다섯째, 자녀를 양육·보호할 능력이 없거나 그 자녀를 원치 않는 부모를 위한 대체 수단이 된다.

여섯째, 자녀가 있는 사람이 아동을 더 양육하려는 욕구와 능력이 있을 때 이를 만족시키는 수단이 된다.

3) 입양의 기능

장인협과 오정수(1997)는 아동의 입장에서 입양의 기능을 다음과 같이 설명하였다.

첫째, 아동을 위한 비시설보호의 방법이다.

둘째, 가족관계를 창출하며, 아동을 위하여 항구적인 가정을 제공한다.

셋째, 양부모와 양자 모두 공동적으로 인간적인 욕구를 충족시키려는 노력이다.

넷째, 아동을 위해 보다 큰 안전과 보다 좋은 보호를 위하여 일정한 법적 절차에 따라 이루어진다.

다섯째, 양부모는 양자의 양육에 관하여 무제한적인 책임을 장기간 가지게 된다.

이와 같이 입양은 가정을 가져야 하는 기본 권리를 박탈당한 아동에게 새로운 가정을 갖게 해주며, 양부모의 보호와 보장의 책임으로 아동의 욕구를 지속적으로 충족시켜 줄 수 있는 중요한 아동복지서비스의 방법이다.

2 입양의 구성과 필요성

1) 입양의 구성

입양이 성립되기 위한 구성요소는 입양아동, 친생부모, 입양부모, 입양기관이다(박영호, 2016).

(1) 입양아동

입양아동은 입양의 과정과 절차에서 가장 중심에 놓여 있다. 대부분의 입양아동은 초기 유아기인 영·유아에 해당하기 때문에 입양과정에서 자신의 의견을 개진하거나 관철하지 못한 채 소극적이며 수동적인 존재로 입양의 주체가 되며 가장 소외되는 대상이기도 하다.

입양아동은 성장함에 따라 자신의 입양 사실을 인식하게 되고 입양이 가지는 다른 의미인 '버려짐'을 이해하게 되면서 분노와 무기력함을 경험하게 된다. 또한 친생부모의 상실에 따른 상실감과 애도의 감정을 느끼게 되며, 자신의 출생에 대한 궁금증과 나아가 정체성 혼란을 경험하게 되기도 한다.

법률로 규정하고 있는 입양대상아동의 법적 기준은 「입양특례법」 제9조 '양자가 될 자격'에 다음과 같이 명시되어 있다.

- 보호자로부터 이탈된 사람으로서 특별시장 · 광역시장 · 도지사 및 특별자치도지사 또는 시장 · 군수 · 구청장이 부양의무자를 확인할 수 없어 「국민기초생활보장법」에 따른 보장시설에 보호 · 의뢰한 사람
- 부모 또는 후견인이 입양에 동의하여 보장시설 또는 제20조에 따른 입양기관에 보호 · 의뢰한 사람
- 법원에 의하여 친권상실의 선고를 받은 사람의 자녀로서 시 · 도지사 또는 시장 · 군수 · 구청장이 보장시설에 보호 · 의뢰한 사람
- 그 밖에 부양 의무자를 알 수 없는 경우로서 시 · 도지사 또는 시장 · 군수 · 구청장이 보장시설에 보호 · 의뢰한 사람

(2) 친생부모

친생부모는 입양대상아동의 생물학적 부모로 자발적 혹은 비자발적으로 아동양육에 따른 친권을 포기하여 자녀를 입양 보낸 부모이다. 입양대상아동의 발생원인은 기아, 미혼모에 의한 아동, 가정학대, 부모사망 또는 부모이혼 등에 의한 가족 해체, 경제적 빈곤 등을 들 수 있다. 그 중 입양대상아동은 미혼모와 기아 등에 의한 영 · 유아인 경우가 대부분이며, 대다수의 미혼모가 혼외 출산에 따르는 사회적 편견과 경제적 어려움 등으로 양육을 포기하고 있기 때문에 친생부모, 특히 친생모와 미혼모를 동일시하는 경우도 있다.

입양을 보내기 위해서는 친생부모가 자녀의 친권 포기와 입양 동의 절차가 필요하다. 2012년 「입양특례법」에 의하면 입양을 위해서는 친생부모의 동의가 있어야 하며 입양동의는 아동 출생으로부터 일주일이 경과해야 할 수 있음을 명시하고 있으며, 이 기간을 입양숙려기간이라고 한다. 입양숙려기간 중 친생부모가 아동을 직접 양육할 경우 입양기관은 지원받을 수 있는 사항과 법률적 효력 등에 대한 상담을 할 것을 명시하고 있다.

(3) 입양부모

입양부모는 생물학적 연관성이 없는 타인, 즉 입양대상아동을 법적 절차에 의해 아동의 양육과 안정적인 가정을 제공해주기 위해 자발적으로 부모가 된 사람을 말한다. 입양부모는 출산이 아닌 입양을 통해 새로운 가족구성원을 받아들임으로 가족을 확대하고, 입양아동에 대해 권리와 의무를 책임지게 되며 그들에게 안정적인 양육 환경을 제공한다. 그러한 과정에서 자신들이 입양자녀의 유일한 부모라는 사실을 인정받기를 원하며(서란숙, 2007), 입양부모의 이러한 욕구는 입양 초기 친생부모의 변심에 의한 입양 취소에 대한 두려움을 겪으면서 더 확대되기도 하고 입양아동의 뿌리 찾기 과정에서 상실감을 겪기도 한다.

「입양특례법」 제10조에서는 양친이 될 자격을 규정하고 있으며, 입양부모가 되기 위해서는 다음 사항을 모두 갖추어야 한다.

- 양자를 부양하기에 충분한 재산이 있을 것
- 양자에 대하여 종교의 자유를 인정하고 사회의 구성원으로서 그에 상응하는 양육과 교육을 할 수 있을 것
- 양친이 될 사람이 아동학대·가정폭력·성폭력·마약 등의 범죄나 알코올 등 약물중독의 경력이 없을 것
- 양친이 될 사람이 대한민국 국민이 아닌 경우 해당 국가의 법에 따라 양친이 될 수 있는 자격이 있을 것
- 양친이 될 사람은 양자가 될 아동이 복리에 반하는 직업이나 그 밖에 인권침해의 우려가 있는 직업에 종사하지 아니하도록 할 것
- 양친이 되려는 사람은 입양의 성립 전에 입양기관 등으로부터 보건복지부령으로 정하는 소정의 교육을 마칠 것
- 그 밖에 양자가 될 사람의 복지를 위하여 보건복지부령으로 정하는 필요한 요건을 갖출 것

입양 삼자 중 입양을 통해 얻는 행복은 입양부모가 가장 크다. 입양부모는 입양 이후 입양자녀와 함께 전 생애에 거쳐 입양으로 인한 영향 속에 놓이게 되며 자녀의 입양 이후 적응뿐 아니라 입양자녀의 삶을 위해 가장 많은 노력과 헌신적인 삶을 살게 된다.

(4) 입양기관

입양기관은 전문적인 지식을 가지고 있는 실무자가 초기 상담을 통해 아동의 욕구를 충족시킬 수 있는 입양가정을 선정하여 법과 제도적 절차에 맞추어 입양을 진행하고 법원의 허가를 통해 입양이 성립되도록 돕는다. 그 과정에서 입양 삼자인 입양아동과 입양부모, 친생부모가 입양과정에서 가질 수 있는 분노, 소외감과 상실감 등의 심리적 고통을 충분히 이해해야 하며 전문적이며 체계화된 절차와 실무자를 통해 그들의 고통에 민감하게 대처할 수 있어야 한다. 또한 사후관리를 통해 입양 후에 발생할 수 있는 문제들을 최소화시키고 입양가정 내의 다양한 욕구를 충족시킬 수 있도록 해야 한다.

「입양특례법」 제21조에서는 입양기관의 의무에 대해 다음과 같이 명시하고 있다.

- 입양기관의 장은 입양 의뢰된 사람의 권익을 보호하고, 부모를 알 수 없는 경우에는 부모 등 직계존속을 찾기 위하여 노력을 다해야 한다.
- 입양기관의 장은 입양을 알선할 때 그 양친이 될 사람에 대하여 제10조에서 정한 사실을 조사해야 한다.
- 입양기관의 장은 양친이 될 사람에게 입양 전에 아동양육에 관한 교육을 해야 하며, 입양이 성립된 후에는 보건복지부령으로 정하는 바에 따라 입양아동과 그에 관한 기록 등을 양친 또는 양친이 될 사람에게 건네주고, 그 결과를 특별자치도지사·시장·군수·구청장에게 보고해야 한다.
- 입양기관의 장은 입양업무의 효율 및 입양기관 간의 협력체계 구축

을 위하여 입양아동과 가족에 관한 정보를 보건복지부령으로 정하는 바에 따라 제26조에 따른 중앙입양원에 제공해야 한다.

- 입양기관의 장은 입양업무에 관한 사항을 보건복지부령으로 정하는 바에 따라 기록해야 한다. 이 경우 입양기록은 전자문서로 기록할 수 있다.
- 제5항에서 정한 입양업무에 관한 기록은 입양아동에 대한 사후관리를 위하여 영구보존해야 한다.
- 제4항에 따른 정보의 범위 및 내용과 제5항에 따른 입양기록 및 전자기록의 보존 등에 필요한 사항은 보건복지부령으로 정한다.

2) 입양의 필요성

입양은 아동복지관점에서 보호가 필요한 아동이 그의 친부모에 의해 양육되는 것이 영구적으로 불가능한 경우 사회가 아동을 양육하고 보호해 줄 수 있는 다른 영구적인 가정을 제공하는 것이다(배태순, 2013).

우리나라 입양은 1950년대의 6·25전쟁으로 등장한 전쟁고아를 대상으로 실시되었다. 전쟁으로 인해 많은 고아, 혼혈아가 생겨났고, 미국의 홀트 부부가 고아가 된 우리나라 혼혈아동 8명을 입양하게 되어 해외입양이 공식적으로 시작된 계기가 되었다. 이후에 미혼모 문제가 발생하면서 미혼모로부터 태어난 아이가 많아지고 해외에 입양되는 아동의 수도 많아졌다(신섭중, 2001).

이러한 상황적 여건 속에서 국내에서는 6·25전쟁으로 인해 발생한 고아들을 수용하고 있는 시설들을 합리적으로 지도할 행정적 여건이 필요하였으며, 이에 따라 1952년 10월에 '후생시설운영요령'이 시달되었다. 이후 1961년 「고아입양특례법」이 제정되었는데, 이는 외국인이 우리나라 고아를 입양하는 절차를 간소하게 하는 데 목적이 있었다. 1976년 12월 「고아입양특례법」은 「입양특례법」으로 바뀌었으며, '고아'라는 용어대신에 '보호시설에 보호받고 있는 자'로 바꾸어 고아가 아닌 아동도 입양될 수 있게 되었다(홍성찬, 2011).

1994년 국내입양의 활성화를 위하여 「입양특례법」이 「입양 촉진 및 절차에 관한 특례법」으로 개정되었다. 국내입양조건을 완화하고 입양 절차에서 발생하는 비용과 사회적 비용을 지원하였으며, 파양을 줄이고자 입양취소청구 기간을 1년에서 6개월로 단축하고 독신가정의 입양을 허용하였다. 우리나라는 전통적인 유교문화의 영향으로 혈연으로 이루어진 가족만을 진정한 가족으로 받아들이고 있으며, 혈연으로 이루어지지 않은 입양가정과 입양아동은 진정한 가족형태로 받아들이지 않고 있다. 따라서 입양아동은 입양되었다는 이유만으로 가계계승과 자녀로서의 정당성을 가지지 못하게 되며 사회에서 낮은 대우를 받게 된다. 이에 입양부모들은 가계를 계승하고 사회의 부정적 인식을 피하고자 입양아동을 친자식인 것처럼 호적에 올려왔으며 주위에 입양 사실을 감춘 채 입양하는 비밀 형태의 입양을 실시해왔다(권지성, 2003). 반면에 공개입양은 입양아동에게 입양 사실을 공개할 뿐 아니라 가족 외부의 사람들에게도 입양 사실을 공개하는 것을 말한다. 즉, 미국이나 유럽에서의 공개입양은 친부모와 입양부모 간에 접촉이 있는 것을 말하며, 국내 공개입양은 친부모와 입양부모뿐만 아니라 주위 사람들과 아동에게 모두 공개하는 것을 의미한다(신정훈, 2016).

입양은 친부모로부터 양육 받을 수 없는 요보호아동에게 최고의 선택이며, 동시에 결혼 후 불임으로 정신적인 대인관계 혹은 심리적인 어려움을 겪는 가정에게는 자녀를 얻을 수 있는 또 다른 좋은 대안이다. 이러한 입양의 필요성에 대해 좀 더 구체적으로 설명하면 다음과 같다(김선호, 2007).

(1) 아동시설보호사업의 문제점 및 대체 효과

시설보호사업은 가정과 같은 환경을 만들어 주어 아동이 건전하게 자랄 수 있도록 지원해 주는 역할을 담당한다. 그러나 시설보호사업은 입양가정이나 위탁부모의 보호보다는 정서적으로 불완전할 수 있다. 아동시설보호사업이 갖고 있는 문제점을 살펴보면 다음과 같다.

- 시설 직원의 잦은 교체와 이직으로 인해 원가정으로부터 학대, 가정불화를 경험한 아이들이 시설환경에서도 정서적 박탈감을 경험할 가능성이 크다. 또한 아동을 돌봐줄 전문가가 적어 일 대 다수의 아동을 관리해야 하는 경우가 많으며, 이 경우 아동들이 가진 욕구에 즉각적인 반응이 불가능해진다.
- 조건적인 환경의 요인으로 시설생활이 대규모의 집단적 규칙을 준수해야 하는 생활이기 때문에 시설아동들은 사생활 및 개별성이 보장되지 못한다. 가정과 같은 편안하고 안락한 생활이 제공되지 못하고 있다.
- 장해, 미혼모, 가정불화와 가정해체 등을 경험한 아동의 경우, 시설보호아동의 다양한 심리사회적 문제에 대해 도움을 제공하는 전문적 서비스의 부족으로 학습 장애, 낮은 자존감, 공격적 혹은 소극적인 성격으로 양태될 가능성이 커진다.
- 현재 우리나라에서 제공되는 아동복지시설로는 영아시설, 육아시설, 일시보호시설, 교호시설, 자립지원시설, 그룹홈이 있으나 수요에 비해 시설의 공급이 매우 부족하다.

아동시설보호사업은 아동의 삶의 질을 보호하자는 건전한 목표 아래 시행되고 있으나 위와 같이 여러 문제점을 가지고 있다. 따라서 차선책인 시설보호보다는 입양서비스를 우선적으로 제공해야 한다. 입양은 동일한 부모가 아동에게 필요한 장기적 안정과 애착, 친밀한 보호를 제공해줄 수 있으므로 위탁이나 시설보다 안정되고 영구적인 대리보호 형태라고 할 수 있다.

(2) 아동에 대한 가정의 중요성

가정은 아동에게 아동의 복지를 실현시키는 근원적 요소가 된다. 아동은 자신에게 끊임없는 애정과 관심을 가지는 성인과의 지속적인 관계를 통해서야 비로소 정서적 안정에 기초를 둔 사회적 · 정신적 · 지적 성장 발달을 꾀할 수 있다. 가정은 이러한 인적 자원인 부모를 제공해 주는 기능을 가지고 있으며, 이러한 이유로 모든 아동은 영구적 가정이 필요하다.

가정은 아동의 모든 시기에 있어 중요한 역할을 담당하지만 아동이 어릴수록 더욱 그러하다. 특히 영유아기의 아동은 자신과 상호작용을 해줄 애착의 대상을 원하고 그들에게 많은 욕구(need)를 표현한다. 이에 상호작용을 해주고 욕구에 즉각적인 반응이 가능하기 위해서는 아동의 곁에 늘 존재하는 가족이 필요하다.

가족이 없는 아동에게 입양을 통해 가족을 만들어준다면, 아동들은 정서적 애착 대상을 형성하고 그들과의 상호작용을 통해 자신들의 욕구를 만족시킬 가능성을 기대할 수 있다. 입양은 위탁가정과는 다르다. 위탁은 일시적으로 돌봐주는 '손님'과 같은 존재에 불과하다. 아동은 일시적인 사랑이 아닌 한 가족의 구성원의 자격으로서의 사랑과 애착이 필요하다.

(3) 정서적 안정과 소속감 형성

가정의 핵심적인 기능은 정서적 안정이다. 아동은 자신이 한 가족의 구성원임을 인식할 때 그들과의 일체감을 느끼게 되고 소속감을 형성하게 된다. 정상적인 가정에서 성장하지 못한 아동들은 정체성 형성에 실패하는 경우가 많으며, 공격적이거나 소극적인 성격으로 변화할 가능성이 높다. 정상적인 가정 내에서 정서적 안정을 가질 때 아동은 자신에 대한 올바른 정체성을 획득하게 될 가능성이 높아지고, 나아가 무리 없는 사회생활이 가능하다. 입양된 아동에게 있어 자신은 현재 보통 사람들과 마찬가지로 동일한 환경 속에서 살아가고 있다는 생각과 자신이 한 가족의 구성원으로서 사랑받고 있다는 사실은 정서적으로 큰 위안이 될 수 있을 것이다.

3 입양아동의 현황 및 서비스

국내에서는 매년 7,000명씩 발생하는 요보호아동 중 입양을 통해 새로운 가족을 얻게 되는 아동은 2014년 현재 1,000명을 넘지 못하고 있다. 입양되지 못한 요보호아동 대다수는 여전히 보호시설과 위탁가정을 통해서 양육되고 있으며(보건복지부, 2014), 불안정한 양육환경은 아동의 건강한 성장을 위협하는 요인으로 작용하고 있다(김경희 외, 2005).

1) 입양아동 수

입양아동의 수는 2001년 이후 꾸준히 감소하고 있다. 국내입양 대 국외입양의 비율은 점차 국내입양이 많아지는 추세이다. 국내입양은 지난 10년간 큰 변화가 없는 것을 알 수 있는데 긍정적인 이유로는 가정위탁이 약 5배, 공동생활가정이 10배 이상 증가한 것을 들 수 있고, 부정적인 이유로는 여전히 입양에 대한 부정적인 인식이 줄지 않는 것으로 해석된다. 반면 국외입양은 많은 수가 감소하였는데 국외입양은 줄이고 국내입양은 활성화되어야 한다는 입장도 있었지만 국내입양도 증가하지 않은 것을 볼 때, 전체적으로 입양은 대체가정 형태이므로 선호하지 않은 것으로 해석된다.

국내입양의 감소는 입양에 대한 부정적인 편견이 지배적이며, 이러한 편견을 감소시키는 것은 국내입양 활성화에 중요한 과제이다. 국내 연구자들은 대부분이 국내입양의 비활성화 이유로 혈연의식에 기반을 둔 사회적 편견을 지적하고 있다.

2) 입양아동 유형

표 13-1 ● 입양아동 유형

구분	분류	입양아동 유형					
		계	미혼모 아동	시설아동	저소득층 가정	결손가정	기타
계	국내입양	1,388	1,045	118	67	60	98
	국외입양	1,264	1,251	0	11	2	0

표 13-1을 살펴보면 국내입양의 경우 미혼모 아동이 전체 75%로 가장 큰 비율을 차지하고 있고, 국외입양의 경우 거의 모든 아동이 미혼모 아동인 것을 알 수 있다.

3) 입양의 절차

(1) 아동의 처리절차(소요기간 : 약 1~1.5개월)

- 아동상담소 : 아동 인수 후 아동의 상태에 따라 전원조치(일시보호시설, 가정위탁, 병원 등)
- 전원기관 : 수용 의뢰(시 · 군 · 구청장) 및 입양절차 업무
  - 수용보호의뢰(입양기관 · 시설의 장 → 시 · 군 · 구청장)
  - 후견인 지정신청 및 승인(입양기관 · 시설의 장 → 시 · 군 · 구청장)
  - 부양 의무자 확인공고 등(입양기관 · 시설의 장이 신청, 시 · 군 · 구청장)
  - 기아인 경우에는 성 · 본 창설
  - 입양대상 확인서 발급 의뢰
  - 입양동의(부모, 직계존속 또는 후견인)

(2) 양부모의 처리절차(소요기간 : 약 1개월)

- 신청서 접수 및 상담
- 양부모의 입양상담 및 아동양육교육(5~6회)
- 가정조사(2~3회, 제출서류 : 주민등록등본, 건강진단서 등)
- 양부모에게 아동의 기록, 소유물품 등 인계 → 입양효력 발생 : 「가족관계의 등록 등에 관한 법률」에 정하는 바에 따라 시·군·구청장에 신고

4) 입양서비스 현황

현재 국내입양기관은 20여 기관이 있고 국내·외 서비스를 제공하고 있는 입양기관은 4개 기관이 있다. 입양기관은 입양을 신청한 부모와의 상담은 물론 아동 인수와 입양 전 일시보호 등 입양절차의 모든 업무를 담당하고, 정기적인 입양부모교육 실시와 입양가족자조모임을 지원하고 있다.

국외입양은 주요 입양기관 중심으로 이루어지고 있고, 장애아동의 경우 아동의 건강관리 등 의료서비스가 제공된다. 입양 후 사후관리서비스가 중요하지만, 여전히 정부의 지원이 못 미치고 있는 실정이다. 대부분 미혼모 아동이고 기관에 따라서는 부분적으로 공개입양으로 진행하며, 친모의 건강정보를 상세히 기록하여 입양부모에게 전달하기도 한다.

5) 입양 사후관리

입양은 입양인에게 전 생애적인 문제이기 때문에 최근 입양의 적응을 위한 사후관리가 매우 중요하게 부각되고 있으며, 입양아, 양부모, 입양을 의뢰한 친부모 및 미혼모가 사후관리의 대상이다.

입양아가 입양가정에 배치되고 나서 1개월이 지나면 사회복지사는 입

양가정을 방문하여 아동의 적응도를 조사하고, 입양의 실질적인 성과를 분석하고 평가한다. 또한 입양아가 이적된 호적 등본을 제출받아 어린이가 입양가정의 법적인 자녀로 되었는지를 확인한다.

입양에 대한 가치관 및 관념의 차이는 입양제도의 차이로 이어지고 있다. 서구사회에서 입양의 개인주의적 성향은 공개입양으로 이어지고 있는 반면, 우리나라에서는 혈통중시로 친자입적 선호에 따라 대부분 입양이 비밀입양으로 이어지고 있어 제도 간에 차이가 발생하고 있다. 그동안 우리나라에서도 1950년대부터 현대적 의미의 입양제도가 도입·발전하여 서구의 개인주의적 합리성이 도입되어 왔으나, 이들 제도의 적용에 있어서는 전통적 혈연 중시 사상이 강하게 남아 있는 현실과 괴리를 가져왔다.

우리나라의 입양절차는 외국과 비교해서 아동복지 및 권익 보호에 미흡한 것으로 파악되고 있다. 외국의 경우에는 입양아동을 양친될 자에게 사전에 배치하여 일정기간 양육한 후에 상호 부적응을 진단하여 입양을 판정토록 함으로써 입양가정의 선택에 보다 신중성을 기하고 있다. 또한 국가 또는 민간 입양기관 등은 입양절차를 시행할 뿐 최종적인 결정은 법원에서 내리도록 하고 있다. 이에 비해 우리나라는 사전 시험양육기간을 두지 않고 법원의 개입이 입양절차에 의해서만 이루어지고 있는 실정이다.

입양의 사후관리에 있어서 서구사회에서는 개인주의적 합리성이 적용되어 양자가 성장 후에 자신의 입양에 관한 알 권리를 부여하고 있으며, 입양기록도 체계적으로 보존하고 있다. 반면에 우리나라는 비밀입양의 폐단으로서 입양 사실에 대한 입양관련자의 비밀보호 규정만을 둘 뿐이며, 입양아의 알 권리보장을 위한 법 규정을 두고 있으나 사후관리가 거의 유명무실한 상태이다(홍성찬, 2011).

사후관리는 국내입양과 국외입양이 모두 해당되며, 국내입양의 경우 입양아동이 가정에서 입양부모와의 적응 정도를 관찰하고 적응을 위한 심리상담, 아동 양육의 정보 제공 등을 들을 수 있다. 국외입양의 경우 국외 입양의 뿌리 찾기를 통한 정체성 확립을 돕기 위해 모국방문사업, 모국어 연수지원, 모국에 관한 자료 제공 및 그 밖에 국외로 입양된 아동을 위하여 보건복지부장관이 필요하다고 인정하는 사후관리를 하고 있으며, 입양기관의 장이 이러한 사후관리를 제공하도록 하고 있다.

사후관리의 법적 근거는 「입양특례법」 제25조(사후서비스 제공)에 명시하고 있으며 구체적인 내용은 다음과 같다.

① 입양기관의 장은 입양이 성립된 후 1년 동안 양친과 양자의 상호적응을 위하여 다음 각 호의 사후관리를 해야 한다. 국외입양 사후관리에 관한 내용, 방법 등 구체적 사항은 대통령령으로 정한다.

- 양친과 양자의 상호적응상태에 관한 관찰 및 이에 필요한 서비스
- 입양가정에서의 아동양육에 필요한 정보의 제공
- 입양가정이 수시로 상담할 수 있는 창구의 개설 및 상담요원의 배치

② 입양기관의 장은 해당 국가의 협력기관을 통하여 입양아동이 입양된 국가의 국적을 취득하였는지를 확인하고, 그 결과를 제26조에 따른 중앙입양원의 원장을 통하여 보건복지부장관에게 보고해야 한다.

③ 입양기관의 장은 국외로 입양된 아동을 위하여 모국방문사업 등 대통령령으로 정하는 사업을 실시해야 한다(동법 제25조 제3항 '모국방문사업').

- 모국방문사업
- 모국어연수지원
- 모국에 관한 자료 제공
- 친생부모찾기사업과 동법 제36조에 따른 입양정보공개제도에 관한 홍보
- 국적 회복지원
- 국외로 입양된 아동(성년이 된 경우를 포함한다)을 위한 상담
- 그 밖에 국외로 입양된 아동을 위하여 보건복지부장관이 필요하다고 인정하는 사후관리 사업

4 입양서비스의 실천방향

1) 아동중심의 입양을 위한 관점의 변화

국내입양을 활성화하기 위해서는 사회적 인식의 변화와 입양에 관련된 관계자, 친부모, 양부모의 입양에 대한 관점이 변화해야 한다. 또한 입양이 기관의 실적이나 부부나 가족중심보다는 아동의 권리 옹호와 아동중심의 입양으로 거듭나야 할 것이다.

2) 사회적 인식 개선을 위한 홍보 전략 개발

현재의 홍보 방법에 대한 평가를 통해 좀 더 효과적인 홍보 전략이 요청된다. 또한 국내의 입양부모가 입양의 개방을 꺼리는 이유 중 하나가 불임에 기인된 사회의 편견과 관련되어 있기 때문에 정부는 불임에 대한 사회의 편견을 지양하는 방안을 모색하고, 교육 자료에 입양에 대한 인식을 교육하는 방안을 확대해 나가야 한다.

3) 입양의 사후관리서비스 강화

담당인력의 확충과 전문가 교육과 훈련이 병행되어야 하며, 입양부모나 입양아동들의 자조집단에 대한 지원이 요청된다. 또한 그동안 국외입양아동의 사후관리 미흡 등이 문제로 제기되고 있기 때문에 모국을 방문하는 국외입양인에게도 필요한 서비스를 제공하고 모국에 대한 자긍심을 지닐 수 있도록 지원을 강화해야 한다.

4) 공개입양가족에 대한 상담서비스 강화

입양의 개방 여부에 대한 논의가 좀 더 활발히 이루어져야 하고, 공개입양의 장애요인을 해결할 수 있도록 사회적 분위기를 조성하고 공개입양을 결정하는 가족에 대한 상담서비스가 제공되어야 한다.

5) 장애아동의 국내입양의 활성화 방안 모색

장애아동이 국외입양 외에도 국내입양이 가능할 수 있도록 장애아동의 의료비와 장애아동과 가족에 대한 교육 및 상담서비스가 강화되어야 한다.

CHAPTER 14

시설아동

1 시설아동보호서비스

1) 시설아동보호서비스의 개념

일반적으로 아동복지시설은 부모를 잃었거나 부모로부터 양육을 받을 수 없는 고아, 기아, 장애아, 결손, 빈곤가정의 아동과 같은 요보호아동들을 대상으로 이들의 생활, 치료 및 재활 등의 서비스를 제공하는 생활의 장으로 정의할 수 있다.

과거에는 아동을 위한 복지사업을 뜻 있는 사람들에 의하여 요보호상태에 있는 아동들을 중심으로 한 치료적인 대책으로서 주로 시설에 의존하여 왔다. 따라서 시설은 아동을 위한 복지사업의 전형적인 형태로 간주되어 왔다. 그러나 근래에 와서는 이러한 사업의 방향이 요보호아동뿐만 아니라 모든 아동을 위한 방향으로 전환되고 있다.

아동복지기관 및 시설은 아동을 건전하게 육성하기 위해 사회적인 책임의 일환으로 전개되는 사회적 보호 및 배려의 한 형태로서 아동의 복지를 보장하는 역할을 하며, 대개의 경우 18세 미만의 아동과 그 부모와 가족이 함께 사용할 수 있도록 설치되어 있다.

시설보호서비스는 입양사업서비스, 가정위탁서비스와 함께 부모가 아동을 양육, 보호할 능력을 상실하였거나, 그 역할을 회피할 때 제공되는 완전한 대리보호서비스에 포함된다.

입양서비스는 영구적이고, 가정위탁서비스는 일시적이나 둘 다 가정을 통해 이루어진다. 한편 시설보호서비스는 일시적인 면에서는 가정위탁서비스와 동일하나 집단의 형태로 제공된다.

시설보호대상아동은 보호자가 없거나 보호자로부터 유기 또는 이탈된 아동과 보호자가 양육하기 곤란한 아동으로서 아동복지시설에서 만 18세 미만까지 양육하여 사회인으로 육성된다.

시설보호서비스는 역할론적 개념, 장소적 개념, 시간적 개념, 형태적 개념, 제도적 개념으로 구분해 볼 수 있다.

① 시설보호의 역할론적 개념은 부모의 역할을 대신하는 대리보호를 의미한다. 일반적으로 아동은 부모의 보호를 받으며 성장한다. 그런데 가족, 특히 부모로부터 보호받지 못하는 아동의 경우에는 사회복지종사자에 의해 부모의 양육을 대신해 줄 수 있는 대리보호서비스를 받아야 한다.

② 시설보호의 장소적 개념은 가정이 아닌 시설이란 공간에서 시설보호서비스가 이루어짐을 의미한다. 출생과 더불어 아동은 부모와 함께 가정 내에서 생활을 하게 되지만, 가정이란 공간에서 생활하는 것이 불가피한 경우에는 시설이라는 공동의 장소에서 생활하게 된다. 특히 연령이 어린 아동일수록 시설보호에 대한 의존도가 높게 나타난다.

③ 시설보호의 시간적 개념은 장기간 시설에 거주함으로써 시설보호서비스가 이루어짐을 의미한다. 대부분의 경우 시설에 수용되는 아동의 연령은 영유아와 같이 나이 어린 아동이다. 이러한 아동은 영유아기 이후부터 자립할 때까지 시설에서 생활하게 된다. 따라서 이들이 시설에서 거주하게 되는 기간은 상당히 장기간에 해당한다.

④ 시설보호의 형태적 개념은 아동에 대한 보호가 개별적으로 이루어

지는 것이 아니라 집단적으로 이루어짐을 의미한다. 즉, 가정에서 자신의 부모로부터 개별적인 보호를 받기가 어려운 아동을 집단적으로 수용하여 보호한다. 집단보호는 개별보호에 비해 효율적인 보호서비스라는 점에서 대부분의 경우 다수의 아동을 집단으로 보호한다.

⑤ 시설보호의 제도적 개념은 아동에 대한 보호의 주체가 일반 개인이 아닌 사회 전체임을 의미한다. 즉, 시설보호서비스는 특정 개인에 의해 제공되고 실시되는 것이 아니라, 사회적 차원에서 제공 및 실시된다. 특히 복지의식의 수준이 선진국 여부를 판단하는 기준이 될 만큼 복지에 대한 관심이 한층 증가된 오늘날의 사회, 즉 국가적 차원에서 제도적으로 시설보호서비스를 적절히 제공해야 한다.

2) 시설보호서비스의 목적

과거에는 시설보호서비스가 부모가 없는 고아를 집단적으로 수용하고 보호하는 데 일차적 목적이 있었다. 그러나 오늘날에는 단순히 아동을 수용 및 보호하는 차원을 넘어서 아동의 건전한 성장과 발달 그리고 사회적 치료를 목적으로 한다. 이를 통해 아동문제의 보다 근본적인 해결책을 모색하는 것이 시설보호서비스의 목적이다(표갑수, 2000).

아동복지시설은 아동의 부모가 자녀를 양육할 의사나 충분한 양육능력이 없는 경우 타인이 부모 역할을 대리하여 일정한 시설에서 아동을 일시적 또는 장기적으로 집단보호하는 서비스를 제공하는 데 그 목적이 있다(Kadushin, 1980).

시설보호서비스는 고아뿐만 아니라 부모의 이혼과 같은 가족 해체로 가정에서의 욕구가 제대로 충족되기 어려운 아동에게 집단보호와 더불어 사회적 적응을 위한 치료도 제공해 줄 수 있다. 즉, 아동은 시설보호를 통해 기본적인 생리적 욕구를 충족시키고, 교육 및 사회화의 기회를 제공받음으로써 생활 전반에 대한 안내와 지도를 획득한다.

아동복지시설은 시설이 내포하고 있는 장점과 단점을 잘 조절해 주고 불충분한 가정의 양육환경을 대리하여 보호해 주면서 인격발달 및 여러 문제행동을 교정하고 개선하는 데 그 목적이 있으며, 시설에서의 프로그램이나 아동의 욕구에 따른 서비스 제공 등을 통해 정서적·사회적 문제 개선, 다양한 경험을 통한 좋은 기회 제공, 건전한 성장과 인격발달이 이루어져야 할 것이다.

아동복지시설로서의 목적과 그 목적 달성을 위하여 가족제도와 같은 소집단적 보호, 의료 및 정신과 검사와 치료, 전문사회사업가에 의한 아동 개개인의 욕구 해결, 높은 수준의 교육, 오락, 직업훈련, 건전한 공동체 성원으로서 성장, 발달시키기 위한 최대 노력 등의 서비스를 제공하여야 할 것이다(김광수, 1992).

2 시설보호서비스의 기능 및 원리

1) 시설보호서비스의 기능

아동복지시설은 인생에 있어 매우 중요한 아동기를 가족의 해체, 아동 자신의 장애, 비행 등의 원인에 의하여 가정으로부터 떨어져 살아야 하는 아동을 위한 양육의 장으로서 대단히 중요한 기능을 지니고 있다.

장기간의 시설보호는 아동에게 악영향을 미치는 것으로 보기 때문에 시설보호보다는 가정위탁을 권고하고 있으나, 우리나라의 경우 입양이나 가정위탁보호에 대한 사업을 기대할 수 없어서 시설보호가 대리적 서비스의 주를 이룬다고 할 수 있다.

시설보호는 대체로 다음과 같은 아동이 필요로 하게 된다(Frienlander, & Apte, 1974; 허금숙, 2004).

① 부모의 심한 질병, 상해로 인하여 더 이상 가정에 머무를 수 없게 된 아동으로서 친부모와의 정서적인 밀착관계로 인해 부모나 자신이 다른 가족과 같이 지내기를 거부하는 아동
② 가족의 역기능, 긴장 또는 이혼 때문에 비롯된 아동의 문제가 가정에 남아 있을 수 없을 정도로 심각하나 위탁가정에서도 건전한 정서적 관계를 맺을 능력이 없는 아동
③ 이전의 위탁가정에서 크게 실망하였거나 깊은 마음의 상처를 입어 아직 새로운 가정에 적응하기 어려운 아동
④ 위탁가정이 수용하기 곤란한 건강, 행동상의 문제가 있어 전문적 관찰과 지도, 통제된 환경하에서 의료 또는 정신과적 치료가 필요한 아동
⑤ 형제가 너무 많아 몇몇 위탁가정으로 분리되어야 하지만 서로 헤어지길 원치 않는 형제 집단
⑥ 위탁가정으로부터 독립하려는 경향을 보이는 아동
⑦ 가족 내의 문제로 단기간의 보호가 필요하나 그 기간 동안 집단생활의 경험을 하는 것이 보다 유익할 것으로 판단되는 아동이다.

시설보호는 가정 대체적 기능을 수행하는 것으로 생활서비스를 위한 기능, 즉 거주, 급식, 기타 생활서비스, 보건 기능, 치료훈련서비스를 위한 기능, 원조 서비스를 위한 기능, 사람이나 사회에 대한 관계 조정 등이 상호 보완하면서 조화를 이루어야 한다. 또한 아동이 가정적인 분위기에서 성장할 수 있도록 보호 수준을 향상시키고 권리와 욕구가 충족될 수 있도록 하는 것이 요구된다(표갑수, 1994).

2) 시설보호서비스의 원리

사회적 보호 가운데 중요한 영역을 차지하고 있는 아동복지시설의 보호 원리를 제시하면 다음과 같다(허금숙, 2004).

(1) 인간존중의 원리

시설은 가정을 대신하여 아동의 인권을 존중하고 생활을 보장하는 곳이다. 인간존중의 원리는 첫째, 아동 스스로가 해결하기 힘든 자아의 문제나 심리적 문제에 봉착하게 되었을 때, 항상 자신의 보호자로서 성인의 보살핌을 필요로 한다. 둘째, 아동의 인간존중에 관한 문제는 외형적으로 성인으로 성장시키는 물질적 지원에서 더 발전한 올바른 인격체로서 사회에 한 구성원이 될 수 있도록 도와줄 수 있는 교육과 깊은 관련이 있다. 셋째, 아동의 인간존중 원칙을 경시하는 가정환경에서는 부모를 위시한 다른 가족구성원들의 인간존중도 실현되지 않아 인간의 존재 가치가 상실된다.

아동복지시설은 아동을 위한 최선의 이익을 보장하는 데 있다. 시설은 아동의 주체적 선택의 권리나 의사표명의 권리, 교육받을 권리 등을 존중하며, 항상 아동을 위한 최선의 권익을 생각하는 것이 필요하다.

(2) 가정보호 중심의 원리

시설보호는 근대사회에서 발전하기 시작한 사회사업의 가장 최초의 주된 기능이자 방법이다. 시설보호에 관해서는 전문가들 사이에서도 양극단으로 나누어지는 경향이 있다. 한편에서는 소위 '최악의 가정이라도 최선의 시설보다 더 낫다'라고 하는 소극적·부정적인 시설보호관이 남아 있고, 한편에서는 적극적 집단주의 보호이론을 추진하는 입장에서 현대 가정의 약화된 기능은 아동보호 측면에서 오히려 역기능만이 증대해 가고 있어서, 이것을 시정하기 위한 시설보호의 기능을 강조하는 입장을 고수하고 있기도 하다(주정일 외, 1992). 이는 시설규모 면에서 대규모 시설보다는 가정과 규모가 비슷한 소규모 시설이 긍정적으로 보여지는 것으로서, 가정보호 중심으로 나아가기 위해 시설의 다양한 노력과 시설에서 대행할 수 있는 가정의 제 기능을 충실히 수행해야 한다.

(3) 전문적 보호전개의 원리

시설보호의 장점 중의 하나는 전문적인 보호를 전개할 수 있다는 것으로, 첫째, 사회복지에 열의를 가지고 전문적인 교육을 받고, 경험이 있는 시설 종사자 집단에 의해 보호를 받는다. 둘째, 집단의 생활 속에서 다른 아동들과 시설 종사자들을 접촉하면서 상호 역동성의 이점을 얻을 수 있다. 셋째, 의식주 및 여가시간 등의 일상생활이 중시되고 평범한 일상 속에서 교육적·치료적인 가치가 있을 수 있다. 넷째, 시설보호아동의 시설재적 중간단계뿐 아니라 입소 전부터 시설에서의 생활은 물론이고 가정복귀 및 사회진출 또는 자립까지 사후 보호가 필요치 않은 시기까지 보호가 계속된다. 다섯째, 시설생활자들만을 보호의 대상으로 하는 것이 아니라 그 아동들의 가족에 대해서도 필요에 따라 서비스를 제공한다. 여섯째, 시설 주변의 지역 내 보호대상자와 그 가족들의 조기 발견, 대응을 위해 상담이나 일시보호 기능을 가진다(김미수, 2001).

이와 같이 시설보호의 전문성을 살리기 위해 종사자들에게 지속적이며 전문적인 교육 및 훈련을 실시하고, 고급 전문인력의 양성 및 확보, 전문적 프로그램 및 서비스 개발 등이 필요하다.

(4) 시설운영 방법론의 원리

① 개별화의 원리

가정적 배경이나 사회적 환경이 다른 아동들이 모여 생활하는 시설에서의 양육은 개별적인 원조가 필요하며, 그들에 대한 대응 조치도 개인별 개성을 존중하고, 수요를 이해할 수 있는 기초를 형성해 나가는 방향으로 모색해야 한다. 이는 대상 아동들에 대해 한 사람씩 세밀히 개성, 능력, 소질의 차이를 관찰하고 보살필 수 있어야 한다.

② 가족과의 관계조정의 원리

시설아동 가운데 상당수가 가족이 있는 것으로 추정되고 있기 때문에 이들이 가족과의 관계가 단절되지 않고 계속 유지될 수 있도록 주의와 배려를 해야 한다. 아동들이 가정으로부터 떨어져 처음으로 시설생활을 시작하게 되면 직면하게 되는 심리적 충격, 절망감, 새로운 집단 환경 속에서 적응해야 하는 부담감 등이 신중히 다루어져야 한다. 시설아동들과 그들의 가족 간의 심리적·정서적 문제에 대해 시설 종사자들이 적절하게 조언, 지지해줌으로써 이들의 관계를 잘 조정해 나가야 한다. 이를 위해 시설 종사자들의 전문화와 협력이 선행되어야 한다.

③ 집단활용의 원리

시설이 수행해야 할 교육성과 치료성은 각 아동에 대한 개성 존중과 더불어 집단 생활 내에서의 적극적인 참여 활동을 통해 성숙한 인격체로 성장하는 것이다. 시설생활에서 쉽게 적용할 수 있는 부분으로 가장 중요시해야 하는 과제는 자기인지욕구의 충족에 있으며, 그룹워크, 음악, 레크리에이션 등의 정서교육과 각종 체육활동 등이다. 이러한 활동은 집단생활을 슬기롭게 활용하고, 아동들의 보육과 양육의 효과성을 높이고, 개별적 아동의 심리적·정서적 안정을 이룩하는 것이며, 개인 아동의 안정요소를 보완하는 작용에도 관심을 가지는 것이다. 집단의 역동성은 시설 생활자 상호 간, 시설 종사자 상호 간에도 작용할 수 있는 것이므로, 시설 종사자 상호 간의 집단 역동성을 통해 시설 생활자에게 사회성 발달의 모델을 제공할 수 있다(김미수, 2001).

④ 일관성의 원리

시설은 집단생활을 하고 있기 때문에 주로 팀을 구성하여 보호활동을 실천해 나가는데, 이러한 팀 형태 외의 보호는 여러 시설 종사자의 전문적 서비스를 받을 수 있는 반면에 보호의 일관성을 잃게 되어 효과가 떨어지게 된다. 시설 처우방침 수립에 전체 시설 종사자가 함께 참여하고, 주체적으로 책임을 가지게 하며, 종사자 상호 간 수준 향상을 달성하기 위해 계속적인 노력을 기울여야 한다.

⑤ 지역사회복지 참여의 원리

시설을 지역사회에 개방하여 지역사회와 깊은 교류를 꾸준히 유지함으로서 협동관계를 맺고 지역사회복지에 중요한 역할을 수행하며, 지역사회 일원임을 시설아동들로 하여금 인식하게 하는 것이 무엇보다 중요하다. 지역사회와 결연 관계를 맺지 못하고, 지역사회에 아무런 역할도 하지 못하는 폐쇄적인 형태의 시설이 되어서는 안 될 것이다(주정일 외, 1992).

시설은 시설의 사회화를 위한 전문적 기능을 지역사회에 제공해야 할 필요에 따라 적극적인 지역사회활동을 전개하여야 할 것이며, 지역사회복지서비스 전달체계의 중추적 역할을 해야 한다. 그렇게 함으로써 지역주민들이 합심하여 협력하고 시설 나름대로 지역의 중심세력으로서 임무를 원활히 수행할 수 있게 된다. 또한 그 안에서 생활하는 아동들이 지역주민들로부터 고립되고 따돌림받는 생활을 하지 않고, 사회에 참여하여 하나의 공동체사회로 나갈 수 있는 것이다.

3) 시설보호아동의 문제

시설보호아동은 일반가정의 아동보다 심리·정서적 문제와 발달지체의 문제에 봉착하기 쉬우며, 퇴소 후의 자립을 위한 개인적·사회적·경제적 준비가 부족하다는 문제가 있다.

(1) 심리·정서적 문제

시설보호아동은 일반가정의 아동보다 문화적으로 실조된 환경에서 생활하기 때문에 아동의 심리사회적 욕구를 충족시킬 만한 인적·물적 자원과 경험이 부족한 실정이다. 이로 인해 시설병적인 성격, 즉 의타심, 이기심, 반발심, 열등감, 심적 불안감 등의 성격이 형성되기 쉽고, 원만한 대인관계를 형성하는 능력과 인내심, 성취감, 사회적응력 등이 결여될 수 있다.

휘터커(Whittaker)는 시설보호아동은 ① 욕구 불만을 참지 못하고, ② 만족을 유예하는 능력이 제한되며, ③ 충동을 통제하는 발달이 부족하고, ④ 자신을 '나쁜', '바보 같은', '문제를 유발하는 사람'으로 인식하는 낮은 자아상이 형성되어 있으며, ⑤ 감정조절이 미숙하여 화, 공포, 사기, 슬픔과 같은 감정을 가지며, ⑥ 타인과의 관계 형성이 어렵고, ⑦ 학습장애 경험이 있는 것으로 보고하였다.

시설보호아동의 심리사회적응의 어려움은 입소원인과 부모-자녀와의 애착 및 입소 후 부모와의 접촉 정도 등과 관련이 깊다.

입소 전 가족과의 안정적 애착을 경험한 아동과 경제적 이유로 입소한 아동이 이혼, 별거 등과 같은 가족해체로 입소한 아동이나 부정적 가족관계를 경험한 아동보다 정서적 행동적 문제가 적게 나타나고(Vorria et al., 1998), 입소 이전의 부모-자녀 관계가 지지적이라고 평가한 아동이 우울성향이 낮고 학업적응도도 높은 것으로 나타나 부모와의 친밀도가 영향을 미치는 것을 알 수 있다.

입소 후 부모-자녀 유대 관계는 사회적 위축 및 우울, 불안과 같은 심리, 정서문제에 영향을 미치는 것으로, 입소 이전의 부모-자녀관계가 지지적이라 평가하였던 아동이 우울성향이 낮고 학업적응도도 높은 것으로 나타난다.

입소 후 부모와의 접촉은 단기보호아동(Leathers, 2000)과 집으로 돌아갈 가능성이 있는 경우에 심리사회적응에 긍정적 영향을 미치고(Roy et al., 2000), 장기보호의 경우는 효 갈등을 일으키기 때문에 부정적 영향을(Leathers, 2000), 부모와의 접촉이 간헐적이고, 지속적이지 않으며 디스트레스와 관련된 경우에 부정적 영향을 미친다(Roy et al., 2000). 또한 형제자매가 같은 시설에 배치된 아동이 그렇지 않은 아동보다 행동문제, 특히 공격성이 낮게 나타난다.

(2) 발달지체의 문제

시설보호아동의 발달지체의 문제는 신체발달 측면과 정서발달 측면, 인지발달 측면, 사회성발달 측면으로 나타난다.

① 신체발달 측면은 아동의 신장과 체중이 한국소아의 발육 표준치에 뒤떨어지고, 영양소 섭취량도 권장량에 미치지 못하며, ② 정서발달 측면은 일반아동에 비해 적절히 자신의 의견을 주장하고, 자신의 감정상태를 잘 통제할 수 있는 정서조망능력이 부족하다. ③ 인지발달 측면은 그리스의 장기집단보호 시설의 9세 아동과 일반가정아동의 사회적, 행동적 학교적응을 면접과 관찰, 설문조사 등을 통해 관찰한 연구에서, 수업시간에 집단보호아동들이 다른 학생들에 비해 더 부주의하고, 수업활동에 덜 참여하며 수동적이고 비생산적인 활동에 참여하는 경향을 보인다. ④ 사회성 발달 측면은 시설보호 경험이 있는 아동은 성인들의 관심과 인정을 보다 많이 추구하는 성인 지향적 성향을 보이며, 특별한 친구가 적고, 불안할 때 또래로부터의 정서적 지지에 의존하는 경향이 적고, 또래관계 양상이 부적절하고 부정적이며, 또래관계 질도 일반아동에 비해 낮은 것으로 나타난다.

(3) 퇴소 후 자립의 문제

시설아동이 퇴소 후 건강한 사회인으로 자리 잡기 위해서는 시설입소 기간 동안에 퇴소 후 자립을 위한 준비가 필요하다. 시설아동의 퇴소 후 자립준비에 영향을 미치는 요인은 행동문제, 학교적응, 대처능력, 부모의 이혼 및 가출이 자원을 관리하고 활용하는 기술에 영향을 미치는 것으로 나타났고, 그 중 대처능력이 자립준비에 가장 큰 영향을 미치는 것으로 나타났다. 시설아동이 퇴소 후 자립에 직면하는 부담 요인으로는 주택문제, 자립지원금, 심리적 불안감, 취업기술의 부족 등이 있다. 퇴소 후 취업 직종은 대체로 근무환경이 열악한 제조업이나 개인 영세업체가 대부분이며, 정규직은 43.4%, 일용직, 임시직, 계약직은 24.2%, 구직상태인 경우도 11.1%로 나타나 이들이 사회에 안전하고 건강한 삶을 영위할 수 있도록 국가나 사회의 지원이 요구된다.

3 시설보호서비스 현황

1) 아동시설보호서비스의 종류

새로 개정된 「아동복지법」은 아동복지시설의 종류와 서비스 내용을 표 14-1과 같이 정하였다. 또한 단일 업무만 수행하는 시설뿐 아니라 종합시설로도 설치할 수 있다고 규정하였다(제16조 2항). 아울러, 아동복지시설이 시설보호를 중심으로 한 복지서비스를 벗어나 주로 가정에 있는 아동이 건전하게 성장하도록 돕는 서비스가 새롭게 강조되고 있다.

표 14-1 ● 아동시설보호서비스의 종류

구 분	내 용
아동양육시설	보호를 필요로 하는 아동을 입소시켜 보호, 양육하는 것을 목적으로 하는 시설
아동일시보호시설	보호를 필요로 하는 아동을 일시보호하고 아동에 대한 향후의 양육대책수립 및 보호조치를 행하는 것을 목적으로 하는 시설
아동보호치료시설	불량행위를 하거나 불량행위를 할 우려가 있는 아동으로서 보호자가 없거나 친권자나 후견인이 입소를 신청한 아동 또는 가정법원, 지방법원 소년부지원에서 보호 위탁된 아동을 입소시켜 그들을 선도하여 건전한 사회인으로 육성하는 것을 목적으로 하는 시설
아동직업훈련시설	아동복지시설에 입소되어 있는 만 15세 이상의 아동과 생활이 어려운 가정의 아동에 대하여 자활에 필요한 지식과 기능을 습득시키는 것을 목적으로 하는 시설
자립지원시설	아동복지시설에서 퇴소한 자에게 취업준비기간 또는 취업 후 일정기간 보호함으로써 자립을 지원하는 것을 목적으로 하는 시설
아동단기보호시설	일반가정에 아동을 보호하기 곤란한 일시적 사정이 있는 경우 아동을 단기간 보호하며 가정의 복지에 필요한 지원조치를 하는 것을 목적으로 하는 시설
아동상담소	아동과 그 가족의 문제에 관한 상담, 치료, 예방 및 연구 등을 목적으로 하는 시설
아동전용시설	어린이공원, 어린이놀이터, 아동회관, 체육, 연극, 영화, 과학실험 전시시설, 아동휴게숙박시설, 야영장 등 아동에게 건전한 놀이·오락 기타 각종 편의를 제고하여 심신의 건강유지와 복지증진에 필요한 서비스를 제공하는 것을 목적으로 하는 시설
아동복지관	지역사회 아동의 건전육성을 위하여 심신의 건강유지와 복지증진에 필요한 서비스를 제공하는 것을 목적으로 하는 시설

2) 아동시설보호서비스의 특성

아동시설보호는 아동의 권리를 보호하는 데 기본적 목적을 두고 있다. 그러나 시설보호는 아동권리와 관련해 상대적으로 취약하다는 비판을 받을 수도 있다. 따라서 시설보호를 받는 아동의 권리에 대해 특히 관심을 가질 필요가 있다(노병일, 2012).

시설입소아동의 권리는 삶을 보호받을 권리와 교육을 받을 권리, 일관성 있는 성장을 보호받을 권리, 입소시설을 선택할 수 있는 권리가 있다.

입소시설에 대한 선택권이란 아동복지시설의 입소가 필요한 요보호아동과 그 보호자가 시설 방문 시, 시설의 운영 실태와 시설 현황 및 프로그램에 대한 설명을 들으며, 입소를 원하는 아동과 그 보호자가 시설을 선택하여 입소를 결정하는 데 있다.

아동의 권리와 「아동복지법」에 의하면, 보호대상에게 보호조치를 함에 있어서 해당 보호대상 아동의 의사를 존중해야 하며, 보호자가 있을 때에는 그 의견을 들어야 한다고 명시되어 있다. 그러나 한국복지교육원이 수행한 '아동권리모니터링' 보고서에 의하면 전문적 상담 및 시설 정보를 충분히 제공하지 않고 있으며, 의사 반영도도 낮은 것으로 나타났다(김미향, 2014).

시설보호를 받는 아동은 아동의 인성이 형성되는 데 중요한 영향을 미치는 부모와 격리되어 생활한다. 시설보호를 받는 아동이 시설 환경과 관련해 스트레스를 경험하면 학교에 적응하는 데 부정적으로 작용할 가능성이 있다(노병일, 2012).

시설아동은 부모로부터 격리되면서 자신이 버림받았다는 느낌을 가지고 있다. 시설입소의 원인이 부모의 이혼이나 별거인 아동의 경우 아동을 양육하고 있는 한쪽 부모에 의해 경제적 이유 또는 재혼 등의 이유로 시설에 맡겨지고 있어 아동은 부모가 자신들을 버렸다고 생각하는 경우가 많다. 버림받은 것에 대한 경험은 아동으로 하여금 아무도 믿을 수 없게 하며, 그에 대한 두려움은 부모에게 적대감과 분노의 감정을 갖게 한다.

또한 이혼가정의 아동들은 이혼하지 않은 아동들에 비해 가족 해체에 대해 매우 민감하다(박영희 외 공역, 2004).

이러한 심리적인 외상 상태에서 시설에 맡겨지는 아동은 부모에게 거부당하고 또 한 번의 버림을 받았다고 느끼게 된다. 연구자들은 시설입소 원인이 가정불화나 가족 해체로 인한 어려움을 겪고 시설에 입소한 아동들은 성인들에 의한 거부와 정서적인 박탈을 경험하였으므로 공격적이고, 난폭한 태도를 가지는 경우가 많다고 밝혔다(신인숙, 1989).

김미향(2014)은 시설에 입소하게 될 아동은 분리보호로 인한 불안과 두려움 등의 정서적 불안정감, 버려짐에 대한 적대감과 분노 등의 부정적 감정과 만성적인 공허감, 부적절한 분노 그리고 전반적인 피해의식 등의 심리적 문제를 가지고 있고, 이로 인해 아동은 공격적이고 난폭한 태도를 갖기도 하며, 불안정한 대인관계를 유지하고 사회적 부적응을 보이는 것으로 조사되어, 시설아동의 입소전문상담의 필요성을 제시하였다.

시설입소아동에 대한 입소상담을 전문적으로 접근해야 하는 이유는, 아동의 권리에 관한 협약과 「아동복지법」에 있는 아동의 최선의 이익이 최우선적으로 고려되어야 한다는 아동의 보장과 권리 때문이다. 이는 아동을 최우선으로 고려하여 최선의 이익을 보장받도록 시설보호가 필요한 아동을 위한 전문적 입소상담이 필요하며, 상담을 통해 아동의 욕구가 반영되어야 할 것이고, 다차원적 전문적인 개입이 제공되어야 한다.

시설의 입소는 개인에게 있어 매우 큰 사건이다. 시설입소는 여러 부정적 감정과 더불어 아동의 인생에 있어서 새로운 시작 내지 전환점이다. 상담적 접근에서 초기 면접상담이 라포형성에 많은 영향을 끼친다고 한다면, 입소전문상담은 시설에 적응하는 것과 신뢰성을 갖게 되는데 기여하는 바가 많을 것으로 보인다.

표 14-2 ● 전국 양육시설프로그램

프로그램명	프로그램 내용	비고
일상생활을 통한 발육지도	영양사에 의해 작성된 식단에 의하여 준비	
학습지도	바른학습태도, 보육사와 상위 학년과의 지도	
사회성 배양	시설아동과 지역아동의 교류 행사	
직원연수	이해력증진과 기술개발	
건강관리	전염 예방주사 및 치료	
정서지도	견학, 체육, 동화 및 색종이 접기	
사회성 개발	캠프 및 문화유적지 탐방	
성교육 및 상담프로그램	성교육을 위한 상담	
종교교육	교회 출석	
후원자 관계	후원자와의 교류	

출처: 보건복지부

4 시설보호서비스의 실천방향 및 향후 과제

1) 시설 기능화 및 현대화

아동시설보호의 목적은 가정에서 자신의 욕구에 제대로 충족할 수 없는 아동들에게 집단생활프로그램과 각 아동의 욕구에 따르는 특수 서비스를 실시하여 다양한 경험을 가지도록 하는 데 있다. 따라서 앞으로의 시설서비스는 종전의 운영방식 대신에 아동의 욕구와 관련되는 제 기능화를 중심으로 운영해야 한다. 현대적인 시설로 전환하기 위해서는 기존 시설의 신·개축과 더불어 시설물이나 비품을 추가로 구비해야 한다.

2) 시설의 소규모화

기존 시설의 주거 형태를 공동생활가정(그룹홈)의 형태로 재편하여 독립적인 세대를 구성하여 가족과 같은 형태와 분위기 속에서 아동이 생활할 수 있도록 해야 한다.

3) 시설 인력의 전문성 확보

아동복지시설에서 유능한 전문인력을 확보하기 위해서는 보육사와 다른 시설 직원의 처우 개선이 근본적으로 요구된다. 시설에서 치료적 보호서비스를 아동에게 제공하기 위해서는 아동의 적절한 보호, 양육, 상담을 위한 전문적 지식과 기술을 갖춘 인력이 필요하다.

4) 가족연계프로그램의 강화

부부중심 가족의 해체로 인한 집단보호시설에 수용되는 아동이 증가하고 있는 현실을 고려할 때, 생존해 있는 부모와 시설에 입소한 아동 간의 관계에 관심을 가질 필요가 있다. 따라서 시설보호아동의 가족복귀를 위한 프로그램의 실시가 필요하다.

시설보호아동이 가족과 재결합하기 위해서는 시설보호대상을 보호자가 없거나 이에 준하는 아동에게만 국한할 것이 아니라, 부모가 있더라도 양육의 문제가 있다고 판단되는 아동의 경우에도 시설입소가 가능하도록 시설입소자격을 현실화할 필요가 있다. 시설보호를 받는 아동에게 생존한 가족은 매우 중요한 의미가 있다. 아동이 퇴소 후 혼자 사회에 나가게 되었을 때 가족의 일원과 연계가 닿는 것은 사회적응에 큰 도움이 되기 때문이다.

5) 지원프로그램의 강화

시설은 시설보호아동의 어려운 문제를 해결해 줄 수 있어야 하며, 사회에 적응할 수 있는 방향으로 프로그램을 구성할 필요가 있다. 시설의 프로그램이나 서비스는 개별아동에 초점을 두고 대상아동의 발달과 적응 수준에 적합한 프로그램의 내용을 구성·실시해야 하며, 시설 직원은 개별아동의 적응을 돕기 위해 일상 행동을 면밀하게 관찰할 필요가 있다.

6) 시설의 지역화

시설은 지금까지의 폐쇄적인 상황에서 지역사회로의 개방적 상황으로 전환해야 한다. 지역사회의 아동이나 주민도 시설을 지역 고유의 사회적 기관으로 활용함으로써 상호공존 및 지역 복지 발전에 이바지할 수 있어야 한다. 이와 같이 시설과 지역사회가 긴밀한 협력관계를 형성하게 될 경우 지역사회의 자발적 힘을 최대한 활용하여 시설보호아동의 복지 증진에 기여할 수 있을 것이다.

7) 퇴소연장아동의 자립지원

시설아동은 만 18세가 되면 퇴소해야 한다는 불안감 등으로 그들 스스로 앞으로 무엇을 하고 싶은지, 어떻게 살고 싶은지, 어떤 사람이 되고 싶은지에 대한 방향이나 목표설정과정에 많은 시간이 필요하다. 퇴소대상아동에게는 자아정체성 형성을 위한 환경적인 자극과 역할 모델 제공이 요구된다.

시설아동의 퇴소 후 사회적응을 위한 자립지원제도는 연장아동에 대한 자립지원시설이용, 직업보도시설 내 기술교육, 아동복지 취업알선센터 운영, 자립정착금지원 등이다. 청소년의 자립준비는 개인의 심리적인 사회적 특징과 입소배경, 보호자와의 유대 그리고 사후지도와 관련되어 있는 것으로 나타나 보호자에 대한 지속적인 연계와 직업교육 그리고 불안과 긴장을 해소하고 대처능력을 강화하기 위한 프로그램이 필요하다. 따라서 아동복지서비스의 지속성이 유지되고 아동복지의 효과성을 측정하기 위해서는 퇴소 청소년들에 대한 자립지원 사후관리가 적극 필요하다.

CHAPTER 15

다문화가정아동

1 다문화가정

1) 다문화가정의 개념

우리나라에 거주하는 외국인은 2000년 24만 명에서 2015년 170만 명으로 7배 이상 증가하였다. 이주자 비율은 이주노동자, 국제결혼이민자, 유학생 순으로 높으며, 2015년 결혼이민자 및 귀화자는 30만 명, 자녀는 만 18세까지 포함하면 21만 명으로 추산된다(통계청, 2015).

다문화가정이란 일반적으로 한 가정 내에 서로 다른 문화적 배경을 가진 구성원이 결합하여 이루는 가정을 말한다. 한국인이 한민족으로서의 문화적 고유성과 단일성의 성격이 보다 독특하므로 외국인과의 결혼으로 인한 가정은 모두 다문화가정이라고 부른다.

다문화가정의 개념은 학문적으로 정립된 개념은 아니지만, 국제결혼, 이중문화가정, 서로 다른 인종 사이에서 태어난 자녀를 일컫는 혼혈인 가족 등을 의미하여 왔으며, 결혼이민자, 대한민국 국민과 혼인한 자, 혈연, 입양 등으로 결합하여 이루어진 가족과 「국적법」 제4조의 규정에 의하여 '귀화 허가를 받은 자를 포함한 가족'으로 정의한다(조한숙, 2010).

우리나라에서 다문화가정이란 한국사회에서 거주하고 있는 외국인 근로자, 결혼이주자, 새터민, 귀화자, 입양자, 외국인과의 사이에서 태어난 자녀 등으로 구성된 가족을 비차별적으로 부르는 것이다(김범수 외, 2007).

우리나라는 단일민족국가의 전통이 강하여 오랜 기간 다문화가족은 차별적인 명칭이 강하였으나, 2004년 4월 건강가정시민연대가 '다문화가족'을 우리와 다른 민족과 문화적 배경을 가진 사람들로 구성된 가정을 칭한다고 정의하였고, 혼혈아, 국제결혼, 이중문화가족 등의 차별적 용어 대신 '다문화가족'이 사용되기 시작하였다(홍성숙, 2015).

「제한외국인처우개선법」 제2조 3호는 대한민국 국민과 혼인한 적이 있거나 혼인관계에 있는 재한국인을 '결혼이민자'라고 하며, 이에 따른 다문화가정과 그 아동에 대한 정책이 2007년 5월에 제정한 다문화가정정책의 핵심적 요소이다.

그 후 「다문화가족지원법」은 2008년 3월에 제정하여 출생에 의한 한국국적을 취득한 한국인과 결혼한 외국인만을 결혼이민자로 간주했으나, 2011년 4월 개정에서는 대한민국 국적자와 결혼한 외국인은 모두 결혼이민자로 간주하여 다문화가족의 범위가 확대되었다.

우리나라에서 한국인 남성과 외국인 여성 간 결혼이 증가하는 사례는 다음과 같이 설명된다(김혜정, 2007).

① 편중된 성 비례로 인해 결혼하지 못하는 남성의 수요 급증
② 결혼하지 않고 혼자 사는 여성 증가
③ 결혼조건을 맞추지 못해 한국에서 배우자를 찾기 어려운 남성이 저개발국의 여성선택 급증
④ 정보화 · 세계화에 따라 국제결혼에 대한 인식과 가치관의 변화
⑤ 저임금 노동자를 필요로 하는 산업부문에 이주노동자의 수 증가
⑥ 국제결혼 중개업체들의 적극적인 상술과 노총각구제 차원의 국제결혼을 독려하는 사회적 분위기가 맞물려 국제결혼 증가

2) 다문화사회의 발달단계

한국의 다문화사회는 1980년대 외국인 노동자가 유입되면서 시작되었다. 이들은 열악한 노동조건 속에서 폭행, 무시, 임금체불 등 각종 인권침해에 노출되었고, 비합법체류자로 전락하였음에도 이에 대응하는 정부의 공식적 정책관심은 매우 미흡하였다. 2000년대에 들어 국제결혼중개업체에 의한 결혼이 증가하면서 한국의 다문화사회는 결혼 이후의 가정폭력, 성적 학대 등 결혼이주여성에 대한 문제가 제기되었다.

캐나다, 호주 등의 국가에서는 사회통합이념으로 다문화주의를 채택하고, 이들의 다문화주의는 이주민 집단 간의 갈등과 분열을 방지하고 국가에 대한 애국심을 부여하기 위한 수단으로 기능하고 있다. 즉, 다양한 문화적 정체성을 지닌 소수집단의 요구와 압력에 대응하면서 자유주의 정치질서의 안정도모를 위해 다문화사회로 발전하게 되었다.

한국의 다문화사회는 외국인 사회통합의 전면적 대응보다는 외국인에게 배타적·차별적인 국민의 정서에 반감을 불러일으키지 않는 한도에서 그 의미가 있으며, 그에 따른 다문화정책은 외국인 노동자나 결혼이민자 등의 목소리를 대변하는 시민단체의 인권보장 요구 및 저출산·고령화에 대한 정책적 대응으로 시작되었다(홍성숙, 2015).

20세기말 세계적인 이주의 확대와 국제교류의 증가, 국제결혼의 급증 등으로 우리 사회도 다문화사회로 빠르게 변화하고 있다. 이처럼 단일 문화권의 사회가 다문화사회로 이행하는 과정은 진입단계, 전환단계, 정착단계로 구분할 수 있다(한승준, 2008).

(1) 제1단계 - 진입단계

다문화사회의 진입단계는 이주민의 숫자가 증가하면서 처음으로 사회에서 이주민에게 관심을 갖는 시기이다. 내국인들은 단일민족국가에 대한 혼란을 경험하고 이주민에 대한 태도를 형성하게 된다. 우리나라는 이미 1940년대 말 중국의 공산화 과정에서 많은 화교가 한국으로 이동하면서 대단위 이주민을 경험하였지만, 이후 한국사회는 사실상 동화주의도 아니고 다문화주의도 아닌 차별과 배제를 주로 하는 정책을 취한 바 있다. 화교 이외에 한국사회에 이주민 숫자가 증가하여 진입단계라고 볼 수 있는 시기는 외국인 노동자가 산업연수생으로 한국에 본격적으로 들어오게 된 1980년대 말 1990년대 초의 시기라고 할 수 있다.

다문화사회의 진입단계에서는 주류 사회의 외국인에 대한 차별과 냉대가 심할 수 있기 때문에 이주민의 인권 보장, 특히 여성과 다문화가족의 자녀 등 소수 비주류 사회에 대한 적극적 보호가 요구됨에 따라 이 시기의 정책적 대응으로 다문화사회로의 이행에 따른 부작용을 최소화하고 사회통합의 기반을 마련하게 되었다.

(2) 제2단계 - 전환단계

다문화사회의 전환단계는 이주민의 수가 증가하고 이주민 공동체가 형성되기 시작하면서 기존 사회와의 사회적 갈등이 시작되고, 이주민 또는 다문화가정의 2세대가 생기면서 가족 내 문제가 대두되는 시기이다. 이 시기에 이주민정책 및 이주민에 대한 사회통합정책의 방향과 수준에 대한 사회적 논의가 활발하게 진행된다.

전환단계에서는 단순히 이주민 및 그 가정의 소극적이고 개별적인 보호장치만이 아니라 이주민사회에 대한 법적·제도적 보완이 이루어져야 하며, 이들에 대한 참정권 등 정치적 권리보장과 취업, 금융거래 등에 관련된 사회적 보장이 검토되어야 한다. 또한 이주민 제2세대의 등장은 이들에 대한 언어교육, 초등교육 등 교육정책의 중요성이 부각된다. 한국사회는 현재 전환단계에 있다고 볼 수 있다.

(3) 제3단계 - 정착단계

다문화사회의 정착단계는 이주민의 제2세대가 성장하여 사회에 진출하는 시기이다. 이 경우 이주민 제2세대의 취업능력 제고가 중요한 정책적 대상이 된다. 이주민사회는 지역적 공동체를 형성하고 지역 정치에서 중요한 역할을 담당하게 된다. 경우에 따라 출신국별로 이주민 공동체가 형성될 경우 이주민 공동체의 갈등과 충돌도 배제할 수 없다.

정착단계에서는 강경한 다문화주의가 요구되고 이들의 문화는 기존 주류 문화의 지평을 넓히는 계기로 작용한다. 특히 이주민 공동체의 국민적 정체성 확립의 필요성이 일어나고, 그 제2세대가 주류 사회의 당당한 구성원으로 구조적 동화를 이룰 수 있느냐가 과제가 된다. 따라서 취업이나 대학 입학 등에서 소수자를 보호하기 위한 소수자 할당제도 등 적극적인 조치가 필요해진다. 이 단계에서는 이주민 공동체가 생산적인 사회적 구성원이 되지 않는다면 많은 사회적 갈등과 불안이 일어나기 때문이다.

2 다문화가정아동

1) 다문화가정아동의 개념

다문화가정아동이란 '외국인 배우자와 한국인 사이에서 출생한 아동'으로, 한국인 아버지와 외국인 어머니 또는 외국인 아버지와 한국인 어머니로 구성된 가정에서 태어난 18세 미만의 아동으로, 한국에서 출생한 아동뿐만 아니라 외국에서 출생하여 한국으로 이주한 아동까지 포함한다.

2) 다문화가정아동의 적응문제

한국사회에서 다문화가정이 증가하면서 다문화가정아동의 수도 점차 증가하고 있다. 서로 다른 언어와 문화를 갖고 있는 부모로부터 양육되어지는 아동은 그 문화와 언어의 이질성으로 인해 한국사회 적응에 문제를 겪을 수 있다. 다문화가정아동이 경험하는 적응문제는 가족생활적응문제, 학교생활적응문제, 사회생활적응문제 등으로 구분할 수 있다.

(1) 가족생활적응문제

한국사회에서 다문화가정은 외국인 어머니와 자녀로 이루어진 경우가 많다. 우리 사회의 특성상 자녀에 대한 교육은 주로 어머니에 의해 이루어진다. 그러나 한국어에 미숙한 모와, 부모 간의 서로 다른 풍습과 문화의 차이 등은 아동에게 혼란을 줄 수 있다.

한국말이 서투르고 한국의 풍습에 익숙하지 못한 어머니들은 자녀교육을 하는데 어려움을 경험하게 되고, 자녀들에게 자신의 정체성과 가치정립을 위한 도움을 제공하기 힘들다. 따라서 가족 내 이중문화의 존재로 인해 갈등이 빚어지게 되며, 이러한 고통과 긴장, 경제적 어려움으로 인해 발생하는 스트레스 등으로 인하여 가정 자체를 불안정하게 만드는 복합적인 상황이 존재하게 된다(권오희, 2006; 정하성 외, 2008; 도미향 외 2011).

(2) 학교생활적응문제

다문화가정 학생들의 경우 초등학교 저학년은 일상적인 의사소통에 큰 무리가 없으나 독해 · 어휘력 · 쓰기 · 작문 능력이 현저히 낮고, 일반학생들에 비해 언어학습능력이 낮은 것으로 나타난다(오성배 외 2008). 학습 능력의 저하로 인한 학교중도탈락이 많고, 학력이 올라갈수록 미취학 및 학업중도탈락률이 높은 것으로 나타나며, 초등학교의 '탈학교율'이 일반 가정보다 크게 높은 것으로 나타나고 있다(메디컬투데이, 2008).

다문화가정아동의 학교생활적응은 한국에서의 체류 연한, 한국어 수준, 가정의 지원정도, 개인적 성향에 따라 다양한 모습을 보이나, 특히 아동들의 한국어 능력이 학업 성취에 매우 밀접한 관계가 있는 것으로 나타났다(권오희, 2006; 이지애, 2007).

다문화가정아동이 초등학교에서의 학교적응 수준은 중·고등학교 생활과 그 이후의 사회생활 전반에 걸쳐 영향력을 미치게 된다. 학교적응 수준이 높은 아동은 학교를 좋아하고, 학급활동을 적극적으로 참여함으로써 바람직한 아동발달이 이루어질 수 있다. 그러나 다문화가정아동들은 유아기에 한국어가 미숙한 어머니와 함께 생활하는 과정에서 언어발달지체 및 문화부적응과 위축감 등으로 인해 학교적응에 어려움을 보일 수 있다.

(3) 사회적응문제

사회적응은 대인관계에서 적절하고 조화 있는 행동과 의사소통을 하고 자신이 속한 사회의 규범에 대한 이해를 바탕으로 사회환경과 상호작용하면서 문제해결, 개인 및 사회적 자립을 도모하는 것이다(조정아, 2012). 사회적응력은 어떤 환경에서든지 자신의 장점을 극대화하기 위해 개인의 각 발달단계에서 매우 중요한 관계를 최상으로 조정하는 능력이다. 이는 인간이 주어진 환경에 자신을 맞추는 과정과 자기 자신의 욕구를 충족시키기 위해 환경을 적극적으로 변화시키는 과정을 모두 포함한다(이신숙 외, 2013).

사회적응력이 높은 아동은 자신의 목표 성취에 필요한 기술과 친구와의 우정 관계를 형성하고 유지하는 능력을 가지고 있다. 가족 및 사회적 지지 등 다양한 형태의 지지는 아동의 자신감과 적응력 향상에 도움이 되고, 가정과 학교환경 등의 지지자원은 아동의 심리·정서적인 불안감을 감소시킬 수 있다. 또한 사회적 친밀과 정서적 지지 등은 친구와의 관계 기술의 발달을 촉진하고 스트레스 대처에도 매우 유용하게 작용한다.

다문화가정아동의 사회성 발달은 학교생활, 학습경험 등의 요인에 많은 영향을 받으며 사회적응과정에서 모방이나 동일시, 조건화 등의 사회화를 통해 사회적응발달을 기대할 수 있다.

3) 다문화가정아동의 적응요인

다문화가정아동의 학교 및 사회적 적응 관련요인은 자아존중감, 언어능력, 가족지지, 사회적 지지로 구분할 수 있다(홍성숙, 2015).

(1) 자아존중감

인간이 태어나서 주어진 삶을 살아가면서 자기 자신을 어떠한 존재로 인식하는가의 문제는 매우 중요하다. 자아존중감은 한 시기에 형성 및 완성이 이루어지는 것이 아니고, 유아기부터 평생 동안 현실 속에서 끊임없는 변화의 발달과정을 거치게 된다.

아동 및 청소년기의 자아존중감 확립은 그 시기에 중대한 발달이 이루어지는 시기이기 때문에 아동의 경우 환경과의 상호작용 속에서 주어지는 다양한 내적·외적 자극은 자아존중감 형성에 직접적인 영향을 미치고 이는 적응과 밀접한 관련을 맺는다.

다문화가정아동의 건전하고 성공적인 사회적응은 건강한 자아기능을 토대로 긍정적인 자아존중감의 형성이 이루어지도록 하는 것이 중요하다.

(2) 언어능력

언어에 대한 취약함을 가진 다문화가정아동들은 가정을 제외한 모든 외부 사회에서 그로 인한 어려움을 겪을 수 있다. 많은 이중언어 연구에서는 단순히 이주국의 언어를 잘하는 것보다 이주국의 언어와 동시에 모국어 유창성 모두가 높은, 즉 이중언어 능력이 탁월한 아동이 적응을 잘하는 것으로 나타났다. 이는 다문화가정아동들이 이주 초기에는 언어의 비유창성으로 인해 곤란을 겪을 수 있으나, 언어의 비유창성이 적응에 결정적으로 양향을 미치는 것은 아니며, 대부분의 아동들이 언어적 곤란을 비교적 수월하게 극복할 수 있다는 것으로 이해되고 있다(곽금주, 2008).

(3) 가족지지

가정은 아동에게 인간의 지적 발달과 성격형성에 지대한 영향을 주며 사회생활의 기본적인 태도와 적응하는 방법을 습득하는 곳이다. 부모의 지지와 애정표현, 수용과 일상생활의 관심이 적을수록, 합리적인 설득을 통한 훈육이 아닌 가혹한 통제와 강압적이고 권위주의적 행동이 많을수록, 자율성을 억제하거나 혹은 지나치게 허용적일수록 아동의 학교적응에 부정적 영향을 미친다.

(4) 사회적 지지

사회적 지지는 타인과의 의미 있는 상호작용의 결과로 얻어지는 도움이다. 이는 인간의 기본적인 욕구 중에서 사회적 측면을 충족시켜 주며, 개인의 심리적 적응을 돕고, 좌절을 극복하도록 도우며, 문제해결능력을 강화시키는 데 중요하게 작용한다.

다문화가정아동들이 가정불화 등으로 노출되었을 때, 타인과의 관계를 통해서 얻어지는 사회적 지지, 즉 친구 지지, 교사 지지, 지역사회 지지는 심리적·사회적 적응에 긍정적인 도움이 될 뿐만 아니라 아동의 정신건강에도 영향을 주는 중요한 요인이다.

3 다문화가정과 다문화가정아동의 문제점

1) 다문화가정의 문제점

다문화가정이 한국사회에서 겪고 있는 문제점을 살펴보면 다음과 같다(설동훈 외, 2005).

첫째, 문화의 차이에서 오는 문제로, 의식주 전반 및 풍습, 가치관의 차이로 발생하는 이질감과 낯설음이 이웃뿐만 아니라 부부와 가족 간 갈등을 유발시킨다. 이는 우리나라의 민족주의 의식과 남성중심의 혈통을 중심으로 하는 가부장제와 맥을 같이 하면서 여성에 대한 배제와 차별성을 내포하고 있음으로 인하여 갈등이 야기되고 있다.

둘째, 언어 소통의 어려움에서 오는 문제로, 상대방을 이해하거나 자기를 이해시키는 데 어려움을 겪고, 각종 정보, 자원, 취업으로부터 소외되고 있다.

셋째, 가정폭력과 불화 등으로 이혼 급증의 문제가 있다.

넷째, 자녀 교육의 문제가 점차 대두된다.

다섯째, 저소득 가구가 다수이고 기초생활보장 수급자는 소수로 나타나 경제적 어려움을 겪는다.

여섯째, 여성결혼이민자의 의료서비스 접근성이 낮고 모성건강의 위험도가 높아지고 있다.

일곱째, 다문화주의 전통이 없고 순혈주의 중시 풍토로 인해 여성결혼이민자에 대한 편견 및 차별이 존재한다.

2) 다문화가정아동의 문제점

국제결혼의 증가와 더불어 다문화가정의 문제점은 다문화가정자녀의 성장 및 발달에 영향을 미치게 된다. 다문화가정자녀들의 다양한 문제점을 구체적으로 살펴보면 다음과 같다(조한숙, 2010).

(1) 기초학습능력 부족

다문화가정 초등아동의 교과학습에서 나타나는 공통적인 특징은 국어, 수학, 사회, 과학 등 4대 교과목에 대해 어려움을 갖고 있다는 것이다. 특히 국어과목이 매우 취약하다(오성배, 2007). 다문화가정아동은 일상적인 의사소통에는 큰 무리가 없으나 학교 학습활동에서 독해력, 어휘력, 작문능력 등의 수준이 일반가정 아동들에 비해 낮아 진정한 의미의 의사소통이나 내용의 이해를 어려워하며, 언어에 담긴 상대의 감정이나 의미를 완전히 이해하지 못하고 글자와 소리로 받아들이고 암기하는 방식을 보이고 있다(황상심, 2008). 국어사용능력 부족은 전반적인 교과학습 결손을 가져오게 하여 고학년으로 진급할수록 학업성취도가 낮아져 일반가정 학생들과 격차가 더욱 벌어질 수 있다는 우려로 이어진다.

(2) 언어발달지연

교우관계에서 언어의 사용은 매우 중요하다. 다문화가정아동은 언어가 미숙하고 의사소통이 원활히 이루어지지 않음으로 인해 교우들과의 대화에 동참하기가 어렵고 교우들과 어울리는데 어려움을 겪는다. 언어미숙과 언어 불소통의 결과로 발생하는 원만치 못한 교우관계는 학교생활에 전반적으로 지장을 주며, 이 스트레스는 학업성취도에도 영향을 미쳐 성적이 뒤떨어지는 등의 부정적 결과를 초래한다(김경자, 2008). 학교생활에서의 부적응은 진로문제, 낮은 학업성취 등으로 학교졸업 후에도 부정적인 영향을 미치게 된다.

(3) 자아정체성의 혼란

다문화가정아동들은 서로 다른 인종과 국적을 가진 부모들 사이에서 자아정체성의 혼란을 경험한다. 대부분 어머니가 외국인이기 때문에 한국과 다른 문화를 접하게 되고, 문화적 · 언어적인 차이와 자신이 혼혈이라는 사실은 다문화가족자녀의 정체성 형성에 부정적인 영향을 미치게 된다(신혜정, 2007). 다문화가정아동은 두 나라 문화가 혼재된 가정교육과 우리나라의 학교교육을 동시에 경험하면서 정체성의 혼란을 느끼게 되며, 이러한 정체성의 혼란은 대인관계의 형성과정에도 부정적으로 작용하게 된다(정현영, 2006).

자아정체성의 혼란은 다문화가정아동에게 낮은 자아존중감과 우울 및 무기력감의 형성, 소외감과 우울 등의 복합적인 심리적 문제와 연관되어 심각한 자살시도의 우려가 될 수 있다.

(4) 집단따돌림문제

다문화가정아동은 사회적 편견으로 집단따돌림을 당할 우려가 있다. 다문화가정의 아동들은 각각 다른 어머니와 아버지의 언어와 문화를 이해하거나 조화롭게 융합하지 못하고 정체성의 혼란을 경험함으로써 부적응적인 특성을 보인다. 다른 언어와 문화, 가치관의 차이는 학습결손, 편견과 따돌림으로 인한 대인관계의 어려움 등 학교생활에서 부적응문제를 양산함에 따라 사회적 갈등이 표출될 수 있다(박은애, 2007).

우리 사회가 이미 다문화사회로 진입하였음에도 불구하고 다문화가정아동을 바라보는 편견과 차별은 여전히 존재한다. 따라서 지역사회와 학교는 이러한 문제가 지속되지 않도록 다문화가정아동에 대한 적극적인 관심과 배려 그리고 사회적인 지지가 더욱 요구된다.

4 다문화가정아동을 위한 지원서비스

우리나라에 거주하고 있는 다문화가정아동에 대한 서비스 대상은 다문화가정 학령 자녀 및 부모, 중도입국청소년 등을 대상으로 한다(지세진, 2016).

1) 여성가족부

여성가족부는 다문화가정을 위한 가족교육·상담·문화 프로그램 등 서비스 제공을 통해 국제결혼이주여성의 한국사회 조기적응 및 다문화가정의 안정적인 가족생활을 지원한다.

다문화가정자녀 언어발달지원사업은 체계적이고 전문적인 언어발달지원서비스 제공을 통해 건강한 사회 구성원, 글로벌 인재, 부모에 대한 상담 및 교육을 제공함으로써 아동의 언어발달 촉진을 도모함을 목적으로 한다.

다문화가정자녀 성장지원사업은 다문화가정자녀에 대한 정체성 회복, 사회성·리더십 개발을 위한 프로그램 제공으로 자녀의 건강한 성장지원 및 부모·자녀관계 향상에 기여함을 목적으로 한다.

2) 교육부

다문화가정자녀를 위한 교육부의 서비스 정책으로는 다문화학생 교육선진화 방안, 한국어교육과정(KSl) 도입 및 기초학력 책임 지도 강화 그리고 탈북청소년 교육지원 추진 계획이 있다.

(1) 다문화학생 교육선진화방안

교육부에서는 '다문화학생 교육선진화방안'을 발표하고 일반학생과 다문화학생 모두를 위한 다문화교육을 강화하기 위해 다문화 친화적 교육체제를 구축하였다.

교육부는 최근 다문화학생이 지속적으로 증가함에 따라 학교가 중심이 되어 다문화 친화적 교육 환경을 조성하고, 중도입국자녀 등 다문화학생 개인별 특징이 다양화되어 이를 고려한 맞춤형 교육 방안을 발표하였다.

과거 교육부는 다문화학생을 소외 취약계층으로 보아 지원의 대상으로만 인식하는 경우가 많았으나, 앞으로는 다문화학생이 가지고 있는 적성과 재능을 개발하여 우리 사회의 소중한 인재로 성장할 수 있도록 인식의 전환이 이루어지는 계기가 될 것을 밝혔다. 또한 모든 학생을 위한 다문화 친화적 교육체제 구축을 위해 행·재정적 지원을 확대하고 학교와 관계부처를 포함하여 전 사회적인 협력을 강화할 것을 제시했다.

다문화학생 공교육 진입지원을 위한 예비학교 운영은 다문화학생이 정규학교에 배치되기 전에 사전적응 교육을 받을 수 있는 예비학교가 전국적으로 확대 운영하며, 출입국관리소에서는 입학절차지원에 대한 서비스를 강화하게 되었다.

(2) 한국어교육과정(KSL) 도입 및 기초학력 책임 지도 강화

한국어가 서투른 다문화학생의 기본 한국어 능력을 강화하기 위해 진단부터 수준별 교육까지 한국어 교육이 강화된다. 이를 위해 초·중·고등학교에서 한국어교육과정을 정규과목으로 운영이 가능하도록 한국어교육과정(KSL)을 신설하고, 교재와 진단도구를 개발하여 학교에 보급된다. 또한 기초학력을 책임지도하기 위해 대학생 1 : 1 멘토링사업과 한국에서의 조기적응을 돕기 위해 기초예절, 한국문화부터 학교생활적응까지 창의적 체험활동 등을 통한 지원도 강화된다. 교육부는 다문화학생과 일반학생이 함께 배우는 이중언어교육강화, 다문화학생 진로·진학 지도 강화, 다문화 친화적 학교환경조성, 일반학생과 학부모에 대한 지원 강화 그리고 전 부처에 대해 다문화가정아동을 위한 효율적인 협력을 강화하고 있다.

표 15-1 ● **교육부와 타 부처 간 협력 예시**

부처	협력 아젠다(Agenda) 및 과제 예시
국무총리실	• 부처별 중복사업 조정 및 효율화 예 법무부에서 교육부·여가부의 한국어교육을 이수한 경우 국적 취득 시 면제 혜택을 부여할 수 있도록 개선
여성가족부	• 다문화학부모 대상 자녀교육정보 제공 강화 예 현재 여가부 다누리 사이트(liveinkorea.kr)에는 출산·육아정보만 탑재되어 있으므로 교과부가 자녀교육 정보를 제공하고 여가부가 이를 안내 • 여가부 다문화학부모 역량계발프로그램과 교육부 다문화학부모 평생교육 사업 간 연계 강화
법무부	• 중도입국자녀 등 다문화학생의 조기 정착지원 예 외국인등록 및 국적 취득 시 입학정보를 안내하고 다문화 전담코디네이터에게 연결
행정안전부 (지자체)	• 공공부문의 다문화 일자리 확대 • 지자체 외국인주민 전담부서와 교육청간 협조 강화

(계 속)

부처	협력 아젠다(Agenda) 및 과제 예시
고용노동부	• 다문화 친화적 일자리 창출 • 다문화청소년 및 성인 대상 직업훈련 강화
문화체육관광부	• 다문화가정 문화체험프로그램 강화 • KSL 교재 개발 및 교원의 KSL 지도 역량 강화 예 교원의 KSL 자격증 취득지원 등
외교통상부	• 재외공관을 활용한 입국 전 교육정보 안내
방송통신위원회	• 국민 인식 개선을 위한 다문화 친화적 방송 유도 예 지상파 · 케이블 방송에서의 다문화 친화적 콘텐츠 개발지원 예 TV 커뮤니티 서비스를 통한 다문화가정 자녀교육정보제공

출처: 교육부 홈페이지(http://www.moe.go.kr/). 2012 다문화학생 교육선진화 방안(2016.5)

표 15-2 ● 다문화가정아동에 대한 정부부처와 시 · 도교육청정책 비교분석

부처	여성가족부	교육과학기술부	보건복지부	서울시교육청	경기도교육청	부산시교육청
명칭	• 자녀생활서비스 사업 • 다문화가족언어 발달 지원사업 • 자녀성장지원사업	• 다문화학생 교육 선진화방안 • 2010년 탈북청소년 교육지원 추진계획	• 북한이탈주민 교육지원 • 다문화 · 탈북학생 멘토링지원 • 이주배경 청소년지원	• 세계 시민, 다문화 교육정책 • 2015 탈북학생 교육지원 기본 계획	• 2015 귀국학생 교육지원계획 • 2015다문화학생 교육지원 계획	• 다문화 · 탈북학생 초기 역량강화 및 정체성 함양
추진 목적	• 다문화가족을 위한 가족교육, 상담, 문화프로그램 제공을 통해 안정적인 가족생활지원	• 한 명의 학생도 놓치지 않는 다문화 친화적 학교 육성 • 탈북청소년의 입국증가로 탈북청소년 교육지원에 대한 정책수요 확대	• 북한에서 남한으로 이주한 학생이 우리 사회의 건강한 구성원이 될 수 있도록 지원	• 다문화학생 역량 강화 방안 마련, 다문화밀집지역 특별지원정책 • 탈북학생 적응 지원을 통해 건강한 민주시민으로 육성함을 목적	• 창의성을 지닌 미래인재 육성을 위한 목적	• 개인별 맞춤형 교육 및 사회적 지원 확대가 필요
사업 대상	• 다문화가족 자녀 • 중도입국자녀	• 다문화학생 (국제결혼, 외국인 가정)	• 다문화학생 (국제결혼자녀, 중도입국자녀, 탈북학생)	• 다문화학생 • 탈북학생	• 귀국학생 • 다문화학생	• 다문화학생 • 탈북학생
주요 내용	• 인지영역, 자아정체성 영역, 시민교육강화영역 • 부모자녀 관계 향상프로그램, 위기지원프로그램 등	• 한국어교육과정 도입 및 기초학력 책임지도 과정 • 다문화 친화적 학교환경 조성 • 탈북학생 밀집 학교지원	• 다문화, 탈북학생 멘토링지원 • 다문화가족 방문교육서비스 • 이주배경 청소년지원	• 세계시민교육 특별지원학교(10교) 지정 · 운영 • 탈북학생 맞춤형 멘토링 운영 등	• 귀국학생 특별학급을 편성 · 운영 • 다문화예비학교 운영 • 다문화 협력교육기관 지정운영 등	• 한국어 교육 운영 • 다문화 · 탈북학생 이해교육 실시 • 이중언어 강사 연수 운영 등

(계 속)

부처	여성가족부	교육과학기술부	보건복지부	서울시교육청	경기도교육청	부산시교육청
분석결과	• 한국사회 조기 적응 및 다문화 가족의 안정적인 가족생활영위	• 다문화가정지원 정책을 유기적으로 연계하여 다문화학생에 대한 교육정책의 시너지 효과 제고	• 다문화가족의 청소년과 국내로 이주해 온 청소년들이 우리 사회에 잘 적응할 수 있도록 지원	• 공존과 상생의 시민교육 강조 • 탈북학생을 통일미래의 인재로 육성하기 위한 실질적인 지원	• 귀국학생들의 생활, 언어, 교과적응과 국제성을 유지·신장 • 친다문화교육 환경조성을 위한 다문화협력 교육 체제 구축	• 일반 학생 및 학부모의 다문화·탈북학생 이해도 제고, 이중언어 강사 지원을 통한 교육 내실화 강화에 중점

3) 보건복지부

보건복지부는 다문화가정의 학생과 북한에서 남한으로 이주한 학생이 학교생활에 잘 적응하여 기초학력이 향상되도록 돕고 있다. 지원대상은 초등학생, 중학생, 고등학생 중 다문화가정의 학생과 북한에서 남한으로 이주한 학생을 지원하며, 지원내용은 다문화가정의 학생과 탈북학생의 기초학습과 진로, 생활을 위해 멘토링 사업을 지원한다.

다문화가정 방문교육서비스는 집합교육 참여가 어려운 다문화가정에 방문하여 한국어교육, 부모교육, 자녀생활교육을 제공하고 다문화가정의 정착과 자녀양육을 돕는다. 또한 방문 부모교육서비스는 임신, 신생아기, 유아기, 아동기 각 생애 주기별 자녀를 양육하고 있는 다문화가정에 지원하며, 방문 자녀생활서비스는 만 3~12세 이하의 다문화가정자녀, 중도입국자녀에게 지원한다.

다문화가정자녀 언어발달지원서비스는 다문화가정의 자녀가 건강한 사회 구성원으로서 글로벌 인재로 성장할 수 있도록 체계적인 언어발달을 도와주며, 지원대상은 언어평가 및 언어교육이 필요한 만 12세 이하의 다문화가정자녀이고, 지원내용은 다문화가정자녀의 언어발달 상태를 평가하고, 의사소통에 어려움을 가진 아동에게 적절한 언어교육을 실시한다.

이주배경청소년지원은 다문화가정의 청소년과 국내로 이주해 온 청소년들이 우리 사회에 잘 적응할 수 있도록 상담과 진로지원프로그램을 실시하며 다문화가정청소년, 탈북청소년, 중도입국청소년(부모의 국제결혼이나 재혼 등으로 입국한 청소년)에게 지원한다.

4) 다문화가족지원센터

우리나라는 2008년 「다문화가족지원법」이 제정되면서 2006년부터 결혼이민자를 위한 서비스를 제공하던 '결혼이민자가족지원센터'가 '다문화가족지원센터'로 명칭이 변경되었다.

다문화가족지원서비스는 「재한외국인 처우 기본법」과 「다문화가족지원법」에 법적 근거를 두고 있다. 다문화가족지원센터는 「다문화가족지원법」 제6조 제1항 '생활정보 제공 및 교육지원'에 근거를 두고 있다.

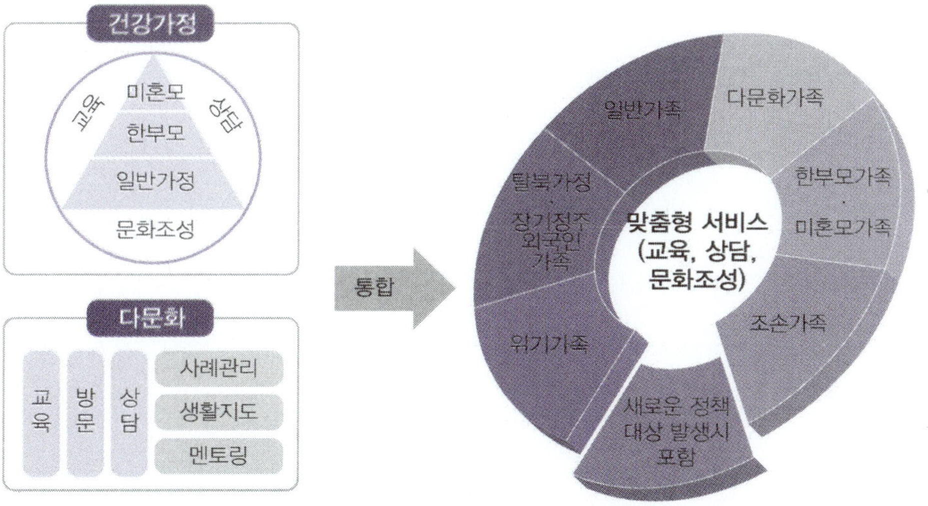

출처: 여성가족부, '국민 대통합을 위한 다문화가족정책 개선방안 발표', 2014.1.5. 보도자료, 황명화, (2014). p. 41

그림 15-1 통합적 가족정책 전달체계

다문화가족지원센터의 설치 목적은 첫째, 다문화가족의 안정적인 정착 및 가족생활지원, 둘째, 한국어교육, 가족교육, 다문화이해교육, 상담 등 종합적인 서비스 제공을 통한 한국사회 조기적응 및 역량강화, 셋째, 취

·창업교육 및 취업 연계, 정보 제공을 통한 경제적 자립지원, 넷째, 다문화가족 다문화감수성 향상 및 대국민 다문화인식개선, 다섯째, 지역사회 다문화가족지원센터 기반 다문화가족지원사업 허브기능 수행 등이다(전국다문화가족사업지원단, 2010; 김호경, 2013).

다문화가족지원센터의 주요사업으로는 여성가족부가 제시하는 운영지침에 따라 기본적인 사업은 모든 센터가 일괄적으로 시행하고 있다. 사업은 주로 교육사업, 상담사업, 문화사업 그리고 홍보 및 정보 제공 등으로 구분된다(황명화, 2014).

PART IV

아동권리와 복지의 전망과 과제

CHAPTER 16 / 아동권리와 복지의 전망과 과제

CHAPTER 16 아동권리와 복지의 전망과 과제

21세기 사회는 지식정보사회로 급격히 전환되고 있다. 종래 산업사회는 경제발전을 중심으로 집권화·표준화·거대화 등의 국가중심조직원리에 의해 관리되는 사회였다. 그러나 지식 정보화 사회는 다원화·분권화 등의 새로운 사회조직을 요구하고 있다. 이로 인해 사회복지분야는 지역사회복지기능 강화와 재가복지기능 강화 등으로 나타날 전망이다. 지금까지 우리나라의 아동복지는 시설중심의 보호에 중점을 두어 왔으나, 앞으로는 가족중심적 재가복지와 민간복지기능이 강화될 것이다. 재가 복지는 재가아동과 장애아동에 대한 상담·치료, 아동학대예방·치료 및 그 밖의 프로그램 개발과 조사 연구가 더욱 활발하게 전개되어야 할 것이다. 또한 향후의 아동복지는 가정복지수준의 향상, 아동의 정상적인 양육과 교육 그리고 나아가 성공적인 사회통합을 이룰 수 있도록 이용자중심의 종합적 서비스 제공에 중점을 두어야 할 것이다.

다시 말하면 이 같은 서비스체계는 가족중심적 체계이며 동시에 지역사회 내에서 아동복지를 목적으로 하는 여러 조직이나 기관들이 상호협력하는 지역사회 내의 아동복지실천체계이다.

이를 통해 가족의 기능과 역량을 강화하고 지역사회는 수준 높은 서비스를 제공하게 된다. 이 체계의 효과를 높이기 위해서는 지역사회의 욕구, 자원, 문화 등 지역적 특성에 맞는 가족복지서비스와 아동복지서비스의 개발이 요구된다. 즉, 지역에 따른 서비스의 차별성이 고려되어야 하며 종합적 예방기능, 가족중심적 체계, 발전 지향적, 통합성, 유연성, 결과 중심에 의한 평가와 같은 공통적인 특성을 가져야 할 것이다.

현대사회는 급격히 변화하고 있어 종래의 시설보호와 치료적 방식의 아동복지정책으로는 대처할 수 없게 되었다. 보호해주어야 할 아동에 대해서도 단순 보호가 아니라 기능이나 보호 방법에 있어서 전문적인 접근으로 새롭게 검토되어야 하며 아동복지서비스 방법도 개선되어야 한다.

이를 위해 지방정부와 지역사회는 조직이나 기관과 서로 유기적인 협조체제를 구축해서 아동과 가족의 욕구에 효과적으로 대응할 수 있는 서비스를 개발 제공해야 하는데, 효과적인 서비스통합을 위해 기관들은 다음과 같은 역할을 수행해야 할 것이다.

첫째, 지역사회와 지방정부와의 긴밀한 관계가 필요하다. "한 사회의 미래는 그 사회가 아동을 어떻게 보호하고, 교육하느냐에 의해서 예측 할 수 있다(Moyniham, 1986)"는 말은 아동복지에 대한 사회와 국가 책임의 중요성을 단적으로 나타낸 것이라고 볼 수 있다.

아동보호의 일차적인 책임은 가정에 있다고 할 수 있지만, 가정이 이를 제대로 행하지 않을 경우에는 국가가 적극적으로 개입할 필요가 있다. 아동복지사업의 전개에서 사회와 국가의 책임은 아동과 가정이 처한 상황에 따라 달라진다. 원칙적으로는 부모역할을 지지하고, 보충하는 입장에 서며, 책임의 정도도 최저한도의 생활보장을 기본선으로 하고, 궁극적으로는 이상적인 생활을 목표로 삼는다.

둘째, 아동복지시설의 개선이 필요하다. 아동복지시설은 가정에서 양육되거나 보호할 수 없는 아동들을 수용, 보호하는 곳이다.

카두신(Kadushin)은 서비스 기능에 따라 아동복지서비스를 지지적 서비스, 보조적 서비스, 대리적 서비스의 3가지로 분류하였다. 지지적 서비스(supportive service)는 갈등상황을 처리할 수 있도록 가족의 능력을 지원하고 강화시켜주는 서비스이며, 보조적 서비스(supplementary service)는 부모의 역할이 영구적 혹은 일시적으로 충분히 충족되지 못할 때 가정 내에서 부모

역할의 일부를 대행하는 서비스이고, 대리적 서비스(substitute service)는 부모가 아닌 제3자가 부모의 역할의 전부를 떠맡는 서비스다. 아동복지시설 보호의 경우는 대리적 서비스에 포함되는데, 이때의 양육 역할의 변화는 아동의 출생가정이 기능을 상실하여 아동에게 필요한 최소한의 사회적·정서적·물리적 보호를 제공할 수 없게 된 경우가 발생하기 때문이다.

아동복지시설은 가정에서 양육되거나 보호할 수 없는 아동들을 수용, 보호하는 곳이다. 그러므로 시설은 수용되어 있는 아동들이 일반가정의 아동들과 다르지 않다는 전제 아래에 있어야 한다. 가정을 대리하여 가정의 분위기를 제공하면서 양육하거나 보호해야 하며, 가족구성원인 한 인간으로서 서비스가 제공되어야 할 것이다.

대규모 아동복지시설은 시설장이나 직원과 수용되어 있는 사람과의 관계가 소홀해질 수밖에 없어 모성박탈을 더 가속화시킨다. 따라서 소규모의 시설에서의 상호 간 긴밀한 관계를 맺을 때에 시설장이나 직원들의 아동에 대한 부모의 역할 수행을 기대할 수 있다. 때문에 아동복지시설은 소규모화되어야 하는데, 궁극적으로는 시설의 문패가 없는 가족그룹홈, 그룹홈의 형태로 전환되어야 할 것이다.

셋째, 사회복지관 중심 정책의 개선이 필요하다. 우리나라의 아동복지 정책은 너무 사회복지관에만 편중하여 실시되고 있다. 그러나 현행 사회복지관은 정부보조 기준의 불합리 및 수준미흡, 이용료 수입금 비중의 과다 및 지역별 격차, 사업비 비중의 과소 및 사업분야별 지출 불균형, 전문인력 미확보와 배치기준의 비현실성, 규정상 업무분장 기준의 현실성 미흡, 사회복지사의 업무량 과다 및 열악한 보수 수준 등의 한계점을 가지고 있다.

현재 사회복지관 중심의 아동복지정책으로 인하여 이 같은 사회복지관의 문제는 아동복지정책과 연관되어 있다고 볼 수 있다. 이러한 문제를 해결하는 방법은 가족정책차원에서의 아동복지시설의 확충과 아동복지의 전문화, 차별화를 들 수 있다.

넷째, 가족정책 차원의 아동복지정책이 절실하다. 프랑스의 아동복지시설에서는 아동복지서비스가 가족정책의 차원에서 실시되고 있는데, 이를 살펴보면 모자복지서비스로 편친가족과 혼외동거 및 미혼모에 의한 아동들을 중심으로 하며, 도움이 필요한 고아와 기아, 피학대아동 및 비행청소년 보호, 교정서비스로서 요보호아동은 아동보호소에 입소되어 수용·보호된다. 또한 여성 취업의 증가에 의한 낮 동안의 탁아서비스로서 각종 탁아시설, 유아학교, 보모에 의한 가정보육서비스 등이 활성화되고 있다. 우리나라도 이러한 흐름의 아동복지정책을 고려할 필요가 있다.

다섯째, 아동복지의 전문화, 차별화를 위해 우선 아동복지의 전문화를 이야기할 때 인력은 빠질 수 없는 부분이다. 아동보육부문의 인력수요는 계속 증가할 것으로 전망되며, 가족 해체 사유의 증가와 각종 산업재해의 증가는 일반가정 내에서 자라던 아동을 정서장애·유기·학대 등 요보호대상으로 만들 가능성이 높아지고 있어 사전예방이나 상황에 맞는 보호를 위한 아동상담사업의 중요성 또한 증가하고 있다. 따라서 아동 및 청소년 사업부문의 상담체계를 강화하고 상담인력을 확대 배치할 것이 요청된다고 하겠다. 또한 앞서 언급했던 소규모 시설의 확충과 가정 정책적 측면의 사회복지정책에서도 계속적인 시설 종사자의 증원이 필요하다.

이러한 인력 수요에 대하여 전문적 인력의 공급이 필요하다. 현재 전문대학 및 대학의 유아교육학과, 아동학과, 보육학과, 아동복지 관련 학과에서 아동복지부문의 전문인력을 양성하고 있지만, 복지 관련 전체 인력의 공급은 원활하나 이때 배출되는 인력이 아동복지부문에만 공급되는 것이 아닐 뿐만 아니라, 아동복지시설의 열악한 근무 환경, 처우수준의 미흡 등으로 실제 전문인력의 확보가 어려운 실정이다.

한국의 아동복지는 해방과 한국전쟁이란 위기 상황에서 발생된 보호아동을 긴급구호하기 위해 가정보호보다는 시설보호를 중심으로 발전되었다. 우리 사회의 도시화, 산업화, 핵가족화 등으로 출현된 새로운 아동문제를 해결하기 위해 영유아보육사업 등이 보편화되고 있지만, 전체 아동을 위한 상담사업, 학대받은 아동을 위한 보호사업 등은 여전히 초보적인 수준에 머물러 있다. 새롭게 변화되는 사회에서 우리나라 아동복지 과제를 정리하면 다음과 같다.

첫째, 전체 아동을 위한 상담사업과 정보제공사업을 체계적으로 실시해야 한다. 한국의 아동복지는 지지적 · 보충적 · 대리적 서비스 중에서 대리적 서비스가 먼저 발달되고, 지지적 서비스와 보충적 서비스는 매우 초보적인 수준에 머물러 있다. 많은 학자들은 아동복지가 이상적으로 실현되기 위해서는 가족의 자녀양육기능이 충실하고, 가족과 지역사회의 복지기능을 사회복지서비스로 보충한 후에 피할 수 없는 경우 대리적 서비스를 실시할 것을 제안한다. 이러한 관점에서 볼 때, 전체 아동을 위한 체계적인 상담사업과 정보제공사업은 시급히 체계화되어야 한다. 특히 서울의 경우 시립아동상담소와 시립동부아동상담소가 있지만, 다른 시 · 도 지역에는 있었던 공립아동상담소조차 여성회관 등에 흡수되었다. 청소년을 위해서 지역마다 청소년상담실이 있고, 청소년수련시설이 있는데, 아동을 위한 독립된 상담기관이 없다는 것은 시급히 개선되어야 할 사항이다. 아동의 문제를 조기에 예방하거나, 문제행동을 하는 아동을 가진 부모를 돕기 위해서도 공립아동상담소가 시 · 도청 소재지와 인구 30만 명 이상 도시에 반드시 설립되어야 한다.

둘째, 신체적 · 성적 · 정서적으로 학대받고 방임된 아동을 보호하고 치료할 수 있는 체계를 갖추어야 한다. 그동안 아동학대는 심각한 사회문제이었음에도 불구하고, 장유유서를 존중하는 한국사회에서는 아동학대의 문제를 '체벌' 정도로 인식하여 왔다. 최근 「성폭력특별법」과 「가정폭력방지법」 등이 제정되어서 성적 · 신체적 폭력에 대한 관심이 증대되었고, 개정 아동복지법은 아동학대를 예방하거나 조기에 개입하기 위해서 아동보호전문기관을 설립하도록 하였다. 또한 개정법은 학대받는 아동을 발견한 모든 시민은 신고하도록 하고, 특히 사회복지사 등 아동보호와 관련된 전문가는 의무적으로 신고하도록 하였다. 이제 학대받는 아동을 조기에 발견하고 개입할 수 있는 법적 체계는 갖추어졌으므로, 아동학대 신고를 받고 즉각 출동하여 위기개입할 수 있는 체계를 갖추고, 아동보호전문기관에 전문인력과 충분한 예산을 배정해야 한다.

셋째, 가정보호와 시설보호를 연계시키고 가정위탁보호를 활성화시켜야 한다. 한국의 아동복지서비스는 과도한 시설보호와 부실한 가정보호가 문제인데, 이는 두 가지 방식의 서비스 간에 연계가 없었기 때문이다. 시설보호를 받는 대부분의 아동에게는 법적으로 보호자가 있고, 아동보호를 위해서 정부의 도움을 청하기보다는 자녀를 버릴 때(기아, 친권포기 등)만이 도움을 받을 수 있는 잘못된 관행이 바뀌어야 한다. 즉, 요보호아동을 보호하기 위해 먼저 가정을 지지하거나 보충하고, 불가피한 경우에는 시설보호를 실시하더라도 조기에 가정으로 복귀할 수 있도록 체계를 갖추어야 한다. 경제적 지원을 하되 사실상 가사조력과 생활지도가 이루어지지 않고 있는 소년소녀가장세대지원사업을 점차 폐지하고, 가정위탁보호, 공동생활가정사업 등을 활성화시켜야 한다.

넷째, 절도, 폭력, 약물오남용 등 문제행동을 하거나 정서장애, 행동장애 등으로 문제를 일으키는 아동을 예방하고 치료하기 위한 사업을 체계적으로 실시해야 한다. 아동복지의 목표는 전체 아동의 건전한 성장이지만, 제한된 인력과 예산으로 우선해야 할 사업은 문제행동을 하거나 적응능력이 떨어진 아동을 돌보는 일이다. 외국에서는 문제행동을 하는 아동을 조기에 치료하거나 적절히 보호함으로써, 문제청소년이 되는 것을 막고, 이로 인한 사회적 비용을 줄여가고 있다. 한국의 경우에는 비행청소년과 범죄소년을 위해 분류심사원, 보호관찰소, 소년원 등 교정교호시설을 갖추고 있지만, 작은 비행과 범죄를 되풀이하는 아동을 위한 전문기관은 거의 없다. 문제행동을 하는 아동을 전문적으로 조사하고, 판정하며, 분류하고, 치료서비스를 제공할 수 있는 아동복지시설을 시급히 설립해야 한다. 일본의 경우 공립아동상담소가 이 일을 병행하고 있는데, 우리나라에도 아동상담소를 전문화시켜 문제행동의 치료기능을 크게 강화시켜야 할 것이다.

다섯째, 아동복지서비스를 전문적으로 수행할 수 있는 전문인력이 배출되어야 한다. 아동의 욕구와 문제가 다양화되면서 이러한 욕구를 충족시키고 문제를 완화시키기 위한 인력이 개발되어야 한다. 예를 들어, 영유아보육의 업무는 보육교사와 유치원교사로 전문화되고, 청소년복지는 청소년지도사, 장애인복지는 특수교사, 재활의학과 의사, 물리치료사 등으로 전문화되었다. 아동복지의 대상이 빈곤하거나 보호자가 없는 아동에서 문제행동을 하는 아동과 학대받는 아동으로 그 비중이 바뀌면서, 이러한 문제를 해결해야 할 인력도 보다 전문화될 필요성이 있다.

따라서 아동복지에 대한 학제 간 연구, 다양한 실천 장에서 필요한 기법의 개발과 실습을 통한 학습 등이 더욱 절실하다. 아동복지를 위한 일반전문가로서 사회복지사와 함께 특정 아동복지영역에 대한 전문가로서 아동복지사가 필요한 시점이다.

참고문헌

강명순(2000). 빈곤해체가정 아동의 변화 및 사회복지통합적인 접근연구. 강남대학교 대학원 석사학위논문.

강문희 외(2013). **아동발달론**. 경기: 공동체.

강봉규(2000). **인간발달**. 서울: 동문사.

강봉규 · 김충기(2001). **현대 상담이론과 실제**. 서울: 교육과학사.

강수경(2001). 모노톤 자폐아동의 음악치료효과 - 음역 및 억양의 변화를 중심으로. 이화여자대학교 대학원 석사학위논문.

강인영 역(1998). P. G. Richmond, **Piaget 이론 입문**. 서울: 학지사.

고경은(2002). 빈곤아동이 지각한 가족기능과 학교적응과의 관계, 가톨릭대학교 대학원 석사학위논문.

고용노동부 http://www.molab.go.kr

공계순 외(2007). **아동복지론**. 서울: 학지사.

공계순 외(2013). **아동복지론**. 서울: 학지사.

곽금주(2008). 통합심포지엄 : 다인종, 다문화 시대 한국사회의 심리학적 과제와 전망. 한국심리학회 학술대회.

국립특수교육원(2018). **특수교육학 용어사전**. 서울: 하우.

권육상(2004). **인간행동과 사회행동**. 서울: 유풍출판사.

권육상 · 김윤재 · 이수진(2004). **아동복지론**. 서울: 유풍출판사.

권은주(1997). 아동학대 원인 및 대책에 관한 고찰. 이화여자대학교 대학원 석사학위논문.

금교영(1998). **인성교육을 위한 철학적 반성**. 영남대학교출판부.

금교영(2001). **인격주의 윤리학**. 울산대학교출판부.

김경미(2005). 콜버그(kohlberg)의 도덕성 발달 이론의 교육적 적용. 중앙대학교 대학원 석사학위논문.

김경자(2008). 다문화가정아동의 심리사회적 문제와 학교적응. 진주교육대학교 대학원 석사학위논문.

김경희(1999). **발달심리학 - 생애발달**. 서울: 학문사.

김경희 · 반정호(2005). 대체가정 서비스 유형에 따른 아동의 발달에 관한 탐색적 연구. 한국아동복지학. 19.

김광수(1993). 아동복지시설의 실태와 운영개선에 관한 연구. 동국대학교 대학원 석사학위논문.

김광혁(2006). 빈곤이 아동의 우울·불안에 미친 영향. 한국청소년연구. Vol.21. No.1.
김만두·한혜경(1993). **현대사회복지개론**. 서울: 홍익재.
김명남(2001). 아동복지정책에 관한 연구. 단국대학교 정책경영대학원 논문.
김명희(2008). **아동복지론**. 경기: 교문사.
김미수(2001). 아동복지시설의 운영실태와 개선방안에 관한 연구. 동국대학교 대학원 석사학위논문.
김미숙 외(2007). 한국의 아동빈곤실태와 빈곤아동지원방안. 한국보건사회연구원연구보고서 2007-13.
김미영(2016). **아동복지론**. 경기: 양성원.
김미향(2014). 아동시설입소전문상담 필요성 연구. 전주대학교 대학원 석사학위논문.
김믿음(2015). 아동학대에 나타난 부모의 분노에 대한 성경적 상담. 총신대학교 대학원 석사학위논문.
김범수(2008). **다문화 사회복지론**. 경기: 양서원.
김병수(2000). 빈곤아동의 생활실태와 가족기능에 관한 연구. 강남대학교 대학원 석사학위논문.
김봉서 역(1898). Mary J. Gander 외, **발달심리학**. 서울: 교육과학사.
김선자(1999). 저소득 취업모가정의 보육욕구에 관한 연구. 경성대학교 대학원 석사학위논문.
김선호(2007). 국내 입양 활성화에 대한 연구. 성결대학교 대학원 석사학위논문.
김세곤 외(2010). **인간심리의 이해**. 경기: 공동체.
김승권(2007). 한국 아동권리의 현황과 권리수준 제고방안. 보건복지포럼. 6. 21-36.
김승아(2008). 저소득층의 자산과 경제적 안정에 관한 연구. 중앙대학교 대학원 석사학위논문.
김아영(2008). 부모의 자율성 지지가 초등학생의 자기조절학습효능감에 미치는 영향. 한국교육. Vol.35 No.4.
김연진·이상희(2009). **아동복지의 이해**. 서울: 태양출판사.
김영모(2010). **빈곤이론 빈곤정책**. 고려대학교출판부.
김영하(2008). 빈곤가정아동의 심리사회적적응에 영향을 미치는 보호요인.

한림대학교 대학원 석사학위논문.
김오남(2008). 결혼이민자가족의 이해. 아산재단 연구총서.
김오남 · 곽수란 · 노명희(2000). 아동복지의 이해. 서울: 형설출판사.
김용희(2009). 아동의 부모 분리개별화와 애착이 긍정정서 및 부정 정서에 미치는 영향. 한국심리학회지 : 건강. 14(1). 107-124.
김의영(2002). 아동권리 증진의 발전과정에 관한 연구. 사회복지연구. Vol.22.
김익균 외(2001). 아동복지론. 서울: 대학출판사.
김인숙(2000). NGO 역할과 아동 최선의 이익. 아동관 권리. Vol.4 No.2.
김재은 외(1997). 청소년상담 보조전략. 서울 : 처오션 대화의 광장.
김재한(2003). 국내 입양사업의 활성화 방안에 관한 연구. 상명대학교 대학원 석사학위논문.
김점자(2004). 아동보호사업의 효율적 실천을 위한 정책방안에 관한연구. 세종대학교 대학원 박사학위논문.
김정래(2002). 아동권리향연. 서울: 교육과학사.
김정민 역(2006). Herbert P. Ginsburg & Sylvia Opper. 피아제의 인지발달이론. 서울: 학지사.
김정민 역(2009). Herbert P. Ginsburg & SylviaOpper. 피아제의 인지발달이론 (3rd Edition). 서울: 학지사.
김정여(2011). 장애아동 부모의 부양부담과 삶의 만족도에 관한 연구. 한세대학교 대학원 석사학위논문.
김정준(1987). 교사가 인식한 영세지역 새마을 유아원의 학대에 관한 연구. 이화여자대학교 대학원 석사학위논문.
김정희 외(2009). 발달장애인 가족지원체계에 관한 연구. 한국장애인개발원.
김종식(2003). 문답식 아동복지 이해론. 서울: 한올출판사.
김지연 · 주수길(2003). 아동복지강론. 경기: 양서원.
김진기(2016). 발달장애유아의 신체활동프로그램이 행동발달에 미치는 효과 검증. 고려대학교 대학원 석사학위논문.
김진이(2009). 경제적 압박감이 빈곤아동의 학교생활과 문제행동에 미치는 영향. 한국아동복지학. Vol.28.
김태성 · 손병돈(2009). 빈곤과 사회복지정책. 서울: 청목출판사.
김해용 외(2012). 장애너머계신 하나님 – 장애인신학 정립을 위하여. 서울: 대한 기독교서회.
김현용 외(2004). 현대 사회와 아동 - 아동복지의 시각에서 - (개정판). 서울: 도서출판 소화.
김형태(2000). 상담의 이론과 실제. 서울: 동문사.
김호경(2013). 다문화가족지원센터 프로그램 성과 요인 연구. 목원대학교 대학원 석사학위논문.
김호년 외(2013). 아동복지론. 경기: 공동체.
김화란(2001). 부모의 사회적 유능감이 아동의 사회적 유능감에 미치는 영향. 숙명여자대학교 대학원 석사학위논문.
남형주(2008). 정신지체아동 부모의 양육부담과 사회적지원빙안. 백석대학교 대학원 석사학위논문.
노병일 외(2008). 시설아동의 일상적 스트레스가 학교 적응에 미치는 영향. 한국지역사회복지학. Vol.25.
대한특수교육학회(2000). 특수교육용어 사전. 대구대학교출판부.
도미향 외(2016). 아동복지론. 경기: 공동체.
문선화 · 정만숙 · 김종윤 · 이상호 · 장수한 · 김현주(2009). 장애인복지론. 경기 : 양서원.
문연심 외(2002). 아동복지의 이해. 경기: 학문사.
문용린(1990). 도덕적 사고와 행동의 관계고찰. 한국교육. 제15권 제1호, 한국교육개발원.
민경화(2000). 빈곤가족 아동의 심리사회적 특성에 관한 연구: 영구임대아파트 지역과 일반빈곤 지역 아동과의 비교를 중심으로. 호남대학교 행정대학원 : 사회복지학과 사회복지전공 석사학위논문.
민경화(2000). 빈곤가족아동의 심리사회적 특성에 관한 연구. 호남대학교 대학원 석사학위논문.
민들레향기. 아동복지론 - 학교사회사업. blog.naver.com/nami8817.
민혜선(2015). 아동을 위한 가정위탁보호사업의 문제점과 활성화 방안. 부산대학교 대학원 석사학위논문.
박명호(2016). 예비 입양부모의 입양동기와 입양노출 경험에 관한 연구. 경희대학교 대학원 석사학위논문.
박명희(2002). 감각통합훈련이 발달장애아의 운동, 언어, 사회적 능력에 미치는 영향. 미간행 조선대학교 대학원 석사학위논문.

박미화(1998). 초등학교 인성교육에 관한 덕목별 현황 분석. 이화여자대학교 대학원 석사학위논문.

박봉영(1989). 한국과 미국의 아동학대에 관한 사회적 대책 비교연구. 숭실대학교 대학원 석사학위논문.

박상주(2005). 아동학대의 실태와 개선방안에 관한 연구. 중앙대학교 대학원 석사학위논문.

박영숙 외(2008). 장애인복지의 이해. 서울: 동인출판사.

박영희 외(2004). 이혼가정 자녀를 위한 심리치료. 경기: 양서원.

박용철(1998). 요보호아동 그룹홈에 관한 연구. 가톨릭대학교 대학원 석사학위논문.

박은애(2007). 다문화가정 자녀의 교육실태 조사연구. 창원대학교 대학원 석사학위논문.

박재수(2007). 정신지체 장애아동 부모의 부양부담에 관한 연구. 조선대학교 대학원 석사학위논문.

박지영(2007). 아동기 어린이의 발달 특징에 근거한 교회 교육 방법에 관한한 연구. 한일장신대학교 대학원 석사학위논문.

박철민(2005). 사회복지시설아동의 퇴소후 사회적응 방안. 석사학위논문.

박혜신(2003). 빈곤가독의 빈곤문화. 서강대학교 대학원 석사학위논문.

배여진(2010). 필립 아리에스의 아동의 탄생 연구. 중앙대학교 대학원 석사학위논문.

배연숙(2012). 발달장애아동의 특성이 어머니의 양육 스트레스에 미치는 영향. 고려대학교 대학원 석사학위논문.

배태순(2013). 입양 성공의 요건. 경남대학교출판부.

백우정(1994). 아동권리의 발전과정에 관한 연구. 한국교원대학교.

벅영애 · 유가효 · 최영희 외(2001). 인지행동놀이치료. 서울 : 나눔의 집.

보건복지부 http://www.mohw.go.kr

보건복지부(2007). 가정위탁보호 활성화 방안 연구.

보건복지부(2015). 아동분야 사업안내.

보건복지부(2016). 어린이가 행복한 삶을 위한 우리의 약속: 2016년 어린이 주간 및 아동권리헌장 선포식. 보건복지부 보도자료.

보건복지부 · 중앙가정위탁지원센터(2013). 가정위탁지원센터 통합업무매뉴얼.

빈부격차 · 차별시정위원회(2004). 빈곤대물림 차단을 위한 희망투자전략: 빈곤아동 · 청소년 종합대책. 제49회 국정과제회의자료.

서란숙(2007). 국내입양에 대한 대학생의 의식조사 연구. 서울시립대학교 대학원 석사학위논문.

서봉연 외(1983). **인간발달**. 서울: 한국방송통신대학출판부.

서울대학교 교육연구소(1998). **교육학 대백과사전**. 서울: 하우동철.

설동훈 외(2005). 국제결혼 이주여성 실태조사 및 보건복지 지원 정책 방안. 보건복지부.

성영혜(1997). **아동복지의 이론과 실제**. 서울: 동문사.

성영혜 · 김연진(2000). **아동복지의 이론과 실제**. 서울: 동문사.

성영혜 · 김연진(2002). **아동복지**. 서울 : 동문사.

성효순(2016). 아동복지정책의 변동과 개선방안에 관한 연구. 계명대학교 대학원 석사학위논문.

송근원(2004). **사회복지정책학**. 서울: 학지사.

송성자(1993). 가정에서 버려진 아이들－방임 아동에 대한 이상적 접근에 관한 연구. 한국아동복지학. 창간호. p. 23.

송수진(2006). 국제행동계획(NPA) 수립을 위한 아동권리모니터링과 정책결정에 관한 연구. 미출판. 숙명여자대학교 대학원 박사학위논문.

송승숙(2011). 근거이론을 통한 빈곤 여성 가장의 자활의지에 관한 연구. 계명대학교 대학원 석사학위논문.

송정애(2015). **아동복지론 : 이해와 실천**. 경기: 양서원.

신섭중(2001). **세계의 사회보장**. 서울: 유풍출판사.

신인숙(1989). 시설아동의 집단활동 프로그램 실태 및 개선방안에 관한연구. 서울여자대학교 대학원 석사학위논문.

신정훈(2016). 입양에 관한 편견과 차별에 대한 합의적 질적 연구. 서강대학교 대학원 석사학위논문.

신청기 역(1989). Robert C. 외. **교회의 아동교육**. 서울: 생명의 말씀사.

신현석(2008). **장애인복지론**. 경기: 공동체.

신혜정(2007). 다문화가정 자녀의 자아정체감에 영향을 주는 요인에 관한 연구. 이화여자대학교 대학원 석사학위논문.

아동복지센터 www.seoul.go.kr
아동복지연구회(2001). 아동복지 및 정책. 서울: 학문사.
아동복지－아동상담사업, bbo910. 2006. 6
안동현(1997). 아동의 권리 필요성 역사성 및 과제. 아동과 권리. Vol.1 No.1.
양금실(2010). 아동의 가정환경 변인과 가족건강성이 학교생활 적응에 미치는 영향. 건국대학교 대학원 석사학위논문.
양옥승(1996). 각국의 탁아 제도 비교 연구. 경기: 창시자.
여성가족부 http://www.mogef.go.kr/
오경자(2015). 아동복지서비스 전달체계의 효과성 영향요인에 관한 연구. 한성대학교 대학원 박사학위논문.
오미희 외(2017). 아동권리와 복지. 경기: 파워북.
오정수 · 정익중(2013). 아동복지론. 서울: 학지사.
오현숙(2008). 아동복지론. 경기: 학문사닷컴.
위키백과 http://ko.wikipedia.org/wiki/
유네스코한국위원회(2000). 인권교육 어떻게 할 것인가?. 서울: 사람생각.
윤도현(2000). 세계화와 복지국가 : 과연 복지국가는 사라지는가?. 한국사회학회 춘계학술대회 발표문.
윤영규(2001). 감각통합 운동프로그램이 정신지체유아의 운동 및 인지 기능에 미치는 효과. 미간행 오석대학교 대학원 석사학위논문.
윤종희 역(1992). V. Suransky, 아동기의 실종. 서울: 교보문고.
윤치연(2004). 심리학적 관점에서 본 발달장애의 진단 · 평가의 과제. 발달장애학회지. 제8집 제2호. 101-115.
윤혜미(2005). 아동복지론. 서울: 청목출판사.
윤황지(2004). 아동복지의 이해. 경기: 학문사.
윤희선(2012). 빈곤과 아동 학교적응의 구조적 관계 분석. 전북대학교 대학원 석사학위논문.
이경림(1997). 빈곤지역아동의 방과후 생활실태 및 욕구에 관한 연구. 강남대학교 대학원 석사학위논문.
이금희(2006). 학습장애아동의 귀인과 자기유능감이 학습된 무기력에 미치는 영향. 대구가톨릭대학교 대학원 석사학위논문.
이기범(1997). 유엔 아동권리 조약의 이행을 위한 민간단체와 전문가의 역할. 아동관 권리. Vol.1 No.2.
이노홍(2013). 유엔 아동권리협약 및 선택의 정서에 따른 아동권리보호의 국제적 동향. 한국법제연구, 글로벌법제와 정책연구, 13-22-5-3.
이대근(2001). 아동복지론. 서울: 형설출판사.
이돈희(1988). 도덕교육 원론. 서울: 교육과학사.
이미자(2013). 아동복지정책에 관한 연구－드림스타트 사업을 중심으로. 전남대학교 대학원 석사학위논문.
이미정(2010). 부모의 통제가 남녀 아동의 자아존중감에 미치는 영향. 이화여자대학교 대학원 석사학위논문.
이부덕 외 (1996). 아동치료의 새로운 접근. 서울 : 인간과 복지.
이상균 · 박현선(2000). 소년소녀가장의 성인역아동부담이 우울에 미치는 영향. 사회복지연구. 16호. 143-164.
이상욱 · 정희영 · 김종명 · 김미애(2016). 아동권리와 복지. 경기: 파워북.
이선미(2005). 빈곤아동의 우울감에 영향을 미치는 생활환경적 요인. 대구대학교 대학원 석사학위논문.
이선애 외(2018). 아동권리와 복지. 경기: 정민사.
이성한(2007). 아동상담. 서울: 청목출판사.
이성한 · 하연희 · 이귀숙(2016). 아동권리와 복지. 경기: 창지사.
이소희(1989). 아동학대 확인을 위한 가정환경 분석 연구. 숙명여자대학교 대학원 박사학위논문.
이순자(2008). 복지정책집행의 영향요인에 관한 연구. 계명대학교 대학원 박사학위논문.
이순형(2004). 아동복지 이론과 실천. 서울: 학지사.
이순형(2008). 아동복지 이론과 실천. 서울: 학지사.
이영만 · 유병관(1999). 심리학과 인간이해 프로이트, 스키너, 로저스. 서울: 중앙출판사.
이영환(2001). 우리나라 아동복지시설의 문제점과 개선 방안에 대한 연구.
이영희(1992). 아동의 학대 및 방임－착취로부터의 보호. 제8회 아동학대예방협회.
이용교 외(2002). 청소년문제와 청소년복지. 서울: 인간과 복지.
이용교(1997). 아동 · 청소년 그룹홈의 의의와 역할. 아동그룹홈 활성화 공청

회자료.
이용희(2006). 아파트 주거환경과 아동의 건강. 충북대학교 대학원 박사학위논문.
이은숙(2007). 그룹홈 아동의 공격성과 학교적응에 관한 연구. 중앙대학교 대학원 석사학위논문.
이은주 외(2018). **특수아동의 이해**. 경기: 공동체.
이은화 외(1990). **아동을 위한 복지의 이론과 실제**. 경기: 창지사.
이재란(2014). 발달장애의 최초의심연령에 영향을 미치는 요인분석. 가천대학교 대학원 박사학위논문.
이재연 외(2012). **아동복지론**. 서울: 학지사.
이재연 · 이소라(1998). 아동의 권리에 대한 아동, 부모, 교사의 인식. 아동과 권리. Vol.2 No.1.
이정림(1985). 가정위탁보호에 대한 의식과 태도 조사연구. 중앙대학교 대학원 석사학위논문.
이정서 · 김상철 · 박성택(2002). **사회복지학개론**. 서울: 유풍출판사.
이정식(2007). 아동의 권리에 관한 고찰. 세계헌법연구. Vol.13 No.2.
이종복(1997). 우리나라 아동복지시설의 현황과 발전방향. 사회과학연구. 창간호.
이주연(2006). 그룹홈 아동의 사회적 유능성 증진을 위한 집단 치료놀이 프로그램 효과. 숙명여자대학교 대학원 석사학위논문.
이진명(2012). 인지발달이론에 따른 디자인교구 개발에 대한 연구. 국민대학교 대학원 석사학위논문.
이태수 · 함철호 · 이용교(1997). **소규모 아동복지시설 연구**. 서울: 인간과 복지.
이태희(2000). 보육서비스를 이용하는 부모의 만족도에 관한 연구. 대구대학교.
이현섭 외(1999). **아동발달심리**. 서울: 학지사.
이현희(2003). 아동학대 및 개선방안에 대한 교사의 인식연구. 중앙대학교 대학원 석사학위논문.
이혜영(2000). 초등학교 인성교육 실태 분석. 울산대학교 대학원 석사학위논문.
이혜원(2006). 이동권리와 아동복지. 아산재단 연구총서. 제209집. 서울: 집문당.
이혜진(2006). 그룹홈 아동 · 청소년의 심리사회 및 인지적 특성. 명지대학교 대학원 석사학위논문.
이희승(1996). 엣센스 국어사전. 서울: 민중서림.
임시아(2017). 아동권리와 복지. 경기: 공동체.
임종운(2002). 아동복지론. 서울: 홍익제.
임준애(2011). 다문화아동 지원정책에 대한 고찰. 동아대학교 대학원 석사학위논문.
임창재(1998). 심리학의 이해. 서울: 형성출판사.
임창현(2008). 아동기 심리 발달에 따른 신앙교육방안 연구. 수원가톨릭대학교 대학원 석사학위논문.
장동일(2003). 한국사회복지법의 이해. 경기: 학문사.
장병연(1996). 발달적 치료 프로그램이 자폐아동의 사회적응 능력에 미치는 효과. 특수교육연구. 제3집. 163-190.
장세림(2007). 아동학대의 대응방안에 관한 연구. 조선대학교 대학원 석사학위논문.
장인협(1984). 아동복지론. 서울대학교출판부.
장인협 · 오정수(1996). 아동청소년복지론. 서울대학교출판부.
장인협 · 오정수(2001). 사회복지시설 연장아동의 자립에 관한 연구. 동광. Vol. −No.84.
장휘숙(2005). 인간발달 – 전생애발달 심리학. 서울: 박영사.
전국다문화가족사업지원단(2010). 2010다문화가족지원센터 사업결과보고서. 통계청.
전미순(2004). 발달장애아동을 위한 표현예술 치료교육이 학습능력, 미술표현능력, 놀이에 미치는 영향. 계명대학교 대학원 석사학위논문.
전혜옥(2004). 한국의 청소년 그룹홈 활성화에 관한 연구. 상명대학교 대학원 석사학위논문.
정도선(2011). UN장애인권리협약이 한국 장애인복지정책에 미치는 영향. 나사렛대학교 대학원 석사학위논문.
정성목(2002). 정신지체장애아동 어머니의 양육 부담감과 욕구에 관한 연구. 대구대학교 대학원 석사학위논문.
정성훈 · 김상현 역(2004). Dorothy G. Singer & Tracey A. Revenson. 피아제 입문서 아이들은 어떻게 생각할까?. 서울: 하나의학사.

참고문헌

정옥분(2008). **발달심리학**. 서울: 학지사.

정옥분 · 정순화 · 손화희 · 김경은(2016). **아동권리와 복지**. 서울: 학지사.

정준수(2014). 빈곤탈출 영향요인에 관한 연구. 원광대학교 대학원 박사학위논문.

정진이(2014). 보육교사의 인권의식 및 민감성과 영유아 학대 인식 간의 관계. 중앙대학교 대학원 석사학위논문.

정태수(1991). **전환기의 한국교육**. 서울: 예지각.

정현영(2006) 다문화가정 자녀의 학교생활적응에 영향을 미치는 요인에 관한 연구. 숭실대학교 대학원 석사학위논문.

조성연 외(2003). **아동학개론**. 서울 : 학지사.

조성연(2006). **영유아보육의 이해**. 서울: 학지사.

조안나(2018). **특수교육학개론**. 경기: 공동체.

조연춘 역(1999). Gerald Corey, **심리상담과 치료의 이론과 실제**. 서울: 시그마프레스.

조용남(2015). 아동복지정책의 효과성에 관한 연구. 이화여자대학교 대학원 박사학위논문.

조정아(2012). 청소년의 학교적응 잠재유형 분류와 생태체계적 영향요인 검증. 한국청소년연구. 23(1).

조한숙(2010). 다문화가정 초등학교 아동의 자아정체감 연구. 가톨릭대학교 대학원 박사학위논문.

조희숙 외(2003). **아동발달심리학**. 서울: 학지사.

주수길 외(2016). **아동복지론**. 경기: 양성원.

지세진(2016). 다문화아동에 대한 교육복지 지원정책 분석 연구. 경남과학기술대학교 대학원 석사학위논문.

천성문 외(2001). **아동상담의 이론과 실제**. 서울 : 시그마프레스.

청소년보호위원회 http://www.youth.go.kr

초록우산어린이재단 아동복지연구소(2012). 아동빈곤가구복지사각지대 현황분석 보고서. 초록우산어린이재단 아동복지연구소.

최서연(2015). 사회복지정책의 효과성에 관한 연구. 건국대학교 대학원 박사학위논문.

최선희 · 김희수(2004). 빈곤아동 · 청소년 실태파악 및 정책방안 연구. 빈부

격차차별시정위원회.
최성욱(2003). 가정위탁보호의 개선방안에 관안 연구. 단국대학교 대학원 석사학위논문.
최성재 · 남기민(2001). **사회복지행정론**. 경기: 나남출판사.
최정훈 외(1992). **심리학 : 인간행동의 이해**. 경기: 법문사.
최천혁(2009). 교회의 아동복지 프로그램 활성화에 관한 연구. 서울기독대학교 대학원 석사학위논문.
최태경(1998). 인성교육에 대한 초등학교 교사의 인식. 단국대학교 대학원 석사학위논문.
통계청 http://www.kostat.go.kr/
표갑수(1999). **아동 · 청소년복지론**. 청주대학교출판부.
표갑수(2000). **아동청소년복지론**. 서울: 나남출판사.
학교사회사업실천가협회 www.kassp.or.kr
한국복지교육원 http://www.okwelfare.net
한국심리학회(2004). **현대 심리학의 이해**. 경기: 학문사.
한상범(1991). 기본권 규정의 입법기술상의 인권보장의 문제. 고시연구사. 87-102.
한성심(2006). **영유아보육과정**. 경기: 태영사.
한성심 · 송주미(2013). **아동복지론**. 경기: 창지사.
한송이(2015). 부모의 심리적 통제와 아동의 공격성의 관계에서 아동의 기본심리욕구충족의 매개효과. 상명대학교 대학원 석사학위논문.
한숙경(1996). 학습장애아동의 독해전략 훈련 효과에 관한연구. 원광대학교 대학원 박사학위논문.
한승준(2008). 우리나라 다문화정책의 거버넌스 구축에 관한 연구. 한국여성정책연구원 제4차 자료집. 한국여성 정책연구원.
한창희(2016). 발달장애인 가족의 목회적 돌봄 연구. 감리교신학대학교 대학원 석사학위논문.
함유미(2006). MEPA-R 운동프로그램을 통한 발달장애 유아의 적응행동 변화에 대한 연구. 미간행 대구대학교 대학원 석사학위논문.
허금숙(2004). 아동복지시설의 효율적 운영방안에 관한 연구. 조선대학교 대학원 석사학위논문.

허남순(2009). 가정위탁보호제동의 과제와 발전방안. 제3회 가정위탁정책세미나.

현외성(2001). 한국사회복지법제론. 경기: 양서원.

홍성숙(2015). 다문화가정아동의 학교 및 사회적응 영향요인에 관한 연구. 중앙대학교 대학원 석사학위논문.

홍성찬(2011). 농촌지역의 국내입양 활성화 방안 연구. 관동대학교 대학원 석사학위논문.

홍순혜(2004). 학교사회복지사의 직무와 역할에 관한 연구의 토론. 학교사회복지.

황상심(2008). 농촌지역 다문화가정아동들의 언어특성 연구. 대구대학교 대학원 박사학위논문.

황성기(1997). 아동의 권리에 관한 제문제. 아동과 권리. Vol.1 No.2.

황해익 외(2017). 아동권리와 복지. 경기: 정민사.

Bronfenbrenner, U.(1979). *The Ecology of Human Development Experement by Nature and Design*. CambridgeMA : Harvard University Press.

Collins COBUILD(2003). *Advanced Learner's English Dictionary*. Glasgow : Harper Collins Publishers.

Costin, L. B.(1985). The historical context of child welfare. In J. Laird (Ed.), *A handbook of child welfare*. N.Y. : The Free Press.

Deci, E. L., & Ryan, R. M.(2000). The "What" and "Why" of goal pursuits : Human needs and the self-determination of behavior. *Psychological Inquiry, 11*, 227-268.

Friedlander, W., & Apte, R.(1966). *Introduction to Social Welfare*. NJ : Prentice-Hall.

Friedlander, W., & Apte, Z.(1974). *Introduction to Social Welfare* (4th Ed.), New Jersey : Prentice-Hall.

Gerald Corey. 심리상담과 치료의 이론과 실제. 서울: 시그마프레스.

Kadushin, A., & Martin, J. A.(1988). *Child Welfare Services* (4th ed.). N.Y. : Mcmillan Publishing.

Kirk, S. A., & Gallagher, J.(1986). *Educating exceptionalchildren*. Dallas :

Houghton MifflinCo.
Marshall, T. H.(1950). *Citizenship and Social Class*. Cambridge : Cambirdge University Press.
Nature and DesignCambridgeMA : Harvard University Press.
R. L. Barker(1995). *The Social Work Dictionary*. NASW. p. 54.
UNICEF(1989). The Convention on the Rights of the Child.
UNICEF(1995). 세계교육편, 유니세프한국 위원회.
White, B. L., & Watts, J. C.(1973). *Experience and environment. Vol.1*. Elglewood Cliffs, NJ : Prentice-Hall.

저자소개

김민정

명지대학교 사회복지대학원 사회복지학과(사회복지학 석사)
명지대학교 대학원 행정학과 복지정책전공(행정학 박사)
현 서울한영대학교 사회복지학과 교수
서울한영대학교 사회복지연구소 소장
저서 의료사회사업론(공저, 2002), 사회복지개론(공저, 2004), 정신건강론(공저, 2014)

박순득

서울신학대학교 사회복지대학원 사회복지학과(문학 석사)
서울한영대학교 대학원 사회복지학과(사회복지 박사과정 중)
전 부천대학교 겸임교수
현 부천대학교 평생교육원 외래교수
열린사이버대학 사회복지과 외래교수
연수색동 어린이집원장
저서 영유아프로그램의 실제(공저, 2013)

정혜란

명지대학교 사회복지대학원 사회복지학과(사회복지학 석사)
서울한영대학교 대학원 사회복지학과(사회복지학 박사)
전 부천대학교 평생교육원 강사
현 서울한영대학교 대학원 강사
서울원격평생교육원 운영교수
서울한영대학교 사회복지연구소 연구위원
경기도 고양시 일산동구 백석동 지역사회보장협의체 위원
저서 노인의 학대경험이 자살생각에 미치는 영향 연구, 학대경험이 노인 자살생각에 미치는 영향과 대처양식의 조절효과 외

강인숙

동아대학교 대학원 교육학과(교육학 석사)
동아대학교 대학원 교육학과(교육학 박사)
현 동주대학교 유아교육과 교수
부산광역시 서구청 드림스타트 운영위원회 위원
부산광역시 영도구청 보육정책위원회 위원
저서 인간행동과 사회환경(공저, 2006), 아동발달의 이해(공저, 2008), 교육심리학(공저, 2017), 부모교육(공저, 2000) 외

아동권리와 복지

초판 1쇄 발행 / 2020년 2월 20일
초판 2쇄 발행 / 2021년 7월 20일

•

공저자 / 김민정 · 박순득 · 정혜란 · 강인숙
발행인 / 이 중 수
발행처 / **동 문 사**

•

서울특별시 서대문구 홍제원 1길 12
(홍제동 137-8)
Tel : 02)736-3718(대), 736-3710, 3720
Fax : 02)736-3719
등록번호 : 제9-17호
등록일자 : 1974년 4월 27일
가격 : 22,000원

•

ISBN : 979-11-6328-155-9(93330)
E-mail : dong736@naver.com
Homepage : www.dongmunsa.com